# エンタテインメント法実務

第二版

骨董通り法律事務所 編

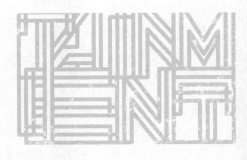

弘文堂

# 第 2 版刊行にあたって

　『エンタテインメント法実務』初版が刊行して 5 年弱。幸いにして本書は予想を超える 5 刷を数えた。初版時の「はじめに」には、〈ない時間を絞り出して現在の精一杯を伝えようとしたスナップショットであるので、できれば心の広い読者のみに読み進めていただけたら〉と勝手放題を書いたが、心の広い読者は我々の予想よりずっと多かったと、執筆者一同感激している。

　この 5 年、コロナ禍を過ぎて日本の文化・コンテンツは文字通り世界的な人気を博すようになり、ライブイベント界も海外ツアーの成功など雄々しく復活した。それはさらに強大化したプラットフォームなど国際契約の需要を増やし、公正な契約条件にも改めて脚光があたっている。国際契約だけでなく、進む情報社会の中、各界で従来のビジネス慣行やモデルが大きく問われ、エンタメ契約から各業界での働き方まで、まさに見直しの時期を迎えている。さらに AI・メタバースなどの新たなチャンスと課題が世界的な論争を招き、他方でオンライン海賊版の課題は解決が見えないなど、新たな法的課題も次々と生じてきた。まことに小さな国が（司馬遼太郎）、まことに多くの変化と課題に直面したこの 5 年だったといえるだろう。

　本書の基本構成はそのままに、これらの課題に対応して項目を追加し、情報のアップデートもはかり、また従来の記述で足りなかったと思える点をできる限り補足・訂正したのが、この第 2 版である。加筆・修正箇所は多く約 50 頁増大することになったが、なお足らざる点は多々あるように思う。是非ご海容と、ご指摘をいただければ幸いである。

　本書が、変わり続けるエンタメの現場で変わらず努力する方々のサポートにおいて、一助となれば幸いです。

2025 年 1 月

執筆者を代表して

福井　健策

# はじめに

　さあ、エンタテインメント法実務を一冊で解説しようという無謀な書籍企画の開幕である。

　というのは決してこの種書籍の常套句を述べているのではなく、実際にかなり無謀だ。「エンタテインメント法」というひとつの制定法があってその解説ならばともかく、そんな法律はない。エンタテインメント法とは「**多彩なエンタテインメントの各ジャンルを対象とする多様な法分野およびその実務の総称**」であり、対象のエンタテインメント分野も広ければ、扱う法分野・実務も実に広範で、まったく体系化・客観化されていない。さらには無数のローカルルールや個々の事情・思い込み・力関係が現実のビジネスを動かしていて問題を複雑にする。とてもではないが一冊の本で網羅できるものでも、（おそらくは）網羅すべきものでもない。

　早い話が、映像や舞台のプロダクションが倒産すればその倒産処理には民法や倒産法の理論・実務の知識がいるし、労働法やライセンス契約実務の知識なども関連してくる。それらの知識体系はそれぞれの専門書があって、とても本書でカバーできるものではない。ただ、そうした倒産処理には当該ビジネスの仕組みや主要なプレーヤー、そこでの契約慣行についての知識が不可欠である。先に書いた、「無数のローカルルールや個々の事情・思い込み」が介在する分野だ。そんな業界知識や固有の事情をできる限り網羅的に紹介し、それと一般的な法知識をつなげる結節点が、おそらく本書に期待される役割だろう。とはいえ、それでも荷は重い。できる限り広くカバーすることを心がけるが、我々の能力の限界もあって、網羅性という意味では当初から一定の限度があることはお断りしておきたい。

　……いや、入稿を前にさらに本音を記せば、本書はまだまだ大いに改善の余地がある。理由はあまりにポピュラーで、日々の現場サポートに乏しい能力を注ぎ込むその合間に、ない時間をどうにか絞り出して、集まってはやがては埃をかぶっていく知識を記述して伝えようとした精一杯が、本書だからだ。「ここまで書き留める時間しか捻出できませんでした」という点を含め

て、これが、現在の我々のスナップショットである。

　いわば本書は、エンタテインメント法実務の学習を進めるうえでの「ひとつの俯瞰図」であり「ひとつのガイドマップ」にすぎないことをご海容いただいて、できればそういう心の広い読者のみに読み進めていただけたら、と願う次第である。

　以下では、第1章で総論として、本書が想定するエンタテインメント法という法実務の対象分野を概観する。**1-2**ではそこで活躍する多彩なプレーヤーたちを紹介し、**1-3**から**1-6**では対象法領域を、「各種エンタテインメント契約」「各種の権利問題」「紛争処理・倒産・労働・独禁法・芸術支援・表現問題・その他の法ジャンル」に大別してランスルー的に概説する。その後の各章にまたがって問題となるテーマについては、ここでできるだけ総論的に紹介している。最後の**1-7**では、他の実務分野と比較した際のエンタテインメント法実務の特徴と思える点を描写した。エンタテインメント法という、使う法知識も登場する人物たちもその生態系も相当にユニークであるこの法分野に向き合ううえでの、何らかの指針となればと思う。

　続く第2章以下の各章では、「映画・テレビ」「音楽」「出版・マンガ」「ライブイベント」「インターネット」「美術・写真」「ファッション」「ゲーム」「スポーツ」の各分野ごとに、対象ジャンルの構造と法実務の概要から始めて、代表的な実務問題を取り上げて解説している。いくつかの分野にまたがって問題となるテーマも多いため、各ジャンルごとの特質を示しつつ、できる限り各章相互間のリファレンスを充実させた。また、前述した通り、本書の中ですべての実務問題について詳しい解説をおこなうことは不可能なので、むしろ「立ち上がる法的な課題は何であり、そこにはどのような論点や解決策があるか」をガイド的に示すことを目指した。注においては各事項の発展的学習のための文献なども紹介し、また章末には分野全体の参考文献を示したので、さらに詳しく知る必要がある場合の参考としていただければ幸いである。巻末のキーワード索引もなるべく充実に努めたので、迷ったら探してみてほしい。

　2021年春

骨董通り法律事務所

代表パートナー　福井　健策

目　次

目
次

| | | |
|---|---|---|
| 第1章 | 総　論 | 1 |
| 第2章 | 映画・テレビ | 85 |
| 第3章 | 音　楽 | 131 |
| 第4章 | 出版・マンガ | 187 |
| 第5章 | ライブイベント | 223 |
| 第6章 | インターネット | 269 |
| 第7章 | 美術・写真 | 357 |
| 第8章 | ファッション | 409 |
| 第9章 | ゲーム | 441 |
| 第10章 | スポーツ | 479 |

第2版刊行にあたって　i

はじめに　ii

# 第1章　総　論 ────────────────────────────── 1

## 1-1　エンタテインメント法とは何なのか　2

## 1-2　どんなプレーヤーがエンタテインメント法実務に関わるのか　3

## 1-3　対象となる法領域を俯瞰する　8

## 1-4　対象となる法領域①：エンタテインメント契約　11

**1** ライセンス契約　11

**2** 業務に関する契約　12

**3** 作品／情報の委嘱の契約　13

**4** 共同でおこなう事業の契約　14

**5** 資金の調達のための契約　14

**6** その他の契約　16
コラム　契約の話〜初心者向け実践的アドバイス〜　16

## 1-5　対象となる法領域②：各種の権利問題　20

**1** 著作権　20
コラム　引　用　25
コラム　保護期間の計算方法　28

**2** オリジナル／模倣、原作もの、著作権炎上　30
コラム　法律論と「世論」の乖離　33

**3** 著作隣接権　35

**4** 商標権・意匠権・不正競争　36

**5** パロディ・二次創作　38
コラム　パロディ・二次創作と知的財産権　38

**6** 知的財産権の管理・承継　40
コラム　著作権の相続と信託　40

**7** 肖像権・パブリシティ権　42

**8** 名誉・プライバシー・個人情報　43

**9** 所有権との交錯／疑似著作権　43

## 1-6　対象となる法領域③：その他の法ジャンル　47

**1** 民商法・各種法人法・倒産法　47
コラム　法手続──民事上の救済と刑事手続、表現の自由との関係　47
コラム　紛争処理制度　51
コラム　倒産への対処　53

**2** 労働法　56
コラム　エンタテインメント業界とハラスメント　63

**3** 競争法　68

**4 税　法**　69

**5 芸術振興・支援に関わる法制度**　69

コラム　エンタテインメント法務と政策提言・ロビイング　71

**6 表現の自由との様々なインターアクション**　76

**1-7　エンタテインメント法務にはどんな特徴があるか**　79

参考文献　82

# 第2章　映画・テレビ　85

**2-1　映画・テレビビジネスと法実務**　86

**1 映画・テレビ・動画配信市場と主なプレーヤー**　86

**2 映画・テレビ業界の法実務**　88

コラム　ワンチャンス主義　90

**2-2　クラシカルオーサー・モダンオーサー**　95

**1 映像作品に関わる著作者たち**　95

**2 モダンオーサーの権利**　96

**3 クラシカルオーサーの権利**　96

**4 各団体の役割**　96

**2-3　著作権法29条と「製作者」、リスクマネー論・下請法**　98

**1 著作権法29条と「製作者」**　98

**2 リスクマネー論と下請法**　99

**3 契約交渉がすべてである**　100

**2-4　製作委員会と映像ファンド、金商法**　101

**1 製作委員会契約とは**　101

**2 製作委員会方式のリスクと委員会契約のポイント**　102

**3 他の映画ファンドの態様、金商法**　104

**2-5　映画と消尽**　107

**1 消尽とは**　107

**2 映画と消尽**　107

**2-6　並行輸入**　109

**1 並行輸入とは**　109

**2 映画と並行輸入**　109

**2-7　放送法ほか業法**　111

**1 いわゆる業法**　111

**2 電波法**　111

**3 放送法**　111

**4 自主規制**　112

**2-8** 作品タイトルと商標・不正競争　114

**1** 商標法上のルール　114

**2** 商標登録の実例　115

**3** 不正競争防止法による保護　115

**2-9** 海外ライセンス契約──オプション契約を例に　116

**1** オプション契約とは　116

**2** オプション契約の対象となる権利　120

**3** オプション契約の時間的条件に関する条項　122

**4** 経済的条件・クリエイティブに関する条項・その他　124

コラム　インバウンドへの関与　128

参考文献　130

# 第3章 音　楽　131

**3-1** 音楽ビジネスと法実務　132

**1** 音楽ビジネス　132

**2** 主なプレーヤー　132

**3** 法律業務の概観　134

**4** プレーヤーごとの個別の権利　135

**3-2** 作詞家・作曲家（著作者）、音楽出版社　137

**1** 音楽ビジネスにおける著作者の位置づけ　137

**2** 編曲について　138

コラム　替え歌の著作権　138

**3** 著作者の活動態様の変貌と音楽ビジネスへの影響　140

コラム　アーティスト名と商標　140

**4** 音楽出版社とは──作品のプロモーター　141

**5** 音楽出版社による著作権管理業務　142

コラム　音の商標　142

**6** 著作権契約（MPA契約）　143

**3-3** JASRAC等著作権の集中管理団体　145

**1** 集中管理団体とは　145

**2** 著作権等管理事業法　145

**3** 指定著作権等管理事業者　146

**4** JASRACの管理　146

**5** JASRACをめぐる問題　148

**6** 外国楽曲の管理　150

**7** 著作権以外の集中管理　151

**3-4** 原盤ビジネスと各種原盤契約　152

**1** 原盤権とは　152

　コラム　サンプリングと原盤権　154

**2** 原盤ビジネスの諸契約①──原盤制作時の契約　156

**3** 原盤ビジネスの諸契約②──原盤利用時の契約　158

**3-5** プロダクションと専属マネジメント契約　160

**1** プロダクション・芸能事務所の役割　160

**2** 専属マネジメント契約のポイント　162

**3** 専属契約をめぐるトラブル　165

**3-6** レーベルと専属アーティスト契約　166

**1** レコード会社の役割　166

**2** レコーディング契約　166

**3** 専属実演家契約　167

**4** 専属解放　169

**3-7** アーティストの移籍・独立をめぐる実務的問題点　170

**1** 移籍をめぐるトラブルの状況　170

**2** 独立にあたって問題となりうる専属マネジメント契約の規定　170

**3** 独禁法上の問題　171

**4** 労働法上の問題　172

**5** 事務所移籍にあたり検討すべき実務的ポイント　173

**3-8** JASRAC 処理の実際　174

**1** JASRAC 管理楽曲の利用　174

**2** JASRAC が管理していない権利　177

**3** JASRAC 処理が不要な場合　177

**3-9** シンクロ権　178

**3-10** 包括契約と独禁法　179

**1** 独禁法上の私的独占　179

**2** JASRAC と放送事業者間の包括許諾契約　180

**3** 公正取引委員会・最高裁の判断と JASRAC　180

**3-11** 委嘱楽曲における JASRAC による特別な扱い　182

**1** 委嘱楽曲の特別扱い　182

**2** 委嘱免除　182

**3** 受託者の管理に対する制限　182

**3-12** 貸譜と著作権類似の契約条項　183

参考文献　185

# 第4章　出版・マンガ　187

**4-1** 出版・マンガビジネスと法実務　188

**1** 出版・マンガ市場の概況　188

**2** 出版・マンガ市場の伝統的な仕組み　189

**3** 出版・マンガ市場の仕組みの変化　190

## 4-2　出版権とは　192

**1** 出版行為に対応する著作権　192

**2** 出版権の種類　193

**3** 出版権の内容　193

## 4-3　出版権設定契約　195

**1** 出版のための契約類型　195

**2** 出版権の設定の合意（第1条）　195

**3** 出版権の内容（第2条）　196

**4** 出版行為　196

**5** 権利許諾管理の委任（第6条）　197

**6** 出版権の存続期間の定め（第12条）　197

**7** 著作物の翻訳、翻案等（第16条）　198

## 4-4　出版権の登録と当然対抗制度　199

**1** 登録制度と当然対抗制度　199

**2** 登録が必要となる場合　199

**3** 登録制度に備えた出版契約　200

## 4-5　マンガ　202

**1** マンガとは　202

**2** ストーリー　202

**3** 台　詞　203

**4** 絵　203

## 4-6　マンガ原作者　204

**1** マンガ原作者とは　204

**2** マンガ原作者の権利　204

**3** 原作者がいる場合の権利処理①：二次的著作物の場合　205

**4** 原作者がいる場合の権利処理②：共同著作物の場合　206

## 4-7　マンガ編集者　208

## 4-8　連載マンガ　209

**1** 雑誌連載　209

**2** 単行本化　209

**3** 連載マンガの保護期間　210

**4** マンガの著作権とキャラクターの著作権　210

**5** 連載マンガの著作権　211

## 4-9　翻訳出版　213

**1** 翻訳権とは　213

**2** 原作者と翻訳者の権利の関係　213

**3** 翻訳権の保護期間　214

**4** 翻訳出版契約　215

**4-10** 出版物の利用　216

**1** 複　製　216

**2** 図書館での利用　217

**3** 学校での利用　219

**4** 出版物の映像化　220

参考文献　222

# 第5章 ライブイベント 223

**5-1** ライブイベント・ビジネスと法実務　224

**1** ライブイベント市場と主なプレーヤー　224

**2** ライブイベント・ビジネスの法実務　226

**5-2** 舞台作品を制作し、上演するための契約　229

**1** 必要となる契約　229

**2** 重要な契約条件の例　230

**5-3** 国際上演契約　232

**1** 上演ライセンス契約　232

**2** 招聘（公演委託）契約　234

**5-4** 国際契約における頻出条項　235

**1** 来日経費　235

**2** 国際源泉課税　235

**3** ビ　ザ　236

**4** クレジット　237

**5-5** チケットの法的性質と効力　238

**1** チケット販売契約　238

**2** イベント中止・変更と返金　239

**5-6** チケット高額転売　241

**1** 買占めと高額転売の問題化　241

**2** 買占め・転売の規制手段　242

**5-7** 消費税の取扱い　244

**1** 消費税の課税対象　244

**2** リバースチャージ方式　245

**3** インボイス制度　246

**5-8** 各種の保険　248

**1** エンタメ・ビジネスをめぐる各種の保険　248

**2** 付保義務をめぐる攻防　249

**3** 保険金支払いのフェイズ　249

**5-9** 各種許認可——建築・仮設、道路・公園使用、飲食物提供、風営法　251

**1** 建築・建設関係　251

**2** 道路・公園ほかの使用許可　252

**3** 飲食物提供　252

**4** 風営法に基づく規制
（ナイトクラブ、ライブハウス、深夜営業ほか）　252
コラム　ライブイベント支援とエンタテインメント法務：
コロナ禍を越えて　254

**5-10** ライブビュー・二次利用　256

**1** 複雑なライブイベントの権利関係と二次利用の活発化　256

**2** ライブの二次利用処理の注意点　257

**5-11** 上演と音楽著作権　260

**1** グランドライツ　260

**2** 委嘱楽曲　260

**5-12** 会場での撮影・録音・録画　262

**1** 撮影・録画禁止に法的根拠はあるか　262

**2** 撮影・録画物のその後の利用は規制されうるか　263

**3** どこまで規制し、どこまでオープンにするか　264

**5-13** ワークショップなど参加型イベントと模倣・事故　265

**1** ワークショップなどの模倣にどう対処するか　265

**2** 事故その他のトラブルへの対処　266

参考文献　267

# 第6章　インターネット　269

**6-1** インターネット・ビジネスと法実務　270

**1** インターネットの利用市場　270

**2** 主なプレーヤー　270

**3** インターネット・ビジネスの法実務　271

**6-2** 音楽配信・動画配信と権利処理　273

**1** 音楽配信　273

**2** 動画配信　275
コラム　デジタルアーカイブ　277

**6-3** インターネット・ビジネス一般に関する著作権問題　281

**1** 商品の写真　281

**2** 応用美術／表紙・ジャケット　281

## 6-4　DRM（デジタル著作権管理）と法規制　283

**1** 「コピー・コントロール」と「アクセス・コントロール」の概要　283
**2** 違反時の責任　284

## 6-5　情プラ法（旧プロバイダ責任制限法）による削除請求や発信者情報開示請求　286

**1** ネットでの被害の相談を受けたら？　286
**2** 実務的対応──削除請求　287
**3** 実務的対応──発信者情報開示請求　287

## 6-6　オンライン海賊版　290

**1** オンライン海賊版の現状と対策　290
**2** 総合的な対策　292
**3** 各種対策とその限界　293
**4** サイトブロッキングをめぐる議論　299

## 6-7　リンク規制とリーチサイト問題　303

**1** リンクと著作権侵害　303
**2** リーチサイトとは　303
**3** リーチサイト規制　304
**4** 実務上のポイント　305

## 6-8　ダウンロード違法化　306

**1** 録音・録画の違法ダウンロードに関する現行法　306
**2** 静止画の違法ダウンロードに関する議論　306
**3** 刑罰化　307
**4** 令和2（2020）年著作権法改正　307

## 6-9　キュレーション・メディア　309

**1** 概　要　309
**2** 著作権侵害　309
**3** 過去の事例　311
**4** 情報の信頼性　311

## 6-10　ソーシャルメディア／投稿サイト（メディア側の視点）　313

**1** 利用規約　313
**2** 利用規約の内容　313

## 6-11　ソーシャルメディア／投稿サイト（ユーザー側の視点）　315

**1** 第三者による二次利用　315
**2** 他者のコンテンツの利用　315

## 6-12　「歌ってみた」と包括契約　318

## 6-13　デジタル技術を介した「実演」　320

**1** ボーカロイドその他の合成音源　320

**2** アバター　321

コラム　デジタル空間における新しいハラスメント　323

## 6-14　プロバイダ・モールの責任　328

**1** 責任の一般論　328

**2** 個別の事例において責任を認めた裁判例　328

## 6-15　オープンソース化／パブリックライセンス　330

**1** オープンソース化　330

**2** パブリックライセンス　331

## 6-16　プラットフォームと独禁法規制　333

**1** プラットフォーマーと利用規約　333

**2** プラットフォーマーに関する法令　334

**3** プラットフォーマーと独占禁止法　335

## 6-17　青少年保護・フィルタリング　336

**1** インターネットにおける青少年保護　336

**2** フィルタリング　336

## 6-18　名誉毀損・プライバシー侵害・忘れられる権利　338

**1** 名誉毀損　338

**2** プライバシーの権利とは　338

**3** GDPR の「忘れられる権利」　339

**4** 日本ではどうか　339

コラム　個人情報保護／GDPR　341

## 6-19　国際裁判管轄・準拠法　343

**1** 管轄と準拠法　343

**2** 契約がない場合　343

**3** 契約による管轄と準拠法の定め　344

## 6-20　ビッグデータ　346

**1** ビッグデータとは　346

**2** ビッグデータとプライバシー　346

**3** ビッグデータ解析のための著作権の適用除外　347

## 6-21　人工知能と著作権　349

**1** 人工知能の概要　349

**2** AI 生成物の著作物性　349

**3** AI の学習・開発における他人の著作物の利用　350

**4** AI 生成物による第三者の著作権侵害　351

**5** 著作権以外の権利　352

コラム　ディープフェイクの悪用　352

参考文献　356

xiii

# 第7章 美術・写真 ......357

**7-1** アート・ビジネスと法実務　358

　**1** アート市場　358

　**2** 主なプレーヤー　358

　　コラム　アート・オークション　360

　**3** アート・ビジネスの法実務　361

**7-2** 著作物性①：美術の著作物　363

　**1** 現代美術　363

　**2** 著作物性の有無と作品の保護　364

**7-3** 著作物性②：写真の著作物　366

　**1** 写真の著作物性　366

　**2** 被写体の位置づけ　368

　**3** 権利処理の要否　368

　　コラム　権利処理　369

**7-4** 著作物性③：文字デザイン　372

　**1** 文字デザインと著作権　372

　**2** エンブレム問題　373

　**3** 炎上対策　374

**7-5** 制作上の問題①：作品制作と著作権　376

　**1** 作品制作の手法　376

　**2** 著作権法との関係　377

**7-6** 制作上の問題②：写真の加工　379

　**1** 写真の加工方法　379

　**2** 著作権に関わる問題　379

**7-7** 素材①：肖像権　381

　**1** 判例の考え方　381

　**2** 死者の肖像権　382

**7-8** 素材②：パブリシティ権　383

　**1** 判例の考え方　383

　**2** 死者のパブリシティ権　384

　**3** パブリシティ権の譲渡　384

　**4** 権利処理に関する実務上の対応　384

**7-9** 素材③：神社仏閣　386

　**1** 神社仏閣での撮影　386

　**2** 神社仏閣での撮影物の利用　386

**7-10** 利用①：美術館等における作品の利用　388

**1** 作品の展示　388

**2** 小冊子・図録　388

**3** グッズ（絵葉書、カレンダー等）　389

**4** 撮影・SNS での利用　389

**5** 販売の際の紹介　390

**7-11** 利用②：展覧会契約　391

**1** 展覧会契約の類型　391

**2** 展覧会の開催　391

**3** 物　販　393

**7-12** 利用③：作品の応募　395

**1** 応募者の視点　395

**2** 主催者の視点　395

**7-13** その他①：著作権管理　397

**1** 著作権管理の実際　397

**2** 面積比例型　398

**3** 販売価格料率型　398

**4** 期間対応型　399

**7-14** その他②：追及権　401

**1** 追及権の考え方　401

**2** 追及権の概要と導入状況　401

**7-15** その他③：デジタル技術とアート作品　403

**1** 3D プリンタ　403

**2** ブロックチェーン　404

参考文献　407

# 第8章　ファッション 　409

**8-1** ファッションビジネスと法実務　410

**1** Fashion Law とは　410

**2** ファッションビジネスの概要と主なプレーヤー　410

**8-2** ファッションデザインの法的保護とトレンドの存在　415

**8-3** まずはデザインが「模倣」されているかを確認しよう　417

**1** もしあなたが自社デザインとよく似た商品を見つけたら　417

**2**「実質的に同一」のファッションデザイン　418

**3**「3 号」の弱点　420

**8-4** 広く知られたファッションデザインの保護　423

**1** 商品の外観はそもそも何のためにデザインされているのか？　423

**2** 商品のデザインと不正競争防止法2条1項1号・2号　424

**3** 不正競争防止法2条1項1号・2号とファッションデザインの保護　424

**4** 立体商標によるファッションデザインの保護　425

**5** 広く知られた模様、テキスタイルデザイン、色　426

**6** まとめ　428

**8-5** ファッションデザインは著作物か　429

**1** 応用美術の著作権保護の現状　429

**2** ファッションデザインの著作権保護に厳しい日本　430

**8-6** ファッションデザインと意匠権の相性の悪さ　433

**1** 出願・登録に要するコスト　433

**2** 時間のズレ　433

**3** 新規性喪失とグレースピリオド　434

**8-7** ファッションブランドと商標パロディ　436

参考文献　439

# 第9章 ゲーム　441

**9-1** ゲーム業界と法実務　442

**1** ゲーム市場　442

**2** 主なプレーヤー　444

**3** ゲームビジネスの法実務　447

**9-2** ゲームに含まれる著作物　450

**1** ゲームのルール　450

**2** イラスト・キャラクター等のデザイン　450

**3** ゲームソフトの影像　451

**4** 各画像の組合せ・配列により表現される画像の変化　451

コラム　棋譜の著作物性　452

**9-3** オンラインゲーム　454

**1** オンラインゲームとアイテム課金　454

**2** ゲーム内通貨と前払式支払手段の該当性　454

**3** 追加コンテンツと前払式支払手段の該当性　455

**9-4** ガチャに関する規制　456

**1** コンプガチャ規制　456

**2** 確率表記の問題　457

**3** ガチャ等のオンラインゲームによる依存症問題と世界的動向　458

**9-5** RMT　460

**1** RMTをめぐる諸問題と法律　460

**2** ゲームメーカーによる取り組み　462

**9-6 クレーンゲーム** 463

    **1 クレーンゲームと風営法** 463

    **2 オンラインクレーンゲームと風営法** 464

**9-7 VR ゲーム** 466

    **1 VR の概要とゲームへの活用** 466

    **2 VR コンテンツ制作時における写り込み** 467

    **3 VR アトラクションと風営法** 467

    **4 VR によるトラッキング技術とプライバシー** 468

    **5 VR 酔いと年少者の健康リスク** 468

**9-8 e スポーツ** 470

    **1 e スポーツ産業** 470

    **2 e スポーツ大会のビジネス構造** 470

    **3 日本の e スポーツ産業の展開を阻む法律** 471

        コラム　e スポーツ選手を取り巻く特殊な労働環境 474

参考文献 478

# 第10章　スポーツ ──────────────── 479

**10-1　スポーツビジネスと法実務** 480

    **1 スポーツ市場と主なプレーヤー** 480

    **2 スポーツビジネスの法実務** 483

**10-2　スポンサー契約** 486

    **1 スポンサー契約とは** 486

    **2 スポンサー契約の主な内容と注意点** 487

    **3 サプライヤー契約の主な内容と注意点** 488

    **4 アンブッシュ・マーケティング** 489

    **5 ネーミングライツ** 490

**10-3　商品化権** 492

    **1 スポーツビジネスにおける商品化の具体例** 492

    **2 商品化許諾契約の主な内容と注意点** 492

**10-4　放映権** 494

    **1 スポーツ中継をおこなう権利** 494

    **2 スポーツ中継映像に関する権利** 494

**10-5　大学スポーツと商業化** 497

    **1 大学スポーツ協会（UNIVAS）** 497

    **2 大学スポーツのブランディングとスポンサー契約の内容** 497

    **3 学生選手の権利・法的地位** 498

**10-6　代理人（エージェント）** 500

　　**1 代理人選任のメリット・デメリット** 500
　　**2 代理人登録制度** 500
　　**3 代理人の行為規制と代理人契約** 501
　　　コラム　トッププロ選手の破産と資産管理 502

**10-7　スポーツと事故・怪我** 504

**10-8　スポーツとハラスメント** 506

　　**1 スポーツ界特有の事情** 506
　　**2 パワハラ防止法** 506
　　**3 事実認定の困難性** 508

**10-9　スポーツとマイノリティ** 509

　　**1 トランスジェンダー** 509
　　**2 先天的体質** 510
　　**3 男女賃金格差** 510
　　**4 外国人枠・帰化枠** 511

**10-10　スポーツと紛争解決** 512

　　**1 スポーツに関する紛争の内容** 512
　　**2 紛争解決機関** 512
　　**3 紛争解決機関の選択** 514

参考文献 515


あとがき 516

事項索引 517

判例索引 523

編著者・著者プロフィール 527


**【凡例】**

・法令等の名称に言及する場合は、「独禁法」「景表法」「情プラ法」といったように、一般に定着した略語を用いている。

・判例および裁判例に言及する場合は、近年においてはデータベースによる検索が容易となっていること、および紙幅の制約に鑑み、原則として出典を省略し、年月日のみ示している。

・年号は西暦を原則としたが、判例および裁判例や官公庁の公表にかかる資料などについては元記載に倣い和暦で記しているほか、法改正にかかる年号については和暦と西暦を併記している。

第1章

総　論

## 1-1
# エンタテインメント法とは何なのか

　まずは、本書の対象となる広大なエンタテインメント分野を概観してみよう。典型的なエンタメ産業というと、「**音楽**」「**映像**」「**文芸／マンガ**」「**演劇／芸能／ダンス**」「**美術**」が伝統５分野といえようか。それぞれが巨大ビジネスである。もっともこれは表現としてのジャンルを意図したくくりで、媒体面・収益面に注目するなら、「**放送**」「**出版**」「**ライブイベント**」「**インターネット**」「**パッケージソフト**」といった分類になる。これに「**ゲーム**」「**テーマパーク**」「**各種フェス**」などが新たなジャンルとして加わり、さらに、隣接といえそうな分野には「**スポーツ**」「**ファッション**」「**広告**」「**観光**」「**ギャンブル**」などが挙げられる。

　本書では、実際の相談案件の多さと業界プレーヤーの棲み分け具合から、これらの表現ジャンルと媒体をやや乱暴に再構成して、「映画・テレビ」「音楽」「出版・マンガ」「ライブイベント」「インターネット」「美術・写真」「ファッション」「ゲーム」「スポーツ」の９分野に分けて説明したい。たとえば「インターネット」は媒体であり、それは本来「マンガ」や「映像」といった表現ジャンルと同列に並べるのは無理であろうが、現実の主要なプレーヤーや業界的なものは上記のような分類で理解されがちなことも事実だ。

　また、あわせて「**エンタテインメント法**」という用語にも言及しておくと、この用語には直訳としての「娯楽」のニュアンスが付きまとう。そのためもあって、芸術表現というよりは産業・経済活動としての色合いがやや強い言葉のように思われる。だが、エンタテインメントと芸術文化を分けるのも土台無理な話であるし、両者は純然たる対立概念とすら思えない。ここを乗り越え、コマーシャル／ノン・コマーシャルの双方の領域を横断することを示すべく、筆者（福井）自身も専門領域を「**芸術文化法**」「**アート／メディア法**」と名乗るなど、試行錯誤をおこなってきた。

　もっとも、こうした枠組みの問題に紙幅を割くことが読者の希望とも思えないため、本書のタイトルは潔く、人口に膾炙した「エンタテインメント法」の語を（上記を包括するものとして）使用している。　　　　　　〔福井健策〕

# 1-2
## どんなプレーヤーがエンタテインメント法実務に関わるのか

　次に、登場人物たちを見ていこう。まずは一例として、本来は第 2 章で登場すべき「映像業界の基本構造」を見ていただきたい。

1-2-1　映像業界の基本構造

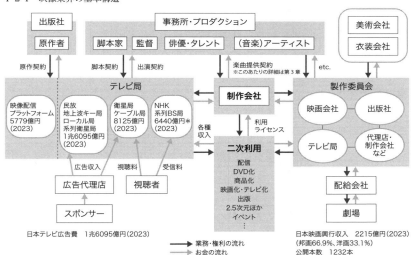

(出典) 株式会社ヒューマンメディア『日本と世界のメディア×コンテンツ市場データベース 2024 vol. 17【速報版】』(2024 推計値)、一般社団法人日本映画製作者連盟「2023 年（令和 5 年）全国映画概況」ほかより作成。＊ラジオ含む

　映像業界をごくざっくりと俯瞰するだけで、この複雑さである。これが「業界」ごとに構造も、主要プレーヤーも、権利・契約の考え方も相場感も全部異なるというのだから、大変なのもわかるだろう。

　それでもごく概論的に、エンタメ各ジャンルに共通して登場するプレーヤーを分類すると、たとえば以下となる[1]。

・クリエイター／実演家／スタッフ
・プロデューサー／マネジメント
・エージェント

- メディア／媒介者（出版社、レコード会社、放送局、映画会社、イベンター、美術館、プラットフォーム等）
- 権利者団体・事業者団体
- 各社法務・ライツ部門
- 弁護士・会計士など専門職
- 研究者、裁判所
- 行政、議員、各種助成団体

「**クリエイター／実演家／スタッフ**」は説明不要だろう。作家、作詞・作曲家、漫画家、美術家、監督、俳優、歌手、ミュージシャン、ダンサー、そして多様な各種のスタッフなどだ。**アーティスト**という言葉も説明しておこう。むろん、美術家一般のこともこう呼ぶが、歌手やミュージシャンのような音楽系のパフォーマーを業界ではよく「アーティスト」と呼ぶ。これがまた細かくて、ほとんど隣接していながら俳優のことを「アーティスト」と呼ぶ例はやや少ない。「俳優・女優・役者」だ。ではこれら俳優・ミュージシャンやダンサーを総称する呼び名があるかといえば、「実演家」である。創作するのがクリエイター、それを演じるのが実演家というわけだ。

　彼らは、フリーランスで活動したり、事務所に所属することもある。この事務所などがいわゆる「**マネジメント**」だ。狭義には、スケジュール管理などアーティストやクリエイターの日常の業務の面倒を見るのが仕事となる。芸能プロダクションは、このマネジメントを主要な業務（のひとつ）にしている。実際には、タレントの発掘・育成もおこなう。このマネジメント機能を強調するのが「事務所」という呼称だ（▶▶160頁「プロダクション・芸能事務所の役割」）。

　近時、日本ではいわゆるジャニーズ事務所問題で頂点に達した、世界的な#Me Too運動の高まりや、タレントによるSNS発信の増加、働き方改革、フリーランス法はじめ契約適正化の影響を受けて、タレントとマネジメントの関係は変革期を迎えている。クリエイター／アーティストが事務所を退所して「セルフマネジメント」に移行したり、事務所との間で後述するエージェント的な関係を模索したりする動きも続いている。それは当然ながら、クリエイター／アーティストとマネジメントの間で様々な法的、契約的な新たな課題を生み出している（▶▶56頁「労働法」、160頁「プロダクションと専属

マネジメント契約」)。

さらに、プロダクションは彼らを活用して映画・レコード・舞台などの制作もおこなう。こうした作品作りの中心に位置するのは「**プロデューサー**」だ。これは職能としての個人を意味する言葉でもあって、この場合は上記のスタッフに含まれる。いわゆる映画プロデューサー・番組プロデューサーやレコード製作でのプロデューサー、さらには編集者・キュレーターなどもこの領域に入るだろう（▶▶208頁「マンガ編集者」）。

また、彼らやクリエイターが所属し作品を制作するプロダクションなども、広い意味で「プロデューサー」である。マネジメントとは無縁に、放送番組の制作だけをおこなう「放送プロダクション」、出版物の編集・制作を専門とする「編集プロダクション」など、様々な「プロデューサー」が存在する。映像の世界ではよく、作品の資金まで提供する存在はコロモヘンをつけて「製作」、資金は他社が提供するならコロモのない「制作」、と呼んだりする（▶▶98頁「著作権法29条と『製作者』」）。

プロデューサーやマネジメントと似ているが、仕事の発掘や取次だけをおこなうのが「**エージェント**」である。日常業務を管理したり、自ら作品を作ることはせずに間に立ったりするのが典型業務で、欧米ではよく発達している。

作品を人々に送り届けるのが主な仕事である存在を、ここでは広く「**メディア／媒介者**」と呼んだ。テレビ局や出版社、レコード会社、映画会社、美術館・ギャラリーなどだが、すぐわかる通り、単に媒体だけにとどまることはあまりなく、流通のプラットフォームでありながら自ら最大のプロデューサーでもあるのが普通だ。つまり、テレビ局は外部のプロダクションが制作した番組も放送するし、自らも番組を製作する。ゼロ年代以降、グーグルや各種SNSなど、ほぼ制作はおこなわず純然たる「場」の提供に徹する、「ITプラットフォーム」の存在が極めて大きくなった。それでもアマゾンやNetflixのように、プラットフォームが独自コンテンツの製作に力を入れはじめることも、もはやまったく珍しくない。また出版社を中心に、作品の二次展開などエージェントとしての業務を担うことも少なくない。

エージェントと似ているが、概ね著作権などの権利の管理だけを行う団体もある。JASRAC（日本音楽著作権協会）などの「**権利者団体**」だ（▶▶145頁「JASRAC等著作権の集中管理団体」）。また、日本民間放送連盟（民放連）や日本映画製作者連盟（映連）のように多種多様な「**事業者団体**」も国内外

に存在し、業界親睦や情報交換、外部との交渉などをおこなう。彼らは業界のルール作りや作品の二次流通では特に大きな役割を果たす。発言権の大きい存在だ。米国ではハリウッドのストライキのように、各種ユニオンの動きは時に政治や国際世論をも揺るがす。

エンタメ各社には**法務・ライツ**といわれる部門がある（本書では、顧問弁護士などと総称して広義の「リーガル」と呼称することもある）。これは会社の一部なので独立のプレーヤーと呼ぶのはおかしいのだが、現実にはしばしば社内でも独自の存在感を保っており、あたかもプロデューサーやマネジメントとは独立した当事者のようにさえ振る舞うので、別に挙げておこう。エンタテインメント業界では極めて重要な存在だが、人材育成面などまだまだ課題は多いといってよいだろう。

これに、「**弁護士・会計士など専門職**」が加わる。そう、我々だ。各エンタテインメント企業やクリエイターにアドバイスをおこなったり紛争・交渉の代理をおこなったり、時には政策形成論議や実務家教育を担うなど、その業域は拡大している。しばしばタレントたちと飲みに行ったり、作品のプレミア公開時に夜会服で登場したりする華やかな存在だ（ウソ）。

「エンターテインメント・ロイヤーズ・ネットワーク（ELN）」や「Arts & Law」のように、この分野の専門職による団体も誕生している。おそらく、こうしたエンタテインメント・ロイヤーを志望する方々も、本書の主要な想定読者である。著作権などの知的財産権については、書籍も多く体系的に学ぶ場も情報交換の場もずいぶんと拡充されてきた。よって、「知財ロイヤー」は現実に非常に多い。「IT ロイヤー」も多いだろう。他方、コアな「エンタテインメント・ロイヤー」となると前述の ELN といった存在にもかかわらず、まだまだその実数は多くない。いわば敷居の高い（？）世界だが、それでも優秀で多様な分野で活躍する若手弁護士は確実に増えてきている。

いうまでもなく、各法分野の「**研究者**」や、紛争処理機関としての「**裁判所**」は重要なプレーヤーである。ただ、裁判所に関しては、むろんなくてはならない構成要素ではあるのだが、伝統的にはエンタメ・ビジネスでの存在感は極めて高いとはいえなかった。

筆者（福井）を例に挙げると、傾向としてはトランザクション・ロイヤー（ビジネス取引中心の弁護士）的で、紛争処理の比率はやや低い。低いとはいえ、筆者の事務所に持ち込まれる大小の紛争事案は少ない年でも 100 件を

優に超える。そのうち、裁判に至る案件はせいぜい数％であろうか（そもそも、著作権関連に絞るならば日本の裁判所ウェブサイト「知的財産裁判例集」で公表される判決等の全体数が2023年で40件弱である。※発信者情報開示請求を除いた一審判決の数）。少なくとも、筆者の関わったエンタテインメント業界のクライアントはそれほどに裁判を忌避する。2割司法どころか、それよりもはるかに少ない比率しか裁判には向かわないのだ。ほとんどの案件はそこに至るまでに裁判外で解決され、あるいは解決はされないまま放置される。

　もちろん、裁判に至らないとはいえ、紛争の解決過程では「裁判に至ったらどうなるか」はしばしば意識される（▶▶47頁・コラム「法手続」）。また社会の耳目を集める裁判が、実務に影響を与えることもある。その意味で純然たる法律や司法的解決とは大いに関連はしつつも、しばしばかなり離れた原理と力によって紛争の解決や予防が図られるのが、伝統的なエンタメ産業ともいえる。この司法（およびそれに連なる法律解釈学）との距離感と、独自の紛争処理のメカニズム、そしてその変化も、本書を貫く通奏低音のひとつかもしれない。

　そして「**行政、議員、各種助成団体**」といったプレーヤーも、近時、その存在感を高めている（本書初版執筆中に世界のエンタテインメント界を襲ったコロナ禍で、その存在感はかつてないほど高まった）。司法の存在感が薄いと書いたが、それでも著作権分野を中心に、法制度やその運用への業界の関心は年々高まっている。それに応じて、エンタテインメントに関連する議員連盟などの活動も活発化しているし、ロビイング的な活動を各種業界団体がおこなうこともまったく珍しくない（▶▶71頁コラム・「エンタテインメント法務と政策提言・ロビイング」）。そして、非営利セクターという意味では、行政は直接的・間接的にプロデューサーや資金・施設提供者としてエンタメ産業と深く関わる。むろん、行政系・民間の文化財団を含めて、各種助成団体の存在感も決して低くない。

　以上が、エンタメ産業を取り巻くプレーヤーの目立った概観図となる。詳細については、各章の冒頭で各分野のビジネスを概観しているので、そちらを参照されたい。

〔福井健策〕

**1-2 注釈**

1)　各プレーヤーの説明は、さしあたり福井健策編『エンタテインメントと著作権』全5巻（著作権情報センター）の各巻の第2章が参考となろう。

## 1-3
# 対象となる法領域を俯瞰する

　エンタテインメント法とは「多彩なエンタテインメントの各ジャンルを対象とする多様な法分野およびその実務の総称」であるとして、それでは、含まれる法分野・法実務にはどのような領域があるか。網羅的というのはとても無理だが、まずは代表的なものを一覧にしてみよう。

1-3-1　エンタテインメント法が対象とする主な法領域

---

**対象法領域①：各種エンタテインメント契約**

**既存の作品／情報の「利用」の契約（≒ライセンス契約）**：小説・マンガの出版契約、美術・写真の展示契約、音楽の使用許可、戯曲の上演許可、原盤供給ほか原盤利用契約、映画・テレビ番組の配給・放送・ビデオグラム化契約、各種コンテンツ・イベントの配信契約、スポーツ放映権契約、映画化オプション契約、原作使用契約、デザイン・キャラクターの商品化契約、商標ライセンス契約、システム・ノウハウ・データ提供契約、パブリック（オープンソース）ライセンス⇔著作権・原盤権等の「譲渡」「信託」契約

**業務に関する契約**：舞台・コンサート・映画・番組・広告など出演契約、レコーディング契約・専属実演家契約、監督・演出家・プロデューサーほか各種スタッフ契約、オーケストラ・演劇・ダンスなど公演委託契約（国際ツアー含む）、各種イベントの実施委託契約

**作品／情報の委嘱の契約**：映像・美術作品・原盤等の制作委託契約、新作音楽・戯曲・原稿・デザインなどの委嘱契約、ソフトウェア・技術系開発契約（その後の利用許可とセットであることが多い）

**共同でおこなう事業の契約**：映像作品等の共同製作契約・製作委員会契約、共同原盤契約、共同出版契約、イベントの共催契約、共同開発契約

**資金の調達のための契約**：ローン契約、出資契約、協賛・スポンサーシップ契約（⇔提携契約）、助成契約

**その他の契約**：マネジメント契約・エージェント契約、選手契約、プラットフォーム規約、イベント参加規約、作品・施設・機材の販売契約・販売委託契約、レンタル契約、保険・輸送・倉庫契約、チケット契約、チケット販売委託契約、ファンクラブ規約、広告・スポンサー契約、主催名義契約ほか

**対象法領域②：各種の権利問題**

**著作権、著作隣接権、著作者人格権**：著作物性（創作性、アイディア／表現、プロダクトデザイン、芸術的スポーツ）、著作者・著作権者の特定（クラシカルオーサー、モダンオーサー、「製作者」論、共同著作、職務著作）、パブリックドメイン性、侵害の存否、制限規定への該当、企画・作品の検討・提案、権利者探し、共同制作・制作委託、譲渡・許諾交渉、各種団体契約・使用料規程・包括契約の影響、利用裁定、侵害クレーム（侵害者の特定、差止め）、プロバイダ責任・DMCA（検索結果削除、リンクの法的責任）、保護期間

---

**商標**：国内・海外調査と出願、他者の既存商標との類否、譲渡・ライセンス交渉、不使用取消し、差止要求・・・

**意匠、不正競争防止法**（ex ファッション、プロダクトデザイン、営業秘密、マジコン）、**特許、ドメインネームほか**

**知財周辺の権利**：
肖像権・パブリシティ権：侵害性判断（総合考慮）、本人調査、許諾交渉
名誉・プライバシー・個人情報、個人情報法制、忘れられる権利、声の保護
所有権ほか知的財産権を補完・代替するもの、「疑似著作権」：神社仏閣ほか建物所有者、美術・写真・フィルムの所蔵家、競走馬・ペットの肖像権、電車などいわゆる「物のパブリシティ権」の多く、「ピーターラビット」などパブリックドメイン作品への権利主張、etc.
パロディ、替え歌、二次創作、表現の自由との相互作用
権利の相続、寄贈、管理、税務
AI・メタバース領域での知的財産権
国際的な保護と適用法（ex ネットサービスと適用法・管轄）

### 対象法領域③：その他の法ジャンル

民・商法
会社法、非営利法人（設立・運営）、組合契約（製作委員会）
倒産法（ex 製作委員会とコンテンツ救済）
相続、知的財産信託
労働法（ex 現場実態と勤務形態、子役就労問題）
独禁法（ex プラットフォーマー契約、JASRACと包括契約、タレント専属契約、販売規制）
下請法、フリーランス法
税法（ex 国際ビジネスと源泉課税・消費税、インボイス制度）
入管法（ex 各種在留資格・ビザ申請）
通関（ex カルネ）
金商法（ex 各種ファンド、製作委員会）
景表法（ex ガチャ規制、eスポーツ賞金、ステマ）・各種広告規制・特商法・消費者保護（ex ネットサービスと約款の限界）
仮想通貨・ポイントと資金決済法、RMT
ダフ屋規制、高額転売対応
制作・実演・競技中の事故責任
製造物責任
保険実務（傷害・賠償責任・イベント中止・E&O保険、労災特別加入、設計、請求）
障害者差別解消法と「合理的配慮」
暴力、ハラスメント、ドーピング
各種表現規制（わいせつ、児童ポルノ、青少年条例）、ゾーニング・ラベリング
炎上・クレーム・カスタマー対応、情報公開請求（請求側、請求対応）
文化芸術基本法、助成・補助金実務
図書館法、博物館法、放送法、電気通信事業法
興行場法、消防法、建築規制、風営法（ex クラブ、ゲームセンター、飲食店）、ロケと撮影許可、道路使用許可、フィルムコミッション

　……まったくだ。目まいがしてくる。

　しかも、以上は話を大きくしようとして無理にかき集めたわけでもなんでもない。現実に、しばしば大きな案件・相談に結びつくケースばかりであり、

ここで例として挙げたどの小項目でも、論じようとすればそれぞれ優に1万字超えの解説文やコラムになるだろう。よって、エンタテインメント法実務とは、契約書のチェックのような（比較的）日常的・ルーティンな業務から、たとえば「チケットの高額転売を約款で禁止することは再販価格の維持行為にあたるか？」や「AI生成物は著作物か？」といった裁判例もない新たな論点に至るまで、極めて広範な広がりをもつ。

それは往々にして非定型的で文献に乏しく、そのたびに業界知識と法知識とをつき合わせ、錯綜する要素をバランスする作業が必要になる。エンタテインメント法の本質とは、おそらくはこのフロンティア性、そして「多分野の融合とバランス」にあるのだろう。

次節以下で、まずは総論的に概観していこう。 〔福井健策〕

# 1-4
# 対象となる法領域①：エンタテインメント契約

　エンタテインメント法の対象領域として冒頭で挙げるべきは、エンタテインメントをめぐる各種の契約実務だろう。一言で要約してしまうなら、エンタメ・ビジネスと呼ばれる世界では、離合集散する極めて多様なプレーヤーたちの間の、定型・不定型など無数のバリエーションの、文書・口頭・暗黙での契約合意（および合意とは呼べない何らかの了解や空気）によってすべてが動いている。**1-3** の表 1-3-1 ではこの無数の契約の広がりを、強引にいくつかのタイプに分けてみたが、以下でそれらを詳しく見てみよう。

　なお、前述した通り、日本ではタレントによる SNS 発信の増加、働き方改革、フリーランス保護の動きの影響を受けて、エンタテインメント契約への注目度は格段に上がっている。文化庁でも契約適正化に関する検討会議とこれに続く全国契約研修、あるいは映画業界の自主的な取組みである「映適」とガイドラインの発表などは、その代表例であろう。2024 年 11 月にはフリーランス法（フリーランス・事業者間取引適正化等法）が施行され、フリーランスへのほぼあらゆる業務の発注者に、下請法類似の契約条件の明示義務（これは発注者自身がフリーランスである場合を含む）、各種の規制、配慮義務などが課せられたことの影響も大きい。いわばエンタテインメント界は、これから〝契約の大波〟を受ける時期を迎えることになる（▶▶61 頁「フリーランスの役務提供に関する契約」）。

## 1 ライセンス契約

　第 1 の「**ライセンス契約**」は、おそらく全エンタテインメント分野を通じて最頻出の契約タイプだろう。つまり、〈既存の作品や情報を利用する許可に関する合意〉である。記載した通り、書籍の出版契約（▶▶171 頁「出版権設定契約」ほか）もライセンスなら、後述するハリウッドとの映画化契約もライセンスである。また、**JASRAC**（日本音楽著作権協会）から曲の利用許可を得ることは、多くの担当者は「手続」程度に考えているだろうが、立派な著作物の利用に関する合意でありライセンスである。よって、同協会は

許諾条件を公表しており、利用申請をする者はこの契約条件に従ったライセンスを取得する（▶▶174頁「JASRAC 処理の実際」）。

　作品をそのままの形で利用するだけでなく、マンガに基づくアニメや小説に基づく TV ドラマなど、今はエンタメ・ビジネスにとって大本流と化した"原作もの"では、広く「**原作使用契約**」と呼ばれるライセンス契約が交わされる（▶▶32頁「『原作』と『原案』」）。

　こうした原作使用契約で最もタフな交渉となるのは、おそらく日本のマンガや小説・映画などをハリウッドや配信プラットフォームがリメイクする際の映画化の契約だろう。これはしばしば数十ページかそれ以上に及ぶ長大な英文契約と付属文書の形をとり、相手方の用意する契約書案は極めて先方有利に組み上がっていることが一般的だ（▶▶116頁「海外ライセンス契約」）。日本の原作者が相手方に付与する権利は単に映画を一本制作する許可ではなく、広く映像作品、さらにはゲーム化・商品化・関連出版や舞台化などを含む複合的な独占権であり、その期間は半永久、地域は全世界である。こうなると事はライセンス（許可）を超えて、著作権自体の譲渡と実質的にはあまり変わらなくなるし、実際に著作権譲渡の形をとるものもある。日本国内の映画化ライセンスの発想で気楽にサインなどすれば、大変な損失を蒙ることもありうるので、交渉には十分な知識とリソースを注ぎ込む必要がある。

## 2 業務に関する契約

　第2に「**業務に関する契約**」が挙がる。代表例は舞台・映像などへの出演契約だ。また、技術スタッフへの委託契約もここに入る。当事者は個人に限らないので、ダンスカンパニーやオーケストラへの公演の委託契約も含まれる。この分野でタフな交渉の代表格は「**国際ツアー契約**」（▶▶234頁「招聘（公演委託）契約」ほか）だ。たとえばブロードウェイ・ミュージカルのツアー公演やヨーロッパの歌劇場の来日公演などは、多いときで100名以上が資材とともに一気に日本に移動し、初めての劇場で短期間で公演を準備し実行し、ことによると国内を巡回し、その収益を日本側の主催者と分け合う。初日の開幕は、1日はおろか1時間遅れても致命傷（チケットの全額リファンド）となりかねない。契約書は時に100頁にも及ぶ長大なもので、ほとんど公演マニュアルといってよい詳細な指示や、来日キャンセル・各種トラブルの責任と損失分担を筆頭に、エンタテインメント界でも最も高リスクの文

書のひとつである。当然ながら、相手から提示されるドラフトは「一方的」の代名詞のような内容であることが多い。

　ライブイベントはまさに「生もの」であり、天候や出演者の心身の状態に大きく左右されるなど、国内の大規模コンサートであれ小規模なダンス公演であれリスクが大きい点では変わらない。

## **3** 作品／情報の委嘱の契約

　第3の「**新たな作品／情報の委嘱の契約**」としてまとめたのは、文字通り作品や素材を制作することを他者に発注するための契約である。新曲や美術作品の委嘱、広告やウェブ制作の発注などこのジャンルの契約も多い。代表格としては映画の制作委託契約が挙げられるだろう。同じ「委託契約」という言葉が登場したことから、第2の「業務の契約」と同じではないかという気もする。実際、両者は一タイプにまとめてもよいのだが、違いを挙げるとすれば、ここでは業務をおこなう個人・団体より、制作され納品される作品の方が主役だという点だろう。

　出演契約や公演委託契約では、「いつ・どこで・誰が・何を」が重要である。前述した通り、1日遅れで出演アーティストが到着しても通常ほとんど意味はないし、逆に、その時その場でその人物が予定のパフォーマンスをしてさえいれば、出来は多少良かろうが悪かろうが契約違反という話にはなりにくい（もちろん、少しでも良くするために一同全力を挙げるのだが）。他方、映画の制作の場合、一定の原作に基づき指定されたキャストを含む、指定された尺その他の仕様を満たす映像作品が約束の期限までに納められることが最も重要で、そのためにどこで誰が作業したか、途中何日徹夜したかは（これまた当然がんばるわけだが）必ずしも問われない。ここでの要素は「納期と仕様」なのである。その意味で、第2の「業務の契約」は民法上の「準委任」や「雇用」とやや親和性が高く、第3の「委嘱の契約」は「請負」と親和性が高いとはいえるだろう。

　ただし、これはあくまで親和性の話だ。エンタテインメント契約の中には、民法上の13の典型契約にそのままきれいに収まるものは少ないと思った方がいいし、逆に法律家が登場して現場の契約を「典型契約のこれである」と無理やり規定して、それに従った運用を厳格に指導することには要注意だろう。たとえば、明らかに雇用契約であるものを対象に労働法からの逸脱につ

いて注意喚起することは極めて正しいが、「実態が明らかに複合的・非典型的な合意」を強引に特定の契約モデルに押し込めて解釈しようとするのは、契約自由の否定になりかねない。**1**で挙げたライセンス契約は「賃貸借類似」とよく言われるが、有体物を対象とする賃貸借とは、無体の情報財を対象とする時点でまったく同じわけはないし、たいていは極めて多様な付帯合意を伴うものだ。

## **4** 共同でおこなう事業の契約

第4は「**共同でおこなう事業の契約**」とした。これも一概にほかのタイプと分けられるものではないが、対向的というよりは同じ方向を向いて共に業務や責任を分担し、収益を分かち合うタイプが念頭に置かれる。共同性はある意味でエンタメ・ビジネスの本質であり、このタイプの契約はあらゆるジャンルで（そしてジャンル横断でも）よく見られる。

典型例は、映像分野での製作委員会契約だろう。日本映画では、いわゆるメジャー配給の作品の90数％までは複数の事業者による共同製作の形をとり、これを製作委員会契約という（▶▶101頁「製作委員会契約とは」）。ライブイベントの分野での共催契約も、この典型だ。そこでは複数の事業者はイベントの「主催」（または「共催」）として名を連ね、（「名義主催」という固有の慣行の場合を除けば）イベントに要する経費を共同で出資し、制作・進行・営業・宣伝などの業務を分担し、通常はその出資割合に応じて、興行上の収益を分け合い損失が生ずれば負担する（▶▶229頁「舞台作品を制作し、上演するための契約」）。その実態は民法上の組合契約であることが多いだろうが、前述の通り、現場では様々な変容を受けている。

## **5** 資金の調達のための契約

第5は「**資金の調達のための契約**」であり、業務の分担などは基本的になく、単に一方が他方に資金を提供する場合を意図している。このタイプは大きく「ローン」「出資」「スポンサー」「助成」に分けることができるだろう。

「**ローン**」はいうまでもなく元本弁済が約束された資金であって、銀行との消費貸借契約などが典型例である。

「**出資**」は逆に生じた収益に応じて配当を受けられる、元本の保証されな

い資金提供である。「映画ファンド」と呼ばれるものはこの典型であり、広くいえば製作委員会契約のメンバーにも、単なる出資者に限りなく近い存在もある（金商法の適用場面となる。▶▶104頁「他の映画ファンドの態様、金商法」）。匿名組合、日本版LLC（合同会社）、日本版LLP（有限責任事業組合）など理論上は他の契約タイプもあるが、実は日本エンタメ界の資金調達手段の大半は、（単なる借入を除けば）製作委員会的なシンプルな共同事業の形であり、設立や清算の手続が煩雑と考えられているためか、LLCやLLPの活用例は本稿執筆時点では決して多くない。

「**スポンサー**」は文字通りで、ある事業に純然と資金を提供し返済や配当は求めないタイプの取り決めである。それでも営利事業の一環としておこなわれる以上見返りは存在しており、通常は広告効果が目的である。番組スポンサーなどはその典型例で、番組前後でのクレジットや特定のCM枠がスポンサー料の見返りとして与えられるだろう。そこまで大規模でなくとも、たとえば事業名称にスポンサー企業名を冠したり（冠スポンサー）、宣伝広告物にクレジットが表記されたり、当日の招待券や各種の記念グッズの提供（逆にスポンサー企業側での提携グッズの製作権）など、実に様々な「スポンサー・ベネフィット」が提供される。オリンピックやワールドカップの公式スポンサーを筆頭として、それはエンタメ・ビジネスの巨大な一翼であり、この部分で中心的な役割を果たすのが大小の広告代理店である。

「**助成**」の果たす役割も、非営利セクターを中心に拡大を続けている。こちらはほぼ一切の見返りなく、当該事業の文化的その他の価値に注目して支援のために提供される資金であり、その中心的役割を担うのは政府・自治体・各種の助成財団（国際交流基金・セゾン文化財団・日本財団など）である（▶▶69頁「芸術振興・支援に関わる法制度」）。イベント・美術・映像から出版・スポーツに至るまで、こうした助成金の果たす役割は限りなく大きい。見返りがない代わりに、助成を受ける側は資金使途の明瞭化とともに、一定の芸術上・文化上の成果の説明責任を求められる。

「**協賛**」「**後援**」などの用語もエンタメ・ビジネスでは頻出の概念だ。前者は資金の提供者に用いられることが多いクレジットで、スポンサー的な資金から助成的な資金まで、かなり幅広く用いられる。後者は資金以外の協力（会場の低廉な提供や移動・輸送手段の提供など）者に用いられることの多いクレジットである。ただ、両者とも、単にイベントの趣旨に賛同しているだけ

の存在に対してもしばしば用いられる。

## 6 その他の契約

　その他、実に多様な契約がエンタメ・ビジネスには存在しており、各章で紹介していきたい。それらは、様々なジャンルにまたがり名称も様々である。とはいえ、同じタイプである以上、実は共通する条文や注意点は少なくない。つまり、たとえばあるタイプのライセンス契約に精通すれば、他の分野でも応用が利く。本書の各章でも各ジャンルでの典型的な契約について解説が続くが、そのうち同じタイプの契約（あるいは同じ契約要素）については、多かれ少なかれ他の分野の契約にも応用できるという視点で読んでいただくとよいかもしれない。

　また、その前提として、「自分が現在起案（ドラフト）している、あるいは読んで（レビューして）いる契約は、いったいどのタイプの契約か（またはどのタイプとどのタイプの複合形なのか）」を意識することは、常に重要である。そうすることで、含めるべき条文や気をつけるべき注意点が浮かび上がるからだ。　　　　　　　　　　　　　　　　　　　　　　　　〔福井健策〕

---

コラム　　**契約の話〜初心者向け実践的アドバイス〜**

　本書では随所に「契約」の話が出てくる。しかしながら、エンタテインメント業界は、伝統的に契約書を重視してきた業界とは言い難い。電話やSNSで仕事の話をして日時と集合場所を確認し、当日現場に行って仕事してギャラをもらって終わり、という流れは今でも珍しくない。読者の中には契約について不慣れな方もいると思うので、初心者向けに実践的な契約の話を書いておきたい。

　契約とは、日常的な言い方をすれば「約束」のことである。約束がすべて契約になるわけではないが、お互いの権利と義務を定め、その内容が明確で、いざとなれば裁判所に駆け込んで契約内容の強制を要求できるような内容であれば、その「約束」は「契約」だといえる。契約が成立するために契約書を作成することは、必ずしも必要ではない。多くの場合、口頭の約束であっても、SNSでの気軽なやりとりでも、「契約」は成立する。

契約は口頭でも成立するということは、主にふたつの意味をもつ。ひ
とつは、"契約書がないからといって諦める必要はない"ということだ。
無名のアーティストが、レコード会社やテレビ局に向かって「契約書が
なければ仕事は受けません」と主張することは、現実には難しいだろう。
かといって本当に口頭の約束しか存在しないと、相手が約束したギャラ
を支払わなかったような場合に約束した内容を証明する客観的な証拠が
ないことになる。契約書が用意されずお願いすることも難しい場合、筆
者（唐津）は、口約束を何らかの形で記録して、さらに相手と共有して
おくことをおすすめしている。「記録」といっても特に難しいことでは
なく、電話で仕事の「約束」をしたあとに「先ほどはありがとうござい
ました。自分の備忘録も兼ねてメールを送ります。私の方に誤解があっ
たら指摘してください。」などと書いて、約束した中身を箇条書きにし
て相手に一方的に送っておくだけでもよいと思う。相手から「OK で
す」の一言でも返ってくればなおよいが、「誤解があったら指摘して」
と書いたのに返事がなければ、「相手は内容に同意した」という主張の
根拠として利用することができる。この場合の確認手段としては、日
付・時間入りの履歴が明確に残るメールがおすすめだ。

契約が口頭でも成立するということは、「契約書にサインしなければ
安心」とはいえないことも意味する。たとえば、アーティストが芸能事
務所から専属マネジメント契約書を提示されたとする。ここでまず重要
なポイントは、「読まずにサインするな」ということである。マネジメ
ント契約は、その後長期間にわたってアーティスト自身やその権利を拘
束する可能性が高い契約である（▶▶ 160 頁「プロダクションと専属マネ
ジメント契約」）。このような契約を読まずに締結することは、非常に危
険だと覚えておいてほしい。「持ち帰って検討します」というマジック
ワードを何としても使い、まずは読んで理解することを心がけてほしい。

契約内容に納得がいかない場合、署名しないことは正しい選択肢のひ
とつである。しかし、エンタテインメント業界においては、契約書が署
名されないままにビジネスの現場は粛々と進んでいくという事態が、
往々にして生じる。このような場合は要注意である。未署名だから提示
された契約は成立していない、という主張は必ずしも通らないからだ。
ビジネスを始めたということは、両当事者の間に何らかの合意がある は

ずであり、その中身に関して客観的に存在するのは未署名の契約書だけという状況においては、「契約書が提示され、その後その相手とビジネスを始めたということは、契約内容について同意が成立したことの証である」という理屈が成り立つ余地があるのだ。同意していない内容に同意したとみなされないためには、提示された契約書の中で削除や変更を要望したい点があれば、やはりメールでその点を明確に指摘しておくことをおすすめしたい。これによって形勢は逆転し、「契約の一部の条項の削除を要望したアーティストと仕事を始めたということは、事務所側が削除に同意したことの証である」とアーティストの方から主張できる余地が出てくることになる。

　上記のような先行き不透明な状況を打破する最良の方法はやはり、契約書を締結することだといえる。従来から、下請法においては、親事業者から下請事業者に対して契約条件を記載した書面の交付が義務づけられていた。フリーランス法は、下請法の対象外である事業者についても、フリーランスに業務委託をする際に取引条件の明示などを義務づけているので、「契約書を作ってください」の一言は言いやすくなってきている。紙面の関係上、ここでは契約書一般についての詳細な解説は割愛し、質問されることが多いいくつかのポイントについてのみ説明しておく。

・書面のタイトルは、その内容が確定的な契約になるかどうかを判断するうえで決定的ではない。タイトルが「覚書」でも「タームシート」でも、中身次第では契約書になる。
・署名は、自筆の署名でも「記名（印刷文字）＋捺印」でも法的には同等に扱われる。実務的には、署名には偽造が困難というメリットがある。紙ではなく電子ファイル上で署名する電子署名が利用されることも増えている。
・一定の種類の契約書（所有権その他の財産権の創設、移転等のための契約書）には、印紙を貼って消印をすることが必要である。これは印紙税法上の要請であり、貼るべき印紙が貼られていなくても契約の効力に影響はない。電子契約については、印紙が不要というメリットもある。
・割り印や袋綴じは、契約書のページの差替えを防止するための手段で

あり、法律上の要請ではない。割り印や袋綴じがなくても、契約の効力に影響はない。

・契約の中に契約変更や中途解約についての規定がないからといって、その契約は絶対に変更したり解約したりできない、というわけではない。契約は当事者間の合意なので、当事者が合意すれば、変更したり途中で終了することは可能である。　　　　　　　　　〔唐津真美〕

# 1-5
# 対象となる法領域②：各種の権利問題

## 1 著作権

　もうひとつのエンタメ・ビジネスの中心的な法領域は、やはり著作権その他の各種の権利問題だろう。

　わけても「著作権・著作隣接権」は疑いなく最頻出の法領域であり、エンタテインメント法務には著作権・著作隣接権に関する専門知識は欠かせない[1]。

　この分野の相談は極めて多岐にわたるが、著作権であれば、次のようなフローチャートに従って考えると整理がしやすいかもしれない。これはつまり、対象となる作品・素材（対象情報）があるとき、それとの関係で考えている利用は法的に許諾が必要か、許諾なくおこなうと著作権侵害のリスクがあるかをごく簡便にフローチャート化したものである（著作権に絞ったフローチャートだが、著作隣接権やその他の知的財産権でも概ね同様のフロー化は可能だろう。むろん、登録制をとる産業財産権の場合を筆頭に、たとえば④保護期間の検討の方が容易におこなうことができて権利消滅と判断できる場合など、検討の順番は現実の作業に応じて変わりうる）。

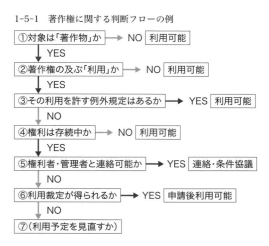

1-5-1　著作権に関する判断フローの例

なお、著作権はその歴史を通じて常に技術の進展とそのビジネス的な帰結の議論と共にあった。なかでも、2022年頃からは人工知能（AI）の急速な進化を受けた著作権の議論が日本でも再活発化し、既存データの学習が許容される範囲、AIによる生成物の著作物性や既存の著作権への侵害などについて、政府の文化審議会や知的財産戦略本部で考え方の集中的な取りまとめが行われた。日本は本来、ゼロ年代以降ではこの分野の議論を先進国に先駆けて開始していたが、今回の検討では世界的な議論動向や、分極化する国内議論を受けて取りまとめは困難を極めた（▶▶349頁「人工知能と著作権」）。

**(1) 著作物性**

　さて第1に、対象情報は著作物か、がくる。これは先行して、対象情報を個別の要素ごとに分析する作業を伴う。たとえば映像の場合、ひとくくりに「映像」といっているだけでは権利処理は始まらない。それを映像全体・脚本・その根底にある原作・映像音楽（作詞・作曲・音源）・利用される美術や画像・登場する演技などの要素に分類し、そのどれが著作物か（著作物でない場合の他の権利の対象か）といった分類をおこなうのだ（▶▶95頁「クラシカルオーサー・モダンオーサー」）。

　著作権法での定義では、著作物とは「思想又は感情を創作的に表現したもの……」である。よって対象情報が「ありふれた表現」だったり、「客観的な事実・データ」だったりする場合には、著作権はそもそも発生しない。具体的な表現以前の根底的な「アイディアや着想」もしかり。またこの組み合わせから「名称や単純なマーク」も一般に対象外とされる。すると、たとえば有名企業のロゴデザインを作品中で利用したいと相談された場合、それは著作物か、という判例・学説に照らした検討が先行する。著作物でない場合、著作権に関する限り、話はそこで終わりとなる。

　気をつけたいのは、著作物として保護されるか否かは、あくまで「そこで利用される部分」について判断するということだ。たとえば、（次の「**2 (1)**盗作論争と翻案権侵害の条件」で紹介するように）ふたつの小説の類否を判断する場合には、後発の小説のどこが先行小説と類似するかをピックアップして、各要素がありふれた表現か創作的な表現か、事実・データにすぎないか、アイディアの類似にすぎないか、といった検討を裁判所はおこなう。あくまで利用される要素ごとに要保護性を判断するのである（上記はいわゆる「ろ過テスト」の場合。むろん、各要素の組み合わせぶりが似ている場合、「組み合わ

せ」という要素が利用されているかの判断を含む）。

　近時はプロダクトデザインの保護をめぐる議論が高まっているし（▶▶415頁「ファッションデザインの法的保護とトレンドの存在」ほか）、また、たとえばフィギュアスケートの振付などいわゆる**芸術的スポーツ**の要素がどこまで知的財産権で保護されるかの議論もあるが、そこでも著作物性が大きく問われている。

## （2）著作権の及ぶ利用か

　第2に、対象となる利用は著作権の及ぶ利用か、である。著作権は「支分権」と呼ばれる権利の束だが、ほとんどあらゆる公の利用を対象にする極めて強い権利だ。それでも、たとえば支分権のひとつである「展示権」は美術・写真作品の原作品（オリジナル）の展示にしか及ばないので、ポスターや複製画を展示しても一般に著作権侵害ではない。公の演奏は著作権の対象だが、音楽教室での指導・練習は果たして公の演奏であってJASRACのような著作権管理団体の許可がないと指導・練習はできないのか（▶▶148頁「JASRACによって築かれた判例」）、といった論争もこの範疇での検討となる。

　どこまで類似していれば侵害か、という「パクリ問題」の検討も、この範疇の相談だろう（▶▶30頁「オリジナル／摸倣、原作もの、著作権炎上」ほか）。

## （3）制限規定

　第3に、対象となる利用について、各種の制限規定によって無許諾での利用が可能となっていないか、の判断である。私的複製、引用、非営利の上演・演奏、教育利用、試験としての利用、報道利用、建築物や美術の特定の利用、コンピュータとネットワーク関連での各種利用から、2019年から施行された柔軟な権利制限規定まで、例外規定は非常に幅広く、その解釈いかんで、あるビジネスや作品が存続を許されたり許されなかったりする。極めて重要な領域で、これも著作権をめぐる法的アドバイスの大きな部分を占めている。著作権の制限規定は本書でも随所に登場するので、参照のため主なものを一覧にしておこう。

1-5-2　主な著作権の例外規定

| 私的使用のための複製<br>（著作権法（以下同）30条）<br>▶▶216頁 | 個人的・家庭内その他これに準ずる範囲内で使用するために、使用する者が複製できる（翻訳・編曲・変形・翻案も可）。なお、デジタル方式の一定の録音録画機器・媒体を用いて著作物を複製する場合には、著作権者に対して補償金の支払いが必要となる。 |
|---|---|
| 付随的利用（30条の2） | 写真撮影・録音・録画などの場合に、対象物に付随して写り込んだ |

| | |
|---|---|
| ▶▶467頁 | り撮り込まれたりする著作物を、軽微な構成部分として複製・翻案し、その後複製・翻案物を利用することができる。 |
| 検討の過程における利用（30条の3） | 著作権者の許諾を得て著作物を利用しようとする場合などに、許諾を受けるか否かを社内検討したり、著作権者から利用許諾を得ようとするために、その著作物を会議資料その他に利用できる。 |
| 思想・感情の享受を目的としない利用（30条の4）▶▶348頁 | 技術開発・実用化試験、情報解析、その他著作物に表現された思想・感情の享受を目的としない場合、必要な限度で利用できる。 |
| 図書館等における複製（31条）▶▶217頁 | 政令で認められた図書館等では、非営利事業として一定の条件のもとで、①利用者に提供するための複製、②保存のための複製等をおこなうことができる（①の場合には翻訳も可）。 |
| 国会図書館における利用（31条2項ほか）▶▶279頁 | 国会図書館は、原本の滅失、損傷もしくは破損を避ける目的または絶版等資料を自動公衆送信に用いる目的で利用できる |
| 引用（32条）▶▶25頁 | ①公正な慣行に合致し、引用の目的上正当な範囲内であれば、公表された著作物を引用して利用できる。②国・自治体等が一般に周知させるために発行した広報資料等は、転載禁止の表示がされていない限り、説明の材料として新聞その他の刊行物に転載できる（いずれも翻訳も可）。 |
| 教科用図書等への掲載（33条） | 学校教育の目的上必要な限度で、公表された著作物を教科書等に掲載できる（翻訳・翻案等も可）。ただし、著作者への通知と著作権者への補償金の支払いが必要となる。また、教科書をデジタル化した「デジタル教科書」においても同様に掲載が許される。ただし、著作権者への補償金の支払い等が必要となる（33条の2）。なお、弱視の児童・生徒のための教科用拡大図書への複製も一定の条件で許される（33条の3）。 |
| 学校教育番組の放送等（34条） | 上記と同様の基準で、学校教育番組において放送・有線放送したり、学校教育番組用の教材に掲載したりできる（翻訳・翻案等も可）。ただし、著作権者への補償金の支払い等が必要となる。 |
| 教育機関における複製等（35条）▶▶219頁、327頁注4) | 非営利の教育機関で教育を担任する者や学生・生徒は、授業の過程で使用するために必要な限度で、公表された著作物を複製し、公衆送信や公の伝達ができる（翻訳・翻案等も可）。ただし、一定の公衆送信等については著作権者への補償金の支払い等が必要となる。 |
| 試験問題としての複製等（36条） | 入学試験その他の試験・検定に必要な限度で、公表された著作物を複製・公衆送信できる（翻訳も可）。ただし、営利目的の場合には著作権者への補償金の支払いが必要となり、また、著作権者の利益を不当に害する公衆送信の場合は除く。 |
| 視覚障害者等のための複製等（37条） | ①著作物を点字によって複製したり、コンピュータ用点字データとして記録・公衆送信できる。また、点字図書館その他の一定の施設では、視聴覚障害者（肢体不自由者を含む）向けの貸出し用として録音できる（いずれも翻訳も可）。 |
| 聴覚障害者のための自動公衆送信（37条の2） | 聴覚障害者の福祉増進を目的とする事業を行う一定の者は、放送・有線放送される著作物の音声を、聴覚障害者のために文字にして自動公衆送信できる（要約も可）。 |
| 非営利目的の上演・上映・貸与等（38条）▶▶323頁 | ①営利を目的とせず、かつ観客から料金を受けない場合は、公表された著作物を上演・演奏・上映・口述できる（ただし、実演家・口述者に報酬が支払われる場合は除く）。また、放送・有線放送される著作物を受信装置を使って公に伝達することができる。　②営利を目的とせず、利用者から料金を受けない場合は、（映画以外の）公表された著作物のコピーを貸与できる（その他の規定あり）。 |
| 時事問題に関する論説の転載等（39条） | 新聞・雑誌に掲載された時事問題に関する論説は、利用を禁ずる旨の表示がない限り、他の新聞・雑誌に掲載したり、放送・有線放送 |

第1章　総　論

1-5　対象となる法領域②…各種の権利問題

| | | |
|---|---|---|
| | | したりできる（翻訳も可）。 |
| 政治上の演説等の利用（40条） | | ①公開の場で行われた政治上の演説・陳述、裁判での公開の陳述は、ある一人の著作者のものを編集して利用する場合を除いて、方法を問わず利用できる。　②国・自治体等で行われた公開の演説・陳述は、報道のために新聞・雑誌に掲載したり、放送・有線放送したりできる（翻訳も可）。 |
| 時事の事件の報道のための利用（41条） | | 時事の事件を報道するために、その事件を構成したり事件の過程で見聞される著作物を利用したりできる（翻訳も可）。 |
| 裁判手続等における複製（41条の2） | | 裁判手続上、もしくは立法・行政上の内部資料として、必要な限度で複製できる（翻訳も可）。 |
| 立法・行政の目的のための複製（42条） | | 立法・行政のための内部資料として必要な限度で複製・公衆送信等できる。 |
| 情報公開法等における開示のための利用（42条の3） | | 情報公開法等の規定により著作物を公衆に提供または提示する場合には、情報公開法等で定める方法により、必要な限度で利用できる。 |
| 公文書管理法等による保存等のための利用（42条の4） | | 公文書管理法等の規定により、①公文書を保存する場合は、必要な限度で著作物を複製でき、②著作物を公衆に提供または提示する場合には、必要な限度で利用できる。 |
| 国立国会図書館法によるインターネット資料およびオンライン資料の収集のための複製（43条） | | ①国立国会図書館の館長は、国や公共団体、民間団体等が公表するインターネット資料等を収集するために必要な限度において、著作物を記録することができ、②上記団体等は、国立国会図書館の求めに応じてインターネット資料等を提供する場合、必要な限度で著作物を複製できる。 |
| 放送事業者等による一時的固定（44条） | | 放送事業者・有線放送事業者は、放送・有線放送することができる著作物を、放送・有線放送のために一時的に録音・録画できる。 |
| 美術の著作物等の原作品の所有者による展示（45条）▶▶388頁 | | 美術・写真の著作物の原作品の所有者等は、所有作品を公に展示できる（ただし、美術の著作物を公開された屋外の場所に恒常設置する場合は除く）。 |
| 公開の美術の著作物等の利用（46条） | | 公開された屋外の場所に恒常設置された美術の著作物や、建築の著作物は、彫刻を増製する等一定の例外を除いて、方法を問わず利用できる。 |
| 美術の著作物等の展示に伴う複製（47条）▶▶388頁 | | 美術・写真の著作物の原作品を、適法に公に展示する者は、観覧者のための解説・紹介用の小冊子に、展示著作物を掲載し、解説または紹介のために当該著作物を上映し、自動公衆送信できる。展示者等は展示著作物の所在情報を公衆に提供するために展示著作物を複製し、公衆送信することができる。 |
| 美術の著作物等の譲渡等の申出に伴う複製等（47条の2） | | 美術品や写真をインターネットオークションや通信販売等で取引する際に、その商品画像を掲載（コピーまたは自動公衆送信）できる。 |
| プログラムの著作物の複製物の所有者による複製等（47条の3） | | プログラムの著作物のコピーの所有者は、自らコンピュータで利用するために必要な限度で複製・翻案できる。 |
| コンピュータでの著作物利用に付随する利用（47条の4） | | コンピュータでの著作物利用を、キャッシュなど円滑・効率的におこなうための付随する利用や、バックアップなど維持・回復するための利用は、必要な限度でおこなえる。 |
| コンピュータでの情報処理とその結果提供に付随する軽微利用（47条の5） | | 所在検索サービス、情報解析サービス、その他政令で定めるコンピュータの情報処理による新たな知見・情報の創出に必要な限度で、その結果提供に付随する軽微な利用をおこなえる。データベース化など、その準備のための利用もおこなえる。 |

*以上、詳細条件やさらなる例外などは一部省略。多くのケースでは利用される著作物の出所の明示が必要となり、また、作成された複製物の目的外使用の制限がある。

## コラム　引用

　自身の作品等に他人の作品（著作物）を利用できるかという相談の中でも、最類出の相談のひとつは「引用」の可否であろう。なお、本コラムにおける「**引用**」の語は、自己の作品等に他人の作品を登場させる場合一般の意味で使用しており、著作権法上の要件を満たし許諾が不要となるものは「**適法な引用**」との表現を用いているのでご注意いただきたい。

　引用の典型例としては、報道やレポートのために既存の文章等を紹介することが挙げられるが、エンタテインメント関連でいえば、作品の批評のために絵画や楽曲・歌詞を紹介する場面や、小説や映画、舞台、マンガなどで他人の作品の一説を引いてくる場面も考えられる。

　著作権法は、適法な引用として認められるには、「公表された著作物」について、「公正な慣行に合致」し、「引用の目的上正当な範囲内で」おこなわれる必要があるとしている（著作権法 32 条）。

　旧法下の判例（最判昭和 55 年 3 月 28 日［パロディ・モンタージュ事件］）には、適法な引用の基準として、後述の「明瞭区別性」と「主従関係」を要するとしたものがあり、その後の裁判例の多くもこれに従っていた。もっとも、この 2 要件が現行著作権法 32 条のどの文言に当てはまるのかなど議論があり、近年の裁判例はこの 2 要件に明示的に言及せず、個別事情を総合考慮し、条文の文言に当てはまるかどうかで判断をする傾向にあるといえる。

　このような総合考慮による判断は、裁判所が事後的に落ち着きのよい結論を導くためには使い勝手のよい手法ともいえるが、作品発表時点などで適法性を検討するには、やはり何らかの基準が必要である。適法な引用が認められるための要件、考慮事項は、条文のどの文言に関係するかを含めて様々な考えがあり統一を見ていないが、以下では、引用をする際に実務上注意をした方がよい点として、いくつかご紹介したい。

### ①　公表作品であること

　条文上、適法な引用ができるのは公表作品に限られる。

　ウェブ上に公開されているからといって、他人が著作権者の許諾なく

アップロードしたものは、未公表とされうる点に注意が必要である。

② **明瞭区別性**

自身の作品等と引用作品とを明確に区別しておく。

たとえば文章の引用であれば、引用部分をカギ括弧で括ったりインデントを下げておくことが考えられる。

③ **主従関係**

引用作品ではなく、あくまで自身の作品等をメインとする。

引用部分の長さに比べて自身の作品等部分（論評等）の長さがどの程度であるか（量的な面）、内容的に見て自身の作品等部分（論評等）がメインといえるか（質的な面）が考慮される。

引用の目的（下記④）にも関わるが、引用部分を不必要に長く（多く）することは避けるべきである。ただし、俳句や短歌、写真や絵画を利用する場合はその作品全体を引用せざるをえないことも少なくないといえ、この点は適法性判断において考慮されるだろう。

引用部分のみで独立して鑑賞の対象となるかが考慮されることもあるため、たとえば写真や絵画を引用する場合、その大きさや画質にも注意が必要である。

④ **引用の目的（必要性）**

実務上は、引用の目的が正当であるか（必要性があるか）も検討しておくべきである。

引用作品の批評のためや、自身の見解の説明のために他人の作品を引用する場合は、正当な目的の典型例といえる。もちろん「批評のために引用する」と記載しておけば許されるというものでなく、その実質が見られることとなる。

一方、エッセイの導入としての引用や小説等で他人の作品の一説を引く場合は難しい問題である。不必要な引用は避けるべきであるが、他人の作品の引用が必要不可欠である（引用部分を省略すれば自身の作品が成り立たない）とまでいえなくとも、正当な目的といえる場面はあるように思われる。

⑤ **改変禁止**

内容を変えた引用はできないため、引用の際は正確性に注意を要する。

内容を要約して引用することを否定する見解もある。仮に要約自体が

許されるとしても、原文の趣旨に忠実に要約をおこなう必要がある。長文を引用する場合、内容が変わらない限度で「（中略）」「……」などを用いることも考えられる。

⑥　**出所明示**

合理的と認められる方法および程度により、その作品の出所を表示する義務があり（著作権法 48 条 1 項）、それを引用自体の条件とする裁判例もある。

著作者や作品名のほか、出版物であれば出版社名等も入れればより丁寧といえる。

上記のうち特に③、④は判断が難しい。適法な引用と認められる可能性の程度を検討し、場合によって引用の仕方を変えることも考えられる。いずれにしても他人の作品を引用する場合、事前検討は重要であろう。[2]

なお、一般論としては、およそ適法な引用として許諾が不要であるにもかかわらず、「念のため」権利者の許諾を得ようとすることはおすすめできない。権利者が許諾を拒否した場合に発表がしづらくなるし、拒否されたにもかかわらず発表をすれば、そのことがかえって厳しいクレームに発展することもありうるからだ。　　　　　　　　　　　　〔寺内康介〕

## （4）保護期間

第 4 に、その権利の期間は切れていないか、というパブリックドメイン性の検討がある。多くの知的財産権は期限つきの保護であり、期間経過後は（その権利に関する限り）誰でも自由に使えることになる。よってその確定は極めて重要だ。通常、計算はそこまで複雑な問題を生じないが、著作権は別格で、保護期間の計算は極めて複雑である。登録主義をとらないそれは、著作者（著作名義）の特定、旧著作権法からの経過規定、各種の国際条約との調整、特に戦時加算や翻訳権留保、相互主義の関連での本国保護期間の特定などの多くの要素が複雑に絡み合い、時に確定はおよそ不可能でさえある。保護期間論だけで優に書籍 1 冊が書ける領域だろう。[3]以下では、その概要をごく簡略に表にしておく（▶▶28 頁・コラム「保護期間の計算方法」）。

1-5-3　保護期間のごく簡略なまとめ（2024 年現在。ほかにも例外などあり）

①著作者の死亡の翌年（匿名・変名・団体名義と映画の著作物は公表の翌年）から50年で
　計算。
②映画は2004年初めに存続していればさらに20年延長。かつ、旧著作権法により監督の死
　後38年間などの期間は消滅せず。
③映画以外の作品は2018年12月29日に存続していればさらに20年延長。
④ただし写真は、1957年以前に発行された国内作品は名義を問わず原則消滅。
⑤以上のすべてについて、本国での保護期間が日本より短い（米国を除く）外国作品は、
　「相互主義」により本国での保護終了とともに日本での保護も終了。
⑥さらに以上のすべてについて、戦前・戦中の連合国（米・英・仏など）の作品は戦争期
　間の分（戦前作品なら約10年5か月など）、「戦時加算」で日本での保護が延びる。

---

> **コラム　保護期間の計算方法**

　著作権は永久の権利ではなく、ある期間が経過すれば消滅する。著作
権が発生してから消滅するまでの期間を、著作物の保護期間（または著
作権の存続期間）という。人の創作活動は先人の知的財産の上に成り立
つものであり、成果を永久に独占させることは妥当ではない。また、こ
と著作権は情報の独占権として他人の表現その他の自由を制約するため、
一定期間の独占的利用を認めつつ、その後はパブリックドメインとする
ことで、創作者の利益と社会の利益のバランスを図ることが求められた。
以上が、保護期間が設けられた趣旨と説明されている。

　著作権は創作時より保護される。その終期は、2018 年 12 月 30 日
をもって、著作者の死後または公表後 50 年が 70 年に変更された（著
作権法 51 条以下）。死亡した日の属する年の翌年 1 月 1 日から起算する
ので（同法 57 条）、たとえば手塚治虫氏（1989 年没）の作品については、
その保護期間の終期は、1990 年 1 月 1 日から起算して 70 年後の
2059 年 12 月 31 日となる。

　もっとも、すべての著作物が変更後の 70 年で計算されるわけではな
く、改正のタイミングですでに保護が満了していた作品の著作権は復活
しない。改正法施行日の前日である 2018 年 12 月 29 日に著作権が存
在する著作物については改正後の法律（70 年）により、2018 年 12 月
29 日時点ですでに著作権が消滅している著作物は従前の例による（50
年で算定される結果、消滅している）と定められたためだ（著作権法附則 7

条）。つまり、50年で算定した結果2018年12月29日時点で保護期間が満了しているものは、すでに権利が消滅しており、70年での計算は不要となる。他方、50年で算定した結果2018年12月29日時点でまだ著作権が残っているものは、70年で計算し直さなくてはならない。

ここまでをまとめると、国内作品なら1967年以前に著作者が死亡（または公表）した場合には死後（または公表後）50年、1968年以降に著作者が死亡（または公表）した場合には死後（または公表後）70年で算定されることとなる（なお、映画の著作権は、現行法が施行された1971年1月1日以降は公表後50年となったが、2004年1月1日にすでに公表後70年に延長されている点にも注意が必要である）。

保護期間の計算にあたっては旧法（1970年改正前の法律）との関係にも注意が必要である。たとえば映画の著作物は、旧法下では著作者の死後38年とされていた。そして現行法で公表後50年（または70年）の保護とされたあとも、この著作者の死後38年での計算結果の方が長い場合には、その長い期間が優先される。そのため、古い映画などは、著作者が誰かという点が問題になる。

上記に加えて、保護期間には非常に厄介な問題がある。「戦時加算」とよばれる制度である。第二次世界大戦前・戦中の連合国（米・英・仏など）の作品の著作権は、著作権法上の保護期間に戦時期間が加算される（戦時加算特例法4条）。戦時期間中に連合国の著作物が日本で使用されなかったことへの補償の趣旨で、敗戦国の日本が（かつ、敗戦国の中でも日本のみが）、サンフランシスコ平和条約によって課せられた義務である。戦時加算は、その作品の誕生から対象国と日本との間で平和条約が締結されるまでの期間（戦争期間）を本来の保護期間に加えるものなので、戦前作品の加算期間が最も長くなる。たとえば主な連合国の戦前作品ならば、70年に最大約10年5か月が加算される。よって、冒頭で述べた2018年の延長によって、これらの戦前作品の日本での保護は実質的に80年強と考えなくてはならなくなった。

たとえば、1959年没の著作者の作品は、改正前の死後50年の算定で2009年12月31日に保護期間が満了するはずだ。しかし、この著作者がフランス国民で1943年5月2日に作品を創作していた場合、この作品の著作権は、1943年5月2日からフランスとの戦争が終わっ

た（日仏間でサンフランシスコ平和条約が締結された）日の前日1952年4月27日までの3284日が加算され、2018年12月28日で保護が終了すると考えられる。この創作が1日前の1943年5月1日であれば、戦時期間3285日が加算される結果2018年12月29日に著作権がまだ存在するため、新法が適用される。そして死後70年の2029年12月31日に3285日が加算され、2038年12月29日まで著作権が存続することになると考えられる。後者は、戦時加算と新法の改正の合わせ技により通常より実に29年も長く保護されることになった著作物の例だ。

　保護期間は上記以外にも考慮要素が種々ありその計算も非常に煩雑であるから、注意が必要である。[4]　　　　　　　　　　　　　〔橋本阿友子〕

### （5）利用許諾

　第5に、これらの検討を経て「利用可能」とならないなら、「要許諾」ということになり、権利者と連絡して協議をおこなう。ここにおいては各種権利者団体や彼らの使用料規程といった「権利処理のノウハウ」が重要となり、前述の「ライセンス契約」の知識へと直結する。もっとも権利者が見つからないケースも多く、その場合には文化庁の「利用裁定」制度の活用を検討する[5]（2026年には、対象・手続をより柔軟にした新たな裁定制度もこれに加わる予定である）。

## 2 オリジナル／模倣、原作もの、著作権炎上

### （1）盗作論争と翻案権侵害の条件

　盗作論争は、おそらく人類の文化史と同じくらい古くから存在する。模倣は人間の本質であり、それなくして個人や集団の発展はない。だが他方で模倣された側は、それにより損をしたり十分な栄誉にあずかれない場合「も」少なくないからだ。人の作品から「盗む」行為は、本格的な著作権制度の誕生により法的にも違法な行為となり、そして、複製技術の発達により、おそらく人類史の中で今ほど盗作（パクリ）論争が頻発し人々の関心を集める時代はないだろう。

　よく知られる通り、著作権（翻案権）侵害の条件は3点である。①他人の著作物の存在、②依拠性、③類似性である。もっとも①の条件は、（創作的

な表現部分においてしか類似性は問題にならないので）③の類似性の中に回収されるともいえよう。

　実際の著作権裁判では当然、類似性の判断が大きな焦点となる。そこにおける最高裁基準や、類似性判断における２段階テスト、ろ過テストなどの基本的な考え方についてはすでに多くの優れた文献がある（本章末尾の「参考文献」参照。また、美術・写真やファッションでの具体的議論について第７章・第８章を参照）。この関連で、パロディと侵害論の関わりも頻出で、常に人を惹きつけるテーマだ（▶▶38頁・コラム「パロディ・二次創作と知的財産権」）。

　本項では、「著作権裁判での争われ方」を紹介しよう。類似性の立証のため、しばしば原告側は原告の作品と被告のそれとの対比表を提出する。物語系であれば、全体の構成・ストーリー展開、個別のキャラクター、エピソード、台詞などの類似点を項目として並べるのである。被告側は、これを否定することを目指す。そこでは、逆に両作品の相違点の表が提出されたり、あるいは原告の類似点の表に対して、項目ごとに「これはありふれた表現」「アイディアにすぎない」「歴史的事実」といった反論を加えていくこともある。上記のいずれかにあたれば著作権侵害を裏付ける類似点とはいえないとする点は、世界共通の原則であり、日本でも解釈は確立されているからだ。

　この過程で、しばしば「どのレベルで類似性を判断するか」が問題になる。「どの固まりをもって創作的表現と理解するか」と言い換えてもいい。たとえば、ふたつの小説があって、一方には「転げるように駆けつけると、体育館に散乱した遺体袋から硬直した手足が棒のように突き出していた」、他方には「幾度も転げながら駆けつけると、体育館に散らばった遺体袋からは、硬くなった手足が何本も突き出していた」という表現が見られた場合、これを「転げ＋駆け付けると」「遺体袋」「手足が突き出していた」という各レベルに分解すれば、そのそれぞれは完全に同一ではある。ただし、その程度の固まりでは「ありふれた表現」「アイディア」や「事実」にすぎないので著作権侵害を基礎づけない、という評価を受けやすいだろう。

　他方、そこまで分解すればどんな文もありふれたものになってしまうので、一文全体を見るべきとし、「創作的な表現」であると評価する論者もいるだろう。そして、たとえば「硬直した手足が棒のように」⇒「硬くなった手足が何本も」の相違は、誰でも思いつく言い換えであり、文全体での表現の本質的特徴は維持され借用されている、と主張するかもしれない。

また、ある表現がありふれたものであるか否かの論争では、「先行作品の抗弁」（訴訟においては「否認」）がしばしばおこなわれる。たとえば、「原告が侵害されたと主張するダンスのステップは、原告以前のこれらの舞台作品ですでに見られた」と被告が反論するのである。こうすることで、そのステップは原告の創作的表現ではない、と主張するのだ。原告はしばしばこれに対して、先行作品と原告作品との間にはいかに質的な相違があるか、そしてその原告における本質的な工夫がいかに被告によって借用されたかを、説明し裁判所を説得しようとするだろう。

判決の社会的影響が論点になることもある。原告は「ここまでの類似が適法とされるなら、盗作天国を防止できず、クリエイターの活動が害されてしまう」と訴える。被告は逆に、「この程度の類似でも違法とされるのでは、もはや新たな創作は困難となり、クリエイターの活動が害される」と裁判所を説得しようとするのだ。

議論は時に、極めてレベルの高い作品論・文化論の域にまで達し、こうした論争は著作権ロイヤーの真骨頂ともいえるだろう。

### (2)「原作」と「原案」

この関連で、「原作」と「原案」のクレジット表記をめぐる法的相談も多い。「原案」は著作権法上の用語ではないし、また「原作」もクレジット表記においては著作権法のいう「原作」とはまったく意味が異なる。そのため、条文解釈の問題ではなく、ふたつの用語の意味合いにはあいまいな点もある。

が、一般的な傾向としては、他人の著作物の翻案にあたる場合、つまり二次的著作物が生まれる場合には下敷きとなった原著作物を「原作」と表記し、そこには達せず、単に基本的な着想やアイディアを借りて新たな作品を作る場合には先行作品を「原案」と表記する場合が多い、とはいえるだろう。[6] 言い方を変えれば、無許可で借りたら著作権侵害（翻案権侵害）にあたりそうな場合が「原作」である。そこで、両作品を見比べて「許諾を得る必要があるか、無許諾で参考にして原案と表記して大丈夫か」といったアドバイスをおこなうことも、エンタテインメント法務の重要な役割となる。時には、それは作品修正の提案にまで及ぶ場合もある。

とはいえ、上記はあくまで一般的な傾向である。そのため、法的には許諾を得るべきレベルであり、現に下敷きとなった作品利用の許諾を得ているが、相手方との協議の結果、クレジット表記は「原案」にとどめる場合なども少

なくない。逆に、厳密には許諾は不要であろうが、念のため、あるいは敬意の現れとして許諾を得、また「原作」と表記するケースなども現場では多いだろう。

## （3）「パクリ炎上」の深刻化

今ほど盗作疑惑が人々の関心を惹く時代はないと前述したが、その背景は明らかだろう。情報社会が進展し、いまや万人が情報の発信者であり利用者である。そのことが、情報の基本ルールといえる著作権への人々の関心を高め、論争の多発化とそれへの関心を高めているのだろう。つまり、かつては一部の業界法にとどまっていた著作権法は万人の法となった（野口祐子弁護士はこれを「お茶の間法」と表現した）。

とはいえ、週替わりで燃え上がる「パクリ炎上」の蔓延には、常にある課題がつきまとう。法的評価と社会の評価（あるいは社会の評価のように見えるもの）との乖離だ。記憶に新しいのは 2015 年の五輪エンブレム騒動だろう。著名デザイナーによる旧エンブレムデザインが、ベルギーの劇場のロゴと似ているというクレームを先方デザイナーから受け、瞬く間にネット炎上はワイドショーにまで拡大し、まさにお茶の間の話題を独占した。この時、著作権の専門家の間では、両者が著作権侵害を基礎づけるほどの類似性のレベルには達していないと考える意見は、筆者（福井）が知る限りかなり多かった（▶▶ 373 頁「エンブレム問題」）。実際、専門家からのそうした情報発信もあった。しかし、日本側デザイナーの過去の「パクリ疑惑」やエンブレムの選考過程などに事態は「延焼」を続け、ついに国家の威信を賭けたプロジェクトのエンブレムが 1 か月強で（発表上は自主的な辞退という形で）取り下げを余儀なくされた。

こうした「法律論から離れたパクリ炎上と作品の取り下げ・謝罪」は、いまや日常茶飯事の光景であり、そうである以上、コンテンツをめぐるリスク管理が、もはや裁判例・学説に基づく法解釈だけでは済まなくなった「現代」を雄弁に物語っている。

---

> コラム　**法律論と「世論」の乖離**
>
> 本文で述べたような法律論と現実との乖離が起きるのは、なぜなのだろうか。ひとつには、「法律論と社会の評価が離れるのはある程度の当

然」という点が指摘できるだろう。著作権侵害とは、ある表現は違法であり、差止めや時には刑事罰の対象になることをいう。つまり、権力による表現禁止がやむをえない事態が法的な著作権侵害だ。その認定のためのハードルが、低くないのは当然だろう。では、著作権侵害という評価に達しない程度の類似は、すべて社会的にも肯定的な評価を受けるべきかといえば、当然それは違う。この違法の領域の下には、広大な「自由な論評に委ねられた領域」がある。誤解を恐れずいえば「芸術的評価やマナーに委ねられた領域」だ。その意味で、著作権侵害には達しないレベルの類似を批判的に論評する行為も、（それが公正になされるなら）まったく健全な事態だろう。

　そして問題はこの「公正な論評」に帰着する。改めて指摘するまでもなく、ネットの言説（そしてそれがしばしば結びつくワイドショー的なメディアの言説）には、「過激化・双極化」「検証困難性、もしくは真実性への無関心」（ポスト・トゥルース）などの特徴がある。その原因分析は本書の役割ではないが、ネット言論ではやや極端な「言い切り」ほど多く拡散されやすいことはあまりに周知の事実だろう。同時に、ネット炎上の実証研究も進んでいる。田中辰雄教授らの研究では、多くの炎上の実態はごく少数の参加者によるものであるとわかってきた。[7]

　しかし、炎上を引き起こす者が実は少数であることや、ネット言論が極論やフェイクに陥りがちであることがわかったとしても、それで問題が小さくなるわけではない。炎上は「炎上のように見える」だけで十分な関係者への萎縮効果や社会への広告効果があり、かつそれは「批判が殺到」などと大手メディアが取り上げることで、本当の炎上事態に陥りやすい（前述五輪エンブレムの例）。

　エンタテインメント法務の担い手はリスク管理の専門家として、パクリ問題に限らず、このネット言論と炎上の特質をさらに知り、対策を進化させる必要がある。　　　　　　　　　　　　　　　　　　〔福井健策〕

## （4）炎上への対処

　では、どんな対策が考えられるのか。初動における正しい状況判断、「静観／発信」や「謝罪／反論」のタイミング判断と内容が重要なことはいうまでもない。炎上内容が限度を超えて不正確だったり誹謗中傷の域に達した場

合の、各プラットフォームに対する削除要請、発信者情報開示の要請手段などについては、すでに優れた解説書が存在するので、それらを参照されたい。[8]

　より抜本的には、迂遠なようだがやはり「正しい業界知識と法知識の普及」に限る。確かに法の議論と世論の乖離はあるが、それでも適切な法と業界の知識が普及していれば最初からこのような論争にはならなかった、このようには波及しなかったはずだ、と思えるネット炎上も多い。まだまだ不十分な中等・高等教育機関や実務現場での（バランスのとれた）著作権教育の一層の普及は急務だ。また、炎上時のメディアやインフルエンサーの発言の事後検証なども必要な時期なのだろう。

## 3 著作隣接権

　次いで**著作隣接権**だが、これは著作物の周辺にあるといえる情報について、著作権と似ているがその保護範囲は少し狭い4種類の権利の総称、とラフに整理することができるだろう。各権利の内容は次の通りであり、それぞれ著作権とほぼ同じ制限規定が適用され、表1-5-4に記載するように起算点が著作権とは異なるため、通常はやや短い保護期間が与えられる。

　音楽（とりわけレコード産業と呼ばれる部分）においては、この著作権・実演家の権利・レコード製作者の権利を中心に業界構造が組み上がっているといっても過言ではないほど、権利の帰属・配分とビジネスの成り立ちは切っても切り離せない。この点は、第3章で詳しく述べよう（▶▶152頁「原盤ビジネスと各種原盤契約」ほか）。

1-5-4　著作隣接権を構成する四つの権利（概略の整理）

| 権利 | 対象情報 | 主な権利 | 保護期間 |
|---|---|---|---|
| 実演家の権利 | 演技・歌唱・演奏・舞踊などの実演 | 録音・録画権<br>放送・有線放送権<br>送信可能化権<br>譲渡権・貸与権等 | 実演から70年 |
| レコード製作者の権利（原盤権） | 音源（レコード原盤） | 複製権<br>送信可能化権<br>譲渡権・貸与権等 | 発行から70年 |
| 放送事業者の権利 | 放送された音・影像 | 複製権<br>再放送権<br>有線放送権<br>送信可能化権 | 放送から50年 |
| 有線放送事業者の権利 | 有線放送された音・影像 | 複製権<br>放送権・再有線放送権<br>送信可能化権 | 有線放送から50年 |

また、俳優・ミュージシャン・ダンサーなどの実演家は映像ビジネスにおいても欠かせない存在だが、そこでは「ワンチャンス主義」と呼ばれる著作権法の特別な規定により、劇場用映画・放送番組・配信番組などジャンルと場合によって、その扱いはかなり様相を変える（▶▶90頁・コラム「ワンチャンス主義」）。

前述の通り、2022年頃からは人工知能（AI）の急速な進化を受けた著作権の議論が日本でも再活発化したが、わけても既存の声優や歌手の声を学習した生成AIによるAIカバーなど「声の模倣」は著作隣接権、および後述するパブリシティ権・不正競争防止法などを含む多くの論争を惹起した（▶▶352頁）。

## 4 商標権・意匠権・不正競争

著作権・著作隣接権以外では「**商標**」の法実務も重要である。商標権とは、自己の登録商標に同一・類似する商標を、登録した商品やサービスと同一・類似する分野でその出所を示すものとして（商標的に）使用等することを禁止することができる権利であり、対象となる「商標」とは文字・図形・記号・立体形状・色彩・音等で、「商品・サービスに業として使用するもの」である（▶▶142頁・コラム「音の商標」）。

新番組企画などで登録したい名称やマークが生まれると、印刷物・文具（16類）、衣類・靴（25類）、広告・小売業（35類）、各種の文化活動（41類）のように、45の国際分類に従って押さえておきたい商品・サービスを特定し、通常は登録したい国ごとに、類似する先行商標などを調査して登録可能性を検討する。その結果に応じて商標自体や商品・サービスに変更を加えたり、時には障害となる他者の商標を無効・取消し請求により排除したりしつつ出願し、また時には審査機関への意見提出・補正を経て登録を確保するのが、いわゆる商標出願の実務である。特に2010年代以降は国内特定事業者による他者の商品名・サービス名の大量出願問題や、中国・米国など他国でのそうした「冒認出願」が問題化し、アーティスト名や作品名・ブランド名などの商標調査と出願の業務は増大した（▶▶140頁・コラム「アーティスト名と商標」）。

また、様々なエンタメ活動では、（たとえば映像に看板が映されたり歌詞に商品名が登場するなど）他人の商品名や会社名が頻繁に登場し、時には「本家」

からクレームを受けることもある。しかし商標権が及ぶのは前述の「**商標的使用**」(≒トレードマーク的な使用)であり、そうではない一般的な言及対象や単なるデザインとして、(商品やサービスの出所・主体を示すものではない態様で)他人の商標を使用することは、少なくとも商標権の本来的な守備範囲ではない。そのため、どこまでの他人の商標使用が可能かは、時にデリケート、時に果断な法務判断を要する。

このほか、プロダクトデザインを中心に**意匠権**の実務知識も必要であり、また、未登録商標・商品形態・営業秘密・各種契約慣行など幅広い分野で不正競争防止法の知識は欠かせない(▶▶415頁「ファッションデザインの法的保護とトレンドの存在」)。表1-5-5では、著作権・著作隣接権・商標権・意匠権の内容を簡単に示しておいた。[9)]

これら意匠法・商標法や不正競争防止法も、著作権法と並び近時重要な法改正が続く分野である(たとえば、意匠法につき435頁、不正競争防止法につき421頁など参照)。

1-5-5 著作権・著作隣接権・商標権・意匠権の比較

| | 著作権 | 著作隣接権 | 商標権 | 意匠権 |
|---|---|---|---|---|
| 権利の対象 | 創作的な表現 | 実演・レコード・放送など | 文字・図形・音・色彩・形状など | 美感を伴う物品・画像・建築物などのデザイン |
| 対象から除かれる主な情報 | ありふれた表現、アイディア・企画案、単純な図案や短いフレーズ | ― | 普通名称(みかん)など識別性を欠くもの、国旗や広く知られた他人の氏名など登録が禁止される情報 | 工業的に反復生産できないもの、新規性や創作非容易性がないもの |
| 権利の内容(何を禁止できるか) | 広く複製・上映・公衆送信・翻案など | (実演の場合)録音録画・放送・送信可能化など | トレードマーク的(≒出所を示す)に使用する行為 | その物品(類似物品を含む)を業として製造・譲渡するなどの実施行為 |
| 権利の期間 | 著作者の死後70年 | (実演の場合)実演から70年 | 登録から10年(更新可) | 出願から25年 |
| 保護の条件 | 無条件にほぼ全世界で保護 | 無条件にほぼ全世界で保護 | 登録された国／商品・サービスの限度で保護 ※ただし不正競争防止法に注意 | 登録された国での保護 |
| どこまで似ると侵害? | 表現の特徴が似ると× | 類似・模倣は規制せず | 混同を招く類似は× | 類似の形態は× |

※ 濃い網かけは、一般的に、その権利の保護が最も幅広いと考えられる要素を指す。

## 5 パロディ・二次創作

　以上の知的財産権に共通して、パロディや替え歌などの「**二次創作**」は常に大きなテーマである。それは我々の文化の大きな潮流である一方、パロディ許容規定などをもたないわが国ではグレー領域で花開いてきた存在であり、知的財産法においては常に大きな論争の淵源であった。リーガル（法務担当者）には、現場に必要以上に萎縮をもたらさない一方で、大きすぎる落とし穴を避けさせるためのバランス感覚が求められる（▶▶ 38頁・コラム「パロディ・二次創作と知的財産権」、138頁・コラム「替え歌の著作権」、436頁「ファッションブランドと商標パロディ」）。

---

> ### コラム　　パロディ・二次創作と知的財産権

### 1．パロディ・二次創作の法的評価

　パロディ・二次創作をめぐる法実務は、ほとんどのエンタテインメント法のジャンルを貫く頻出の、そして常に広い視野とバランス感を求められる問題である。特に万人が発信者となるネット時代の、特に有数の二次創作大国でありながら、それを正面から許す法制度はない日本という国においては。

　まず対象を整理しておけば、狭い意味でのパロディにとどまらず、替え歌、現代アートなどでの既存作品の取り込み（アプロプリエーション）、パスティッシュ（作風模倣）、マッシュアップ（複数作品の融合）、リミックス、サンプリング、そして同人誌的な典型的な二次創作まで、実に多様だ。それらはある部分では重なり合っているが、ジャンルごとのローカルルールや過去の歴史は大いに異なっていたりもする。ここでは便宜的にこうした営みを広く「パロディ・二次創作」と呼ぶことにして、論を進めてみよう。

　こうしたパロディ・二次創作をしたい／している、逆にやられた、といずれの立場にせよ相談があれば、まずは法的な整理からスタートする。候補は主に、著作権と商標・不正競争防止法からの検討だろう。肖像権や名誉毀損などの検討もありうる。「フランク三浦」的な商標・不正競争防止法の面については、別の箇所で詳しく論じている（▶▶ 436頁

「ファッションブランドと商標パロディ」）。最も多い著作権の面では、パロディ・二次創作がオリジナル作品に対する著作権や著作者人格権侵害にあたるか否かの検討になる。基本は「著作物の利用があるか」、つまり複製や翻案があるかである（▶▶ 30 頁「盗作論争と翻案権侵害の条件」）。いずれかがあるとなると、次は、改変やオリジナル作者の名義表示があるか否かが問題となり著作者人格権の検討に向かう。

　「パロディ・二次創作である以上、複製か翻案だろう」という前提で現場はとらえがちであるが、そうとばかりは限らない。典型例は替え歌で、たとえばメロディはオリジナルそのままだが、歌詞はまったく入れ替えてしまっているようなパターンの場合、実は歌詞の利用はなく、メロディは JASRAC などの手続で利用可能なので OK、という見解も有力だ。作風という「アイディア」しか借りていないパスティッシュはもちろん、タイトルとキャラクター設定のみ借用といったタイプのパロディも、著作物の利用にあたらない可能性は十分あるし、二次創作同人マンガの中にはもはや絵柄が孤高の域に達しすぎて複製はおろか翻案ですらない、という作品も実は少なくない。このあたりは文献や先進的な議論も増えてきており、詳細はそちらに譲ろう（以上につき、▶▶ 138 頁「替え歌の著作権」）。

## 2.　パロディ・二次創作に現場でどう向き合うか

　もっとも、法的検討の結果がすべてでは決してない。現行法では侵害の可能性が高い／低い、あるいは微妙であるといった一応の結論に達したあとで、いわば本当の検討が始まる。日本においては、同人誌を代表に、「厳密には侵害だろうが黙認・放置されている」パロディ・二次創作のジャンルは少なくない。その根底には、見る者・聴く者にオリジナルが十分意識されている（本来の）パロディ・二次創作は、①市場においてオリジナルの売上を侵食はしないケースが多く、②人の業績を自分のもののように偽るわけでもない、③むしろオリジナル作品の盛り上げや再評価に資する場合すらある、といった状況判断もあるだろう。この判断は疑いなく、文化のある本質の部分に根付いている。歌舞伎の「丸本物」も、古典落語も、ジャズも、こうした伝統があってこそ誕生し発展してきたともいえる。

他方、ジャンルによって、またパロディ・二次創作の形態によっては、「オリジナルの許諾を得るのは当然であり、支払いが発生したり禁止されたりするのも当然。それが原作へのリスペクト」という思考体系も厳然と存在する。

こうしたジャンルごとの歴史や空気感も踏まえて、権利者側としては侵害にあたるから権利主張をおこなうのか、侵害でも権利主張は控えるのか、逆に法的には侵害ではなくても何か主張したいのか。使う側としても、ギリギリ許諾なしで切り抜けられる線を狙いたいのか、逆に侵害でなくても権利者に挨拶して同意を得たいのか。このように現場の求めるゴールは様々にありえ、またその達成手段も異なってくる。

法務のアドバイスも同様だ。現場が回っていようがいまいが、少しでも法的リスクを感じれば危ないから許諾を取れと言い、それどころか法的リスクはなくても「レピュテーションリスク」や「クレームへの対応負担」を持ち出して常に超安全運転を強いる態度もしばしば見られる。だが、必要もないのに許諾を取りに行って断られでもすれば、肝心の作品企画が死にかねない。だからといって挨拶ひとつでスムーズに回ったはずのものを、法的には問題ないの一点張りで暴走させるのが常に正しいはずもない。

アドバイスは、こうした法と現場の要請をつなぐ架け橋であるべきだ。そこでは法と、そして対象ジャンルの力関係や慣習の知識に根差した、現場に寄り添った判断が求められる。　　　　　　　　　　　〔福井健策〕

## **6** 知的財産権の管理・承継

こうした知的財産権の管理、寄贈、相続、そしてそれらに伴う税務も大きな法的課題であり、増加している法領域であろう（▶▶40頁・コラム「著作権の相続と信託」）。また、各種のネットビジネス・海賊版などを筆頭に、その国際的な保護と適用法もまた難題である（▶▶290頁「オンライン海賊版」、343頁「国際裁判管轄・準処法」ほか）。

---

> ### コラム　　**著作権の相続と信託**
>
> 著名画家であるあなたの父が、東京から札幌までの飛行機に搭乗中、

不幸なことに墜落事故で亡くなってしまった。残された遺族は母、姉ひとりとあなた。遺言もないため法定相続分通りに全財産を分けるはずだったが「争続」となり、その後、姉はあなたに非協力的になってしまった。そんな折、ある出版社から父の画集を出版したいと提案があった。母とあなたは賛成だったが、姉は断固反対。なんとかして出版できないものか……。

　画家や作曲家といった著作権者が遺言なくして亡くなった場合、その著作権は相続人間で法定相続分に従い共同相続されるのが原則である。たとえば、妻とふたりの子をもつ作曲家の夫が死亡した場合、個別の楽曲の著作権の 1/2 を妻が、1/4 ずつを子がそれぞれ相続する。

　もし共同相続財産が不動産であれば、民法の原則では、各相続人は自由にその共有持分を譲渡でき、持分の価格の過半数の決定があれば賃貸に出すこともできる。

　これに対して、著作権については特別なルールがある。たとえば、共有者の全員一致でなければ、自己の持分の譲渡はできず、著作物の第三者への使用許諾もおこなえない（ただし同意等の拒否には正当な理由が必要。著作権法 65 条）。それゆえ、相続人のひとりと連絡がつかない場合などは、著作権の他の共有者全員から使用許諾を得ても適法な許諾とはいえないと考えられる。共同相続人のひとりが他の相続人に非協力的というような場合も、事実上、著作物の利用に大きな支障が生じてしまう。

　そのような状況を未然に防ぎ、自己の死亡後も著作物が円滑に利用されるようにするためのひとつの方法として、生前に著作権を信託財産として自らを受益者とする信託を設定することが考えられる。要は、信頼できる第三者（「受託者」という）に著作権の管理・運用を託すべく著作権を譲渡し、その代わりに、管理・運用の結果生じた経済的収益を受け取る権利（「**信託受益権**」という）を得る、という仕組みである（自ら設立した法人を受託者とすることも可能である）。信託により、著作権そのものは相続財産から外れるため、著作権自体の共有は回避しつつ、経済的利益（信託受益権）は相続人間で共有させることが可能となる。

　ところで、**遺言**により、特定の相続人に特定の著作権の全部の権利を相続させることによっても、著作権の共有を回避することは可能であるため、遺言作成は有益である。ただ、遺言に基づく場合であっても、著

作権の全部を特定の相続人が相続する場合、法定相続分を超えた部分について第三者に権利の移転を主張するためには**著作権の登録**が必要である（民法 899 条の 2。著作権登録については文化庁著作権課「登録の手引き」も参照）。不動産登記制度と異なりあまり利用されていない著作権登録制度だが、相続との関係では注意が必要である。　　　　　〔小林利明〕

## **7** 肖像権・パブリシティ権

　狭義の知的財産権ではないが、これと近接し時に極めて似た問題を起こす権利群も重要だ。その筆頭格が肖像権・パブリシティ権だろう。

　**「肖像権」**とは、みだりに自己の姿態を撮影・公表されない権利である。著作権などとの最大の違いとして、著作権法・商標法という明文の法規はあるが、肖像権法という法律はない。これは、憲法上の幸福追求権などを根拠に判例で認められてきた権利である。よって、著作権などもその射程範囲は十分あいまいでグレーだが、肖像権となるとその射程や保護の条件はさらに茫洋とする（▶▶381 頁「素材①：肖像権」）。

　この分野の代表的な判例はいわゆる「和歌山毒カレー事件」の 2005 年最高裁判決（最判平成 17 年 11 月 10 日）であり、そこにおいて最高裁は「①被撮影者の社会的地位、②撮影された活動内容、③撮影場所、④撮影目的、⑤撮影の態様、⑥必要性等を総合考慮し、受忍限度を超える場合には人の姿態の撮影は違法となる」という、**「総合考慮に基づく受忍限度論」**を述べている。判断基準としては極めて穏当であるが、これだけでは、ある肖像の撮影や公開が許諾なくしてできるかの判断は極めて難しい。まして著作権の項（▶▶20 頁）で述べたような明文の制限規定もなく、たとえば「肖像のアーカイブ利用」がどの範囲でできるかなど、まったく手がかりがない[10]（▶▶277 頁・コラム「デジタルアーカイブ」）。

　保護期間も不明である。肖像権は人格的権利であると考えられているので、死後は消滅するのが自然だろうが、それでも遺族固有の人格的利益として肖像利用にどこまで異を唱えられるか、といった問題はなお残る。わかるのはせいぜい、おそらく保護は時の経過とともに漸減するだろうということ程度である。国際条約もないので、国際的な保護水準もまったくまちまちだ。

　**「パブリシティ権」**は、この肖像権から派生したともいえる権利で、芸能人・スポーツ選手などの氏名や肖像等がもつ顧客吸引力を排他的に利用する

権利（≒著名人の肖像等の一定の営利利用権）と説明される。同じく判例で発達した成文法のない権利であり、代表的判例はピンク・レディー事件最高裁判決（最判平成 24 年 2 月 2 日）だろう。そこで裁判所は、パブリシティ権の侵害は「専ら顧客吸引力の利用を目的とする場合」に限定されるとしたうえで、補足意見と相まって、その対象を概ね、①肖像等それ自体が独立して鑑賞対象（例：グラビア写真）、②差別化目的で肖像等を商品等に付す場合（例：キャラクター商品）、③広告使用、の 3 類型を中心とする姿勢を見せた（▶▶383 頁「素材②：パブリシティ権」）。

これにより、以前よりはパブリシティ権の及ぶ範囲は明確化が図られ、たとえば作品中での言及・描写対象としての著名人の登場や、過去の雑誌などの非営利のデジタルアーカイブ化はおそらくパブリシティ権の対象外であろうと判断しやすくはなった。とはいえ、著名人・一般人の肖像利用が、エンタテインメント法務の中でもしばしば困難な判断であり、頻出問題であることは変わりがない。前述の通り、既存の声優や歌手の声を学習した生成 AIによる AI カバーなど「声の模倣」はパブリシティ権・不正競争防止法などを含む多くの論争を惹起した（▶▶352 頁・コラム「ディープフェイクの悪用」）。

## **8** 名誉・プライバシー・個人情報

いうまでもなく、名誉毀損やプライバシー侵害も頻出領域だ。ノンフィクションや、フィクション作品中への実在人物の登場は、しばしば表現の自由と名誉・プライバシーといった他の人権との衝突を起こし、やはりデリケートかつ果断な法的判断を必要とする（▶▶338 頁「名誉毀損・プライバシー侵害・忘れられる権利」）。生存中の個人に関する情報のやり取りを含むビジネスであれば、個人情報保護法や GDPR などの各国の個人情報保護ルールの検討が欠かせない（▶▶341 頁・コラム「個人情報保護／GDPR」）。

## **9** 所有権との交錯／疑似著作権

また、知的財産権と所有権との交錯・相互補完もエンタテインメント法務では頻出の課題だろう。

代表例は、「施設での撮影許可」や「物品の撮影許可」とその後の利用条件である。建造物や公園は、仮にそれが著作物にあたる場合でも著作権がすでに切れているか、あるいは建築の著作物等の広範な自由利用を認める制限

規定（著作権法46条）の影響で、著作権者は撮影やその後の利用を差し止めることはできない。ただし、建造物の所有者（やその占有者）は当然ながら管理権を有しているので、無断での施設内への立ち入りを制限できるし、立ち入りを許す代わりに一定の条件を付けることも原則として可能である。そこで、多くの神社仏閣や美術館・博物館・テーマパークなどは「撮影に関するルール」を設けている。そのルールに従うことを約束した者だけが入場を許される場合、入場者がルールに従うことに同意すれば、これは契約合意となる。おそらく、その多くは有効だろう。[11]

仮にこの撮影ルールに、「当館内で撮影した写真を放送・出版その他商業利用する場合には、その都度『二次利用申請書』を提出のうえ、当館の事前承認をお取りください」という条文が含まれていたらどうであろうか。まるで著作権者の言である。「当館」は所有者であって必ずしも著作権者ではない（仮に著作権者でもあったとしても、前述の著作権法46条などの影響で利用はそもそも自由である場合が多い）。ゆえにこれは著作権の主張ではない。所有権をもっていることの帰結として撮影者と契約合意がされ、その契約合意の一環としてまるで著作権のような二次利用ルールが生まれているのだ。そして、内容がよほど極端でなければ、こうした契約合意もまた、有効なのだろう。ただし契約である以上、直接的に拘束されるのはあくまで当事者である入館者だけであり、彼／彼女から写真を入手した第三者には拘束力は及ばない。

このように所有権（や他の様々な要因）を起点に知的財産権類似の機能をもつ契約合意が結ばれることは、エンタテインメント業界ではしばしば見られる（▶▶183頁「貸譜と著作権類似の契約条項」）。そもそも、考えてみれば知的財産権にしたところで、「本来はその権利の法的効力を超えることがら」について契約が結ばれることも珍しくはなく、本書においてもそのようなライセンス契約の付帯合意の例はあまた見られることだろう。エンタテインメント法務中最頻出の法ジャンルとして、「エンタテインメント契約」を挙げたゆえんである。

以上は、れっきとした法的権利（ないし法的拘束力）の話であるが、さらにアート・メディアの分野には、法的根拠は無いかあいまいだがあたかも法的権利であるかのように振る舞っている、少なからぬ「疑似的な権利」が存在して、現場の権利処理においては大きな比重を占める。著名な例は、神社

仏閣やそこにある仏像などだ。前述のように敷地内に立ち入っての撮影に伴う条件ならばまだしも、すでにネット上などで流通している写真画像などの利用に当の神社仏閣が差止めを求めたり、使用料を請求するケースである。こうした慣行は、出版や放送現場において極めて広く定着している。すでに著作権などは消滅しているか、あるいは著作権法の制限規定の関係で利用に許諾は不要なはずであるが、あたかも法的権利であるかのように主張がされ、それなりに受け入れられている。

　こうしたいわば「疑似著作権」の例は、美術・写真・フィルムの所蔵家、競走馬・ペットの肖像権、人気のある城などの建造物や刀剣・電車に対する前述のパブリシティ権（▶▶42頁）的な権利主張（いわゆる「物パブ」）、「ピーターラビット」などパブリックドメイン作品への権利主張など、幅広く見られる。[12]

〔福井健策〕

### 1-5 注釈

1)　著作権のさらなる知識を得るには、本章末尾の参考文献に挙げた優れた概説書のほか、初学者の方にはさしあたり池村聡『はじめての著作権法』（日本経済新聞出版社・2018年）、福井健策『18歳の著作権入門』（筑摩書房・2015年）などが挙げられる。

2)　たとえば、前田哲男「講演録『引用』の抗弁について」コピライト680号（2017年）2頁以下は、事例を挙げて適法な引用といえるかを具体的に検討しており、参考となろう。

3)　わけてもゼロ年代から足かけ10年にわたって日本を襲い、筆者（福井）も深く関わった保護期間の延長問題は、著作権と社会の関わり、情報制度とパブリックフォーラムという点でもエポックメーキングな事件であったが、その経緯は田中辰雄＝林紘一郎編『著作権保護期間—延長は文化を振興するか』（勁草書房・2008年）、福井健策『「ネットの自由」vs.著作権—TPPは、終わりの始まりなのか』（光文社・2012年）などを参照。また、誕生以来の保護期間の延長の歴史は、白田秀彰『コピーライトの史的展開』（信山社・1998年）に詳しい。

4)　橋本阿友子「朝日web論座　著作権の保護期間　旧法からの軽やかな卒業」〈https://webronza.asahi.com/business/articles/2019012200008.html〉、福井健策＝数藤雅彦『デジタルアーカイブ・ベーシックス1　権利処理と法の実務』（勉誠出版・2019年）第2章〔数藤雅彦＝橋本阿友子執筆〕。

5)　鈴木里佳「権利者不明の場合の切り札となるか？〜オーファン作品は、侵害しながら使う？　使わない？　それとも…。〜」骨董通り法律事務所HPコラム〈https://www.kottolaw.com/column/200430.html〉、文化庁「利用裁定の手引き」（文化庁HP）参照。

6)　福井健策編『出版・マンガビジネスの著作権〔第2版〕』（著作権情報センター・2018年）151頁以下ほか参照。

7)　田中辰雄＝山口真一『ネット炎上の研究』（勁草書房・2016年）ほか。

8)　清水陽平『サイト別　ネット中傷・炎上対応マニュアル〔第4版〕』（弘文堂・2022年）ほか。

9)　刊行から少し時を経たが、著作権とともに商標権・意匠権などの基礎知識を横断的に身につけるうえでは、小泉直樹『知的財産権法入門』（岩波新書・2010年）などがハンディで高水準である。

10)　デジタルアーカイブ学会の「肖像権ガイドライン」提案は、この点に指針を与えようとする民間の試みである（同学会HP参照）。

11)　福井健策「イベント・観光地での撮影・録画はどこまで自由か〜著作権・施設管理権・契約の守備範囲を考える〜」骨董通り法律事務所 HP〈https://www.kottolaw.com/column/190508.html〉ほか。
12)　福井健策「擬似著作権：ピーターラビット、お前に永遠の命をあげよう」骨董通り法律事務所 HP〈https://www.kottolaw.com/column/000042.html〉、同『著作権の世紀―変わる「情報の独占制度」』(集英社・2010 年)第 7 章など参照。

# 1-6
## 対象となる法領域③：その他の法ジャンル

### 1 民商法・各種法人法・倒産法

　以上の契約と知的財産権という2ジャンルを筆頭に、エンタテインメント法を形作る法領域は実に幅広い。むろん、契約解除、損害賠償、時効、債権回収といったいわゆる通常の民・商法の実務知識は、どのエンタテインメント分野にも常につきまとう（▶▶47頁・コラム「法手続」、51頁・コラム「紛争処理制度」）。

　当然ながら、会社法や非営利法人の設立・運営に関する一般知識も欠かせない。非営利法人はエンタテインメント分野では大きな比重を占めるプレーヤーであり、相談案件も全般に多い。

　このふたつの領域の交錯場面として、倒産法知識の重要性も高い。国内のメジャー配給映画は大半が製作委員会方式で製作されると前述したが、そこでは映画の著作権は出資企業によって共有されるのが通常だ。そして共有される著作権は共有者全員の同意がなければ利用することはできない。しかし10年も経てば、時に10社以上もいる出資企業の1社くらいは倒産しているか、（もっと悪いことに）法的倒産をしないまま事実上消滅していたり経営体制がまったく変わっていたりするものだ。この場合、他の製作委員会メンバーや倒産した法人の管財人は、共有著作権の「救済」や脱退メンバーの「精算」に苦慮することになる（以上、倒産時の法実務の概括については▶▶53頁・コラム「倒産への対処」）。

---

> コラム　**法手続──民事上の救済と刑事手続、表現の自由との関係**

　エンタメ・ビジネスの分野において、何か紛争が生じたとしても、実際に裁判に至るケースはそれほど多くないといってよさそうである。しかし、そうはいっても、法的措置をとることが必要・妥当な場面はある。また、被告側であれば、否応なく法的措置に巻き込まれることになる。

それゆえ「備え」は必要だ。さらに、裁判になった場合にどうなるかという見通しをもっておくことで、たとえば交渉において妥協すべきか否か等を判断する材料を得ることができる。そのため、法手続ないし法的措置の一般を把握しておくことは重要な意味をもつ。ここでは、ごく簡単に制度を概観しておこう。

法治国家においては、いわゆる自力救済は禁止されている。契約の存在しない第三者に対して法的救済を求めるには法的措置をとるしかない。以下、民事的措置、刑事罰に分けて簡単に説明する。

## 1. 民事的措置

著作権などの知的財産権の権利者側から提起する法的措置として代表的なのは、差止請求と損害賠償請求である。前者は、たとえば著作権侵害物の販売の差止めを求める訴訟などである。こういった請求は緊急性を要する場合が多く、簡易迅速な民事保全手続を利用する場合も多い。差止請求は、侵害行為が終了し、将来も侵害のおそれがなければ認められないが、その場合でも、過去の侵害によって被った損害を回復するための救済措置として、本訴（正式裁判）により損害賠償請求は可能だ。

著作権などの知的財産権に基づく差止請求は、権利の排他性を根拠に求められるため、行為者（侵害者）側の主観的事情にかかわらず行使できる。そのため、侵害者側に故意または過失は不要である。他方、損害賠償請求は民法上の不法行為に基づく損害賠償請求としておこなわれるので、行為者の故意または過失（民法709条）を原告側が主張立証する必要がある。

本訴において著作権侵害物の販売差止めや廃棄等を求める場合、あわせて損害賠償も請求する場合が多いだろう。前者は、将来の損害発生を防ぐための救済であり、後者は過去の損害を償ってもらうための救済なので、両者が揃って完結するためだ。さらに実務上の事情として、たとえば、差止請求だけを求めた場合、訴訟途中で被告が係争物を第三者に処分した場合に、訴えの利益を喪失したとして訴えを却下されてしまうリスクがある。この点損害賠償も請求しておけば、過去の侵害分の話なので訴えの利益がなくなることはない。

賠償請求ができる損害として、伝統的には「差額説」という考え方が

とられてきた。これは、「不法行為によって実際に生じている財産状態と、不法行為がなかったとすればあったであろう財産状態との差」を損害と捉える考え方である。[1]米国などでは、懲罰的損害賠償といって、実際に被ったとされる損害の何倍もの損害賠償責任を不法行為者に負わせるケースもあるが、日本では懲罰的損害賠償は認められていない。

　損害のカテゴリーは、財産的損害、精神的損害、弁護士費用に分けられる。

　財産的損害として、著作権など知的財産権が侵害された場合には、損害額の推定規定が強力な効果を発揮する。使用料相当額を損害と認める規定（著作権法114条3項）のほか、侵害者が得た利益を損害と推定する規定（同条2項）、「侵害行為者の譲渡等数量」に「権利者側の単位数量当たりの利益」を乗じた額を損害とできるとする規定（同条1項）などがある。この最後の規定は、侵害物は「まがい物」として安価に売られることが多いため、侵害者の得た利益をベースにしたのでは権利者の救済として十分ではないことなどから設けられている。ただし、この推定は、侵害者の売上等の数量が権利者の販売等の能力を超える場合には適用されないことになっている（前述2項の推定も同様の解釈）。しかし、海賊版では、売上等が権利者の販売能力を大幅に超える場合が多い。そこで、海賊版被害等の実効的救済を図るために損害賠償額の算定方法が見直され、権利者の販売等の能力を超える場合でも、ライセンス料相当額の損害額の認定を可能とする改正がおこなわれた（同条1項2号）。また、ライセンス料相当額の考慮要素として、著作権侵害があったことを前提に交渉した場合に決まるであろう額を考慮できる旨明記する改正もあわせておこなわれた（同条5項）。その他の説明は省略するが、これらの推定規定は、いつでも適用されるわけではなく、場面が限定されていたり一定の要件を必要としたりするため注意が必要だ。

　精神的損害は、著作者人格権の侵害など、人格的な権利の侵害がある場合に認められる。たとえば、著作権侵害があった場合に、本来の著作者の氏名が作品に表示されていなかったとする。その場合、著作者としては、財産的損害に加えて、氏名表示権の侵害を根拠に精神的損害も請求できることになる。

　弁護士費用は、実務上、財産的損害や精神的損害として裁判所が認定

した損害額の 10% 程度が認められる場合が多い。

その他の救済として、謝罪広告の掲載を求められる場合もある。金銭賠償が原則であるため（民法 417 条、722 条 1 項）、認められるのは例外的だが、名誉毀損訴訟などで認められる場合もある。実務的には、求める謝罪広告の文言をベースに、活字サイズや掲載を求めるメディアでの広告料などから訴額を算定する。

### 2. 刑事罰

著作権、出版権または著作隣接権を侵害した者は、10 年以下の懲役もしくは 1000 万円以下の罰金またはこれらの両方を科せられる。著作者人格権または実演家人格権を侵害した者や侵害物の輸入等をおこなった者は、5 年以下の懲役もしくは 500 万円以下の罰金またはこれらの両方を科せられる。つまり、著作権等を侵害した者は民事的責任のみならず、刑事責任が科されることがある。

それゆえ、権利侵害をされた側から見れば、事案によってはいわば救済措置に代わる手続として刑事告訴をおこなうことも選択肢に入ることになる。侵害行為者が誰であるかが不明でも、被疑者不詳として刑事告訴をおこなうことが可能である。

なお、警察は日々起こる事件の処理に追われ多忙であり、著作権侵害の告訴などの受理を嫌がる傾向があるのも実情である。しかし、「被害に苦しみ犯人の処罰を求める国民にとって、警察は最後のよりどころであり、国民からの告訴・告発に迅速・的確に対応することは、警察に課せられた大きな責務である。」——これは、ほかならぬ警察庁の通達中[2]の記載だ。時には、このような通達なども拠り所としつつ、地道に捜査官に働きかける必要もあろう。

### 3. 表現行為との緊張関係

著作権侵害、あるいは名誉毀損やプライバシー侵害などを理由として出版や映画の上映について損害賠償請求をする場合、あるいは差止め等を請求する場合、被告側の表現の自由と緊張関係に立つことになる。

名誉権もプライバシー権も、個人の尊厳を規定した憲法 13 条によって保障される憲法上の人格権と位置づけられている。同じく憲法上の権

利である表現の自由との調整は、憲法上も重要な課題だ。事後的救済である損害賠償請求の場合より、差止請求の場合の方が要件は厳格になる（請求が認められにくくなる）。差止めがなされると表現物が市場に出せなくなることから、事前抑制に該当するためだ。さらに、仮処分という簡易な手続で差止めを求める場合には、より厳格な要件が求められる（最判昭和61年6月11日［北方ジャーナル事件］参照）。

　著作権侵害を理由として出版や上映の差止めを求める場合でも、同様に表現の自由との緊張関係は生じるはずである。しかしながら、著作権侵害を理由とする場合の方が、名誉毀損やプライバシー侵害を理由とする場合よりも比較的容易に差止めが認められる傾向があるように思われる。一般的な憲法論としては、精神的自由権の方が経済的自由よりも重視されることになっている。どのようにバランスをとるのが妥当なのか、いろいろと検討課題がありそうだ。

　民事上の救済の場合には、民間人同士の関係であるのに対し、刑事手続の場合には、公的機関との関係になる。さらに、科されるのは刑罰という強力な制裁であるから、表現の自由との緊張関係はより強くなるといってよい。それゆえ、海賊版の場合など、明らかに悪質な場合に限って捜査機関が介入するのが妥当といえるだろう。　　　　　　〔二関辰郎〕

---

> コラム　**紛争処理制度**

　エンタテインメント業界は「狭い」業界である。業界で存在感のある企業の数も限られている。業界内での転職も多く、情報も拡散しやすい。そのため、できればトラブルは平和裏・秘密裡に話し合いで解決したいというニーズがある。もちろん、それでは解決できないこともある。しかし、紛争内容が公開される訴訟による解決は、場合によってはコンテンツそのものや出演者・キャラクターのイメージを損ないかねない。また、出演者だろうと裏方だろうと、それが正当な権利主張であったとしても、「うるさい人」というイメージがつくと次の仕事に響くおそれもある。

　さらに、この業界のコアな企業は、名前は世間に知られている割に企業規模としては小規模であることも多い。そういった事情があるためか、

人的、時間的、経済的リソースを割いて訴訟に対応することに必ずしも積極的ではないように感じられる。他方で、権利者の強い「想い」ゆえに、当事者間の協議による解決がふさわしいと思える事案でも、訴訟に至ってしまう紛争もある（▶▶79頁「エンタテインメント法務にはどんな特徴があるか」）。

ところで、エンタテインメント関連の紛争といっても、様々な類型がある。芸能事務所と所属タレント間、あるいは製作委員会メンバー間の契約紛争もあれば、著作権管理団体と著作物利用者との間の紛争、支払うべき金銭の不払いに関する紛争、映画フィルム購入にかかる減価償却費の損金算入の可否をめぐる税務紛争もある。この点、税務紛争など審判や訴訟で結論が判断されるべき事案もあるが、契約紛争などは**話し合い**により解決される場合も多い。それでは解決できない場合、裁判所に**訴訟**をおこすことが考えられるが、訴訟以外にもいくつかの紛争解決手続のオプションがある。

当事者間で見解が対立している場合の訴訟以外の紛争解決手続のオプションとして、まず、裁判所での「**調停**」手続が考えられる。調停手続は非公開であり、裁判官を含む調停委員会が当事者双方の話を直接聞いたうえで、当事者間の互譲による解決を目指し調停案を考える。法律の条文を適用するだけではない柔軟な解決も可能である。ただ、調停案の受諾を拒否することも可能であり、当事者双方が裁判所で「白黒はっきりつけたい」と考える事案には向かない。なお、当事者間の協議では合意に至らない場合に、調停者から「調停に代わる決定」が示されることもある。

ほかに、裁判所が関与しない紛争解決制度として「**仲裁**」がある。非公開でおこなわれ、仲裁人が下した仲裁判断には判決と同様の法的強制力が認められるが、仲裁手続の利用について両当事者が同意していることが前提となる。日本知的財産仲裁センターなどの仲裁機関も存在するが、仲裁は日本国内の当事者間の紛争にはあまり利用されてこなかった（国際契約においては、エンタテインメント関連契約に仲裁合意が定められることは珍しくない。なお、2020年に日本における国際仲裁を活性化させるため、日本国際紛争解決センター（JIDRC）が開設されている）。

さて、債権回収の場面で、金銭の支払いをめぐる事案については、ほ

かにもいくつかのオプションがある。60万円までの金銭支払請求であれば「**少額訴訟**」手続が利用できる（民事訴訟法368条以下）。少額訴訟では、原則として1回の期日で審理を終え、その日に判決がなされる。また、「督促手続」（同法382条以下）の利用も考えられる。督促手続とは、債権者からの申立てのみに基づき、金銭等の支払いを命じる「**支払督促**」が裁判所書記官から債務者に送付される制度である。

訴訟や支払督促に対しては、不服申立てをおこなうことも可能である。仲裁判断に対しては原則として不服を申し立てることはできない。

上記の各手続のいずれがその紛争解決に適しているかは、債権の存否や額に関する当事者間の認識の相違の有無、不服申立てがあった場合や強制執行をする場合にどこの裁判所で手続をおこなうかなども踏まえ、戦略的な検討が必要となる。

上記はいずれも、強制執行をおこなうための前提として必要な手続であるが、そのような手続を省略し、すぐに強制執行をおこなえるようにするための方法として、契約書を**公正証書**の形で作成しておくことや、簡易裁判所での「訴え提起前の和解（**即決和解**）」制度（民事訴訟法275条）を利用することも考えられる。両当事者の合意があれば、公正証書の作成は最寄りの公証役場で、また即決和解は簡易裁判所においておこなうことができる。

〔小林利明〕

---

> コラム　**倒産への対処**

### 1．倒産その他の事情での関係者の離脱

すべてのエンタテインメント分野で、倒産その他の理由による関係者の離脱は重要な局面だ。これはほぼすべての関係プレーヤーに起こりうる事態だが、ここでは典型例として、ライブイベントでの次のようなまったくうれしくない事態を念頭に、主催者の立場に立って対処の流れを紹介しよう。

### 2．倒産の場合の一般的な対処

この場合、大きなステップはたとえば次の3段階に分類することができるだろう。①現状把握、②イベント継続の模索、③イベント中止の場合の対処、である。現実にはこれらはある程度並行して進めざるをえ

1-6-1　ライブイベント分野の倒産トラブル例

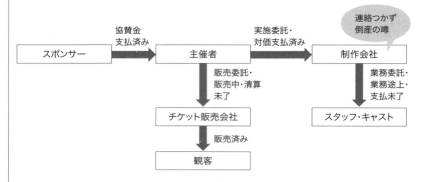

ない。

　①**現状把握**：支払いが滞る、連絡がつかない、業界の噂などの何らかの異変がまず起こる。重要なのは状況の把握だ。相手先と連絡がつくなら面談するなどして状況の報告を受け、支払いが滞っているなら支払計画を提出させるといったことが一般的なスタートだろう。連絡がつかない場合は、周辺への聞き取りとともに、まずは現場（相手の事務所など）に急行する。誰もいなくても、何らかの掲示など手がかりが必ずある。社員や代理人弁護士の連絡先が掲示されている、などが典型的なパターンだろう。

　できるだけの情報を取り、上の例ならば制作会社の責任遂行能力と、キャスト・スタッフとの契約や支払いの有無など関係者の状況を整理する。特に制作会社が倒産状況にあるのか（法的倒産か事実上の倒産状態か）、倒産状況の場合、想定される／進行中の倒産手続はどういうものかの把握は中心だろう。一般的な破産・民事再生などの各種倒産タイプの整理・手続・対処については解説書が多いので、そちらを参照のこと。

　②**イベント実施の努力**（**サルベージ**）：この例ならば、制作会社にイベント遂行能力がない、あるいは部分的にはあるがたとえばお金は渡せない（渡せばほかに流れる恐れ大）と判断するかがまずは大きい。今のままの進行は難しいと判断すれば、制作会社との契約解除ないし契約変更を試みることになる。合意解除などの道を探りつつ、契約解除の事由がすでにあるかどうかを探る。すでに契約違反があればもちろんのこと、契約条項の中に「信用不安的な状況」で契約解除できる旨の規定があれば、

それを利用する。すでに法的倒産に入っている場合、相手は管財人などになるし、解除は法的に制約されるケースもあるが、契約からの離脱は倒産企業にとってもメリットである場合が多いし、何より管財人の負担が減るので、迅速に、かつ粘り強く交渉する。

　並行して、キャスト・スタッフ勢にイベント参加を続行してもらうべく交渉を開始する。制作会社に離脱してもらう場合には、キャスト・スタッフが制作会社との契約を解除し、主催者（または新制作会社）と直接契約を結ぶのがオーソドックスな解決法だろう。ただ、主催者がすでに制作会社に対価を（一部なりとも）支払っており、制作会社は支払不能の状態にあり、かつキャスト・スタッフには未払いの場合は厄介だ。主催者は二重払いを覚悟せねばならない場面も多いが、金額の調整をキャスト・スタッフと協議するケースもあろう。

　制作会社にある、権利、資料、資材などの回収も重要な業務である。制作会社が作品の独占上演権などを確保していると厄介なので、キャスト・スタッフの場合と同様、解除などを駆使して「権利のサルベージ」を図るべく努力する。チケット実券やグッズなどの在庫があると流出・転売も十分危惧されるので（▶▶241頁「チケット高額転売」）、任意提出を受けたりその他の法的武装を試みつつ、とりもなおさず残チケットはいったん回収することを考える。現場では、以上のすべてが恐ろしいスピードで進行するので、「法的整理は後からつける」という現場の割り切りも、時には求められるのが現実だ。

　③イベントの中止対処：以上の努力が難しく、あるいは危険すぎるとしてイベント中止を決定するのが、主催者としても最も苦渋の瞬間だ。まずは社会に向けての発表と説明が重要となる。チケットについては販売分の払戻しをおこなう（▶▶238頁「チケットの法的性質と効力」）。制作会社との契約解除や、既払金・損害の回収を図ることは当然だ。

　キャスト・スタッフとは主催者は直接の契約関係をもたないが、制作会社の協力が期待できない場合には主催者がコンタクトをとり説明をおこなうほかない場合が多いだろう。関係者から主催者に補償を求められた場合には、法的にその根拠があるかは微妙な判断だが、スキャンダル防止のためにも丁寧な協議が必要になることは間違いない。　〔福井健策〕

## 2 労働法

### (1) エンタテインメント業界に関わる者

　エンタテインメント業界における労働環境については、以前にも増して関心の度合いが高まっている。ライブイベントや放送・映像制作現場を代表格に、エンタテインメントの現場は労働法規が通常想定している労働環境とは大きく異なる。労働時間が不規則であるゆえに生じる問題はもとより、子役や未成年タレントには特別な労働時間規制が適用され、労基署との協議も時には必要になる。タレントと事務所との間のマネジメント契約については、近時、競争法（独占禁止法）の観点からも盛んに議論がされているが（▶▶160頁「プロダクションと専属マネジメント契約」、170頁「アーティストの移籍・独立をめぐる実務的問題点」ほか）、これまでも労働法規の適用の可否については様々な議論がされてきた。タレントだけではなく、個人事業主としてのフリーランス、雇用契約下にある者、その中間で「雇用類似の働き方」ともいえる働き方をしているスタッフ職なども含め、エンタテインメント業界の働き方は、様々な労働問題を提起する。

　ひとつのエンタテインメント作品を作り世に届けるためには、実に多くの会社や担当者が関わる。映画であれば、エンドロールクレジットに細かい字で氏名が書かれているすべての人が映画製作に関与している。ライブイベントでは映画より関係者の数は少ないかもしれないが、それでも多くのスタッフが関与する。もちろん、ここでいう関係者・スタッフは制作に関わる者だけではない。広告宣伝を担う者や、チケットの「もぎり」や会場内を案内するスタッフ等も公演を行うためには不可欠である。さらにいえば、印税分配を行う部門や契約部門といったバックオフィスも、エンタテインメント業界を支える重要な役割を果たしている。

### (2) 労働時間規制

　いうまでもなく、エンタテインメント業界においても、ヒトが関係する以上は労働法の理解・遵守を避けて通ることはできない。加えて、この業界の労働法務においては、通常の労働法務を扱う場合には登場する頻度が低いルールにも注意する必要がある。たとえば、上述の労働時間規制についていえば、映画・演劇業の法定労働時間の特例（一定の場合は1週44時間となる。労働基準法施行規則25条の2）や18歳未満の年少者の労働等に関する労働

基準法上の規制（労働基準法56条以下）などである。

　エンタテインメント業界においても労働法は重要かつ頻出の法律であるにもかかわらず、この業界に関わる当事者（使用者側のみならず、従業員側もである）には労働時間に関する労働法の理解・遵守に関する意識が十分とはいえない場合も見受けられる。その理由は、門戸の狭い憧れの業界にやっと入れた以上は激務も厭わないという心理、休まず働いて当たり前だという風潮、あるいは休みたくても現実問題として休めない環境など、いろいろ考えられるが、その背景には業界特有の事情もある。たとえば、深夜や明け方のシーンの撮影であるとか、制作スケジュールや出演者の都合といった事情でどうしても深夜や明け方まで現場に立ち会う必要があるといった場合である。

　法制度が現場の実情を踏まえていないという声も多い。たとえば、労働時間に関していえば、同じ現場に雇用法制の適用外である出演者と適用を受けるスタッフとが働いて一つの作品を作っているのに、スタッフが出演者の都合や時間の流れに合わせて労働することができないといった具合である。また、会場設営従事者など一定の技術と経験を要し安全確保の面からも細心の注意が求められる職人的スタッフの労働時間が限られることで、設営と解体を別のスタッフが担当することになり、安全面での不安も生じる。これらは制作コストに跳ね返り、また、スタッフの人員不足により制作に支障が生じるばかりか、労働時間の遵守のために安全確保に不安が生じかねないという重要な問題も提起する。

　しかし、現状、エンタテインメント業界についてだけ労働関連法規の適用が除外される法制度にはなっていない。したがって、法令の範囲内で業務をおこなうべきことは当然であり、これまでの業界慣行がどうであれ、その感覚が今後も通用するとは考えるべきではない。何より、昨今の社会環境や意識の変化を踏まえれば、有能な人材確保のためにも労働環境改善に向けた努力は不可欠であろう。実際に、各法人内での労働環境改善のための努力にとどまらず、関係当事者が主導して設立された団体（映適（日本映画制作適正化機構）など）により、労働環境の適法化・適正化の推進に向けた取り組みもおこなわれている。

### (3)「労働者」性の問題

　労働時間の問題以外にも、エンタテインメント業界の典型的な紛争類型として、タレントやアーティストと所属事務所との契約関係（雇用関係かどう

か）が争われる例がある。また、どのような未成年タレントであれば労働法上の規制の対象外かが議論されることがある。これらはいずれもいわゆる労働者性の有無の問題、すなわち、労働基準法にいう「労働者」に該当するかという問題である。

原則的には、雇用主の指揮監督下において労務が提供され、提供された労務に対して報酬が支払われる関係にある場合は、使用従属性があるものとして労働基準法上の「労働者」に該当する。近時は「偽装フリーランス」という言葉もみられるが、これは従来から議論されていた「偽装請負」の問題である。すなわち、実質的には雇用関係にあり労働者として保護されるべき者が、フリーランス（請負関係または委任関係）として労働法の保護が及ばない者として処遇されているという問題である。

労働基準法上の「労働者」にあたるかどうかの判断基準については、厚生労働省ウェブサイトで入手できる「フリーランスとして安心して働ける環境を整備するためのガイドライン」（令和 6 年 10 月 18 日改定）などの資料にもまとめられている。なお、労働組合法上の「労働者」該当性の問題は別の考慮を要する議論でありここでは割愛するが、上記ガイドラインにはその点にも解説があるので必要に応じて参照されたい。

### (4) 労働災害

ライブコンサートや舞台、映画などの制作過程においては業務中や通勤中の事故も発生するところ、フリーランスとして扱われるスタッフが労災保険の対象となるかをめぐっても、「労働者」該当性が問題となる。労働者災害補償保険法（労災保険法）の適用を受けることができるのは同法上の「労働者」であるが、これは原則として労働基準法上の「労働者」の範囲と同じと考えられている。

多くの業界の会社員については、会社に雇用される労働者であるかが争われることはあまりない。しかしエンタテインメント業界においては、そもそもフリーランスと扱われる者の法的な位置づけが明確ではなく、ゆえに、事故が起きてからスタッフを含む芸能関係者の「労働者」該当性が争われることも多い。つまり、フリーランスが法的にみて雇用関係にあるか業務委託関係にあるかが明確ではないうえ労務提供に関する契約書が存在しない場合も少なくないため、事故後に労災保険適用の有無をめぐり被災者や遺族が提訴するという構図である。そして、「労働者」ではないと判断された場合、特

別加入制度によって労災保険に加入している場合を除けば、フリーランスは労災補償制度の対象外となってしまう。

特別加入制度とは、業務の実情や災害の発生状況等に照らして労働基準法上の労働者に準じて保護すべき者に労災保険の保護を与える制度である。だとすれば、フリーランスとして特別加入制度に加入できれば上記の問題も解決できそうに思える。しかし特別加入の対象者となるためには一定の条件が設けられており、従来はエンタテインメント業界に従事するフリーランスはその条件を満たさない者が大半であった。

そのような中、2021年4月に特別加入労災保険制度の対象者が拡大され、①芸能関係作業と②アニメーション制作作業に従事する者が特別加入の対象として加えられ、全国芸能従事者労災保険センターといった特別加入団体を通じて労災保険に加入できることとなった。また、①や②に従事しないフリーランスも、フリーランス法施行に伴い特別加入が可能となっている。

### (5) ハラスメントその他の問題

上記のほかにも、労働時間の問題に限らず芸能事務所の労務管理はしかるべくおこなわれているか（たとえばスタッフに年次有給休暇は適法に付与されているか、メンタルヘルスを原因とする休職事案への対処は適切かなど）、セクハラ・パワハラを中心とする各種ハラスメントの問題（▶▶63頁・コラム「エンタテインメント業界とハラスメント」）など、この業界においても、労働環境に関する問題について表面化する事案は年々増えているように思われる。

近時は、社内関係者や取引先関係者に対するハラスメント事案が発覚すると、雇用主等が調査委員会や第三者委員会を立ち上げ、委員会が事実関係を調査し調査結果を公表する例も増えている。調査によって事実関係の究明、問題の根本解決を目指しつつ、被害者への配慮、補償や二次被害の防止に尽力することは重要であり、そのための委員会の設置と調査は評価すべきことである。もっとも、委員会による調査が公平公正、適正かつ十分におこなわれたかどうかに疑義があるような場合や、再発防止策の内容が客観的にみて妥当といえないような場合、さらには、調査結果等を公表する際の記者会見対応が不十分であったなどといわれ、かえって火に油を注ぐ事態を招くこともある。雇用主等としては、「世論」の批判の声が高まりレピュテーションがさらに悪化することを避けるためにも、その対応に腐心することになる。

しかし現実には、実際には時間的制約や関係者の協力が得られないといっ

たこともあり、調査が難航することもある。また、なかには、「結論ありき」のおざなりな調査がおこなわれる例もないわけではない。この点、加害者の行為がパワーハラスメントに該当する旨が記載された第三者委員会の調査報告書に基づいて当該加害者が懲戒解雇された事案について、第三者委員会がパワーハラスメントと認定した事実は存在するはずの客観証拠による事実の裏付けが不十分であることなどを理由に、そもそも懲戒事由とされた調査報告書記載の事実の存在が認められない、あるいは存在が認められる事実はパワーハラスメントに該当するとはいえないなどとして、懲戒解雇を無効とした裁判例もあることは注意すべきであろう（高松地判令和3年5月21日［社会福祉法人ファミーユ高知事件］。控訴審（高松高判令和4年5月25日）でも結論維持）。

### (6) ビジネスと人権

「ビジネスと人権」は、もともと、多国籍企業のサプライチェーンにおける人権侵害を抑止する観点から始まった議論である。わが国において「ビジネスと人権」という言葉が頻繁に登場するようになってからまだ日は浅いが、現在では、企業その他の団体（以下「企業等」という）には、その活動をおこなううえで生じうる人権侵害全般を防止する責務があるという文脈で理解されており、エンタテインメント業界でも、この観点を欠く事業は団体の存亡に関わる非常に大きな問題となっている。

ここでいう「人権」は非常に広い概念である。法務省が公表する「ビジネスと人権に関する調査研究」報告書[5]（2024年3月改訂）には、企業等が配慮すべき主要な人権および企業等の活動に関連する人権に関するリスクとして、以下の図1-6-2の26項目が指摘されている。「ビジネスと人権」の問題は、労働法分野に密接に関連していることがわかるだろう。2022年9月には、政府によって企業等が行うべき人権方針の策定や人権DD（デュー・ディリジェンス）等のガイドラインや参照資料も公表されており、参考になる（「責任あるサプライチェーン等における人権尊重のための実務参照資料[6]」）。留意すべきは、企業等のビジネス活動に関係するサプライチェーンにおいて人権侵害が発生した場合、それが直接の取引先で行われたことではない場合でも責任を問われうるということである。また、取引先で起きた人権侵害を看過し、その取引先との関係を継続することは、「人権侵害を助長した」とみなされるおそれがある。そのため、サプライチェーン全体における人権に関するリス

1-6-2　企業が配慮すべき主要な人権リスク

（出典）「ビジネスと人権」に関する企業研修〈https://www.moj.go.jp/content/001417139.pptx〉投影資料15頁

クの管理と適切な対応が求められる。

　「ビジネスと人権」という切り口で語られる諸項目は、基本的に国内労働法規との関係で企業等の側に新たな法的義務を課すものではない。しかし、「ビジネスと人権」の観点からの対応を怠ることは、レピュテーションリスクにとどまらず、訴訟を抱えるリスク、スポンサー等の投資撤退リスク、従業員のモチベーション低下や退職といった人材流出リスクにつながり、エンタテインメント業界においてもいまや無視できない行動原則となっている。

　近時は、「コンプラ疲れ」という言葉にも象徴されるように、あれもダメ、これもダメという事項が多すぎて現場が疲弊しているという話も耳にする。とりわけ小規模事業体が多いエンタテインメント関連の企業等においては、遵守すべきとされる事項のすべてに万全に対応することは人員的にも予算的にも容易ではない現実がある。とはいえ、できることから改善をおこない悪しき慣行は見直す不断の努力は重要であるし、全世界的に、また業種を問わずこのような意識が社会的に高まっている現在、その違反リスクにより引き起こされる結果は深刻なものとなりうることを理解しておくべきであろう。

**（7）フリーランスの役務提供に関する契約**

　労働法と独占禁止の境界線上あるいはそれらの重複的な適用が問題となりうる場面についても、フリーランス事業者が締結する契約に関する規制とい

う観点から、近時注目が集まっている。文化庁が公表する「文化芸術分野の適正な契約関係構築に向けたガイドライン（検討のまとめ）[7]」（2024 年 10 月29 日改訂）は、発注者（公演、番組、映画等の制作者や主催者である事業者等）と個人で活動するスタッフ（公演、番組、映画等の制作、演出・文芸、技術等に携わる者）との間の制作や技術等に関する業務委託契約や、実演家の演出に関する契約書のひな型と解説を公開している。そのほかにも様々な芸能関係分野について、契約書式を公表する動きがある。映画業界においては、「映画制作の持続的な発展に向けた取引ガイドライン」（2023 年 3 月）が策定されている（▶▶ 66 頁）。

　なお、エンタテインメント業界に限らないフリーランス全般に適用されうる法律として、フリーランス法（特定受託事業者に係る取引の適正化等に関する法律）が重要である（2024 年 11 月 1 日施行）。同法は、これまで下請法取引の対象外となっていたフリーランスとの取引にも同様の規制を及ぼすものであり、基本的発想は下請法と類似しているが、その適用条件や規制内容は下請法とは異なっている部分もあるため、注意が必要である。

### (8) その他の問題

　エンタテインメント業界はやりがい搾取の業界でけしからん、非正規労働者の使い捨てだ、などと非難することは容易だ。しかし、事はさほど簡単ではない。

　たとえば、劇場は自治体が設置し、その指定管理者（地方自治法 244 の 2第 3 項）として公益財団法人が指定され管理運営にあたる場合も多いところ、予算の議会承認その他の種々の制約ゆえ、安定的に正社員としての雇用を確保できず、現実的には有期雇用や業務委託として採用するほかない場合もある。そのような指定管理者に、一般サービス業における労働法理論をそのまま当てはめては、劇場運営は立ちゆかない。指定管理者だけではなく、小規模事業者は皆、似たような問題を抱えているといってもよいだろう。もちろん法律は遵守する必要があるが、エンタテインメント業界で働く人材と労働環境の特殊性を踏まえた議論は十分になされているとはいえない。

　もちろん、小規模であっても、本項で取り上げたような問題意識をもち必要な対応をとるべく努力を怠らない事業者は少なくない。しかし他方で、問題を深刻に受け止めていない事業者もいるように思われる。「うちのスタッフは不平不満を言わない」は、「言いたくても言えない」だけかもしれない。

理由ある不平不満や違法状態を放置することは、時に使用者として大きなリスクとなることを理解すべきである。法律上必要な書類はしかるべく作成されているか、雇用契約や就業規則の内容は法律に則っているか、頻繁におこなわれる法改正に対応しているか、運用・実態が形式・規則から乖離していないか（いわゆる偽装請負あるいは「偽装フリーランス」の論点もこの観点から問題となる）、現在の社内ルールが実態に沿わないのであれば、実態に沿ったルールに変えることで対応できないのか、ルールを変えるにあたっては必要な手続を踏んでいるか。中小規模の事業者が多いエンタテインメント業界のプレイヤーにはなかなかここまで手が回らないという現実もあるが、もし「実は……」と思い当たる節があるならば、まずは本項でも触れた点の確認から始め、一つひとつ問題を解消してはどうだろうか。〔小林利明〕

> ## コラム　エンタテインメント業界とハラスメント

### 1. ハラスメント対策の意義

エンタテインメント業界におけるハラスメント対策の重要性は一段と増している。

米国で2017年頃に始まった「♯MeToo」運動をきっかけに、エンタテインメント業界におけるハラスメントが明るみに出てきたといえる。もっとも、日本では2023年に、旧ジャニーズ事務所における性加害問題がイギリスBBCで放送され、日本のメディアが正面から取り上げてこなかったことも相まって大きな社会問題となった。その後もエンタテインメント業界におけるハラスメントの報道が相次ぎ、各団体が危機感をもって対策を採り始めている。ハラスメント対策は、直接の被害者を減らすことが第一の目的だが、（特に若手を中心とした）業界の人材確保や、観客やスポンサー等への信頼確保の観点でも重要である。

エンタテインメント業界といっても幅広く、各分野で起こりやすいハラスメントは様々である。たとえば、表現に携わる有志「表現の現場調査団」による「表現の現場ハラスメント白書2021」では、アート、演劇、映像、音楽、アニメなど分野ごとのハラスメント調査を公表している。本書でも分野特有のハラスメントは、各章で取り上げている（▶▶323頁・コラム「デジタル空間における新しいハラスメント」、506頁「スポ

ーツとハラスメント」)。

　ハラスメントが起こる要因も分野によるが、たとえば、監督や演出家、配役の権利をもつ者、師匠や指導者に権力が集中しやすい構造（その裏返しとしての声の上げづらさ）、価値感の対立や緊張関係をはらみやすい業務内容、実演指導などで身体的接触を伴うこと、移動や宿泊を含み長期間行動を共にすることなどが挙げられる。

　こうした各現場で起こりやすいハラスメントや要因を把握し、それへの対策を具体的に検討することが、効果的な対策につながるだろう。

## 2. ハラスメント対策を義務づける法令

　各種労働法規は、事業主に対し、従業員がパワーハラスメント、セクシュアルハラスメント、マタニティハラスメントを受けないよう、また受けた際に適切な対応をおこなうよう、措置義務を課している。

　さらに、2024年11月施行のフリーランス法では、フリーランスに発注する事業者に対し、発注先のフリーランスがハラスメントを受けないよう、また受けた際に適切な対応をおこなうよう、同様の措置義務が課された。同法はフリーランスの関与が多いエンタテインメント業界において重要な意義をもつ。

1-6-3　ハラスメントに対する法規制（左欄は従業員へのハラスメント、右欄は発注先フリーランスへのハラスメントについて）

| パワーハラスメント | |
| --- | --- |
| 労働施策総合推進法30条の2第1項<br>2022年4月から、中小企業を含むすべての事業主に対して義務化 | フリーランス法14条1項 |
| セクシュアルハラスメント | |
| 男女雇用機会均等法11条1項<br>当初は女性労働者へのセクハラを対象としていたが、2006年改正により男性労働者へのセクハラも対象（同法11条1項） | フリーランス法14条1項 |
| 妊娠・出産等に関するハラスメント | |
| 男女雇用機会均等法11条の3第1項 | フリーランス法14条1項 |
| 育児休業、介護休業等の取得に関するハラスメント | |
| 育児介護休業法25条1項 | 6か月以上の継続的業務委託の場合、育児介護等の状況に応じた配慮義務（フリーランス法13条1項、同施行令3条）<br>継続的業務でない場合は配慮の努力義務（同法13条2項） |

各法規と、措置義務が課されているハラスメントの類型は、下表 1-6-3 のとおりである。

### 3. 事業者がとるべき措置

上記各法規で義務づけられる具体的な措置内容は、法規ごとの厚生労働大臣指針（以下「厚労省指針」という）に定められている。各厚労省指針により多少の相違はあるが、概ね共通して、❶ハラスメントに関する方針等の明確化およびその周知・啓発（社内報などでのハラスメント禁止の明確化、従業員への研修実施等）、❷相談体制の整備（相談窓口設置等）、❸ハラスメント発生時の迅速・適切な対応（事実確認、行為者・被害者への対応等）、❹その他講ずべき措置（相談に関するプライバシー配慮、不利益取扱い禁止等）がある。

①ハラスメントに関する方針等の明確化（上記❶）：これは、フリーランスを含む多数の関係者が携わる創作・イベントの現場ではより重要性を増す。ハラスメントの線引きや問題意識は人によってまちまちであり、ハラスメントガイドライン等で禁止行為を明示し、関係者間の意識共有を図ることが有用だからである。ガイドラインは、当該現場で起きやすいハラスメント例を挙げ、業務上必要な指導との区別も記載するなど、現場で使いやすいものが望ましい。[9]

なお、たとえば美術分野では、個展でアーティストにつきまとうといったギャラリーストーカーの問題が深刻である（カスタマーハラスメントの一種といえる）。芸術系大学の卒業制作展でも深刻な問題となっており、学生有志が不審な来場者への対応方法などを示している例がある。こうした方針の明確化や対応マニュアルは被害を防ぐために有用であろう。今後はより一層、アーティスト側の自営だけでなく、ギャラリー側、大学側も含めた対策が期待される。

②ハラスメントの周知・啓発（上記❶）：関係者が集う初期段階での研修やリスペクトトレーニングが有用である。トレーニングでの意見交換を通じて様々な考え方があると知ることは、相互理解・コミュニケーションの円滑化につながる。

③相談体制整備（上記❷）：相談担当者には、男女双方の担当者がいるとより対応しやすく、外部専門家がいると客観的な意見ももらえるだ

ろう。ただ、そのような対応まで難しくとも、まずは相談担当者を決め関係者に周知することでも声の上げづらさの解消につながる。ただし、少人数の団体では、相談担当者が「権力をもつ側」になり、結局相談しにくいとの現実もある。外部専門家への相談窓口業務の委託が解決策のひとつだが、費用面の課題がある。工夫例として、業界団体や行政による相談窓口をあらかじめ従業員やフリーランスに紹介する方法も考えられる（ただし、社内での相談体制も相談窓口業務の外部委託もせず、単に外部窓口を紹介するだけでは、法律上の相談体制整備義務の履行にはならないと思われる。社内体制の整備等と合わせての工夫例である）。

なお、フリーランスに発注する際は、発注先フリーランスが活用できる相談体制を整備し、当該フリーランスへの周知が必要である点に留意が必要である（フリーランス法 14 条 1 項、同法に関する厚労省指針）。

④**ハラスメント発生時の対応（上記❸）**：ハラスメント該当性の判断には、客観的な事実の把握が重要となる。できるだけ当時のメール、チャットなどを確認すること、客観的な立場の第三者から聴き取りをおこなうといったことが必要となろう。

### 4. その他の対策例

①**契約による手当**：出演契約などにハラスメント防止に関する条項が入ることも増えてきている。たとえば文化庁が 2022 年 7 月に公表した「文化芸術分野の適正な契約関係構築に向けたガイドライン（検討のまとめ）」（▶▶ 62 頁）の出演契約のひな型にもハラスメント防止の条項が含まれている。

もちろん条項を盛り込むだけでハラスメントが減るものではないが、こうした条項の明記は、ハラスメント防止が契約上の義務でもあると明示することになる。委託側（製作・主催者側）としても、監督、演出家、出演者が他の出演者等にハラスメント・迷惑行為をしない旨を約束してもらうことで、万が一こうした行為が起きた際の法律関係を明確化できる。

ハラスメントを含む映画制作の環境改善を目指したものとして、映適の動きも注目される。映適は適正な制作現場に向けた取引ガイドライン（「映画制作の持続的な発展に向けた取引ガイドライン」（2023 年 3 月））を

策定し、契約内容、ハラスメント対応などで一定の基準を満たした認定作品に「映摘マーク」を表示する制度を 2023 年 4 月に始めた。ガイドラインの基準ではなお不十分、認定予定本数が少ないといった指摘もあるものの、今後こうした業界横断的な対策は重要性を増すだろう。

　露出の多いシーンや性的シーンに関する取り決めも検討すべき時期といえる。米国では、全米俳優組合（SAG-AFTRA）と映画テレビ製作者同盟（AMPTP）との基本合意により、ヌードや疑似性行為シーンの撮影に俳優の書面による事前同意を要すること、同意書面にヌードの範囲や身体的接触の種類を記載すること、同シーンの撮影は最低限の関係者のみ立ち会うことなどが定められている。日本ではこれまで、性的シーンについて詳細な説明が事前にされるケースは少なかったと思われるが、近時は配慮する制作者も増えつつある印象を受ける。事前の説明は、後から出演を辞退されたり、同意の有無があいまいにならない観点からも、製作・主催者側にも利点があるといえよう。タレントの個別承諾を得ずに所属プロダクションと出版社がヌード写真集への出演契約を締結したところ、後にタレントが出演を拒否した事案で、人格、名誉に重大な影響を及ぼす可能性のある業務にはタレントの個別承諾が必要としてタレントに出演義務はないとされた裁判例もあり（東京地判平成 10 年 9 月 30 日）、出演者の同意を丁寧にとることは重要である。

　②インティマシーコーディネーターの導入：映像や演劇の現場では、性的なシーンで監督・演出家から予想より過激な露出、演技を求められた、演技指導と称して身体を触られたといった被害報告例がよくみられる。こうした事態を防ぐ役割として、インティマシーコーディネーターへの注目が高まっている。インティマシーコーディネーターとは、露出度の高いシーン、疑似性行為など親密度の高いシーン（Intimate scene）において、俳優と監督の間に立ち、俳優の安全を守りつつ、監督の演出を最大限実現できるようサポートする専門家である。性的シーンの撮影はコミュニケーションの難しい場面である。監督・演出家として不当な意図がなくとも、俳優としては「想定外の演技を受け入れざるを得なかった」といった事態が起こりうる。インティマシーコーディネーターの導入は、こうしたトラブルを未然に防ぐ意味もあるだろう。性的自由への配慮は、2023 年 7 月施行の不同意わいせつ罪（刑法 176

条）との関係でも重要である。同法では、同意しない意思の形成、表明、全うを困難にさせまたはその状態にあることに乗じてわいせつな行為をすることを処罰対象とするが、このような同意しない意思の形成、表明、全うが困難な場合の例示として「経済的又は社会的関係上の地位に基づく影響力によって受ける不利益を憂慮させること又はそれを憂慮していること」が挙げられている。監督・演出家と俳優との間はこのような関係性があると判断される可能性があり、現場における性的自由への配慮はより重要性を増している。

### 5. 質の高い制作継続とハラスメント対策の両立

　ハラスメントに関しては、「必要・相当な行為までハラスメントと言われることが増え、萎縮する」という声も聞く。確かに、ハラスメントと言われることを気にするあまり必要な指導がおこなえない事態は避けるべきである。これに対する解決策はやはり、「ハラスメントに対する関係者の理解度を深めること」なのであろう。質の高い制作の継続とハラスメント対策の両立は重要な課題である。各関係者が知恵を出し合い、より良い制作現場となることが望まれる。　　　　　　　　　　〔寺内康介〕

## 3 競争法

　さらなるエンタテインメント法務の重要な領域として、**独禁法**や、下請法（▶▶ 99 頁）・景表法（▶▶ 472 頁）など、これに関連する競争法の領域がある。前述のフリーランス契約など、少なくないエンタテインメント契約では、「優越的地位の濫用」に代表される不公正取引規制の検討が欠かせない。他方、JASRAC は、放送局が曲を使用することを年間単位で包括的に許諾する「包括契約」の慣行をめぐって、公正取引委員会と何年にもわたる独禁法訴訟を繰り広げた。そこでは、著作権の集中管理のメリットと独占のデメリットをいかにバランスさせるかの、制度設計自体が問われた（▶▶ 179 頁「包括契約と独禁法」）。

　特に、2010 年代以降は GAFA（グーグル、アップル、フェイスブック、アマゾン）はじめ様々な異名で呼ばれた巨大プラットフォーム群と、各種コンテンツホルダーとの契約の非対称性がしばしば問題となってきた。こうした巨大プラットフォームは映像、電子書籍、音楽など、様々なコンテンツを数千

万から時に数億点という品揃えで世界中に提供する。それはコンテンツの流通やビジネスモデルを根底から変えたといっても過言ではない。

こうしたコンテンツの提供者は、テレビ局、映画会社、出版社、音楽レーベルといった従来型のコンテンツホルダーから膨大な個人ユーザーに至るまで、多岐にわたる。その提供は通常、権利者からの非独占的なライセンスの形態をとるが、契約条件はプラットフォーム側に一方的に有利に組み上がっていることが常だ。その特徴は、①マーケティング面の強い誘導（対象コンテンツ・時期・価格の誘導、決済手段制限）、②包括性・排他性（競合サービス利用の制限、取引相手のグレード分け、最恵条項の多用）、③不透明性・恣意性（審査基準の非開示、守秘義務の強調）、④規約的な交渉不能性、⑤漸進的改訂と更新拒絶などに代表され、いまやコンテンツホルダーは「取り替えのきく駒」になった、と指摘されることもある[10]。エンタテインメント法務においてそれは、いかにプラットフォームの利便性を活用しつつ公正な契約条件のもとで各プレーヤーが共存できるかという、契約交渉をめぐる課題であるし、またEUを震源地に競争法政策の課題としても近時世界的な脚光を浴びている（▶▶334頁「プラットフォームに関する法令」）。

## **4** 税　法

税法もまた、エンタテインメント法務では頻出の分野である。知的財産権の相続、信託などの管理に伴う税務はもちろんのこと、たとえばミュージカルや海外タレントの来日コンサートにおいては、租税条約上の「芸能人」課税条項をめぐる契約のプランニングや税務当局との交渉がしばしば伴うし（▶▶235頁「国際源泉課税」、245頁「リバースチャージ方式」）、資材の移動にはATAカルネなどの関税上の知識も要する。企業協賛や個人による寄付にも、税務関係の検討は不可欠となる（▶▶69頁「芸術振興・支援に関わる法制度」ほか）。

## **5** 芸術振興・支援に関わる法制度

### （1）文化芸術基本法と文化行政・文化助成

アートを含むエンタテインメントの多くの分野は、政府・自治体や民間による各種の助成、あるいは企業・個人による各種の協賛・寄付を抜きにしては語れない。

こうした文化芸術のサポートを含めた芸術振興の基本法が、2001 年に制定された文化芸術振興基本法（現・文化芸術基本法）である。全部で 37 条（本稿執筆時）あり、文化芸術振興基本計画の制定を国に義務づけるほか、各分野の振興の基本理念、国際交流、養成と教育整備、鑑賞機会や劇場・美術館・図書館などの充実を定める。助成については、国による各種支援はもちろん、民間の支援活動の活性化や寄付金税制などの充実が規定されている（同法 31 条）。

これを受けて、文化芸術分野での政府系の助成を中心的に担うのは、文化庁の直接助成および同庁系の独立行政法人・日本芸術文化振興会による芸術文化振興基金（芸文）、外務省系の独立行政法人である国際交流基金、そして旧自治省系の財団法人地域創造であろう。アーツカウンシル東京（東京都歴史文化財団）などの自治体文化財団の存在も、極めて重要である。また、民間における重要な芸術助成を担ってきた存在は、セゾン文化財団、アサヒビール芸術文化財団など多数に上り、後述する税制優遇対象に該当しない団体への助成・寄付に税制メリットを与えるための企業メセナ協議会の活動も重要である。[11]

こうした政府・民間の助成団体への申請や、時には新たな支援制度の創設に向けたロビイングにおいてもいくつもの法的課題が生じるので、そのサポートもエンタテインメント・ロイヤーの重要な業務となろう（▶▶71 頁・コラム「エンタテインメント法務と政策提言・ロビイング」）。この点で、特にライブイベントを中心に 2020 年に世界のエンタメ産業を襲った新型コロナウイルス禍では、極めて多様な法的課題に業界全体が直面することになり、わけても政府や民間の支援制度をめぐる現場サポートは重要な要素となった。また、これを契機に縦割り・単年度の短期支援を特徴とし、支援額（政府による文化投資額）において主要国でも最下位、隣国韓国とは GDP 比で 10 分の1 もの開きがある日本の文化・コンテンツ振興策の課題、さらには文化芸術分野における官民連携やこれをサポートする弁護士の役割の重要性が再認識されることとなった（▶▶254 頁・コラム「ライブイベント支援とエンタテインメント法務：コロナ禍を越えて」）。

### (2) 個人・企業による寄付・協賛

企業や個人による芸術助成・寄付の場合、それが税制優遇の対象になることは重要だ。具体的には、対象団体が特定公益増進法人や認定 NPO の場合、

法人税においては寄付金の損金算入限度額が拡張され、所得税（個人寄付金）においては所得控除ないし税額控除を受けることができる。このメリットは時に助成の実施を決定づけるファクターであるため、助成・寄付をおこなう団体はもちろん、助成を受ける側のアーティスト・芸術文化団体においても、税制に関する知識は必須となる。

特に近時は、クラウドファンディングなどの多くの個人による幅広い支援を集める手法が急速に普及している。記憶に新しい成功例は、資金調達難から実施が危ぶまれたアニメーション映画「この世界の片隅に」が、クラウドファンディングによって4000万円弱の支援を集めたことから製作費調達に成功し、最終的には累計動員200万人を超える異例のヒットに結びついたケースだろう。

これらのファンディング全般に、税制をはじめ多くの法実務の知識が必須であることはいうまでもないだろう。時には、33億円以上（2020年5月時点）もの救済支援寄付を集めた「京都アニメーション」放火事件のように、弁護士が寄付金窓口の設置から財団作りまでを担う場合もある。

> コラム　**エンタテインメント法務と政策提言・ロビイング**

### 1. 重要性を増すルールメイキングと弁護士の役割

弁護士の法律事務は、①臨床法務、②予防法務、③戦略法務の3つに分類されることがある。まず、①臨床法務とは、訴訟対応や示談交渉等、法的問題が発生した後に、その解決を目指しておこなうものである。次に、②予防法務とは、契約書確認や法務研修等、法的問題が発生する前に、その未然防止や被害の最小化を目指しておこなうものである。そして、③戦略法務とは、新規事業支援や海外進出支援等、法的観点から経営戦略の実現を目指しておこなうものである。このうち、①臨床法務および②予防法務は、パッシブな側面が強いものであり、ある程度は所与のルールを前提としている。それに対して、③戦略法務は、よりアグレッシブなものであり、新規のルールを形成していくというルールメイキングをも内容に含んでいる。

法令や政策は、増加の一途をたどっており、カバーする領域も年々拡大している。その結果、個人や企業の活動に対する法令や政策の影響力

は、強まる一方である。そのような中、業界や団体そして社会の利益の最大化は、法令や政策ができあがるのを待って、できあがったルールに従う、という受動的な対応だけでは実現できなくなってきている。また、現代の社会問題は、複雑化・高度化しており、政治家や官僚だけでは課題の把握や解決策の検討が困難となっているため、誰よりも実態を知る当事者たちによって積極的な政策提言・ロビイングがなされることは、実効的な課題解決を促進し、公益にも資する。このような背景のもと、弁護士に求められる役割として、能動的な戦略法務の重要性が高まっている。

　法令や政策は、政府の審議会・有識者会議等でのヒアリングやパブリックコメント等を経て、様々なステークホルダーの利害や思惑を調整して作られている。そのため、ある業界や団体が、しかるべき場で、ステークホルダーとして意見表明をおこない、法令や政策に自らの考えを最大限反映させることができれば、利益の最大化に大きく近づくことができる。しかし、ステークホルダーとして意見表明をおこなわず、法令や政策に自らの考えを反映させるための取り組みを怠れば、現実を踏まえない、現場に不利な、時には社会に混乱をもたらす内容の法令や政策を許してしまうことになりかねない。そのようなことになってしまえば、業界や団体の利益を大きく損ない、公益を害することもありうる。ある業界や団体の利益の最大化は、長期的な視点に立ち、適切なタイミングでしかるべき場において政策提言・ロビイングをおこない続けるという、能動的かつ継続的な取り組みなくしては実現しえない時代になっている──ということを肝に銘じる必要がある。

　近頃は、エンタテインメント業界を対象としたルールメイキングへの関心も高まっている。特に注目されているのは、芸能活動と法の問題である。文化庁では、2024年6月24日付けで、「芸術家等個人の尊厳ある創造環境向上のための文化芸術団体の機能等に関する検討会議」を設置し、各種論点について検討を開始。また、公正取引委員会では、ジャニーズ事務所に関する問題を契機として、芸能活動に関する積極的な取り組みをはじめ、2019年9月25日付けの「人材分野における公正取引委員会の取組」では、「芸能分野において独占禁止法上問題となり得る行為の想定例」を公表。さらに、同委員会においては、2024年4

月 18 日付けで「音楽・放送番組等の実演家（アーティスト、俳優、タレント等）と所属事務所との契約等についての情報提供フォーム」を設置し、当該分野における実演家と芸能事務所との契約等について実態調査を進め、2024 年 12 月 26 日付けで調査結果のとりまとめを公表している。

　このように、芸能活動と法をめぐっては、まさに新たなルールメイキングが多方面で進行しているところである。しかし、残念ながら、各種ステークホルダーの動きは、非常に鈍いといわざるをえない。特に、今回のルールメイキングは、芸能人・実演家を保護するという意味合いが強いものであるにもかかわらず、（国会議員の政策担当秘書でもある筆者（小山）が知る範囲では）肝心の芸能人・実演家の声がほとんど届いていない。

　これまでも、芸能事務所やテレビ局等は政治家や官僚との意見交換を（不十分ながらも）おこなってきた一方、芸能人・実演家は自らルールメイキングに参加することに極めて消極的であった。芸能人・実演家の中には、政治から距離をとりたいという考えの方々が少なくなく、そのこと自体は理解できる。しかし、芸能活動と法に関するルールメイキングが大きく動き出した以上、そのようなことは言っていられないだろう。また、政治家と接触をもち意見交換等をおこなってきた数少ない芸能人・実演家も、残念ながら、場当たり的で直感的な意見表明に終始してしまっている印象が強い。ただ、芸能人・実演家は、芸能活動のプロではあるが、政策提言・ロビイングのプロではなく、やむをえない面はある。だからこそ、芸能人・実演家の業界や団体がおこなう政策提言・ロビイングには、業界や団体だけでなく法令や政策にも精通したプロ、すなわちエンタテインメント・ロイヤーの支援が不可欠といえる。芸能人・実演家の業界や団体の利益の最大化とは何か、どのような内容のルールが最善なのかについて、芸能人・実演家とエンタテインメント・ロイヤーが協働して考え、その実現に向けた政策提言・ロビイングをおこなっていくことが重要となってきている。

　また、著作権法をめぐるルールメイキングの動向からも目が離せない状況である。本コラム執筆時（2024 年 12 月）、レコード会社等は、いわゆるレコード演奏権・伝達権について、著作権法改正による法制化を

目指して活動しており、文化審議会でのヒアリングでも発表をおこなっている。法制化が実現すれば、レコード製作者や実演家にとってはうれしいニュースだろう。しかし、レコードの利用者にとっては思わぬ不利益を被る懸念もある。そのため、レコードの利用者側としては、レコード演奏権・伝達権に賛成するにせよ反対するにせよ、どのように利用者の利益を確保していくのか、レコードの利用に関する現場のエコシステムをいかにして保護・改善していくのか、レコードに関する保護と利用のバランスについてどう主張していくべきなのかを考え、公益的な観点も踏まえ政策提言・ロビイングしていくことが必要となる。そのような活動を法的観点から戦略的に支援するのも、エンタテインメント・ロイヤーの大切な役割である。

　法令だけではなく、条約や予算のルールメイキングも、エンタテインメント業界に大きな影響を与える。環太平洋パートナーシップ（TPP）協定の著作権に関する規定や、コロナ禍で壊滅的な被害を受けたライブエンタテインメントの支援がその最たる例である。これらに対しては、エンタテインメント業界とエンタテインメント・ロイヤーが一丸となって政策提言・ロビイングをおこない、著作権侵害を原則親告罪とする法的枠組みの維持、コロナ禍を乗り越えるためのライブエンタテインメント支援のための予算の確保、といった大きな成果を得た（▶▶254頁）。

　エンタテインメント業界は、これまで法令や条約による規律が積極的にはなされてこなかった分野であり、また国の予算事業があまりおこなわれてこなかった分野でもある。しかし、芸能人と芸能事務所とのトラブルやパブリシティ権・肖像権をめぐる問題、誹謗中傷やハラスメントなど、業界に関するトラブルが報道されることが増えたこと、日本文化の海外人気を受けて、極めて遅まきながらエンタテインメント産業・コンテンツ産業を基幹産業としていこうという国の動きが勢いづいてきたこと等から、今後は法令・条約・予算に関するルールメイキングの中心になることも予想される。そのような時に重要なのは、ルールができあがるのを待つのではなく、積極的な政策提言・ロビイングによってルール作りに参加することである。クライアントとともに、ルールメイキングの戦略を立案し、政策提言・ロビイング等、目的の実現のために能動的かつ継続的な取り組みをおこなっていく、そういった活動がエンタテ

インメント法務に携わる弁護士に欠かせないものとなってきている。

## 2. 実際の政策形成のプロセス

　日本では、議員立法は少数であり、成立する法律案の大半を提出しているのは内閣である。また、予算を作成して国会に提出するのも内閣である。そして、条約を締結するのも内閣である。そのため、国のルールメイキングにおいては内閣主導での検討がおこなわれているともいえる。しかし、内閣主導で検討がおこなわれているといっても、議院内閣制のもと、内閣提出法律案については事前審査制と呼ばれる与党審査がおこなわれることが慣例となっている。また、予算（予算編成および予算関連政策の立案）についても与党提言が尊重されることが慣例となっている。そのため、内閣が作る法律案や予算に関しては、与党の影響力が非常に強く、大枠を決めているのは与党であり、詳細を詰めているのが内閣（各府省庁）であるといっても過言ではない。

　通常、与党の内閣への影響力の行使は、与党提言の内容を、関連する政府の政策文書に反映させるという形式によっておこなわれる。政府の政策文書のうち、2001 年の小泉内閣以降の自公政権下で最も重要なものは、「骨太方針」（現在の正式名称は「経済財政運営と改革の基本方針」）である。骨太方針は、一年間の政府の政策の基本方針として閣議決定されるものであり、予算編成や閣法の準備も骨太方針に沿っておこなわれる。そのため、骨太方針に記載された政策については、次年度に実現する可能性が高い一方、記載されなかった政策については、次年度には実現されない見込みが強くなる。骨太方針は、毎年 6 月頃に閣議決定されるため、与党では、前年秋ごろから政策の検討をおこない、半年ほどかけて骨太方針に反映させるべき内容を提言としてとりまとめている。

　政策提言・ロビイングで成果をあげるために重要なことは、国のルールメイキングについて、以上のような実情も理解し、実現させたい政策の内容をしかるべきタイミングで、しかるべき場で議論の対象としてもらい、政府の政策文書に記載してもらうことである。そのためには、キーパーソンとなる国会議員や官僚（与党提言や政府文書の記載内容について決定権等をもつ国会議員や官僚）を見極め、実現させたい政策の内容について、それらの人物に説明する機会を確保し、限られた時間の中で理

解を得ることが必要になる。理想としては、当該政策への積極的なコミットメントを得て、二人三脚、三人四脚で実現に向けた取り組みを進めていけるようになることである。ただ、ある業界や団体が、独自でこのような政策提言・ロビイングの活動をおこなうのは極めて困難である。しかし、リーガルマインドをもち、国のルールメイキングの実情も知る弁護士、特に、政府の審議会・有識者会議等の委員や任期付き公務員あるいは政策担当秘書として実際に国のルールメイキングに携わった経験をもつ弁護士の支援があれば、そのような困難を乗り越えることもできる。

　弁護士に求められる役割として能動的な戦略法務の重要性が高まっている中、弁護士の働き方が多様化し、実際に国のルールメイキングに携わった経験をもつ弁護士も増えてきている。こうした変化を背景に、弁護士の活躍によって、政策提言・ロビイングがより活発かつ充実したものになることを期待している。　　　　　　　　　　　　　〔小山紘一〕

## **6** 表現の自由との様々なインターアクション

### （1）様々な表現問題

　エンタテインメント業界では、各種の表現問題は頻出の課題でありトラブルだ。相談の主はアーティスト、アーティストからこの表現をおこないたいと言われたプロデューサーや編集者、そうした表現によって権利や安全や感情を脅かされたと感じた関係者・非関係者、さらには作品が展示・発表される会場の運営者や芸術祭の主催者、作品へのスポンサー・協賛者、時には規制法規の立法や撤廃を検討する行政や政治家・ロビイング団体からの相談もあるかもしれない。

　問題となる表現は、まずはわいせつなど性的な表現、児童ポルノ的、暴力・グロテスクな内容を含んだマンガやアニメ、名誉やプライバシー・肖像権に関わる小説やドキュメンタリー、ダンス、二次創作、コスプレ、政治的主張や外交・安全保障・皇室・宗教などセンシティブとされる題材を含んだアートや映画、差別的・ヘイトスピーチ的な言論、フェイクニュース的な情報、さらには検索エンジンにおけるそれらの検索結果など、枚挙に暇がない。

　社会には、時に自分の興味のある分野の表現問題についてしか発言しない表現の自由の擁護者も見られるが、現実には表現問題はこのように実に多様

な領域で起こり、そのすべてがエンタテインメント法務の守備範囲となりうる。

## （2）表現問題をめぐる法

　表現問題を論じた法律書は少なくない。その多くは、憲法上の「表現の自由」の視点から、憲法21条の保護の射程やその限界を論じ、立法その他政府の活動についての違憲性の判断基準を整理することを中心とするだろう。こうした憲法（および関連法規）の視点はむろん表現問題を考えるうえで重要で、章末の参考文献をほんの一例として、いくつもの優れた憲法・行政・情報法規に関わる文献が存在する。とはいえ、これらの知識のみで必要な視野がすべて与えられ解決に至ることは、現場では必ずしも多くない。

　現実の表現問題は、前述のような実に多様なステークホルダー間の、非定型的で複雑な利害の調整の代名詞である。長い憲法訴訟の結果を待つような裁判の形はまずとらず、それよりはるかに短期間で、時には数日以内に内容の修正交渉、継続か中止かの判断、炎上する世論対策や現場の安全対策、必要な代替案や補填的な措置を考えて作品や関係する様々な立場の人々を守るための、調整に次ぐ調整のプロセスである。

　2010年代の後半から、出演者の不祥事・逮捕などの端を発して過去の出演作・予定された出演作の「封印」をめぐる議論が活発化した。その多くも裁判の形はとらず、短期間での過去作品の配信中止や中止回避の発表に至っている。もっとも、出演者（ピエール瀧氏）の逮捕をめぐり、一度内定されていた補助金が公的助成団体である芸術文化振興基金によって不交付と決定され、最高裁までの約4年を費やした裁判の結果、再逆転で不交付が違法と認定された映画『宮本から君へ』事件のように、出演者不祥事が憲法訴訟を経て解決に至った重要なケースもある。

　そのため、表現問題への視座を与えてくれるのは憲法に限らない。情報法・放送法・知的財産権法・ヘイトスピーチ解消法・広告規制・道交法・風営法などトータルな法的知識から、対象ジャンルに関する倫理規則・ガイドラインなどソフトロー、成り立ち・力関係・カルチャーに関する知識から、（演者が）全裸で出演していると見せかけるために装着する仕掛けに至るまで、多様なノウハウや知見を動員する必要が生ずる。

　そのほか、一覧（▶▶8頁）に掲げたような実に多様な法ジャンルの法律

と実務双方の知識がエンタテインメント法務には求められる。具体的には、第2章以下の各論で詳述しよう。　　　　　　　　　　　　　　　　〔福井健策〕

### 1-6 注釈

1)　窪田充見『不法行為法—民法を学ぶ〔第2版〕』（有斐閣・2018年）162頁。
2)　2019年3月27日警察庁丙刑企発第41号等「告訴・告発の受理体制及び指導・管理の強化について」。
3)　憲法上の権利は基本的に対公権力のものなので、民間人同士の争いの場合には、憲法の間接適用的な発想を前提にすることになる。
4)　原口恵「万が一に備える！労働者以外も加入できる労災保険特別加入の基礎知識（芸能従事者・アニメ制作者編）」骨董通り法律事務所HPコラム〈https://www.kottolaw.com/column/240626.html〉。
5)　〈https://www.moj.go.jp/content/001417121.pdf〉
6)　〈https://www.meti.go.jp/press/2023/04/20230404002/20230404002.html〉
7)　〈https://www.bunka.go.jp/koho_hodo_oshirase/hodohappyo/pdf/94127901_02.pdf〉
8)　〈https://www.hyogen-genba.com/surveys〉
9)　その他の工夫として、寺内康介「エンタメ業界におけるハラスメント防止策導入時のヒント〜フリーランス新法の施行（2024年11月予定）を見据えつつ〜」骨董通り法律事務所HPコラム〈https://www.kottolaw.com/column/240424.html〉参照。
10)　大橋弘東京大学大学院教授報告（財務総合政策研究所　第5回「イノベーションを通じた生産性向上に関する研究会」（2018年1月10日）〈https://www.mof.go.jp/pri/research/conference/fy2017/inv2017_05_01.pdf〉）ほか。
11)　公益社団法人企業メセナ協議会HP〈https://www.mecenat.or.jp/ja/〉。また、助成制度のまとめは公益財団法人助成財団センターHP〈http://www.jfc.or.jp/〉などを参照。

## 1-7
# エンタテインメント法務にはどんな特徴があるか

　前節までで概観してきた通り、エンタテインメント分野の法実務は極めて多様な側面をもっている。では、こうした多様な法実務を貫く特徴といえるものはあるのだろうか。当然ながら、対象ジャンルも多様であるため特徴もジャンルによって相当に異なるが、全般には「顕著な川島モデル的な社会」であるとは言えそうに思う。少なくとも伝統的にはそうだった。

　「川島モデル」とは、民法学の大家・川島武宜教授が名著『日本人の法意識』（岩波新書・1967年）で提唱した仮説である。ごくかいつまんでいえば、「日本人には『法や契約とは堅苦しい建前であって、実際には人間関係や義理人情がビジネスを動かす鍵である』と考える傾向が強い。そのため、契約交渉はおざなりで契約書はあまり読まず、むしろ契約についてとやかく言えば信頼関係を損なうとさえ考える。訴訟沙汰は双方当事者にとって不名誉であり、権利主張を強くおこなうことはそれが法的に正当な内容であっても、『権利や契約をふりかざす』態度として非難されがちである」といった特徴を指す。

　これ自体が、その後の法社会学から多くの異論や検証も受けているモデルであるが（「すでにかなり変わりつつある」「日本以外の国にも同じような傾向はある」等）、それでも『日本人の法意識』は50年後の今日まで増刷を続ける大ベストセラーであり、その問いかけは今もって重い。

　筆者（福井）も、エンタテインメント法実務に関わっていて、いまだに各所で川島モデル的な性格が良かれ悪しかれ色濃い、と感じる場面は多い。多くのエンタテインメント業界は人間関係を重視する比較的閉じた社会であって、ビジネスの課題や紛争はしばしば属人的な要素によって解決が図られる。たとえば、週刊誌の報道で「ドン」「ボス」と呼ばれる存在が登場し、その意向が業界のありようにまで影響を与えると大っぴらに語られる業界は（そして当事者たちがそれを必ずしも「何を馬鹿な」と笑い飛ばしていない業界は）、いまや一部のエンタテインメントとメディア・スポーツ業界、そして政界のほかには少ないのではないか。そこまでではなくとも、「大物」「師匠」「先

輩／後輩」といった関係の有形無形の影響力は、この業界においては典型的なビジネス社会よりも強いと感じる。[1]

　また、つい最近まで「契約書など作らないのが当たり前」というジャンルはごく多かった。テレビ・舞台・映画・美術などが典型例で、レコード産業と出版産業が比較的早期から契約書締結率が高かったといえる程度だろう。いったん作られた契約書式には目も通さずサインする当事者は、個人を中心にいまだに多い。実際、仮に若手タレントなどが「契約書をよく検討します」「ここは変わりませんか」などと言おうものなら、相手側の顔色が変わって以後はビジネスがギクシャクし始めることも、あながち珍しい事態ではないだろう。

　これと関連して、業界関係やプレーヤーが極めて入り組んでおり、ローカルルールが多く、かつそれが明瞭に整理・提示されていない（≒ルールが可視化されていない）ことも特徴といえるだろう。たとえば、大手芸能プロダクションの間では、長らく「日本音楽事業者協会」（音事協）の専属契約書式が少なくともある種のスタンダードとして存在してきたことはよく知られる。この書式は、しかし長年にわたり、その内容を解説したり公開で論じる文献がほとんどなかった。これは珍しい例ではなく、そもそも「契約書を大っぴらに語る」という文化が存在しなかったことの現れとも思える。

　以上の関連で、「法務人材の不足・軽視」、特に国際契約交渉における脆弱性も、エンタテインメント法務の特徴として挙げられるだろう。

　上記は、一言でいえば「共同体的な村社会モデル」と要約できるかもしれない。もっとも、これは必ずしもマイナス面ばかりであるとは限らない。契約書にエネルギーを注がず人間関係で解決を図るということは、裏返せばフレキシブルな現場対応の余地が大きいということでもある。また、繰り返しになるがジャンル・世代・場面によって、こうした特徴にはかなりの幅がある。以上で描写された特徴について、自分の周囲ではほとんど当てはまらない、と感じる現場の関係者もいるだろう。

　加えて、こうした状況は近年、かなりの変化を経験している。これは大きくいえば社会の「法化」といわれる現象の一環だ。我々はかつてより、法制度と実際のビジネスのありようを近づけようとする傾向を強めている。これは近年の働き方改革をめぐる議論や各社の動きに代表されるだろうし、エン

タテインメント分野に特化しても、「いわゆる事務所契約をめぐる労働法・独禁法からの見直し」などはその典型例といえるだろう。現場は以前より契約書締結を進めているし、フリーランス法施行もあって、契約内容を交渉したり時に専門家の助力を受けたりすることは、確実に増えてきている。

　おそらく、そうした伝統的なエンタテインメント業界の法意識と、変わり続ける新しい法意識の結節点の視点を提供することもまた、本書の（少なくとも期待される）役割なのだろう。

　なお、以上に加えてエンタテインメント法実務の特徴として、「ビジネスと表現活動の複雑な関係」も挙げてよいかもしれない。多くのエンタテインメント・ジャンルはビジネスであると同時に、クリエイターたちの表現活動・芸術活動でもある。両者の要請は時に衝突するし、対立当事者だけでなく、同じ社内や時には同じひとりのクリエイターの中にもその衝突と葛藤はある。映画のレーティングが「G」であるか「R-15」であるかは興行収入や海外販売の可能性に直結する。すると製作者や監督は、本心で世に出したい表現と、作品収益との板挟みになることになる。しかも両者は単純に対立するだけでなく、興行収入を十分得ることで次回作を制作することができ、つまり次の表現を発表する自由を得る、といった関係にも立つ。これは単にビジネス契約などでの交渉事項であるだけでなく、法制度や法ガイドラインの構築場面などでもしばしば見られる葛藤だ。

　次章から、こうした総論も念頭に、各ジャンルごとのビジネスと法実務の成り立ちやポイントを概観していこう。　　　　　　　　　〔福井健策〕

**1-7 注釈**

1）　以上は初版出版時の表現そのままである。その後、いわゆるジャニーズ事務所問題などエンタテインメント業界は体質をめぐる大きな批判と見直しの声にさらされることになるのだが、時代の記録として記載はそのままにとどめておく。

## 第1章　参考文献

道垣内正人 = 森下哲朗編『エンタテインメント法への招待』（ミネルヴァ書房・
　　　2011 年）

久保利英明ほか『著作権ビジネス最前線〔新版第 3 版〕』（中央経済社・2007 年）

中山淳雄『エンタメビジネス全史―「IP 先進国ニッポン」の誕生と構造』（日経
　　　BP・2023 年）

安藤和宏『エンターテインメント・ビジネス～産業構造と契約実務～』（リットー
　　　ミュージック・2024 年）

加藤君人『エンターテインメントビジネスの法律実務』（日経 BP マーケティン
　　　グ・2007 年）

エンターテインメント・ロイヤーズ・ネットワーク『エンターテインメント法務
　　　Q & A〔第 4 版〕―権利・契約・トラブル対応・関係法律・海外取引』
　　　（民事法研究会・2024 年）

河島伸子『コンテンツ産業論〔第 2 版〕』（ミネルヴァ書房・2020 年）

内藤　篤『エンタテインメント契約法〔第 3 版〕』（商事法務・2012 年）

中山信弘『著作権法〔第 4 版〕』（有斐閣・2023 年）

島並良 = 上野達弘 = 横山久芳『著作権法入門〔第 4 版〕』（有斐閣・2024 年）

野口祐子『デジタル時代の著作権』（筑摩書房・2010 年）

半田正夫 = 松田政行編『著作権法コンメンタール〔第 2 版〕1～3』（勁草書房・
　　　2015 年）

増田雅史 = 生貝直人『デジタルコンテンツ法制―過去・現在・未来の課題』（朝日
　　　新聞出版・2012 年）

斉藤　博『著作権法〔第 3 版〕』（有斐閣・2007 年）

高林　龍『標準　著作権法〔第 5 版〕』（有斐閣・2022 年）

田村善之『著作権法概説〔第 2 版〕』（有斐閣・2001 年）

池村　聡『はじめての著作権法』（日本経済新聞出版社・2018 年）

上野達弘 = 前田哲男『〈ケース研究〉著作物の類似性判断：ビジュアルアート編』
　　　（勁草書房・2021 年）

小泉直樹『知的財産法入門』（岩波書店・2010 年）

田中辰雄 = 山口真一『ネット炎上の研究』（勁草書房・2016 年）

荻上チキ『ウェブ炎上―ネット群衆の暴走と可能性』（ちくま新書・2007 年）

清水陽平『サイト別　ネット中傷・炎上対応マニュアル〔第 4 版〕』（弘文堂・
　　　2022 年）

文化法研究会『舞台芸術と法律ハンドブック―公演実務 Q & A』（芸団協出版部・
　　　2002 年）

根木昭 = 佐藤良子『文化芸術振興の基本法と条例―文化政策の法的基盤 I』（水曜
　　　社・2013 年）

片山正夫『セゾン文化財団の挑戦―誕生から堤清二の死まで』（書籍工房早山・
　　　2016 年）

柳与志夫『デジタルアーカイブの理論と政策―デジタル文化資源の活用に向けて』
　　　（勁草書房・2020 年）

数藤雅彦編『デジタルアーカイブ・ベーシックス1　権利処理と法の実務』（勉誠
　　出版・2019年）

曽我部真裕＝林秀弥＝栗田昌裕『情報法概説〔第2版〕』（弘文堂・2019年）

宍戸常寿編『新・判例ハンドブック情報法』（日本評論社・2018年）

白田秀彰『性表現規制の文化史』（亜紀書房・2017年）

川島武宜『日本人の法意識』（岩波書店・1967年）

福井健策編『新編　エンタテインメントの罠―アメリカ映画・音楽・演劇ビジネ
　　スと契約マニュアル』（すばる舎・2003年）

福井健策編『エンタテインメントと著作権』全5巻（著作権情報センター）

福井健策『改訂版　著作権とは何か―文化と創造のゆくえ』（集英社・2020年）

福井健策『著作権の世紀―変わる「情報の独占制度」』（集英社・2010年）

福井健策『ビジネスパーソンのための契約の教科書』（文藝春秋・2011年）

福井健策＝吉見俊哉監修『アーカイブ立国宣言―日本の文化資源を活かすために
　　必要なこと』（ポット出版・2014年）

第2章

# 映画・テレビ

## 2-1
## 映画・テレビビジネスと法実務

### 1 映画・テレビ・動画配信市場と主なプレーヤー

さて、「映画・テレビ市場」といっても、1ジャンルとしてくくるのは困難なほど全体像は複雑である。そもそも通常、映画業界とテレビ業界は分けて議論されてきた。動画配信も、映画・テレビと近接はするがそのいずれとも別ジャンルだ（▶▶275頁「動画配信」）。とはいえ、主要なプレーヤーは近年かなり重複しており、まるっきり分けて記述するのもこれまた重複感があるので、ここではできるだけ各業界を俯瞰して議論してみよう。

さて、図2-1-1は第1章の冒頭でも掲載した、その映画・テレビ・動画配信業界を権利と契約を中心に強引に俯瞰した図である。各セクターでの売上も記入されている。実際にはこの数字だけで全容を網羅できるものではな

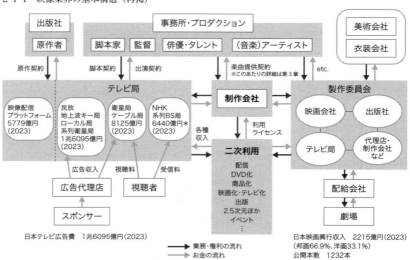

2-1-1　映像業界の基本構造（再掲）

（出典）株式会社ヒューマンメディア『日本と世界のメディア×コンテンツ市場データベース2024 vol.17【速報版】』（2024推計値）、一般社団法人日本映画製作者連盟「2023年（令和5年）全国映画概況」ほかより作成。＊ラジオ含む

いが、ビジネス規模の大きさはある程度つかめるだろう。

　これとて極めて単純化した全体図であるが、中央やや左側にはテレビ局が並ぶ。これは大きくは民放地上波局、衛星・ケーブル局、そして公共放送である日本放送協会（NHK）に分けられるだろう。地上波局はさらにキー局といわれる在京の大手テレビ局、大阪・名古屋に所在する準キー局、そして各都道府県に所在するローカル局などに分かれる。全国のテレビ局は在京キー局の元で系列下されており、その制作番組の提供を受けて放送するほか、独自に編成する番組も放送する。

　今回は、Netflix や国内では U-Next などの動画配信プラットフォーム（以下、時に配信 PF）を、いささか強引にこの図の左側に入れてみた。いうまでもなく動画配信の隆盛は極めて大きなビジネスの地殻変動である。だが、ことビジネスモデルという意味では、それは従来の衛星・ケーブル局（後述のペイテレビ）の進化系ととらえると、意外としっくりくる。以下では、時に従来のテレビや映画と横並びで、時にはその独自性にスポットを当てて、配信 PF のインパクトに触れていく（権利処理など固有の問題は▶▶ 275 頁「動画配信」ほか）。

　さて、テレビ局や配信 PF は自ら番組を制作するケースも多いが、しばしば、図の中央に位置する（映像）制作会社に制作を委託する。「（映像）プロダクション」などとも呼ばれる存在で、零細からせいぜい中規模企業が多く、プロデューサー、監督などのスタッフが所属するケースも多い。また、テレビ局・配信 PF はプロダクション、国内外の映画会社、海外のテレビ局などから既存の映像作品の放送権・配信権を購入することでも番組を確保する。

　このようにテレビ・配信業界における番組制作・調達の主要な資金源はテレビ局・配信 PF であり、彼らの資金はしばしば潤沢だ。そのまた資金源は、民放地上波テレビにおいては広告代理店などを経由してスポンサー企業から得る広告収入であり、NHK においては視聴者からの受信料収入である。衛星・ケーブル局の中には地上波局の系列など、無料視聴できる BS 局もあれば、有料プランの加入者にのみ番組を視聴させる「ペイテレビ」も存在する。当初のテレビ局での 1 回から数回の放送を一次放送といい、これがいわばテレビ業界における「一次利用」である。配信 PF では当然、配信が一次利用となる。

　制作会社はまた、劇場用映画の制作主体でもある。この場合、特にメジャ

ーな国内映画の資金源は90%以上が、「製作委員会方式」といわれる数社から十数社の共同製作体の形をとる。その内訳は、後述する映画配給を担う狭義の映画会社、放送局、出版社、レコード会社、広告代理店など幅広く、たいていは同一業種から1社が参加し、映画の製作費の一定割合をそれぞれが出資する。映画は、法的にはこの製作委員会から制作会社に委託される形で製作され、その著作権は制作会社から製作委員会メンバーの各社に、各々の出資額を反映した持分割合によって譲渡される。

　テレビ番組の場合と同様、外国映画について日本での上映権など一定の権利の買付も広くおこなわれる。いわゆる「洋画配給ビジネス」である。製作・購入された映画は、配給会社を通じて各地の映画館に上映用データが配信され、上映利用される。これが映画の一次利用であり「映画興行」と呼ばれる。

　テレビ・配信番組も劇場用映画も、一次利用の後は様々な「二次利用」によって活用が図られる。劇場用映画にとってのテレビ放送・配信、テレビ番組にとっての一次放送後の他局での放送・配信、DVDなどのビデオグラムでの販売やレンタルは典型的な二次利用であり、こうしたビデオグラムの製作・販売会社もまた、映画・テレビ・動画配信産業の重要なプレーヤーである。特に、近時はアニメの海外人気がさらに急速に高まり、2022年には1.5兆円に達した海外売上は、『First Slam Dunk』や『スーパーマリオブラザーズ』『君たちはどう生きるか』などが次々と記録を塗り替えて「日本映画の年」となった2023年にさらに大きく伸びた。そのほか、後述するような多様な二次利用によって作品は繰り返し活用が図られ、長い命脈を保つ——少なくとも、成功した作品は。

## 2 映画・テレビ業界の法実務

　この分野の法実務は映画とテレビ業界で異なり、また大きく「製作」フェイズと「利用」フェイズに分けることができる。

### （1）映像製作のフェイズ

　**製作フェイズ**は、前述した資金調達から映像作品が完成するまでの法実務をいい、まずは多種多様な契約書の作成・交渉が挙げられるだろう。資金提供から作品の利用までをカバーする最も代表的な契約は、多数の共同製作者間の**製作委員会契約**である（▶▶101頁「製作委員会と映像ファンド、金商法」）。

前述した通り、国内メジャー作品の大多数はこの方式で製作されている。

資金調達の契約ともいえる、製作フェイズでのもうひとつの最重要契約は、（映像）プロダクションがテレビ局や配信 PF、製作委員会と結ぶ**制作委託契約**である。そこではしばしば、プロダクション側は一定の仕様に従って納期までに映像作品を完成し「完パケ」にて納品する義務を負い、また作品の著作権その他すべての権利を、委託者であるテレビ局や配信 PF、製作委員会に譲渡する。その対価は制作費に利潤を見込んだ定額であることが多く、ここに若干のインセンティブとして映像作品収入からの歩合の配分が約束されることもある（プロダクションが製作委員会の構成員でもある場合を除いて、ハードルはやや高い）。

テレビ業界に特有な資金調達の代表的な契約実務としては、広告代理店などを介したスポンサーの獲得、彼らへの CM 放送枠の販売、またそれとセットになった CM 制作の法実務がある。

プロダクション、あるいは時には製作委員会やテレビ局は、製作に関わる数多くのクリエイター、俳優、権利者、受託企業などと契約を交わし、映像作品を完成させる。たとえば原作小説や原作マンガが存在する作品は極めて多く、これらの権利者、あるいはその代理窓口といえる出版社との間では**原作使用契約**が交わされ、作品のクリエイティブ面では厳しい制約を受ける例も多い。その一方、2024 年に起きた『セクシー田中さん』をめぐる事件（▶▶ 129 頁・注 4））により、なお原作者の意向が十分にテレビ番組制作には反映されていないという指摘も受け、原作者・出版社側では原作使用契約の管理を厳格化する動きが生じた。

外部の脚本家、監督その他のスタッフを起用する場合には、彼ら個人あるいはその所属会社との間のスタッフ契約が交わされる。こうしたスタッフは「**クラシカルオーサー**」と「**モダンオーサー**」に分類され、著作権法上はかなり異なる扱いを受けるが、それを反映して契約上の二次的報酬の受領条件も相当に異なる（▶▶ 95 頁「クラシカルオーサー・モダンオーサー」ほか）。映像に音楽が使われる場合、新曲であればその委嘱や音源レコーディングの契約、既存曲であればその利用ライセンス契約が交わされる（▶▶ 178 頁「シンクロ権」、182 頁「委嘱楽曲における JASRAC による特別な扱い」など）。

また出演者の所属事務所との間では**映像出演契約**が交わされる。俳優・ミュージシャン・ダンサーなど映像作品に関わる実演家は多いが、その著作隣

接権の扱いは、「ワンチャンス主義」とも呼ばれる著作権法の特例の適用により、劇場用映画や放送番組などジャンルとケースによってかなり様相を異にする（▶▶90頁・コラム「ワンチャンス主義」）。

---

> ### コラム　**ワンチャンス主義**

実演家に関する権利処理を考えるうえで重要なルールのひとつが「**ワンチャンス主義**」である。

著作権法上、実演とは、「著作物を、演劇的に演じ、舞い、演奏し、歌い、口演し、朗詠し、又はその他の方法により演ずること」と定義され、**実演家**には、歌手・演奏家・俳優・ダンサー・指揮者などが該当する。また演じる対象が著作物でなくとも、演じる行為が芸能的な性質を有する場合にも実演家として保護される。

実演家は、その実演を録音・録画する権利および録音物・録画物のコピーを許諾する権利（録音権・録画権）、実演を放送しまたは有線放送する権利（放送権・有線放送権）、インターネット上に実演の録音・録画データをアップロードする権利（送信可能化権）、実演をその録音物・録画物の譲渡により公衆に提供する権利（譲渡権）等を有する。したがって、実演家の実演に関し、こうした行為をおこなうためには、実演家の許諾を得る必要があるのが原則だ。

しかし、この点については、重要な例外ルールが存在する。それは映画の著作物において、実演家（正確には実演について録音権・録画権を有する者）がいったん自分の実演を映画の著作物に録音・録画することを許諾すると、以後はその映画の複製について、録音権・録画権を主張できなくなるというルールである。つまり、俳優が劇場用映画などに出演する場合には、自らの実演を映画の著作物に録音・録画することにつき許諾していることになるため、その後DVDやブルーレイディスクに複製する行為について、別途、俳優の許諾を得る必要はない。こうした例外ルールが「ワンチャンス主義」と呼ばれるものである。実演家の側から見ると、その後の作品の二次利用の範囲や対価を交渉して契約を交わす機会は一回きり（ワンチャンス）、というわけだ。

前述した放送・有線放送権、送信可能化権、譲渡権についても同様に、

これらの権利を有する者の許諾を得て録音・録画されている実演については当該権利が及ばないことがある。たとえば、ワンチャンス主義が適用される実演が収録されている映画については、その映画をテレビ放送したり、インターネット配信したりする際に、実演家は権利を主張できないため、別途実演家から許諾を得る必要はないということになる。

ここで一点、注意が必要となるものがテレビ放送番組の場合である。

「映画の著作物」には放送番組を含むため、放送番組に出演した実演家には、ワンチャンス主義が適用され、その後の放送番組の二次利用（DVD化やインターネット配信など）については、権利主張できないこととなりそうだが、実はそう単純ではない。

まず、放送事業者自身が制作する放送番組、いわゆる「局制作番組」の多くは、放送事業者から実演家に対し、放送番組の概要とともに出演依頼がなされ、それに対し実演家が出演を承諾するという形でのやり取りがおこなわれる。実演家は放送の許諾権と、録音・録画の許諾権の両方を有するが、この場合、放送事業者は放送の許諾を得ているのみであり、録音・録画の許諾までは得ていないものと解釈される余地がある。すなわち、放送の許諾には、契約で特に定めない限り、録音・録画の許諾は含まないとされており（著作権法63条4項・103条）、放送事業者は、実演家から放送の許諾さえ得ていれば、録音・録画の許諾を得なくとも、その実演を放送のために録音・録画することができる権利が認められる（同法93条1項）。したがって、局制作番組の制作にあたり放送事業者は、録音・録画の許諾までは得ていないが、放送の許諾に基づき収録現場において放送のためにその実演の録音・録画をおこなっているという解釈である。

しかし、映画の著作物において、ワンチャンス主義が適用されるためには、実演家から「録音・録画の許諾」を得る必要がある。したがって、契約で特に録音・録画の許諾について定めず、実演家から放送の許諾しか得ていないと解釈される状態で制作された放送番組については、ワンチャンス主義の規定が適用されず、そうした放送番組の二次利用をおこなうためには別途実演家の許諾を得る必要があるようにも考えられる。

なお、以上は放送番組のうち、放送事業者自身が制作する放送番組、いわゆる「局制作番組」の場合である。これに対し、番組制作会社等に

よる「外部制作番組」の場合は、その主体が放送事業者でないため、実演家の実演を放送のために録音・録画できる著作権法93条1項の適用がない。したがって、実演家が収録に応じているのは、自らの実演を映画の著作物に録音・録画することを許諾したからにほかならないとの解釈が可能となり、局制作番組の場合と異なり、ワンチャンス主義が適用されることになる。もっとも、これに対しては「制作会社等の関与の有無という理由のみによって、このような解釈の相違が生じるのは不均衡ではないか」といった疑問もありうるところである。

なお、実際の現場においては、外部制作番組であっても、局制作番組の場合に準じた運用がされていることも多いようだ。

いずれにしてもテレビ放送番組の権利処理を扱う際には、ワンチャンス主義に関し上記のような注意点が潜んでいることを意識しておくべきであろう。

〔田島佑規〕

各種スタッフや出演者はそれぞれ特定の業界団体を構成することが多く、映画会社の業界団体である映画製作者連盟（映連）や民間放送局の団体である民間放送連盟（民放連）、NHKなどとの間で「**団体協約**」などと呼ばれる、契約条件・支払条件についての取り決めをすることも多い。こうした団体契約の考え方や金額水準は、団体に所属していないスタッフらには直接適用されないが、事実上の業界スタンダードとして少なからぬ影響力をもつ（▶▶96頁「各団体の役割」）。

このほか、美術会社、衣装会社、音声製作会社その他多くの専門化された企業が個別の業務の委託を受け、映像製作の一翼を担っていく。以上の契約の一部には下請法や独禁法、あるいは2024年に施行されたフリーランス法が適用され、あまりに一方的な条件は無効の評価を受けることもある（▶▶99頁「リスクマネー論と下請法」、62頁ほか）。

映像製作におけるもうひとつの重要要素に、**コードの問題**がある。放送法をはじめとする内容面での規律や映倫（映像倫理機構）によるレーティングなどの自主審査にまつわるアドバイスも、時にリーガルの業務領域となる。

映像に限らないが、作品をめぐる将来の権利確保も、製作フェイズでの重要な業務である。特にヒット作品についてそのタイトルや主要な登場キャラクター名、特徴的な言葉が、第三者によって商標登録されるケースは増加し

ている。そのため、時には作品の製作発表以前に、候補となる名称やキャラクターデザインを国内外で**商標調査・商標出願**する対応が必要となる（▶▶114頁「作品タイトルと商標・不正競争」ほか）。

## （2）映像利用のフェイズ

**利用フェイズ**では、まずは映画における配給契約・映画館や上映団体との上映ライセンス契約といった、一次利用に関わる契約交渉やトラブル処理がある。外国映画の配給の際には、カンヌなどの映画祭や映像見本市で、簡易な「ディールメモ」と先方書式に従った長大な「標準条項」による**映画配給契約**が、ほとんど法実務家の助力なしで締結されるケースが多い。権利・法務的にはまだまだ未整理な分野ともいえるだろう。国内・海外映画を問わず、宣伝に関わる各種の法務も重要である。

そして、近時においては二次利用の重要性が拡大している。前述した一次利用後の他局での放送、様々な形態でのネット配信、ビデオグラムの販売やレンタルには、それぞれ固有のプレーヤーとの新たな契約交渉や権利処理をめぐる課題が浮上する。上記はいずれも映像をそのまま二次利用する形態で、これを翻訳を含めて海外に向けてライセンスする「**海外番販**」と呼ばれる分野も拡大している。当然ながら契約・支払いをめぐるトラブルも頻出で、トラブル対応に要するコストと、獲得できる権限・収入やトラブル解決といったメリットの費用対効果にも目配りした法務が欠かせない。わけても配信プラットフォームを介した視聴は、2020年代以降、完全にメインストリーム化した。そこでは、国際配信に伴う、音楽著作権をはじめ複雑化した著作権・原盤権などの権利処理が重要なテーマとして浮上する（▶▶178頁「シンクロ権」、275頁「動画配信」ほか）。

二次利用にはさらに、派生した新たな作品・商品の制作を伴う分野もあり、重要性が拡大している。映像作品のゲーム化、「2.5次元」などと呼ばれる舞台化、アニメ作品の実写化やその逆、関連出版、商品化、広告タイアップなどがその代表例であり、いうまでもないが異なる業界との協働となるためプレーヤーも法実務の慣行も異なる。トラブルも起きやすい分野といえる。

さらに契約交渉でも最も困難なもののひとつが、海外での**リメイク契約**だろう。日本の人気ドラマや人気アニメが（時にはその原作もろとも）ハリウッドや配信プラットフォームなどで再映像化される際の契約は、前述した日本アニメ・マンガの海外人気を反映してさらに増大した。そこでは、規模もリ

スクも桁外れに大きく、時には数年に及ぶ契約交渉すら必要となる（▶▶116頁「海外ライセンス契約」）。

## （3）事故、倒産、アーカイブ

製作から利用フェイズにまたがるもうひとつ重要な法実務は、様々な**事故・トラブルへの対処**である。撮影中の事故での死傷や物損では、代役、補償と保険処理など即時の対応が必要であり、またこのためにキャスト・スタッフほかとの契約では安全管理や事故責任に関する条項が肝心となる。犯罪その他の不祥事やいわゆる「パクリ」疑惑も、近時では対応に神経をすり減らす分野である（▶▶30頁「オリジナル／模倣、原作もの、著作権炎上」）。不必要な萎縮を避けて作品を生かしつつ、時に必要となる作品修正や見解公表などにタイムリーに対応しなくてはならない。

ポストコロナで大きな注目を集めたのは映像業界における働き方改革やフリーランス法施行の影響である。2023年、映画業界は一般社団法人日本映画制作適正化機構を設立しガイドラインに基づく「映適」の認定付与、サポートセンターの業務を開始した（▶▶57頁、66頁）。

広い意味で事故といえるかもしれないのは、関係事業者の**倒産**である。制作途上での制作会社の倒産では、フィルムや原版その他の資料を確保し、各種関係者との契約や支払状況を整理して、作品を完成にこぎつける「サルベーション」が重要になり、倒産法と映像法実務の幅広い知識が欠かせない。また既存作品について、その製作委員会メンバーの企業が倒産した場合には、著作権持分が流出などしないよう管財人と交渉するような、「権利のサルベージ」が必要になる（▶▶102頁「製作委員会方式のリスクと委員会契約のポイント、53頁・コラム「倒産への対処」）。

他ジャンルと同様、映像作品も公開数年の資金回収期を過ぎると、市場での存在感は通常は薄れる。しかし、作品の文化的な価値、また将来のリバイバル・二次展開に向けたビジネス上の価値は長く続く。そのために映像作品そのもの、および貴重な関連資料を、長期にわたって保存・整理しアクセス可能な状態に置く「デジタルアーカイブ」の活動は重要である。最も大切な二次利用のひとつともいえ、作品の保存や公開を可能にするような権利処理・契約処理は製作当初から心がけるべきことになる（▶▶277頁・コラム「デジタルアーカイブ」）。

〔福井健策〕

## 2-2
# クラシカルオーサー・モダンオーサー

## 1 映像作品に関わる著作者たち

　ここでは「クラシカルオーサー」と「モダンオーサー」という耳慣れない言葉を説明しよう。いずれも日本の法律に登場する用語ではない。ただ業界用語としても（詳しい業界人には）十分通用するし、講学用語としてもほぼ定着しているといってよいだろう。

　**クラシカルオーサー**とは、映画という"新たな"芸術が誕生する以前から存在していた種類の著作者たちを意味する。つまり、映像の下敷きとなる原作小説などの著作者や、映像で用いられる脚本の作家、また映像に使われる音楽の作詞・作曲者である。厳密にいうと、映像の脚本（映画の場合はシナリオといい、放送番組の場合は放送台本というケースも多い）は映像という芸術が生まれて初めて誕生したのでは？とも思うが、そういう堅いことは言わない。こういったクラシカルオーサーたちは、一般に映像自体の著作者とはされない。彼らは映像の下敷きとなる原著作者や、（音楽などは）映像で複製された別な著作物の著作者という位置づけだ。それぞれが小説や脚本や音楽の著作権をもつが、通常、映画の著作権はもたない。

　他方、**モダンオーサー**はクラシカルオーサーの逆で、映像芸術の誕生とともに誕生した種類の著作者だ。つまり、映画監督や番組ディレクターであり、プロデューサー、カメラマン、撮影監督や美術監督である。ただし、これらのスタッフが全部自動的にモダンオーサーかといえばそうではなく、実際に映像作品を創作したといえる者（著作権法 16 条「映像の全体的形成に創作的に寄与した者」）のみをモダンオーサーと呼ぶ。どんな基準でそれを振り分けるかといえば、究極的には現場ごとの判断である。よって、誰がクラシカルオーサーかはかなりの程度外形的に明らかだが、誰がモダンオーサーかはそう自明ではない。このことは映像作品の著作権保護期間の確定などに影を落とす（▶▶ 27 頁「保護期間」）。

## 2 モダンオーサーの権利

このモダンオーサーが映像作品の著作権をもつのかというと、実は、実務上はもとより法律上も必ずしもそうではない。著作権法には、次の **2-3** で詳述する 29 条という条文があって、モダンオーサーは映像作品の誕生とともに著作権を全部または一部失うためだ（▶▶98 頁「著作権法 29 条と『製作者』」）。では、まったく無権利かというと、著作者なので著作者人格権はある。よって理論上は、映像のリメイクや再編集の際にはモダンオーサーたちの同意が必要となりそうである。ただ、実務上は映画監督以外の者による権利主張の例は必ずしも見聞しない。

もうひとつ、映画監督は実際には、映画監督協会と映画製作者連盟（映連）や民間放送連盟（民放連）などとの団体協約によって、劇場用映画の二次利用については報酬配分を受けられるケースが多い。契約による知的財産権の"上書き"の一例ともいえるだろう（▶▶43 頁「所有権との交錯／擬似著作権」も参照）。

## 3 クラシカルオーサーの権利

クラシカルオーサーはどうか。ますます無権利かといえば、そうではない。映像作品は原作小説や脚本のような原著作物に対する二次的著作物と整理される。つまり、小説や脚本を翻案して（厳密には小説を翻案などして生まれる脚本をさらに翻案して）二次的著作物である映像作品が生まれる、と考える。よって、そもそも小説家や脚本家の同意がなければ映像作品は作れないし（著作権法 27 条）、また生まれた映像作品の各種の利用には原著作者である小説家や脚本家の同意が必要となる（同法 28 条）。

では音楽はどうか？ これは複製なのでより単純に、作詞家・作曲家の許可がなければ映像に音楽を使うこと自体ができないし、その後の利用も然りだ。なお、この音楽を映像に用いるための許可は「シンクロ処理」などと呼び、音楽著作権上は特殊な扱いを受けている。その知識は映像ビジネスでは必須だ（▶▶178 頁「シンクロ権」）。

## 4 各団体の役割

このように、クラシカルオーサーは映像作品の二次利用に対しては法的な

権利をもっている。そこで、やはり日本シナリオ作家協会（シナ協。劇場用映画の場合）、日本脚本家連盟（日脚連。放送番組の場合）、日本文藝家協会（小説など。以上を「文芸三団体」という）、JASRAC 等（音楽）といった団体が使用料規程を定め、また多くの利用について映連・民放連などと団体協約を交わしており、これに基づいて二次利用料の配分を受ける。各団体の使用料規程は、団体 HP などで公開されている。他方、団体協約は、団体 HP においてそのリストが公開されることはあるが、一般に内容が広く公表されてはいない。

　さて、クラシカルオーサーのうち音楽以外の分野では、上記の文芸三団体に作品を委ねていない「ノンメンバー」も少なくない。かなりの流行作家でもそうである。こうしたノンメンバーは本来、団体の使用料規程や協約の条件には縛られていない。であれば、人気作家ならより有利な条件を求めそうにも思えるが、日本の映画会社や放送局は、各団体の団体協約の基準を上回る条件には総じてかなりの難色を示す。

　これは興味深い現象で、当初のいわゆる「ギャラ」には大いに差がつくことと好対照だ。むろん、人気作品なら歩合による支払額も結果として増えるとはいえ、たとえばハリウッドであれば歩合の条件自体が交渉事項だ。すでに団体があって「スタンダード」がある場合、それからの逸脱はたとえノンメンバーであっても、かなり忌避の力が働く。平等ともいえるし、日本的な横並びともいえそうである。

　2021 年と 2023 年、著作権法が改正され、「放送番組の同時配信等の円滑化」、およびいわゆる「簡素で一元的な権利処理」（新たな裁定制度）の仕組みが導入された。そのいずれにおいても、対象となる著作物ないし実演や原盤が集中管理されているか、あるいはノンメンバーの作品であるかで権利の処理の必要性や保護のありようが大きく異なる。[1]政府は、作品流通の円滑化のために集中管理化への強い誘導、ノンメンバーの作品の一定の利用可能化に舵を切ったといえるが、実現は容易ではない。

〔福井健策〕


**2-2 注釈**

1)　文化庁 HP 各年度の改正参考資料参照。

## 2-3
## 著作権法 29 条と「製作者」、リスクマネー論・下請法

### 1 著作権法 29 条と「製作者」

　映画の著作物の著作者をモダンオーサーというのは前述の通りだが、現行法ではその著作権は原則通り著作者である彼らに帰属することはなく、著作権法 29 条というあまりに有名な条文により、映画製作と同時に「製作者」に帰属するとされる。また放送番組などでも、帰属する権利は放送に関するものに限定されるが同種の規定がある。著作権法は職責としてのプロデューサー個人を「制作（者）」と記載し、この「製作者」とは区別している。

　この「**製作者**」とは「映画の製作に発意と責任を有する者」とされ、それが何か、誰が「製作者」かについては多くの文献といくつかの裁判例が存在する。よって詳しくはそうした文献を参照されたいが、一般には「現場を仕切り、予算管理に責任を負う存在」とも要約できようし、多くのケースでは（映像）プロダクションを指す、と伝統的に解釈されてきた。

　ただし、映像製作の現場にあっては——少なくとも商業作品においては——著作権の最終的な帰属先の方が重要であり、それについてはかなり確固とした慣習的な扱いがある。つまり、ほぼ「お金を出した者」に著作権は帰属する（音楽における原盤権の帰属と似るが、あちらは共同原盤契約の運用などでフィクション化している部分もあり、劇場用映画の方がより慣習は強固である（▶▶第 3 章））。

　最初に著作権が帰属する「製作者」がプロダクションであるとしても、契約によってその後は発注者である企業や後述する製作委員会に譲渡されるケースが大半となる。

　業界の慣用的な用語としては、この資金を拠出して著作権を得る存在を「製作」、資金提供を受けて作品を完成させる側を「制作」と記載したり、そうクレジットしたりすることも多い。「うちは今回、コロモのついた製作なんで」といった言い回しだ。冒頭の著作権法の「製作／制作」の使い分けとはズレのある用語法であるが、どこが著作権をもっているのかがわかりやす

いというメリットはある。本書では、特に文脈上明らかでない場合には、映像ビジネスについて単に「製作／制作」と記載する場合には、この「資金拠出者か否か」という現場の用例に従っている（そして、著作権法29条の意図する法的な製作者を特に指したい場合には、原則としてカギカッコを付して「製作者」と記載している）。

## 2 リスクマネー論と下請法

　この慣習的な扱いを、「リスクマネー論」という概念で説明したのは内藤篤弁護士で、ざっくりいえば「作品の利用による回収が意図された資金を提供した者は、（その回収のために）著作権を取得するのが原則であり合理的」という、**ソフトロー**の理解である。

　一見、これに反すると思えるような事態もある。たとえば、放送局は番組を製作したプロダクションに対して放送料を支払うが、必ずしも著作権を得るとは限らない。映画の未使用・未編集フィルムについては裁判例があり、そもそも（完成映画の「製作者」となるであろう）プロダクションにも帰属せず、監督に帰属するとされた（東京高判平成5年9月9日［三沢市映画フィルム事件］）。これらがすべて業界の慣習を正確に描写したといえるか自体も留保がいるが、それ以前に前述のざっくりしたリスクマネー論の理解とは、いずれの判断も実はさほど矛盾していないともいえる。たとえば放送局は基本的にCM枠を売ることで資金の回収は済んでおり、番組という著作物の利用そのものから資金回収を図るわけでは必ずしもない（ので著作権を取得しないのは不合理ではない）、などだ。

　なお、CMは広告主が発注するが、その著作権の帰属については「三者協議」というあいまいな合意（通称「ACCルール」）が、かつて広告主・代理店・制作会社のそれぞれの団体間で交わされていた。しかし2012年のケーズ事件控訴審（知財高判平成24年10月25日）は、広告主を29条にいう「製作者」と認める形ながら、その理由づけなどにおいてかなりはっきり「リスクマネー論」寄りの判決を下している。

　もっとも、このリスクマネー論は、下請法（下請代金支払遅延等防止法）の現在の政府による運用とは必ずしも整合しない。映像制作を事業者に発注する場合、それはしばしば「情報成果物の作成委託」となる（下請法2条3項）。現在の総務省の解釈はややあいまいであるが、その下請対価には通常は著作

権譲渡の対価は含まれないので、著作権譲渡を求めるならば別途対価が協議のうえで「上乗せ」されていなければ「買い叩き」になる、というもののようだ。[1]

リスクマネー論によれば、著作権法29条やこうした下請法の運用は、実務の秩序に対する中途半端な法の介入だと映る。そもそも活用するために映像制作を委託するのであり、活用の権利である著作権も一緒に「納品」されないなら、何のために委託対価を払うのか、ということだろう。もっともこれに対する受託側の反論は、「その対価がもともと十分ならな！」となりそうだ。話がここに至ると、論争の本質は他ジャンルと大きくは異ならない。

いずれにせよ、当然ながら実務では下請法の影響は無視できず、それが著作権帰属をめぐるソフトローにもわずかずつ、静かに影響を及ぼしつつある。

## 3 契約交渉がすべてである

このように、著作権法29条とその解釈はむろん重要だが、それ（のみ）で現場が回っているわけではなく、最終資金の出し手はかなり決定的だ。ではこうしたリスクマネーの出し手さえ確定すれば終わりかといえば、当然それも違う。

重要なのは、誰がどの程度、映像製作とその活用に金銭面・クリエイティブ面その他で実質的に貢献したか、そしてそれが著作権の帰属だけでなく作品のコントロール、収益の配分面において契約にいかに公正に反映されるかという「ビジネス交渉・契約交渉」であり、映像の契約実務はつまりそこに集約される（▶▶116頁「海外ライセンス契約」も参照）。

この点、語弊があるが29条に関するいくつかの裁判例は、（なぜか裁判に至ってしまった）業界的にはかなりレアなケースであり、そこでの裁判所の事例判断にすぎない、ともいえる。もっとも、現実に紛争となればこの先例が裁判結果の予測に大きく影響し、その裁判予測が話し合いでの解決の内容も左右することは当然だ。つまり、「通常のビジネスの流れ」と「紛争に至った場合の処理」には、時に相当なズレが生ずる。これもまた、他のジャンルでもよく見られる光景だろう。

〔福井健策〕

### 2-3 注釈

1) 総務省「放送コンテンツの製作取引適正化に関するガイドライン（改訂版）【第8版】」29頁以下参照。

## 2-4
# 製作委員会と映像ファンド、金商法

## １ 製作委員会契約とは

　これまで述べてきた通り、国内映画は、少なくともメジャー配給のそれは、90数％までが「製作委員会」と呼ばれる共同製作の形態によって製作される。これは、数社から時に十数社にも及ぶ多ジャンルの企業・団体が映画の製作資金を共同で出資し、完成された映画の著作権を共有し、それぞれの役割分担に応じて映画を活用し、収益は配分しあう、という形態である。製作委員会のほか、「フィルムパートナーズ」といった呼称も多いし、単に共同製作として数社が映画のエンドタイトルクレジットに並ぶ場合もある。

　**製作委員会のメンバー**（構成員、組合員とも呼ぶ）は、多くの場合ジャンル代表的に集められ、映画会社（配給を担う）、放送局や動画配信プラットフォーム（映画の放送・配信や宣伝を担う）、芸能・音楽プロダクション（俳優・アーティストを提供する）、映像プロダクション（映像制作を担う）、出版社（原作を提供し、関連出版を担う）、音楽レーベル（サントラの製作と活用を担う）、広告代理店（宣伝や番組販売を担う）など、多彩だ。上記の通り、それぞれが得意分野をもって映画の製作・展開に貢献することが多い。このシナジーが、日本型製作委員会契約の最大の特徴だ。各社は、自ら担当分野での作品活用をおこなったり、その分野での対外契約を「窓口」として締結し、収入から窓口手数料を得たりして、残った収益を製作委員会にバックし配分する形だ。

　製作委員会は劇場用映画のほか、アニメやゲームの分野でも常態化しているし、若干形は異なるがライブイベントの共催も「製作委員会」方式と似た契約になるケースは多い。

　名称はどうであれ、製作委員会方式の大多数は、その法的性質は**民法上の組合**だろう。それは基本的には民法の組合規定（667条〜）の規律を受け、委員会の対外的な権利・義務はメンバーである各社に帰属し、それぞれが出資額に応じた直接の無限責任を負うことになる。**幹事会社**と呼ばれるまとめ

役が選ばれるが、幹事のみが業務執行を担うわけでは（少なくとも建前上は）ない。前述のように組合員たちは多くの業務を分担するケースが多い。そしてそこでは実に多くの法的な問題が現出し、契約条項・契約交渉がポイントとなる。

## 2 製作委員会方式のリスクと委員会契約のポイント

製作委員会を規律する基本の契約は、しばしば「**製作委員会契約**」と呼ばれる。その主要なポイントをいくつか挙げよう。

### (1) 座組み、出資額、収益配分

前述の通り、座組みと幹事会社の決定がスタートとなる。予算の総額が決まれば、次なるポイントは各社の出資比率の決定であり、通常はメンバーたちは出資比率に応じて映画の収益配分を受ける。ただし、時に出資比率とこの配分比率が異なることがある。たとえば幹事会社は、幹事会社手数料として収益から 10% 程度の配分を特に受けることがある。

同様に、（後述する窓口手数料のように個別利用ではなく）作品全体に特別の貢献をしたメンバーがインセンティブとして、一定の配分や固定の支払いを受けることもある。その場合、こうしたインセンティブ控除後の収益残額から、幹事会社も含めた各社がその出資比率に応じて配分を受ける形だ。いうまでもなく、こうしたインセンティブを与えるかどうかは契約書の主要な交渉ポイントだ。

### (2) 意思決定

同じく、委員会の意思決定方法も重要なポイントとなる。民法の原則は、組合員の多数決とされ、文字通り受け取れば頭割りでの過半数で意見は決定される（民法 670 条 1 項）。しかし実際の契約上は、出資比率に相当な差がある以上、出資持分の過半数と定めるケースが多い。また、異ジャンル代表のシナジーを狙うという性格上、「全員一致」を条件にする例も少なくない。

### (3) 権利の帰属

完成した映画の著作権は、各自が出資比率に応じて共有（合有）するケースが多い。また、インセンティブを考慮して収益配分率が引き直される場合、著作権の持分もそれを反映した持分とされるケースは多い。この「著作権の多社共有」こそ、まさに日本型製作委員会方式の特徴であり、固有のリスクでもある。たとえばハリウッドメジャーでは歴史的に、著作権の共有などは

ほぼ無く、オールライツの一社確保が至上命題だ。非ハリウッドでは、多国間共同製作などで助成金を狙うケースでは多いものの、それ以外であえて著作権を多数者間で共有するという例はあまり聞かない。まして大規模な商業作品について進んで十社以上での著作権共有を図るなど、外部からはいささか理解困難だろう。いうまでもなく、著作権共有の場合、全員の同意がないと作品を利用できないからだ。

映画の著作権の存続期間は70年以上であるのに、10年もたてば通常は一社くらい倒産していたり、きれいに倒産すらしていなくて単に連絡不通になっていたりすることは珍しくない。むろん、製作委員会契約で用途ごとの利用ルールを十全に定めているのが理想だが、これまた10年も経てば契約書で想定されていない利用が登場していることが（少なくとも過去は）常だった。それ以前に、単に「この利用は製作委員会の協議で決定する」となっている契約条項も多い。つまり、不明組合員のために合意がとれず作品が死蔵されるリスクはどうしても上がる。

後述するように、著作権共有は倒産法との相性も決して良くはないため、単純な民法上の組合以外の共同製作形態も模索されるべきだろうが、現状は必ずしも普及はしていない。

### (4) 業務分担、利用窓口

契約期間中は、（少なくとも活用が想定される分野では）利用ごとに窓口担当者が決定されることは多く、その企業に当該利用の独占的な権限が与えられる。これは独占許諾の形態をとることもあるが、多くの場合法的性質は委任だろう。窓口担当者は、放送・配信であれビデオグラム化であれ、当該利用の収益から一定の窓口手数料や実費を控除して、残額を製作委員会の収益としてバックするケースが多い。手数料率は10〜20％程度となる例が多いが、実際に予想される作業量・経費額などをある程度正しく反映することが望ましい。

製作委員会契約では、作品制作もこうした分担業務の一環とされることが多い。制作プロダクションが委員会メンバーとして加わっている場合には、自ら、一定の制作費で仕様に従った作品を完パケ納品することを約束することになる。通常、制作費の超過はプロダクションの責任となるが、予算見直しに対する一定のルールを定めておくこともある。

制作プロダクションがメンバーでない場合は必然的にだが、メンバーであ

る場合にも、制作プロダクションと委員会との間で上記内容の制作委託契約が締結されるケースは多い。委員会側の代表として、通常は幹事会社が締結をおこなうだろう。

### (5) 脱退・除名

メンバーの倒産や信用不安は、製作委員会における主要な法的リスクのひとつであり、契約条項は重要である。その際、未払金の回収もさることながら、最も重要なことは、①健全な判断や活動が期待しにくいメンバーが著作権持分や委員会契約上の利用権・同意権を保有する結果、作品の利活用が害されること、そして②そのメンバーが製作委員会に関連して対外的に負っている債務を履行しないことにより、（たとえば原作使用契約など）重要な第三者との契約が解除されてしまったり、そのメンバーの権利持分が第三者によって差し押さえられてしまうこと、だろう。つまり、作品に関する**権利のサルベージ**がテーマとなる（▶▶53頁・コラム「倒産への対処」）。

むろん契約書では、しばしば契約違反や倒産・倒産危惧状態に陥ったメンバーの除名や自動脱退の規定が置かれる。その際には、出資持分は返還せず、著作権持分も他のメンバーが持分に応じて取得する、つまり「裸で放り出す」条項は多い。

しかし、たとえば破産法はまったく異なる取り決めをおこなっており、未履行の双務契約なら解除権は管財人側にしかない（53条1項）。また、民法の組合規定においても、脱退組合員については清算・払戻義務が生ずる。そこで自動脱退条項などの有効性がテーマとなり、少なくとも管財人との交渉・調整局面になるケースが多い。

## 3 他の映画ファンドの態様、金商法

以上のような製作委員会方式の原則化と並行して、様々な映画のための資金調達方法が、あるいは開発され、あるいは一部普及してきている。こうした広い意味での映画のファンドレイジング手法は、大きく三つに分類できるだろう。

第1は、**出資型**である。製作委員会方式を代表格に、**匿名組合**（英米におけるリミテッド・パートナーシップ＝LP）、**日本型 LLP** と呼ばれる有限責任事業組合（同じくリミテッド・ライアビリティ・パートナーシップ）、**日本型 LLC** と呼ばれる合同会社（同じくリミテッド・ライアビリティ・カンパニー）など

が考えられ、一部で利用されている。[1]

それぞれの性格、対外責任、業務執行、課税のありようなどは文献も多いが、代表格である任意組合、日本版 LLC と株式会社の比較を表 2-4-1 に示しておこう。

2-4-1　任意組合・株式会社・日本版 LLC の比較

| | 従来型の製作委員会<br>（≒任意組合） | 株式会社 | 日本版LLC<br>（合同会社） |
|---|---|---|---|
| 法人格の有無 | × | ○ | ○ |
| 出資者の有限責任 | × | ○ | ○ |
| 業務執行 | 組合員の多数決が原則 | 取締役など | 社員の多数決が原則 |
| 設立の手間<br>（組成コスト） | 低い？ | やや高い？ | やや高い？ |
| パススルー課税* | ○ | 原則× | 現在は× |

※法人や組合などの利益に対し、直接その法人や組合には課税されず、利益の配分を受けた出資者、構成員等に課税される制度。

日本型 LLC などは製作委員会方式の欠点である権利分散への一定の回答になりうるが、手続の煩雑さや理解が進まないこともあって、なお普及は限定的である。映画の資金調達手段（ビークル）の多様化がいわれるようになって久しいが、本書執筆時点では今もってメジャー系映画の製作形態は圧倒的に製作委員会方式がデフォルトだ。

なお、映画ファンドにおける出資は、原則として**金融商品取引法**（金商法）上の有価証券とみなされる（同法 2 条 2 項 5 号）。その結果、上で挙げた多くの出資形態はその規制を受けるが、製作委員会は、メンバー全員が業務を担うなどの一定の条件を満たせば、金商法の適用を除外される。[2]

資金調達法の第 2 は、**レンダー型**であり、つまり貸付である。金融機関からプロダクションへの事業資金の貸付などは当然ながら多いが、今後作られる映像作品やその収益性を担保としつつ製作資金を貸し付けるプロジェクト型のファイナンスは、やはり十分には普及していない。

ハリウッドでは、完成された映画の著作権や、「プリセール」などといわれるその将来ライセンスの収入を担保としたファイナンスが少なくないが、その裏付けとしては映画が無事予算内で完成することの保証が重要となる（中途で製作中断される映画作品は一般に考えられているより多いが、それでは無担保貸付と変わらないからだ）。この部分を担うのが「完成保証会社」と呼ばれる一種の保険会社だが、日本では普及しておらず、過去にいくつかの取り

組みがあったもののほとんど広がっていない。

　資金調達法の第3は、**パトロン型**であり、助成金、スポンサーシップ、寄付などが挙げられる。政府や各種財団の助成金は非営利セクターにとどまらず映画製作の資金源として定着している。スポンサーもあるが、日本ではスポンサー的な存在が製作委員会に入る形態も多いだろう。

　個人からの寄付も、クラウドファンディングの普及で広がっており、いうまでもなくその最大の成功例のひとつは、2015年の「この世界の片隅に」だろう（なお、クラウドファンディングでの資金調達には、大別して、①純粋寄付型、②招待券・記念グッズなどのベネフィットを生ずる対価型、③出資配当型などが存在しうる。①については、寄付者に税務上のメリットを提供できるかが重要となる）（▶▶70頁「個人・企業による寄付・協賛」）。　　　　　　〔福井健策〕

### 2-4 注釈

1) 　各出資形態の説明は、やや古いが福井健策「『製作委員会』シンドローム―顕在化して来た、映画の著作権共有リスク―」骨董通り法律事務所HPコラム〈https://www.kottolaw.com/column/000041.html〉、同「『製作委員会』シンドローム2―最強のガラパゴスになるために―」骨董通り法律事務所HPコラム〈https://www.kottolaw.com/column/000047.html〉など参照。

2) 　金融庁「コンテンツ事業に関するQ&A」（平成29年5月31日）〈https://www.fsa.go.jp/news/29/20170531-1/01.pdf〉ほか参照。

# 2-5
## 映画と消尽

## 1 消尽とは

著作権の支分権のひとつに**譲渡権**（著作権法26条の2）がある。譲渡権は、映画以外の著作物の原作品または複製物を譲渡により公衆に提供する権利をいう。「複製」は「有形的に再製すること」（同法2条1項15号）であり、複製物は、書籍、CDなどの有体物に限られる。したがって、ネットで流通する電子書籍などは有体物ではなく譲渡権の対象にならない。

譲渡権は、いったん適法に譲渡がなされるとその後の譲渡には及ばない（同法26条の2第2項）。このような権利の消失を**消尽**（ないし用尽）という。

たとえば一般的に商品について、メーカーが、いったん販売した物を再販売しないよう買主たる卸売店や小売店、消費者などに求める権利は認められていない。著作物についても同様の取り扱いにする規定である。著作権者は、著作物またはその複製物の譲渡や利用許諾の際に譲渡代金や使用料を取得できるので、そのように解しても著作権者の保護に欠けることはない。消尽は[1]諸外国でも同様にみられる制度である。たとえば、米国では**ファーストセール・ドクトリン**といわれており、最初に販売をすると、その後はコントロールする権利が消滅する法則である。

## 2 映画と消尽

上記 **1** で述べた通り、譲渡権は、「映画以外の著作物」に関する権利で、映画については、**頒布権**（著作権法26条）という別の規定がある。頒布とは、複製物を公衆に譲渡し、または貸与することをいう（同法2条1項19号）。この頒布権の条文には、譲渡権に関する規定とは異なって消尽に関する規定がない。そのため、「映画の著作物」については消尽の適用はないのではないか、という問題が生じる。

この問題は、中古のビデオソフトやゲームソフトの流通が盛んになり、危機感をもったメーカーが訴訟を提起したことで顕在化した。最高裁は、**中古**

**ゲームソフト事件**（最判平成 14 年 4 月 25 日）において、映画の著作物にのみ頒布権が認められる理由を、「映画製作には多額の資本が投下されており、流通をコントロールして効率的に資本を回収する必要があったこと、著作権法制定当時、劇場用映画の取引については、……専ら複製品の数次にわたる貸与を前提とするいわゆる配給制度の慣行が存在していたこと、著作権者の意図しない上映行為を規制することが困難であるため、その前段階である複製物の譲渡と貸与を含む頒布行為を規制する必要があったこと」等と指摘し、ゲームソフトには、そういった趣旨は当てはまらないため、消尽すると判断した。

中古ゲームソフトに頒布権が及ばないとの結論を導く法的構成としては、①ゲームソフトは「映画」には該当しない、②ゲームソフトは著作権法 26条の「複製物」には該当しない、③頒布権は及ぶが消尽により消滅するといった複数の道筋がありうる。裁判例は分かれていたが、最高裁は、ゲームソフトも「映画の著作物」および「複製物」には該当しうるが、その頒布権は[2]消尽により消滅するとの立場をとった。

条文上区別はないが、最高裁は、映画の著作物の頒布権のうち譲渡について消尽しないもの（劇場用映画のフィルム）[3]と消尽するものとを解釈上区別したことになる。この事件の最高裁判例解説では、パッケージで市場に流通[4]するテレビ番組、アニメーション作品収録ビデオソフト、劇場用映画のビデオカセット、DVD も消尽する側に分類されるとしている。　　　　〔二関辰郎〕

### 2-5 注釈

1)　なお、譲渡権と異なり、貸与権は消尽しない（貸与権を定めた著作権法 26 条の 3 には、譲渡権に関する 26 条の 2 第 2 項に相当する規定はない）。著作物の譲渡ないし貸与を受けた者が、その著作物を自由に第三者に貸与できるとなれば、その利益が著作権者に還元されないだけでなく、著作権者による著作物の販売機会を喪失させることになる。

2)　すべてのゲームソフトが「映画の著作物」に該当すると判断したわけではない。たとえば、将棋や囲碁のゲームソフトなどで動画をほぼ伴わないものは「映画の著作物」に該当しない場合が多いであろう。

3)　劇場用映画でも、フィルムプリントの配給でなく、デジタル方式で映画館に電子配信することが増えているといわれている。

4)　高部眞規子「判解」最高裁判所判例解説民事篇平成 14 年度 404 頁。

# 2-6
## 並行輸入

## 1 並行輸入とは

　外国で製造された製品を外国で調達し、輸入国の正規代理店を通さずに別ルートで輸入することを**並行輸入**という。輸入国の正規代理店は、対象製品について輸入国での独占的販売権を獲得するのと引き換えに、最低購入義務を負うパターンが多い。そのため、市場でバッティングすることになる並行輸入品の流入は、時に死活問題になる。

　並行輸入の可否は、国際的取引の安全や公正な自由競争の確保、知的財産権の保護といった複数の考慮要素を踏まえて考察すべきなかなか複雑な問題だ。同じ知的財産権でも、**標識法**といわれる商標法や不正競争防止法の一部の条項の場合には、商標の機能である**出所表示機能**や**品質表示機能**を害するかという観点から検討することになるのに対し、他の知的財産権の場合にはそのような観点は働かないといった違いなどもある。

　特許権と商標権については、並行輸入との関係を判断した最高裁判例が存在する（特許権につき最判平成 9 年 7 月 1 日［BBS 並行輸入事件］、商標権につき最判平成 15 年 2 月 27 日［フレッドペリー事件］）。他方、著作権と並行輸入との関係に関する最高裁判例は存在しない。

## 2 映画と並行輸入

　著作権法 113 条 1 項 1 号の「みなし侵害」規定は、違法複製物の輸入を著作権侵害とみなしているが、この規定は真正品には適用されない。同法 26 条の 2 第 2 項 5 号は、国外において適法に公衆に譲渡された著作物について譲渡権が消尽することを定めている[1]。

　つまり、著作権法は、真正品の並行輸入は基本的に認めている。もっとも、同法 26 条の 2 は明文で「映画の著作物」を除いているので、映画の並行輸入の取り扱いがどうなるかという問題がある。

　平成 11（1999）年著作権法改正により国際消尽に関する 26 条の 2 第 2 項

5号が追加される前の裁判例として、少々古いが「101匹ワンチャン並行輸入事件」（東京地判平成6年7月1日[2]）がある。同判決は、映画製作会社が、世界各国における映画の劇場公開時期、ビデオカセットの販売時期等を計画的に決め、映画製作のために費やした多額の資金の回収および利潤の確保を図っている実態などを踏まえ、映画製作会社がそのような計画を実施するために日本で頒布権を行使することは、著作権法が目的とした著作者の権利の保護の手段として予定された範囲に含まれるとし、映画製作会社による差止請求を認めた。

しかし、中古ゲームソフト事件（▶▶ 107頁）や、その後の著作権法26条の2第2項の立法などを踏まえ、この裁判例の結論が現時点では維持されるとは思えないといった見解が有力だ。もっとも、101匹ワンチャン並行輸入事件当時、映画のパッケージソフトはビデオカセットが主流だったが、その後、DVDやブルーレイ、さらに動画配信に移行している。これらの販売方式では、DVDやブルーレイでは**リージョン・コード**[3]によってコードが異なる国では再生ができないし、動画配信ではどの国に対してどのタイミングで配信をするか否かといったことを配信側が決められるようになっている。

このことなどは、規制のあり方が、法律による規制から、ローレンス・レッシグのいう**アーキテクチャ**による規制に移行した一例といってよいかもしれない。

〔二関辰郎〕

**2-6 注釈**

1) 消尽については**2-5**（▶▶ 107頁以下）で説明したが、そこでの消尽は国内での権利譲渡に伴う消尽（国内消尽）であり、ここでの消尽は国際的な譲渡に伴う消尽（国際消尽）の問題である。

2) 島並良「判批」斉藤博＝半田正夫編『著作権法判例百選〔第3版〕』（有斐閣・2001年）66事件。

3) DVDやブルーレイなどの利用可能な地域を指定するコード番号。ディスクと機器のそれぞれにコードが設定されており、両者が一致しなければ再生できない仕組みになっている。たとえば、リージョン1は米国・カナダ、リージョン2は日本・ヨーロッパなどで、世界がいくつかの地域に区切られている。

## 2-7
# 放送法ほか業法

## 1 いわゆる業法

　いわゆる**業法**とは、法令用語ではなく、特定の業種の営業を規制する法律を指す。憲法論的には、「営業の自由」を「公共の福祉」の観点から制約する場面と位置づけられる。

　エンタテインメントに関わる業法としては、たとえば、著作権管理等事業法（▶▶145頁「JASRAC等著作権の集中管理団体」）、放送法、電波法、旅行業法などがある。

　「営業の自由」の制約には程度があり、特定の業種への参入段階での規制として最も制約が強いのが**許可制**で、逆に弱いのが**届出制**である。ここでは、テレビに関する業法として電波法と放送法にごく簡単に触れておく。

## 2 電波法

　新聞を発行しようとする場合、そのために行政庁から許可等を得る必要はない。そのための資金を調達できるかといった実際のハードルを別として、参入のための法律上の規制はない。それに対し、テレビ放送をしようとする場合には、放送用の無線局を設立するために電波法4条による総務大臣の免許（上記規制でいえば「許可」）が必要となる。免許の基準としては、技術的基準への適合性等が問われる。

## 3 放送法

　放送法は、放送の種類、放送をおこなう事業体などを規定するとともに、放送内容に関連して、**放送内容準則**（ないし**番組編集準則**）（4条）を規定している。

　放送内容準則は、放送事業者に対し、放送番組の編集にあたって次の事項を求めている。

111

①公安および善良な風俗を害しないこと

②政治的に公平であること

③報道は事実をまげないですること

④意見が対立している問題については、できるだけ多くの角度から論点を明らかにすること

放送内容準則は、その名の通り**内容規制**（放送内容に着目した規制）であって表現の自由を制約するおそれがあるため、この規定の法的性質をめぐっては議論がある。放送による表現の自由は憲法21条により保障されるが、さらに放送法は、「放送による表現の自由を確保する」ための「自律」を放送事業者に保障している（同法1条2号）。このことや、放送内容準則を定めた放送法4条1項は、放送内容に干渉・規律する政府の権限を何ら定めていないことなどから、放送内容準則は、あくまで放送事業者が自律的に番組内容を編集する際のあるべき基準を定めたものと捉えるのが通説的見解といってよい。通説的見解からは、放送内容準則違反を理由として、公権力が放送事業者に不利益処分をおこなうことはできず、この規定は倫理的性格にとどまるものととらえられる。

同じく表現の自由に関わる業種である新聞などと異なり、放送について免許制などの法的規制が認められるとする根拠として、①電波の希少性に求める考え方、②電波は活字メディアの材料である紙やインクと異なり公的財産であるとする考え方、③放送は他メディアと異なり、スイッチを入れるだけの受動的行為によって視聴者が映像と音声で強い影響力を受けるという特徴に着目する考え方などがある。

## **4** 自主規制

放送法5条は、放送番組の種別（教養番組、教育番組、報道番組、娯楽番組等の区分）および放送の対象とする者に応じて放送番組の編集の基準（**番組基準**）を定めるよう放送事業者に求めている。これを受けて、民放連（一般社団法人日本民間放送連盟）は「**放送倫理基本綱領**」等、NHKは「**日本放送協会放送基準**」等を定めており、さらに各放送局は自社の放送倫理基準を定めている。

それらのルールの遵守状況を、放送局によっては社内弁護士等の法務部門

がチェックしている。また、NHK と民放連が設置した組織として、**BPO（放送倫理・番組向上機構）**がある。BPO には三つの委員会があり、それぞれの委員会に弁護士も委員として参加している。そのうち、放送人権委員会は、報道被害を受けたとする申立人の申立てを受けて、名誉毀損、プライバシー侵害などの人権侵害の有無と、放送倫理上の問題の有無を検討している。その際の申立人代理人あるいは放送局側代理人として弁護士が関与することも多い。放送被害に基づいて訴訟を提起する場合には法律違反だけが問題になるが、BPO では放送倫理も関わってくる（その意味では裁判所より取り上げる問題の範囲が広い面もある）ので、申立代理人（あるいは放送局側の代理人）は、放送倫理の問題にも精通している必要がある。　　　　　　　　〔二関辰郎〕

## 2-8
# 作品タイトルと商標・不正競争

## 1 商標法上のルール

　これから公開しようとする映画、あるいは放送しようとするテレビ番組の作品タイトルを他社に勝手に使用されたくない場合、法的手段として思いつく方法のひとつが商標登録をすることだろう。

　商標の本質的機能は**出所表示機能**にあるといわれる。出所表示機能とは、ある商品または役務の出所を他の商品または役務の出所と混同することを防止する機能をいう。たとえば、ある商品を見たときに「この商品は○○社製だね」と認識する場合の「○○社」が出所である。

　商標法は、商品の産地、販売地、品質等の表示等はそのような出所表示機能を果たさないため、商標登録できないとする（3条1項3号）。

　この点、映画やテレビ番組の作品タイトルは、一般に、その映画やテレビ番組の内容を示すもので、映画の出所を示すものではない（出所を示すのは、映画製作会社名や放送局名）。そのため、作品タイトルは、映画やテレビ番組の制作や配給そのものを指定役務としては商標登録できない場合がある[1]。

　商標法3条1項3号に関する特許庁の**商標審査基準**[2]は、「『放送番組の制作』等の……役務について、商標が、需要者に題号又は放送番組名……として認識され、かつ、当該題号等が特定の内容を認識させるものと認められる場合には、商品等の内容を認識させるものとして、……役務の『質』を表示するものと判断する」と規定する（第1五3.(1)(エ)）。この規定だけだと意味がわかりにくいが、前述の通り、商標法3条1項は、品質等の表示は商標登録できないと規定している。したがって、「役務の『質』を表示するものと判断する」ということは、商標登録できないことを意味している。ただし、商標審査基準は、続けて、「題号等が特定の内容を認識させるかは、取引の実情を考慮して判断する」とし、「一定期間にわたり定期的に異なる内容の作品が制作され」、「当該題号等に用いられる標章が、出所識別標識としても使用されて」いれば、登録できる可能性があるとしている。

## 2 商標登録の実例

このように説明すると作品タイトルの商標登録は難しそうに聞こえるかもしれない。しかし、商標登録がなされている例は結構多い。たとえば、近時裁判になった「遠山の金さん」や「ターザン」などは商標登録されている。ただし、後者は「映画の上映・制作又は配給」、「放送番組の制作」などを指定役務に含んでいるが、前者の指定役務はパチンコ型スロットマシンなどである。上記 **1** で述べたように、映画・放送番組の制作・配給自体を指定役務にする場合は登録のハードルが高くなるが、そうではなく、商品化等を防ぐための指定商品等の登録であれば、必ずしも難しくはない。

## 3 不正競争防止法による保護

商標登録がない場合であっても、**商品等表示**として周知性を獲得している等の要件を満たせば、**不正競争防止法**上の保護を受けられる場合がある。商品等表示とは、「人の業務に係る氏名、商号、商標、標章、商品の容器若しくは包装その他の商品又は営業を表示するもの」をいう（不正競争防止法2条1項1号）。商標と同様に出所表示機能を果たすものである。映画の作品タイトルは、上記の通り出所表示機能を果たさないことがある。

この点、アニメ「超時空要塞マクロス」について争われた事案で、知財高裁は、「『マクロス』という本件表示は、本件テレビアニメ、本件劇場版アニメ等により、映画を特定する題名の一部として社会一般に広く知られるようになったことは認められるものの、それ以上に、……事業者たる控訴人の商品又は営業を表示するものとして周知ないし著名になったとまで認めることができず、本件表示は控訴人の商品等表示に該当しない」と判示して、「『超時空要塞マクロスⅡ』、『マクロスプラス』等の題名の映画を製作・販売する行為」の差止めを認めなかった（知財高判平成17年10月27日）。〔二関辰郎〕

---

2-8 注釈

1) 作品タイトルではないが、アーティスト名の商標登録について▶▶140頁・コラム「アーティスト名と商標」。

2) 特許庁商標審査基準〈https://www.jpo.go.jp/system/laws/rule/guideline/trademark/kijun/index.html〉。本書執筆時点では改訂16版。

## 2-9
# 海外ライセンス契約──オプション契約を例に

## 1 オプション契約とは

### (1) はじめに

　国内契約および国際的契約に共通することとして、著作権に関する契約で頻出するのがライセンス契約である。法実務家としては、ライセンサーの側に立つこともあれば、ライセンシーの側に立つこともある。ここでは、国際的なライセンス契約の中で最もタフな交渉が求められるといってもよいハリウッド映画化を念頭に置いて、その際に頻出するオプション契約を例にとってみる。オプション契約はライセンス契約を少々複雑にしたものといってよいものなので、これを押さえておけば一般的なライセンス契約にも応用がきく。ここでは、日本の原作者側がハリウッド映画製作会社にライセンスすることを念頭に、主にライセンサーの立場から記載しているが、もちろん、ライセンシーの側からすれば逆の観点から考慮すべきことになる。

### (2) オプション契約は予約権

　**ハリウッド映画**の原作不足が指摘されるようになって久しい。いったんヒットした映画作品のパートⅡやパートⅢといった続編を見かけることもよくある。日本映画では製作費が十億円を超えれば大作といわれることがあるが、ハリウッドでは数十億円といった製作費はザラだ。数百億円という製作費の場合もあり、まさに桁違いといってよい。ハリウッドは映画製作費が膨大なため、興行的に失敗した場合にはリスクが大きい。そういったことも、手堅いヒット作の続編増加に関連しているだろう。

　そのようなことから、日本のマンガや小説、映画に対するハリウッドからの引き合いは相変わらず多い。特に、世界的にヒットし、海外も含めて多くのファンがいる話題作の場合、ファン層にアピールできるため投資リスクが相対的に小さくなる点も人気の理由だろう。

　ハリウッドから映画化の話がくると、多くの原作者はそれだけで浮かれてしまう。今の若い世代の人たちの受け止め方はよくわからないが、ハリウッ

ドスターが登場する銀幕の世界にあこがれて育った世代のひとりとして、その気持ちは想像できる。しかも、原作者の多くは、すでにヒットした原作があるからこそ話がくる。ゆえに収入基盤もすでに安定しているから、多くの原作者の反応は、「経済的条件にはこだわらないので契約成立を優先してほしい」というものだ。

弁護士は依頼者の意向を踏まえて仕事をするが、「依頼者の意向」が状況を正しく認識したうえでのものかをきちんと見極める必要がある。この観点から留意すべきこととして、ハリウッドから提示される契約書は、**オプション契約**という形式の場合が多いという点だ。オプション契約は、映画製作会社が原作者側（出版社等）と締結する原作利用のための契約だが、映画製作会社は契約締結後直ちに映画製作に踏み切るわけではない。将来、オプション権を行使した場合に、映画製作や利用をするために必要な権利を、映画製作会社があらかじめ独占的に確保しておくことを目的とする契約だ。オプション契約に似た典型契約として、民法556条が定める「売買の一方の予約」がある。「売買の一方の予約は、相手方が売買を完結する意思を表示した時から、売買の効力を生ずる」という条文だ。これと同様に、オプション契約はあくまでも予約にすぎない。映画製作会社側のみが、予約完結権（オプション）を行使するか否かを決められる。

つまり、オプション契約を締結したからといって本当に映画化されるとは限らないということだ。実際、オプション契約が締結されても映画化に至らないことは多く、むしろ、そのような場合の方がはるかに多いといっても過言ではない。その点によくよく注意する必要がある。しかも、きちんと交渉せずにオプション契約を締結してしまうと、映画化が実現しないにもかかわらず、いつまでも権利が戻ってこないために他の映画製作会社と組んでの映画化が将来にわたってできなくなるおそれもある。永遠に作品が日の目を見ないといった悲劇は防がなければならない。

映画製作会社は、オプション契約締結時にそれなりの対価を支払う。しかし、「ハリウッド側は支払ったお金を無駄にしないはずだ」という読みは往々にして外れる。「捨てる」お金も桁違いだからだ。映画製作会社は、実際に映画化をしたいからオプション契約を締結するのだろうが、自社で映画化ができない場合でも、オプション契約を締結することによって他社による映画化を防げる効果もある。言葉は悪いが「唾を付けておく」ということだ。

ネットフリックスやアマゾンといった資金力豊富な大手が動画配信に参入してきたことにより、そういった競争は、より激しくなっているように感じる。

こういった状況認識を依頼者に共有してもらい、そのうえでどのような方針で交渉に臨むかを相談して決めることが重要だ。

上記の通り、オプション契約は、一言でいえば、映画製作のための予約契約である。単純に聞こえるかもしれないが実際にはなかなか複雑だ。いろいろと痛い目にあってきた筆者が言うので間違いない。

## （3）オプション契約の主な条項

まず、オプション契約には、どのような条項が含まれるかを見ていこう。ハリウッドの映画制作会社は多数のオプション契約を締結するため、会社ごとに自社のオプション契約用の書式（フォーム）をもっているのが通常である。具体的にどのような契約条項があり、具体的に文言がどのようになっているかは実に様々である。そのすべてを逐一取り上げることは到底できないが、主要な契約条項を性質に応じて分類してみると、概ね次のように整理できるであろう。

①対象となる権利に関する条項
②時間的条件に関する条項
③経済的条件に関する条項
④クリエイティブ面に関する条項
⑤その他の条項

次の **2** の（**2**）から（**4**）で、上記①から⑤のそれぞれについて簡単に説明するが、ここではその前に、全体に関わる話として、交渉にあたっての留意点を何点か指摘しておきたい。

## （4）交渉にあたってのいくつかの留意点

まず、そもそもの問題として、**契約の相手方は誰か**という問題がある。映画化は、外国企業からの引き合いがきっかけとなって始まる場合が多い。それゆえ、受け身の立場で話が始まる場合が多いので、契約相手方としてどこを選ぶかというより、話を持ちかけてきた当事者がどこか、という話である。この点、話を持ちかけてきたのが、ユニバーサル、ディズニー、ワーナー・ブラザーズ、フォックス、ソニー、パラマウントといったいわゆるハリウッ

ドメジャーなどの、自社に映画製作のための資金が豊富にあるか、あるいは資金調達力がある相手方かどうかが大きな意味をもつ。動画配信のネットフリックスやアマゾンなどもハリウッドメジャーなどと同じ側に分類できるだろう。最初に話を持ちかけてきた相手方が、こういった大手であれば、オプション契約を1回締結すればよい。それに対し、自らは資金力がない映画制作会社やプロデューサーなどと契約をした場合、それらの当事者は、原作者側と契約を締結したうえで、資金力をもった映画製作会社にその映画化企画を（自分たちごと）売り込みにいくことがある。そうなると、最初の相手方と時間や費用をかけて契約を締結したにもかかわらず、結局のところ資金提供先が見つからないといったリスクも生じる。さらに、あとから出てくるハリウッドメジャー等が新たな条件を提示してきて、交渉のし直しを余儀なくされる場合もある。やはりお金を出すところは強いのだ。それゆえ、当事者の見極めが重要な意味をもつ。

　次に、交渉のための**公正・公平な土俵づくり**という問題がある。これは形式的な話だが、実際問題としては結構重要といえる。自社の契約書式を変更されたくない映画制作会社側は、契約書のドラフトをPDFファイルで提示してくることが多い。その場合、こちらで直接条項の修正案を書き込めるよう、ワードファイルを送り直してもらうとよい。また、こちらからの修正案を書き込んで送ったところ、次に先方から送られてくるドラフトの修正版に、こちらが送った修正版からの修正履歴ではなく、映画製作会社が前回提示してきたバージョンからの修正履歴を示して返してくる場合がある。それだと、こちらから提示した修正部分を受け入れたのか否かが直ちにはわかりにくい。その点がわかる修正履歴を示したバージョンを送り直してもらおう。地道な作業だが、対等な交渉のための土俵づくりとして、そういったことも最初の段階からきちんと伝えるのが肝要だ。

　なお、契約書は英語で作成されるし、交渉も英語になる。このことが当然の前提になってしまっていること自体、そもそも公正・公平ではないともいえるが、国際契約一般に妥当することとして、ここはなかなか動かし難いのが現状だ。

　最後に心構え的なことを一言。ハリウッドには様々な慣習があり、それを変えさせるのはなかなか大変だ。しかし、合理的な修正要求であれば、受け入れられることもある。特に原作に力がある作品の場合など原作者側にも交

渉力はある。そういった場合に、安易に妥協せず、粘り強く交渉して少しでも良い条件を勝ち取ってほしい。

## 2 オプション契約の対象となる権利

### (1) 対象作品

オプション契約の内容に関わる最初の大きいポイントが、オプションの対象となる原作の範囲をどう定めるかという問題である。原作として日本語の小説が1冊あるだけならシンプルで、それが対象になる。だが、たとえば、完結していない連載中のシリーズ作品の場合、原作の外国語訳が海外で出版されている場合など、どこまでを対象作品にするかを決める必要がある。

なお、実際にはハリウッド側が提示してくる契約書において、対象作品がすでに定義されているのが通常である。それゆえ、ハリウッドに有利なように、将来創作される続編・スピンオフ等まで含めて広い定義になっていることもあるので、それを適切な範囲に絞り込む観点からチェックをする必要がある。

### (2) 譲渡かライセンスか

映画製作会社がオプション権を行使した場合に、具体化するのは**著作権（映画化権）の譲渡**なのか、ライセンスなのかという問題がある。ハリウッドの映画製作会社が用意している書式では、通常、著作権が譲渡されることになっている。その方が強い権利が得られてハリウッド側に有利だからである。逆に、契約の他方当事者たる原作者側にとっては、ライセンスの方が有利と考えられる。

ハリウッド映画は全世界に配給される可能性があるので、対象地域は全世界とされ、期間は"perpetual"（永久）となるのが通常だ。そうなると、仮に譲渡でなくライセンスにできるとしても、全世界を対象とする期間永久の**独占的ライセンス**であれば強力な権利であり、譲渡とそれほど変わらないのではないかという疑問が生じる。しかし、著作権譲渡の場合、譲渡を受けた映画製作会社が、その権利をさらに第三者に譲渡するのは自由である。「この相手だから映像化を認めた」といった事情があるのに、いつの間にか知らない第三者が映像化を進めていたという事態は防ぎたい。やはり原作者としては、なるべく自己に有利な独占的ライセンスを獲得するのが妥当だろう。[1]

## （3）製作できる映画の範囲

　オプション契約で許諾の対象となる権利は、原作の映画化権と、映画化した作品の利用権である。この**（3）**では前者（映画化権）を扱い、次の**（4）**で後者（映画化した作品の利用権）を扱う。

　一口に映画化権といっても、やはり、どの範囲で映画化権を認めるかという問題が生じる。一般論として、その範囲は、ライセンサーにとっては狭い方が有利であり、ライセンシーにとっては広い方が有利である。

　範囲を定める際の要素として重要なのは、①**劇場用映画**か否か、②**実写**かアニメか、③**言語**、そして④**作品数**である。

　ハリウッド映画化を夢見る原作者としては、劇場公開される映画を念頭に置いている場合が多い。ところが、条件をきちんと劇場用映画に限定しておかないと、テレビ映画を製作されても映画製作者に対して文句を言えないことになる。もっとも、昨今では、ネットフリックスやアマゾンに代表されるように、劇場公開されなくても世界中で視聴され話題になる優良作品も多い。あくまでも、原作者の意図と食い違わないよう、意思疎通をしっかりおこなったうえで、範囲を定めることが重要になる。

　原作は日本のマンガの場合でも、ハリウッドでは実写化が計画される場合が多い。その場合には、対象を実写に限定しておきたい。

　次に「言語」というのは、映画製作時に用いる言語で、ハリウッド映画の場合であれば、基本的に英語で製作する。そのように製作した作品に外国語の字幕や吹替を用いて世界各国で利用できるようにするのは、別の話だ（通常、字幕吹替は許諾する）。問題は、最初から英語以外の言語で製作する権利をどうするかだ。ハリウッドの映画製作会社は、おそらく英語以外での製作は念頭に置いていないが、別の言語で製作された作品と市場で競合することを嫌がるため、なるべく多くの言語の独占的ライセンスを得ようとする。しかし、どの言語で最初に製作するかによって、俳優やスタッフのみならず、舞台設定や作品のテイストなどは大きく変わってくる。それゆえ、市場での競合が実際にどの程度生じるかは疑問ともいえる。少なくとも原作者側とすれば、アジアの主要言語などは切り離して対象外とするような交渉が考えられる。

　作品数については、具体的な数自体は定めず、続編やスピンオフ、テレビドラマ等の関連作品の創作権まで含めた規定になっている場合が多い。

### (4) 映画化した作品の利用権

劇場用映画でも、劇場公開の後に多様な利用をすることで映画製作会社は投資の回収、収益の増大を図る。映画作品そのものの利用としても、ホームビデオ、テレビ放送、ネット配信などを時期をずらしておこなうのが通常であり、読者にもお馴染みだろう。また、映画音楽であるサウンドトラックの利用や、映画作品をテレビドラマやラジオドラマにリメイクすることもあるし、映画中に登場するキャラクターの商品化、ノベライズ、ミュージカルその他演劇、テーマパークなどでの利用もある。こういった利用のどこまでを認めるかも交渉対象になる。

### (5) 原作者側ができる利用

原作者側ができる利用の範囲は、映画製作会社にどの範囲で許諾をするのかという問題と裏腹の問題である（許諾対象外の行為は、原作者側は自由におこなえることになる）。加えて、映画製作会社に許諾した権利に例外を設けて、原作者がそれらをおこなえるようにする場合もある。[3]

2-9-1　許諾対象の概念図

① 権利許諾の対象になっていない
② 権利許諾の対象に入るが、そこから除外

ここで念頭に置いている小説やマンガなどが原作の場合、原作者側としては、出版に関わる行為を引き続き自由におこなえる立場を確保すべきことになる（そもそも映画化権しか許諾していなければ自由におこなえる）。ハリウッドへの許諾前に、すでに日本国内で映画が製作されていたり、テレビドラマ化がなされていたりする場合など、既存作品が存在する場合には、それら既存作品の引き続きの利用のほか、続編の製作などもできるようにしておきたい。

市場での競合の有無や程度を考慮しつつ、原作者がおこなえる行為と映画製作会社がおこなえる行為の調整をすることになる。

## 3　オプション契約の時間的条件に関する条項

### (1) オプション行使まで

上記 **1** で述べた通り、オプション契約は、将来、オプション権を行使し

た場合に、映画製作や利用をするために必要な権利を、映画製作会社があらかじめ独占的に確保しておくことを目的とする契約だ。

それゆえ、契約締結時に**オプション期間**を定めておき、その期間中であれば、映画製作会社がオプション権を行使できるという仕組みにする。たとえば、オプション期間を 12 か月間とか 18 か月間などと定めておく。その間、原作者側は、他者から同様の申し込みがあっても断らないといけないので、オプション期間を確保するために、映画製作会社は一定のオプション料を支払う。

このオプション期間中に、映画製作会社は、脚本家と契約をしてシナリオを制作したり、監督探し、主要キャスト探しをしたりといった映画製作のための準備をおこなう。

2-9-2 オプション期間のイメージ図

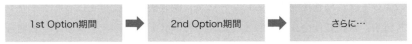

オプション期間は、一定の対価を支払うことで、映画製作会社の判断によって、あらかじめ決めておいた期間だけ延長できるようになっているのも一般的だ。契約的には延長は 1 回だけ定めておきつつ、実際には、2 回目の延長期間の満期が近づいてきた段階で、契約を変更してさらに延長できるように映画製作会社が申し入れてくることもある。

**(2) オプション行使後**

上記 **1** で述べた通り、オプション契約を締結したからといって、実際に映画が製作されるとは限らない。オプション期間中に、映画製作会社が結局はオプションを行使しない場合が実際には多い。

ただし、ここでは先を見通すべく、オプション権が行使された場合を前提にする。

オプション権を行使した場合、映画化が実現する可能性が高まるが、まだまだ予断を許さない。オプション権を行使したが撮影開始に至らない場合、撮影は開始したが映画の完成・公開に至らない場合もあるからだ。

そのような場合に備えて、原作者側としては、きちんした**権利復帰（reversion）** の規定を設けておくことが大変重要だ。

権利復帰とは、時間の枠を設定し、それまでに映画化をしなければ映画製

2-9-3　映画制作の流れのイメージ図

プリプロ　撮影　ポスプロ　完成　公開

作者側が権利を喪失する仕組みだ。権利復帰の交渉ポイントは、①何をきっかけに権利復帰が起こる仕組みにするか、②期間をどうするかである。

　映画製作会社から提示されるオプション契約のドラフトでは、「オプション行使から○年以内に撮影開始に至らなかった場合に権利復帰が生じる」という条件が示されることがある。権利復帰のきっかけを「撮影開始」とする規定である。この条件だけだと、撮影開始に至りながら映画公開にまで至らない場合には、いつまでも権利が戻らない。それゆえ、映画の公開をきっかけにした条件も加えるよう交渉することが考えられる。また、映画製作会社によっては、権利復帰をするにあたって、映画製作会社が支払ったライセンス料や、映画製作会社がそれまでに使ったコスト等の返金を求めてくる場合がある。しかし、期間徒過は、それを活用できなかった映画製作会社側の問題であるし、その間、原作者側は他へのライセンス等を諦めたのだから、返金を必要とする条件は合理的ではないと考えられる。

　権利復帰の期間も様々だが、オプション期間とのトータルで、どの程度の期間であれば原作者側として許容できるかを考えることになる。たとえば、最初のオプション期間が18か月で、同様の期間の延長を可能にしたとすれば、オプション行使までですでに3年が経過することになる。そこからさらに映画公開まで5年間とすると、契約締結時から計8年間となる。すでに原作人気の旬を逃している可能性が大いにある点に注意が必要だ。

　このような権利復帰の規定は、複数作品の製作を可能とする契約の場合、第1作目だけでなく、続編等についても設けておくことが肝心である。

## **4** 経済的条件・クリエイティブに関する条項・その他

### (1) 経済的条件に関する条項

　オプション契約において、映画製作会社は、オプション契約の手続の進展に沿った対価のほか、売上に連動した対価の支払約束をする場合が多い。

　前者の**オプション契約の手続の進展に沿った対価**は、すでに**3 (1)**（▶▶122頁）でも少し触れた通り、オプション料、オプション延長料（延長する

場合)、ライセンス料といった対価である。

　ライセンス料は、映画製作会社として、プロジェクトのゴーサイン（グリーンライトと言ったりする）を出した段階で支払われる対価であり、それなりのまとまった金額となる。具体的な金額は原作次第なので相当幅があるが、筆者が経験した事例では、日本円に換算して億の単位になった事例もあるし、それより二桁少ない場合もある。オプション料は、ライセンス料の数％ないし 10％ くらいの場合が一般的といってよいだろうか。この金額は、後にオプションを行使した場合のライセンス料から控除されるのが一般的である（たとえば、オプション料がライセンス料の 10％ の場合、オプション行使時には残額の 90％ が支払われる）。

　後者の**売上に連動した対価**として、利益の何％かを配分する取り決めを提示されることがある。この点、「何％か」に着目して、そこを多くするための交渉に力を入れる人がいるが、「何の何パーセントか」という、比率の大元が何であるかが重要だ。この部分は、Net Profit（「純利益」）といった概念の場合が多いが、詳細な定義があって、Gross Receipts（「総収入」）から様々な経費が控除されるのが一般的だ（Gross Receipts についても定義を置く）。控除対象については、大きな項目でいえば、「配給手数料」、「配給費」、「製作費」といった項目があり、それぞれの項目ごとに細目や定義があり、なかなか複雑だ。映画製作会社ごとに、数十頁に及ぶ詳細な規定をもっていて、オプション契約の別紙として付ける場合も多い。

　「**配給手数料**」は、映画製作会社が配給の手数料として徴収するもので、北米 30％、イギリス 35％、その他 40％ といった比率で取るのが典型である。「**配給費**」は、配給に関連して映画製作会社に生じる経費で、プリント費、海外版製作費、宣伝広告費などが含まれる。「**製作費**」は、オプション契約に基づいて原作者に支払われる対価ももちろん含むが、ほかに、脚本家、監督、キャスト、スタッフへの費用、ロケに要する費用、編集費用など多岐にわたる。

　この売上に連動した対価というのはなかなかの曲者で、そこから○％もらえると期待していたところ、「純利益」がゼロなので、結局は受け取り分もゼロだったという話もよくあるようだ。

　有名なケースとしては、訴訟にもなった「星の王子様ニューヨークへ行く」の事例がある。エディ・マーフィー主演のコメディ映画であるが、

1989 年に累計 1.6 億ドルの総収入を記録したものの、上記の計算式のマジックにかかり純利益は「マイナス」とされた。ほかに「エイリアン」、「ゴースト・バスターズ」、「レインマン」、「危険な情事」、「フォレスト・ガンプ」といった有名な作品でも純利益はマイナスであったと報告されている。

このように、収益連動型の報酬に期待しても裏切られる場合もあること、また、別紙の計算にまつわる各社の条件を交渉するのはなかなか難しい面もあることから、同じく成果に連動させるとしても、興行収入（これは映画の興行成績として公表される）に連動させたボーナスといった検証可能な方法で対価を取り決める方法を併用することなどが考えられる。

## (2) クリエイティブに関する条項

これは、映画の内容面に関して、原作者側がどれだけ関与できるかという問題に関する条項だ。原作者によっては、ハリウッドに任せた場合に、自分の作品がどう変わるかを見てみたいので、クリエイティブ面のコントロールにそれほどこだわらないという場合もある。しかし、ここで具体名は挙げないが、そうやって期待したハリウッド作品が残念な結果に終わる場合も結構ある。クリエイティブ面のコントロールを権利として確保しておき、必要なければ行使しなければよいのだから、やはり、クリエイティブ・コントロール権をなるべく確保しておくことが原作者側としては重要だ。[4]

この点を検討するにあたって重要なのが、**相談権（Consultation Rights）**と**承認権（Approval Rights）**の区別だ。前者は原作者が相談を受ける「権利」であるが、あくまでも相談にとどまり、原作者が述べた意見が通るとは限らない。他方、後者は、原作者が承認しなければ決まらない。映画製作会社が多額の投資をする以上、その結果を左右するクリエイティブ面についても最終的な判断権を映画製作会社が留保したがるのは当然であり、クリエイティブ面のすべてについて原作者側が承認権を得るのは無理だし合理的でもないだろう。しかし、原作によっては、ここは譲れない、ここを変えられるくらいならオプション契約を締結しなかったという作品の肝になる部分もあるだろう。そういったところを切り出して、その部分の変更は原作者側の承諾がなければできないといった取り決めをすることもある。

クリエイティブ・コントロールの対象となりうるのは、①脚本などの内容面、②監督・プロデューサーなどのスタッフ、③主演俳優、④作品のタイトルなどである。

脚本の関連では、脚本家の選定、脚本のベースとなるトリートメント（あらすじ等を記載した書面で、一般的にシノプシスより詳しい）、脚本の内容それ自体などである。原作者側としては、それぞれについてなるべく意見を言える機会を確保したい。映画製作会社の呈示してくる書式によっては、「意味のある相談権」（Meaningful Consultation）が与えられると書いてある場合もある。結構なことだが、抽象的に「意味のある」というだけでは意味がなく、具体的に「意味のある相談権」をどのように確保するかが重要な意味をもつ。たとえば、脚本関連では、脚本のドラフトを読み、コメントを伝える具体的機会を得ること、最終的な採否は映画製作会社側がもつとしても、そのコメントを尊重してもらう仕組みをなるべく確保することなどが課題になる。

監督、主演俳優などでは、選定の過程で原作者が関与できる立場を確保できる場合がある。映画製作会社が判断権をもつのが基本だが、そもそものオプション契約締結の経緯として、たとえば、特定のプロデューサーが原作にほれ込んだことがきっかけで、原作者もそのプロデューサーを信頼しているから許諾したといった場合には、そのプロデューサーの変更は原作者側の承諾がない限りできないようにするといったことが考えられる。

作品のタイトルについては、原作のタイトルがそのまま海外でも通用する名称の場合などには、承認権を確保しておきたい。

## (3) その他の条項等

その他の条項としては、ライセンス契約に一般的な表明保証の規定や、各種国際契約書で見られる一般条項などが置かれる。この点、たとえば、管轄と準拠法については、**6-19** の 3（▶▶ 344 頁「契約による管轄と準拠法の定め」）を参照。また、ライブイベントに関する **5-4**（▶▶ 235 頁「国際契約における頻出条項」）は、ほぼここにも当てはまる（特に国際源泉課税やクレジット条項）。

オプション契約に特有なこととしては、米国著作権局への著作権登録用に、短い書式のオプション契約と、オプション行使時用の書式が添付されるのが一般的である。これらにあらかじめのサインを求められる場合もあるが、予約段階で、予約が実行されたことを証明するような正式書類を映画製作会社に交付するのは好ましくない。

また、オプション契約には、**チェーン・オブ・タイトル**（Chain of Title, "COT"）の規定が置かれるのが一般的である。これは、原作の権利関係を、

関連する契約書類をレビューすることにより、映画製作会社がチェックすることを意味する。映画製作では多額の費用を投下するため、製作した作品が、実は第三者の権利を侵害するといった理由から差止請求の対象になるような事態は避けなければならない。それゆえ、原作者と出版社との契約のほか、海外出版の契約、既存の映像に関する契約などを対象として、映画製作会社がチェックをする。すでに世界的に売れている原作の場合には関連契約書も多く、この COT のプロセスを終えるために何か月もの期間を要する場合もある。

〔二関辰郎〕

---

### コラム　インバウンドへの関与

オプション契約（▶▶116頁）がアウトバウンドの典型例だが、逆にインバウンドの事案に海外企業側の代理人として弁護士が関与するケースもある。たとえば、海外の映画制作会社やテレビ制作会社が日本でロケをする場合に生じる問題に関する法的アドバイスをしたり、関連契約の締結を手伝ったりする場合だ。海外の会社が日本を舞台に制作した映像に日本法上リスクがないか、公開前に相談を受けることもある。

前者（日本での撮影）は、たとえば、出演者との出演契約や、ロケ先として使用する土地や建物所有者から、立入撮影の許可を受ける契約書の作成や締結などである。あるいは、所有者不明の土地への立入りの可否について尋ねられたり、撮影用に使うドローンに関する規制を尋ねられたり、実に多彩だ。契約に関しては、出演者が未成年者の場合にどのようにサインをもらうかといった民法の基礎的知識が求められる場合などもある。

後者（制作した映像に関する相談）は、たとえば、いわゆる映り込みなどの著作権法上の問題や、名誉毀損、プライバシー侵害、あるいは肖像権侵害・パブリシティ権侵害の有無やリスクについての相談だ。実際の編集済みの映像を見て、リスクについてコメントすることになる。

こういった法的問題について海外企業ないし海外企業の弁護士にアドバイスをする際、時に有効なのが外国の弁護士資格や海外での法実務経験だ。資格をもっていることそれ自体が意味をもつということではない。その過程で学んだ外国の法概念や専門用語がわかっていると、それが共

通言語となって、どういった用語や表現を使えば相手方に伝わりやすい
かといった感覚をこちらがもてる点に意義がある。　　　　　〔二関辰郎〕

### 2-9　注釈

1)　米国著作権法上の独占的ライセンスの位置づけ（譲渡かライセンスか）という問題があるが、ここでは説明を省略する。
2)　「許諾」という表現は、「譲渡」には用いず「ライセンス」に用いる表現である。上記 **(2)** までに検討した結果を踏まえて、**(3)** 以下では、特に断らずにライセンスを前提とした表現を用いる。
3)　ハリウッド映画のノベライズを許諾しておき、そのようなノベライズ作品の日本での出版についての権利を確保するといった例がある。
4)　国内の事例であるが、2023 年から 2024 年にかけて起こった「セクシー田中さん」問題もある。事例の経緯は複雑なようだが、人気マンガ「セクシー田中さん」に基づくテレビドラマの内容がマンガ原作者の意図とは異なっていたことに起因して、脚本家やマンガ原作者が SNS に表明した意見が炎上に発展し、マンガ原作者が自らの命を絶つという悲劇につながった（▶▶ 89 頁）。

## 第 2 章　参考文献

河島伸子『コンテンツ産業論：文化創造の経済・法・マネジメント〔第 2 版〕』（ミネルヴァ書房・2020 年）

中山淳雄『エンタメビジネス全史―「IP 先進国ニッポン」の誕生と構造』（日経BP・2023 年）

安藤和宏『エンターテインメント・ビジネス～産業構造と契約実務～』（リットーミュージック・2024 年）

増田弘道『製作委員会は悪なのか？　アニメビジネス完全ガイド』（星海社新書・2018 年）

週刊東洋経済 2023 年 5/27 号「特集：アニメ　熱狂のカラクリ」

内藤　篤『エンタテインメント契約法〔第 3 版〕』（商事法務・2012 年）

中山信弘ほか『ソフトローの基礎理論』（有斐閣・2008 年）

小泉直樹＝田村善之＝駒田泰土＝上野達弘編『著作権法判例百選〔第 6 版〕』（有斐閣・2019 年）28～30 事件ほか

鈴木秀美＝山田健太編『放送制度概論―新・放送法を読みとく』（商事法務・2017 年）

三宅弘＝小町谷育子『BPO と放送の自由―決定事例からみる人権救済と放送倫理』（日本評論社・2016 年）

福井健策「『映画ビッグバン』の法的諸問題」NBL662 号以下連載（1999 年～）

福井健策編『新編エンタテインメントの罠―アメリカ映画・音楽・演劇ビジネスと契約マニュアル』（すばる舎・2003 年）

福井健策編／内藤篤＝升本喜郎著『映画・ゲームビジネスの著作権〔第 2 版〕』（著作権情報センター・2015 年）ほか

福井健策「ハリウッドとの闘い方」ジュリスト 1525 号（2018 年）72 頁以下

ローレンス・レッシグ（山形浩生＝柏木亮二訳）『CODE―インターネットの合法・違法・プライバシー』（翔泳社・2001 年）

梅田康宏＝中川達也『よくわかるテレビ番組制作の法律相談〔第 2 版〕』（日本加除出版・2016 年）

Dina Appleton and Daniel Yankelevits, *Hollywood Dealmaking: Negotiating Talent Agreements for Film, TV, and Digital Media* (3rd ed., Allworth, 2018)

Mark Litwak, *Dealmaking in the Film & Television Industry: From Negotiations to Final Contracts* (4th ed. Revised & Updated, Silman-James Press, 2017)

第3章

音　楽

# 3-1
## 音楽ビジネスと法実務

### 1 音楽ビジネス

　音楽ビジネスの市場規模をはかるのは容易ではないが、たとえば日本の楽曲の多くは著作権を一般社団法人日本音楽著作権協会（JASRAC）が管理している。JASRAC は、作曲家、編曲者、作詞家、訳詞家等から楽曲の著作権を信託財産として譲り受けることによって管理楽曲の使用者から使用料を徴収し、権利者に分配している。近年、音楽流通はデジタル化（ダウンロードやストリーミング）し、それまで音楽ビジネスを支えてきた CD などソフトの売上が減ったが、ライブ市場が急速に拡大した結果（▶▶224頁「ライブイベント市場と主なプレーヤー」）、JASRAC による徴収額は、2023 年度には1300 億円を超えた。音楽ビジネスは、品を変え、形を変え、大きな市場を維持し続けている。

3-1-1　使用料徴収額の推移

（出典）JASRAC 2023 年度事業報告（https://www.jasrac.or.jp/aboutus/public/pdf/annual-report-2023.pdf）より

### 2 主なプレーヤー

　むろん、音楽ビジネスに登場するのは JASRAC だけではない。本書のイ

3-1-2　権利と契約から見た音楽業界の基本構造

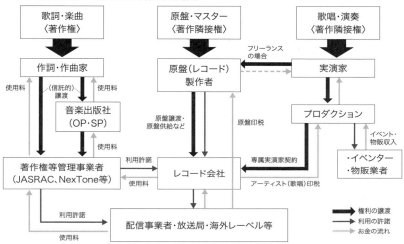

メージする音楽ビジネスの主なプレーヤーの関係図を、図3-1-2に示す。

音楽ビジネスにおける主なプレーヤーとして、まず、「**著作者**」である**作曲家・作詞家**が挙げられる。作曲家や作詞家は、楽曲や歌詞を制作し、楽譜として出版したり、その演奏を媒体に固定化して販売したり、デジタル配信することを期待している。

また、「著作者」の中には、オリジナル作品の創作ではなく、既存の楽曲を編曲する者もいる。ビジネスとしては、オリジナルの「著作者」と同様の方法が考えられよう。

音楽ビジネスでは、作品の歌唱・演奏、CD等の制作、販売や配信をおこなう者、すなわち作品の伝達者がいなければ、著作者が制作した作品が流通しない。つまり、歌唱や演奏する者（アーティスト）や、レコード会社、配信事業者、放送局なども、音楽ビジネスにおける重要なプレーヤーである（むろん、アーティストは歌唱・演奏する作品をどう表現するかに個性が表れるので、単なる伝達者にとどまらない）。これらの者を、ここでは「**隣接権者**」と呼ぶことにする。

「著作者」と「隣接権者」とでは、その名の示す通り、有する権利が異なる。著作権法は、著作者には著作権と著作者人格権を、隣接権者には著作権に比し制限された権利である著作隣接権（および、隣接権者のうち実演家には実演家人格権）を、それぞれ付与している。著作隣接権については、隣接権

者によってその有する具体的な権利が異なる。これらが、音楽ビジネスにおいて権利関係を複雑にしている一因であろう。

## 3 法律業務の概観

音楽ビジネスに関連して必要とされる法律実務は、プレーヤーによって異なる。

たとえば、著作権者である作曲家や作詞家に対しては、まず著作権管理の問題が生じる。日本では、前述の通り、音楽特有のものとして著作権等集中管理団体（以下、単に「集中管理団体」という）が重要な役割を果たしている。音楽に関する集中管理団体のうち JASRAC は日本において実に 90％ 以上に及ぶ楽曲を管理している。JASRAC に使用料を支払えば楽曲を利用できるケースが多いのは、このためである。著作権者としては、自ら著作権の管理をおこなわない場合には、JASRAC や NexTone 等の集中管理団体や後述の音楽出版社と、自らの作品の管理を委託するための契約を結ぶことが入り口となる。自ら管理する場合には、利用者と直接契約交渉をおこない、利用条件を定めた契約を締結することが求められる。

また、著作者にとっての法律上のリスクとして、著作権侵害が考えられる。音楽はともすれば、既存の楽曲や歌詞に影響を受けた作品が生み出される傾向があり、多くはないが、過去に裁判で盗作が争われたケースは確かに存在する。著作権侵害の疑いを向けられれば、CD 販売や配信の差止め、CD 等ソフトの廃棄、損害賠償等の請求を受けるリスクがある。他方、自己の作品を模倣された場合、模倣した者に対する警告、CD 販売や配信の差止め、CD 等ソフトの廃棄、損害賠償等の請求をおこなうこともある。もっとも、後述の通り、作曲や作詞については音楽出版社に著作権が譲渡されていることが多いため、その場合、実際には音楽出版社がこのリスクを負ったり、請求をおこなうことになる。

著作者は音楽出版社との間で、楽曲ごとに著作権譲渡契約を締結し、音楽出版社に自己の著作権を譲渡し、管理や利用促進を委託する。JASRAC や NexTone 等集中管理団体への管理の委託について前述したが、実際は、著作者から著作権を譲り受けた音楽出版社が、JASRAC 等との間で管理委託契約を締結していることが多い。音楽出版社は、JASRAC 等から分配を受け、著作権譲渡契約に従い、著作者に再分配をおこなう。こうして、著作者

の著作権は管理されているのである。

たとえば、JASRAC や NexTone 等集中管理団体は、管理の委託を受けた著作権につき、利用者から使用料を徴収し、その中から一部を著作者（音楽出版社が著作者から著作権を譲り受けた場合は、音楽出版社）に分配するだけでなく、権利侵害があれば、自らが当事者として差止め、損害賠償等の請求をおこなう場合がある。JASRAC が管理している権利については、法的措置は JASRAC がおこなうこととされている（JASRAC の管理委託契約約款参照）。

著作者の作品を伝達するために欠かせない存在が、レコード製作者やアーティストなどの隣接権者である。レコード製作者は、音を最初に固定させる、文字通りレコードの製作をおこなう者だが、現在はレコード会社やプロダクションなど多様な主体がこれを担う。レコード会社は音楽 CD を製造・販売し、音楽配信事業者に対し原盤（最初の録音物）の提供などをおこなう。

歌唱や演奏をおこなうアーティストは、著作権法上、「**実演家**」と呼ばれる。実演家にはフリーランスも多いが、プロダクションに所属するケースも多い。この契約は多くの場合、実演家がある一定期間については所属プロダクション以外を経由して業務に従事することを禁止する専属契約であり、その間の実演については、プロダクションに、著作隣接権が譲渡されているのが一般的である。そのため、多くの場合、レコード会社との契約は、プロダクションを経由してなされることとなる。

そのほか、配信をおこなう場合には、音楽配信事業者や動画投稿サイト運営者との間の契約が求められる。この場合、著作権者または著作隣接権者が、それぞれ契約を締結することとなる。ライブイベントで演奏をおこなう場合には、コンサート・プロモーターとの契約関係が生じることもある。

このように、音楽ビジネスはプレーヤーが多い。そして、プレーヤーごとに有する権利が異なるので、注意が必要である。

## **4** プレーヤーごとの個別の権利

### （1）著作者

著作者は著作権を譲渡した場合を除き、著作権者として、複製権、演奏権、編曲権、公衆送信権などの著作権を専有する（著作権法 21 条以下）。そのため、第三者が作品を利用するには、基本的には著作権者の許諾が必要となる。

もっとも、以下の場合は、著作権者の権利が制限され、利用者が自由に歌

詞や楽曲を利用することができる（▶▶ 22 頁の表 1-5-2）。

#### （a）私的複製

個人的または家庭内その他これに準ずる限られた範囲内において使用する目的で、使用する本人が複製（コピー）する場合、著作権者の許諾は不要である。たとえば、楽譜は、音楽の著作物の複製物と考えられているが、個人練習目的であれば、コピー譜を利用しても権利侵害にならない（同法 30 条 1 項）。

#### （b）非営利かつ無償の演奏等

たとえば、学校の文化祭での生徒による音楽会など、営利目的ではなく、無料で、かつ、出演者に報酬が支払われない場合には、許諾なく著作物を上演、演奏、上映することができる（同法 38 条 1 項）。

#### （c）引　用

音楽評論家がある楽曲の批評をおこなう際に、楽曲の一部を流す場合など、引用としてその利用が許される場合がありうる（同法 32 条 1 項▶▶ 25 頁・コラム「引用」）。

### （2）隣接権者

前述の通り、隣接権者は著作権ではなく、著作隣接権を有する。

狭義の著作隣接権の概要は 35 頁に掲載しているが、人格権まで含めた権利をまとめると、以下の通りである（▶▶ 35 頁の表 1-5-4）。

3-1-3　著作隣接権を有する者の権利

| | 実演家の権利 | レコード製作者の権利（原盤権） | 放送事業者の権利 | 有線放送事業者の権利 |
|---|---|---|---|---|
| 著作隣接権 | 録音権・録画権 | 複製権 | | |
| | 放送権・有線放送権 | | 再放送権・有線放送権 | 放送権・再有線放送権 |
| | 送信可能化権 | | | |
| | | | テレビジョン放送の伝達権 | 有線テレビジョン放送の伝達権 |
| | 譲渡権 | | | |
| | 貸与権 | | | |
| 請求権 | 商業用レコード二次使用料請求権 | | | |
| | 期間経過商業用レコード報酬請求権 | | | |
| 人格権 | 実演家人格権<br>・氏名表示権<br>・同一性保持権 | | | |

〔橋本阿友子〕

# 3-2
## 作詞家・作曲家（著作者）、音楽出版社

### 1 音楽ビジネスにおける著作者の位置づけ

　音楽ビジネスの出発点は、楽曲の誕生にある。本節では、音楽が作詞家や作曲家によって生み出された瞬間から、音楽ビジネスの世界に旅立とうとする地点までを眺めておきたい。

　著作者の中心に位置するのは、楽曲を創作する作曲家と歌詞を創作する作詞家だ。作詞作曲をひとりでおこなうこともあれば、作詞家・作曲家がそれぞれ存在することもある。作詞家と作曲家がアイディアを出し合いながら共働してひとつの作品を作る場合もあれば、すでに存在する楽曲に新たに歌詞をつける場合のように、作詞家と作曲家の間に何の共働関係もない場合もある。また、ソングライター自身はピアノやギターで（時には鼻歌で）メロディだけを創作し、あとは編曲家（アレンジャー）に任せ、できあがってきた作品を確認するという方法で作品を作っている人も珍しくない。

　歌詞と楽曲はそれぞれが別個の著作物であり、別個の著作権で保護される。作詞家と作曲家の共働がなく、作詞家と作曲家がそれぞれ単独で創作活動をする場合には、歌詞の著作者は作詞家、楽曲の著作者は作曲家という区分が明確だが、作詞家と作曲家がお互いに意見を出し合いながら楽曲を作ったような場合には、歌詞も楽曲も両者の共同著作物になる可能性もある。ソングライターがメロディラインを創作したものの、楽曲の完成に至るまでに編曲家による多大な貢献があれば、楽曲がソングライターと編曲家の共同著作物になる場合もあるだろう。創作の過程からは著作権の帰属が明確ではない場合は、権利の帰属やクレジット、収益の分配などについて、関係者間で取り決めておくことが望ましい。

　作詞家や作曲家は、完成した楽曲の著作者として著作権法に基づく保護を受ける。著作者が自分で著作権を管理する場合は、誰に許諾を与えるか、どのような利用形態を認めるか、利用料をいくらにするかなどを自分で決めることができるというメリットがある。しかし、音楽ビジネスの概要（▶▶

132 頁「音楽ビジネスと法実務」）で見たように、音楽の利用場面は多種多様であり、著作者自身が利用許諾の実務に対応することは、楽曲が人気を得れば得るほど大変な負担になる。そこで音楽の場合は、大多数の著作者が自分では楽曲の著作権の管理をせず、JASRAC のような第三者に管理を委託する道を選んでいる。

## 2 編曲について

編曲家が登場したので、ここで編曲についても追記しておきたい。

楽曲の著作権者は**編曲権**という著作権を専有している（著作権法 27 条）。著作権法上の「編曲」（同法 2 条 1 項 11 号）とは、既存の楽曲をベースに新たな創作性が付加されたものを意味するため、演奏の際の間違いはもちろん、単なる転調や、単純な楽器編成の変更は「編曲」にあたらないと考えられている。一方で、ソングライターがメロディラインだけを作曲し、第三者がバンド用の楽譜にする場合などは、通常は創作的な変更が加わっており「編曲」にあたると考えられる。第三者が楽曲に対して「編曲」にあたる程度の改変を加える場合には、著作権者の許諾を得ることが必要になる。JASRAC をはじめとする集中管理団体（▶▶ 145 頁）は編曲権を管理していないため（▶▶ 174 頁「JASRAC 処理の実際」）、編曲については音楽出版社などから直接許諾を得ることが必要になる。許諾を得るまでに時間を要する場合も多く、さらに許諾が得られない可能性もあるので、注意が必要である。

編曲については、編曲権のほか、著作者人格権である**同一性保持権**（著作権法 20 条）も問題となる。同一性保持権とは、著作者の意に反する改変を受けない権利である。編曲の内容が作曲家の意に反する場合には同一性保持権の侵害となる可能性があるため、既存の楽曲を編曲する場合には、作曲家の同意が得られていることを確認しておきたい。

---

> コラム　　**替え歌の著作権**[1]
>
> 　元の楽曲に手を加えることが著作権法の問題になる例として「替え歌」がある。通常の替え歌は、楽曲のメロディはそのままで歌詞に改変を加える。オリジナルの歌詞の一部を変更する作品もあれば、元歌とは似ても似つかない歌詞をつける離れ業もある。「替え歌」が著作権法的

に常に NG になるとは限らない。翻案権侵害でも同一性保持権の侵害でも、問題になる行為は「改変」である。「改変」というからには、「オリジナルに手を加えた」ことが必要になる。歌詞付きの楽曲は、楽曲の著作物と歌詞の著作物がそれぞれ別個に存在しているので、メロディはそのまま使い、歌詞はオリジナルとは似ても似つかないものを新たにつけるという「100% 替え歌」であれば、楽曲に対しても歌詞に対しても「改変」行為があったとはいえないことになる。

　もっとも、著作者人格権には**名誉声望保持権**と呼ばれる権利があり（▶▶35 頁「著作隣接権」）、著作者の名誉または声望を害する方法によりその著作物を利用する行為は、著作者人格権の侵害行為とみなされる（著作権法 113 条 11 項）。名誉声望保持権侵害については「改変」は要件とされていないため、たとえば、既存楽曲に作曲家の社会的名誉や・声望を害するようなあまりにも下劣な歌詞がつけられた場合には、作曲家の名誉声望保持権を侵害すると認定できる余地もあるだろう。

　なお、「替え歌」には、単なる改変行為ではない、パロディとしての側面がある。元歌詞を利用しながら、そこに創作的な工夫を加えていかに新しい世界を描いてみせるかが、替え歌の醍醐味ともいえる。

　パロディを単なる著作権侵害として扱うことが適当なのかという問題は、長らく議論されてきた。他国の著作権法の中にはパロディを明文で認める法律もあり、米国著作権法のもとでは多くのパロディが「フェアユース」として認められている。他方、日本の著作権法には、パロディを著作権侵害から除外できる根拠規定がない。「既存の原作をパロディ化したり、もじったことが一見明白であり、かつ誰が見てもふざけた、茶化したものとして受け取られ、原作者の意を害しないと認められる場合については、形式的には内面形式の変更にわたるものであっても、同一性保持権の問題は生じない」という見解や、「やむを得ないと認められる改変」（著作権法 20 条 2 項 4 号）に該当し、同一性保持権が及ばないと解釈する余地もあるという指摘もあるが、現時点ではパロディの適法性を認めた裁判例は見当たらない（▶▶38 頁「パロディ・二次創作」）。

〔唐津真美〕

## 3 著作者の活動態様の変貌と音楽ビジネスへの影響

　従来は、楽曲を歌唱・演奏するシンガーソングライターが自分の楽曲を多くの人に聴いてもらうためには、プロダクションや音楽出版社、さらにレコード会社の力を借りることが不可欠だった。しかし、録音機器の性能の向上と YouTube や TikTok をはじめとする動画投稿サイトの登場が、楽曲の伝達手段に大転換をもたらした。資金もコネクションもない個人でも、自分の楽曲を簡単に世界に向けて発信することが可能になったのである。以前はレコード会社や大手メディアのサポートが不可欠だった広報・宣伝活動も、SNS などを駆使してアーティスト自身でおこなうことが可能になった。このような音楽におけるビジネス環境の変化は、今後、業界のプレーヤーたちの役割や力関係にも大きな変動をもたらすことが予想される。

---

### コラム　**アーティスト名と商標**

　アーティストの名前やバンド名は、彼らのアイデンティティを示すのみならず、その音楽活動を表示する商標としても使用される。それらの商標は、歌唱や演奏を収録した CD や DVD、配信用ファイルなど、いわば本業の分野にとどまらず、衣類などのグッズにも広く使用される。アーティストや所属会社がその商標を登録しようとする場合、グッズについて登録を認められても、本業である音楽分野については認められにくいというのが特許庁の審査傾向であった。そして司法（知財高裁）も、LADY GAGA 事件（知財高判平成 25 年 12 月 17 日）で、この審査実務を支持する判断を示した。

　世界的に有名な歌手である LADY GAGA が代表を務める外国法人が、「LADY GAGA」の文字からなる商標（「本願商標」）を「レコード、インターネットを利用して受信・保存できる音楽ファイル、録画済みビデオディスクおよびビデオテープ」（「本件商品」）を指定商品として出願したところ、特許庁はこれを拒絶した。理由は、レコードなどの本件商品に「LADY GAGA」と書いてあると、消費者は、レコードの収録曲を歌唱し、映像に出演している者を表示したもの、つまり、その商品の『品質（内容）』を表示したものと認識する。よって、本願商標は商品の**識別機**

能を果たすとはいえない（商標法3条1項3号）。他方、本願商標が、LADY GAGA の歌唱を内容としないレコードなどに使用された場合、商品の品質について誤解を招くおそれがある（同法4条1項16号）というものであった。LADY GAGA 側はこの判断の取消しを求めて訴えたが、知財高裁も、特許庁の判断を支持し、LADY GAGA 側の訴えを認めなかった。

　本判決により、著名なアーティスト名は、本業との関係では原則的に品質表示であり、商標登録に適さないと確認された。その後、商標審査基準にも、レコードなどについて、「商標が、需要者に歌手名又は音楽グループ名として広く認識されている場合には、その商品の『品質』を表示するものと判断する」ことが明記された[3]。是非について疑問が残るものの、今後はこの運用が定着すると考えられる。そのため、実務上は、アーティスト名やバンド名はヒットする前に、商標登録を出願しておくことが、その後の音楽ビジネスを展開するうえでますます重要となるだろう。

〔鈴木里佳〕

## **4** 音楽出版社とは――作品のプロモーター

　音楽ビジネスのプレーヤーの中で、一般の人にとっては「名前は聞いたことがあるけれども何をしているかよくわからない」存在の代表格が、「音楽出版社」かもしれない。

　音楽出版社は、出現した当初は、作曲家などから楽曲の著作権の譲渡を受け、楽譜を印刷物として出版することを生業としていた。しかし、録音技術や再生技術の発展とともに、音楽出版社のビジネスは大きく変貌することになった。音楽出版社の現在の事業の中心は、「著作権管理」と「**楽曲の利用開発**」であり、中でも「楽曲の利用開発」に重点が置かれている。JASRACの定款にも、音楽出版社について「著作権者として、出版、レコード原盤への録音そのほかの方法により音楽の著作物を利用し、かつ、その著作物の利用の開発をはかることを業とする者」と書かれている。「楽曲の利用開発」とは、簡単にいえば作品のプロモーションである。音楽配信、CD、テレビ、ビデオ、映画、CM など、現在では音楽が使われる媒体もコンテンツも様々であり、プロモーションの方法も多様だ。音楽がヒットするひとつの王道パターンとして、ドラマやその他のテレビ番組、また CM などとのタイアッ

プがあるが、これらのタイアップ案件を獲得するための営業活動も、音楽出版社の業務の重要な一部となっている。

## 5 音楽出版社による著作権管理業務

　著作権管理事業は音楽出版社の業務の柱のひとつではあるものの、実際には、音楽出版社は、作詞家・作曲家から譲り受けた著作権をさらに JASRAC などの集中管理団体に預けて管理を委託しているケースが多い（▶▶ 145 頁「JASRAC 等著作権の集中管理団体」）。この場合、音楽出版社の管理業務は、集中管理団体から使用料の分配を受け、これを作詞家・作曲家に再分配する業務に限定されることになる。

　一方、音楽出版社がより主体的に著作権管理業務に関与する場面もある。ひとつは、コマーシャルで使用するための録音や、ゲームソフトへの録音など、JASRAC に管理を委託していても、使用料自体は利用希望者と権利者の間で事前に協議して決めることになっている場合だ（▶▶ 174 頁「JASRAC 処理の実際」）

　また音楽出版社は、作詞家・作曲家から譲渡を受けた著作権の一部を、自社で管理する場合もある。コマーシャル用、ゲーム用録音のほか、映画への録音、ビデオグラム等への録音についても、JASRAC に対する信託の範囲から除外することができる。（▶▶ 146 頁「JASRAC の管理」）この場合、音楽出版社は、使用料に加えて他の使用条件についても権利者の立場で利用希望者と交渉することになる。また、**著作権契約の統一フォーム（6 で後述）**においては、作詞家・作曲家から音楽出版社に対して編曲・翻案権も譲渡されることになっているが、JASRAC は編曲・翻案権については管理の委託を受けていない。このため、多くの場合、編曲・翻案権は必然的に音楽出版社が管理することになっている。

　なお近年では、音楽出版社がレコード原盤の制作者になる場合も増えている（▶▶ 152 頁「原盤ビジネスと各種原盤契約」）。

---

> ### コラム　**音の商標**
>
> 　2015（平成 27）年 4 月の商標法改正により、「音」の商標が登録可能となった。その後、音の商標の出願は相次いだが、登録例を分析してみ

ると、音と文字の組み合わせからなるものばかり。本稿を執筆している2024年10月時点で登録されている音の商標369件のうち、文字を伴わない純粋な「音」だけの商標は7件のみである。その中で、最も有名なものは、ラッパのマークでおなじみの大幸薬品の正露丸のCMで流れるあのメロディだろう。

このメロディは、2017年に初めて登録された音楽的要素のみから成る商標3件の中のひとつである。大幸薬品は、2015年4月の出願から2年半もの歳月をかけ、何度も証拠を提出するなど、登録まで苦戦したようだ。

　なぜか。一番のハードルは、**識別力**の問題だろう。音の商標も、他の商標と同様、登録要件である識別力をもつ必要がある。つまり、その音だけから、特定の商品・サービスが想起される必要がある。しかし、メロディは、商品やサービスの出所を示すためというより、消費者の注意・関心を惹くために用いられるケースが大半だ。商標審査基準でも、需要者にクラシック音楽、歌謡曲等の楽曲としてのみ認識される音（CMなどでBGMとして流されるような楽曲など）や広告で注意を喚起するための効果音などは、原則として識別力がない（商標法3条1項6号）と説明されている[4]。では、ラッパのマークの正露丸のメロディがなぜ登録できたかというと、「**使用による識別力の獲得**[5]」が認められたからである。当初は、CMの演出として聞かれるメロディであっても、繰り返し流されることにより、「あのメロディを聞くと、ラッパのマークの正露丸がイメージされる」と消費者が思い出すほど、そのメロディと特定の商品との関連性が強まった場合、例外的に識別力ありとして登録が認められるのである。今後、音の商標登録を目指す場合、「その音を聞くと、特定の商品やサービスが頭に浮かぶ」と消費者が感じるほど、音と自社の商品・サービスを密接に関連づけるためのブランド戦略・発信などの下準備が重要になろう。

〔鈴木里佳〕

## 6 著作権契約（MPA契約）

　音楽出版社が作詞家・作曲家から著作権を譲り受ける際には、著作権契約

が締結される。多くの場合、**社団法人日本音楽出版社協会（MPA）**が作成している著作権契約書の統一フォームが利用されている。統一フォームは1種類ではなく、権利者から音楽出版社に対して著作権全般を譲渡するのか、一部を譲渡し残りは作詞家・作曲家自身による自己管理とするのか、利用する集中管理団体はひとつか複数の管理団体に分けるのかなどに応じて、複数のフォームが用意されている。著作権使用料の権利者への分配率は、契約ごとに数字を記入する形式になっている。通常は、作詞または作曲のみをおこなった権利者の場合は 25～33％ の間、作詞・作曲をひとりでおこなった権利者の場合は 50～66％ の分配率となっている。作詞家・作曲家の過去の実績などに応じて、より高い分配率を交渉することも可能だ。

　著作権契約において作詞家・作曲家が分配率を気にするのに対して、見落とされがちなポイントが、契約期間だ。当初契約期間 10 年間、自動更新 10 年間という契約が多く見られるが、このような規定の場合、1 回の更新で合計 20 年間も当初の契約条件に拘束されることになる。中には「楽曲の著作権保護期間中」といった極めて長い契約期間が設定されている例もあるので、注意が必要である。作詞家・作曲家の立場からすると、契約期間が短ければ、より早い段階で条件の見直しや音楽出版社の変更などを検討することが可能になる。すでに長期の契約を結んでいる場合は、通常は次の更新のタイミングが契約条件を再交渉するチャンスになるので、特に権利者にとっては更新時期を意識しておくことも重要だ。　　　　　　　　　〔唐津真美〕

### 3-2 注釈

1)　唐津真美「『森のくまさん』を追いかけろ─替え歌と著作権法の気になる関係」骨董通り法律事務所 HP コラム〈https://www.kottolaw.com/column/001413.html〉。
2)　加戸守行『著作権法逐条講義〔5 訂新版〕』（著作権情報センター・2006 年）172 頁。
3)　特許庁「商標審査基準改訂 16 版」（令和 6 年）第 1 五 3.(2)(ア)。
4)　同審査基準第 1 八 11.(3)(イ)(エ)。
5)　同審査基準第 1 八 12.。

# 3-3
## JASRAC 等著作権の集中管理団体

### 1 集中管理団体とは

　著作権の集中管理団体（集中管理団体）とは、文字通り、著作権を集中的に管理する団体である。著作物を利用するにあたっては、原則として権利者の許諾が必要となる。利用の都度権利者を探索するのは面倒だし、権利者が不明な場合もありうる。ようやく権利者を見つけたとしても許諾が得られるとは限らない。高額すぎる許諾料を請求される可能性もある。逆に、権利者の立場からは、逐一利用者から連絡されるのも面倒があろうし、第三者に権利の管理を委託したいと思う場合もあろう。

　集中管理団体は、権利者にかわって著作権を管理し、利用者が求めれば利用を許諾し、使用料を徴収する。集中管理とは、徴収した使用料の一部は手数料として集中管理団体が取得し、基本的には残りを権利者に分配する仕組みなのである。

### 2 著作権等管理事業法

　もっとも、集中管理は、音楽使用権限の独占であるがゆえに、法外な使用料の徴収や、許諾の際の利用者の選別など恣意的な運用に走れば、利用促進を妨げる結果となり、ひいては権利者の利益にもならない。そのため、**著作権等管理事業法**は、集中管理団体に対する規律をおいている。

　著作権等管理事業をおこなおうとする者は、文化庁長官の登録を受け（著作権等管理事業法3条）、使用料分配方法や管理事業者の報酬等を定めた管理委託契約約款を文化庁長官に届け出なければならない（同法11条）。使用料規程も届出・公表義務があり、利用者への透明性が図られている（同法13条参照）。

　たとえば、JASRAC の管理委託契約約款はインターネット上で確認が可能だが、頻繁に改訂されているため、その都度最新の約款を参照されたい。

## 3 指定著作権等管理事業者

　市場に対し大きな影響力をもっている管理事業者が存在する場合には、その管理事業者が高額な使用料を決定することで、著作物等の円滑な利用が妨げられる事態が生じるおそれがある。

　このような事態を避け、利用者側の意向が反映された使用料規程が作成されるために設けられたのが、使用料規程に関する協議・裁定制度である。使用料額の水準に対する影響力が大きい管理事業者として文化庁長官に指定された指定著作権等管理事業者には、利用者代表（利用者の利益を代表すると認められる者）から使用料規程に関する協議の求めがあった場合、これに応じる義務が生じる（著作権等管理事業法23条2項）。この協議が整わない場合、一方当事者の申請により、文化庁長官が裁定をおこなう。

　協議が整わず裁定がなされた例として、2017年に「音楽教育を守る会」により指定著作権等管理事業者であるJASRACに対してなされた申請に基づくものがある。JASRACが音楽教室における演奏等に関する使用料規程を届け出たことに関し、先行して提起されていた、音楽教室における演奏等に関して使用料支払義務は存在しないことを確認する訴訟、いわゆる「音楽教室事件」の判決が確定するまで、使用料規程の実施の保留を求めるものであった。裁定の結果、保留はおこなわれず、JASRACは2018年4月1日から徴収手続を開始した。その後最高裁判決において、音楽教室における生徒の演奏には音楽教室に使用料支払義務がないとされたが、本項改訂時点（令和6年10月15日）では使用料規程は改訂されていない（▶▶149頁）。

## 4 JASRACの管理

　JASRACは、国内の作詞家・作曲家・音楽出版者などの権利者から著作権の管理委託を受けるとともに、海外の集中管理団体とお互いのレパートリーを管理しあう契約を結んでいる。2024年現在で、信託契約数は20,464件、管理対象作品数は82,537,783件にのぼり、集中管理団体に信託されている楽曲の数としては圧倒的多数を誇る。

　信託と書いたが、権利が集中管理団体に信託的に譲渡されているので、集中管理団体はその期間中、信託された権利を自らの権利として扱うことができる。JASRACと管理委託契約を交わすと、権利者の著作権のうち、管理

委託した権利は自動的にJASRACに移転する。たとえば、JASRACに信託されている楽曲を利用したいと申請した者には、JASRACが自ら権利者として許諾をおこなうことになっている。また、信託を受けた権利が侵害された場合には、JASRAC自らが侵害者に対する訴訟を提起できる。

　利用者にとっては、JASRACの管理楽曲であれば、使用料がある程度明白であるし（これが争いになることもあるのだが）利用申請もそう複雑な手続ではない。JASRACが管理しているかどうかは、公開のデータベースを確認すればわかる仕組みである。しかも、著作権等管理事業法に基づき、JASRACは基本的には使用を許諾しなければならないので、拒絶されることは考えにくい。利用者にとって非常に便利な面もある。

　もっとも、音楽の著作物を構成するあらゆる権利がJASRACに委託されているわけではないことには注意が必要である。

　まず、権利者が、JASRACに管理を委託できる権利をすべて委託していないケースがある。権利者は、支分権（演奏権、録音権など）や利用形態（広告目的でおこなう複製、インタラクティブ配信など）ごとに自己管理をしたり、

3-3-1　JASRACに管理委託する範囲の選択について
〈管理委託範囲選択区分〉

（出典）JASRACウェブサイト（https://www.jasrac.or.jp/contract/mechanism.html）より

他の集中管理団体に権利を預けるなどの選択ができるため（▶▶ 142 頁「音楽出版社による著作権管理業務」）、この点は確認が必要である。もっとも、権利者が作品ごとに信託対象権利を変えることは、基本的にはできないことになっている。

次に、JASRAC 自体がコントロールできない権利がある。たとえば、ゲームや CM 制作で楽曲を使用する場合である。このような場合、権利者は、あらかじめ楽曲ごとに委託者（著作者または音楽出版者など）に連絡し、利用の可否を確認し、著作物使用料の全部、または一部について額を取り決め、JASRAC に支払うという仕組みとなる。

また、ミュージカルやダンス作品の上演ではグランドライツという特殊な権利処理が必要となる場合がある（▶▶ 260 頁「上演と音楽著作権」）。

## 5 JASRAC をめぐる問題

### (1) JASRAC によって築かれた判例[1]

上述の通り、JASRAC は楽曲の著作権を自らの権利として扱うことができる結果、JASRAC を当事者とする判例が数多く存在する。

たとえば、著作権法上有名なカラオケ法理を生み出した「クラブキャッツアイ事件」（最判昭和 63 年 3 月 15 日）は、JASRAC が、カラオケスナック店において客に有料でカラオケ機器を利用させていた同店の経営者に対し、演奏権侵害に基づく損害賠償等を請求した事件である。最高裁は、物理的には客がおこなう演奏が、店の経営者による演奏と同視できるか否かにつき、「店側はカラオケ機器を設置して客に利用させることにより利益を得ている上、カラオケテープの提供や客に対する勧誘行為などを継続的に行っていることから（管理性・利益性）、客だけでなく店も著作物の利用主体と認定すべきである」と判断し、被告である店の経営者に対して損害賠償を命じる判決を下した（著作物の利用行為の主体を拡張的にとらえる法理をカラオケ法理という）。その後も、このカラオケ法理またはその類似の考え方によって、店の経営者やサイト運営者の責任が認められてきた。JASRAC が当事者となった判例としては、ファイル交換サービスにおける著作権侵害が問題となったいわゆる「ファイルローグ事件」（東京高判平成 17 年 3 月 31 日）、ファイルストレージサービスにおいて問題となった「MYUTA 事件」（東京地判平成 19 年 5 月 25 日）、ピアノを設置し集客を図っていた店舗における店舗側主

催のライブや BGM としてのピアノ生演奏が問題となったいわゆる「デサフィナード事件」（大阪高判平成 20 年 9 月 17 日）、客に演奏の場を提供した「ライブバー事件」（知財高判平成 28 年 10 月 19 日）などにおいて、カラオケ法理またはその類似の考え方が採用されていると評価しうる。

また、JASRAC はこれまで、フィットネスクラブ、カルチャーセンター、ダンス教室と、BGM の再生（演奏権）について徴収範囲を拡大させてきた。演奏権が問題となったいわゆる「音楽教室事件」（最判令和 4 年 10 月 24 日）（▶▶ 146 頁）でも誰が演奏の主体かという点が論点となっており、カラオケ法理の採否が注目されていた。最高裁は、第一審判決で明確に引用されていたクラブ・キャッツアイ判決を引用せず、カラオケ法理とは別の総合考慮を基準に判断しており、これをもってカラオケ法理は、終焉を迎えたとも評価できる。今後の裁判例も参照されたい。

## (2) 分配方法

さて、集中管理団体は、権利者から楽曲の管理を委託され、使用者から直接使用料を徴収しているが、徴収した使用料を権利者へ分配してこその管理事業である。JASRAC は、著作物使用料分配規程（分配規程）に基づき、毎年度 6 月、9 月、12 月、3 月の 4 回の分配期に分け、徴収した使用料から管理手数料を控除し、権利者に分配している。もっとも、分配方法は利用方法によって異なる。

まず、CD、音楽ビデオ、出版などは曲別分配をおこなっている。利用された管理作品 1 曲ごとに使用料を計算して請求（曲別請求）し、その作品の利用について徴収した使用料を分配する方法だ。

次に、放送（全曲報告に対応したもの）、貸与、業務用通信カラオケなどはセンサス分配をおこなっている。利用作品数に関係なく年額、月額などの使用料を包括的に計算して請求（包括請求）する際に利用者に対して提出を求めるすべての利用曲目の報告に基づき分配額が計算される。

放送分野においては、レコード使用について、使用された大量の曲目をすべて報告させることの困難性から、サンプリング調査によって利用曲目データを収集してきた（収集された標本（サンプル）を利用して統計的手法に基づいて分配する方式）。しかし、分配の精度が低いという批判を受け、サンプリング報告から全曲報告（センサス方式）に切り替わっている。JASRAC はライブハウス使用料についても、2020 年 3 月の分配から従来のサンプリング調

査を廃止し、複数の方法で利用曲目を収集し、利用の実態をより反映した分配をおこなっている。

## 6 外国楽曲の管理

いわずもがな、日本以外の国にも、JASRAC と同様、音楽著作権を管理する集中管理団体が存在する。これらの団体は、Collective Management Organization（CMO）と呼ばれている。音楽の集中管理団体の総称として Performance Rights Organization（PRO）が使われることも多いが、JASRAC のように Performance Rights（演奏権）に限らず録音権（著作権法上は、複製権に含まれる）も管理している団体を含める場合は、CMO の方が呼称として適切と思われるため、以下では CMO の表記を使うこととする。

CMO は、自らの国での音楽著作物の利用に対し、許諾を付与し、使用料を徴収する機能を有しているが、他国での利用に関しては通常はそれらの機能を有していない。たとえば、JASRAC 管理楽曲がドイツで利用される場合、JASRAC はその利用への許諾を与え、使用料を徴収する権限をもたない。そうすると、権利者が各国の CMO との間で管理委託契約を結ばないと、他国で自分の作品が使用された場合の捕捉ができないことになる。しかし、実際には、各国の CMO が連携し、各 CMO が有するレパートリーを相互に管理しあっている。その結果、上の例では、ドイツで使用される JASRAC 管理楽曲については、ドイツの CMO である GEMA という組織がその許諾付与をおこない、使用料を徴収し、JASRAC に分配するという仕組みがある。したがって、権利者は、JASRAC と契約関係にあれば、各 CMO と個別に契約を結ぶ必要はない。

上記のパートナーシップは、このような実務レベルに限ったものではなく、CMO 同士による会議体の存在、そこでの情報共有などの、組織運営上のメリットもある。2024 年 2 月現在、JASRAC は、97 か国 4 地域における 116 の演奏権団体および 79 か国 4 地域における 95 の録音権団体と、それぞれ提携を結んでいる。また、JASRAC を含む各国の CMO が著作権協会国際連合（CISAC）に加盟し、著作権管理のルール策定等に尽力している。

このように、音楽著作物は、各国の CMO の相互の連携により、国を越えて管理体制が整備されており、ほかの著作物の管理実態とは様相を異にしている。ただし、国別管理が徹底されているがゆえに、音楽では国際的な配信

ビジネスにおいて元の権利者による一括での利用許諾（ソースライセンシング）ができず、配信地域のすべての国で個別に利用申請と支払が必要になるといった課題も残されている（▶▶275頁「権利処理に関する契約」も参照）。

## 7 著作権以外の集中管理

これまで、著作権の集中管理についての概要をお伝えしてきたが、著作隣接権についても、集中管理がなされている例がある。

一般社団法人日本レコード協会は、国内のレコード会社により構成されている一般社団法人で、文化庁長官によって指定された団体として、商業用レコードの二次使用料請求権および貸レコードの報酬請求権を行使し、使用料等の徴取・分配を行っている（▶▶152頁「レコード製作者の権利」）。同協会は、2006年10月より「放送番組のストリーム配信」に係るレコード利用について集中管理事業を開始し、以後、レコードの送信可能化に係る集中管理事業を拡大してきた。そして、2020年11月1日には、放送に加え、ウェブキャスティング（インターネット上で独自コンテンツを一斉同時にストリーム配信するサービス）等におけるレコードの一定の利用を、集中管理の対象とした。

上記以外ではレコード協会を含めて拡大の動きは必ずしもみられず、今後の進展が期待される。　　　　　　　　　　　　　　　　　　〔橋本阿友子〕

---

**3-3 注釈**

1)　JASRACが関わった判例をまとめたものとして、田中豊編『判例でみる音楽著作権訴訟の論点80講』（日本評論社・2019年）。

## 3-4
### 原盤ビジネスと各種原盤契約

## 1 原盤権とは

### (1) レコード製作者の権利

「原盤」「原盤権」という言葉は、音楽ビジネスにおいて広く使われているが、実は著作権法には「原盤」という言葉はない。では「原盤権」とは何か。著作権法では、著作権のほかに著作隣接権が認められており（▶▶35頁「著作隣接権」）、著作隣接権のひとつとして、「レコード製作者の権利」が定められている（著作権法96条）。いわゆる「原盤権」の中心部分は、このレコード製作者の権利である。

著作権法上の「**レコード**」とは、「蓄音機用音盤、録音テープその他の物に音を固定したもの」である（2条1項5号）。固定媒体も固定方法も限定されておらず、また、固定する「音」自体が著作物であることも必要ない。このため、水の音や鳥のさえずりが録音されたヒーリング音源も「レコード」ということになる。他方「音を専ら影像とともに再生することを目的とするもの」は「レコード」からは除外されるので（同号括弧書）、映画の映像に直接音を録音した場合やゲームのBGMのように音をもっぱら影像（映像）とともに再生することを目的とするものは「レコード」ではない。

原盤権を有する「**レコード製作者**」は、レコードに固定されている音を最初に固定した者をいう（著作権法2条1項6号）。「固定した者」とは、実際の固定の「作業」をおこなった者ではなく、スタジオを借りて実演家に歌唱や演奏等をしてもらい、最初マルチテープに録音してからミックスダウンしてマスターテープを作るという一連の過程の制作資金を負担した者（会社）が、著作権法上のレコード製作者になる。以前は、原盤制作の作業には立派なスタジオが必要不可欠だったが、現在は、PCなどの一般的な機器を使って高いクオリティのマスターを制作することも可能であり、レコード製作をめぐる状況は大変革を遂げたといえる。PCなどを利用して楽曲の著作者が自ら音源を製作した場合、著作者自身が原盤権者になる。レコード会社が、

改めてその著作者に演奏や歌唱をしてもらってマスターテープに録音した場合には、新しい原盤についてはレコード会社がレコード製作者となる。

レコード製作者の権利は、**著作隣接権**と**報酬請求権**に分けることができる。前者は複製権、送信可能化権、譲渡権、貸与権等であり、報酬請求権としては、放送・有線放送に関する二次使用料請求権、報酬を受ける権利、放送の同時配信・見逃し配信等によって発生する補償金請求権、オンライン授業（授業目的公衆送信）に関する補償金請求権や私的録音補償金請求権がある。放送・有線放送に関する二次使用料については、社団法人日本レコード協会が権利行使をおこなっている。

このように、楽曲の著作権と原盤権はまったく別の権利であるが、実務においては、この点が意外と理解されていないように思われる。たとえば、集中管理団体である JASRAC と NexTone は YouTube や TikTok をはじめとする各動画投稿サイトと包括契約を締結しており、投稿者自身が権利処理手続をとらなくても、JASRAC と NexTone の管理楽曲を歌唱・演奏した動画をアップすることができる（ただし、その楽曲の配信権の管理が委託されていることが必要である）。ここで注意すべき点は、JASRAC と NexTone が管理している対象はあくまでも楽曲の「著作権」だということである。投稿者自身がギターの弾き語りなどで演奏・歌唱しているのであれば、楽曲の著作権だけ権利処理をすれば足りるが、CD などの音源をそのまま使う場合には、その CD の「原盤権」をもっているレコード会社などから原盤の使用許諾を受ける必要があることになる（▶▶ 151 頁「著作権以外の集中管理」）。

## （2）実演家の著作隣接権

楽曲を演奏、歌唱する実演家には、著作権法上、レコード製作者と同様に著作隣接権が認められている。録音権・録画権（91 条）、放送権・有線放送権（92 条）、送信可能化権（92 条の 2）、譲渡権（95 条の 2）、貸与権等（95 条の 3）である。そのほかにレコード製作者と同様の報酬請求権も有し、さらに実演家の人格的利益の保護を目的とした権利として、実演家人格権も認められている（▶▶ 35 頁「著作隣接権」）。

歌手等の実演を収録したレコードを複製・譲渡する場合、そこにはレコード製作者の権利に加えて、実演家の複製権・譲渡権も及ぶことになる。しかし実際には、実演家の著作隣接権は契約によってレコード製作者に譲渡されている（▶▶ 160 頁「プロダクションと専属マネジメント契約」）。レコード製作

者がレコード（音源）を配信や CD 制作に利用して収益を上げた場合には、収益の一定割合が**アーティスト印税**としてレコード製作者から実演家に支払われる契約が一般的である。ただし、報酬請求権は実演家団体によって権利行使されるために実演家に残っていることが多く、さらに実演家人格権は一身専属的なもので譲渡はできず、当然に実演家本人がもっているので、注意が必要である。

　このように、一般的に「**原盤権**」という言葉は、レコード製作者の著作隣接権、使用料・報酬請求権だけではなく、レコード製作者に譲渡されている実演家の著作隣接権も含んだ権利の総体を意味する場合が多い。もっとも、前述したように原盤権は法律で定義されている用語ではないため、原盤に関する契約を締結するにあたっては、その契約における「原盤権」の意味を確認することが重要である。

---

> コラム　　**サンプリングと原盤権**

　サンプリングとは、既存の音楽や音声を切り取り、それを自分の音楽作品の一部として再利用することである。音楽制作の一部としては一般的な手法で、ヒップホップ、エレクトロニックミュージック、ポップミュージックなど、多くのジャンルで使われている。サンプリング文化に水を差すようで恐縮だが、著作権法的な観点でいえば、他人の音楽をサンプリングする際には著作権と原盤権の問題が生じる可能性がある。

　まず、サンプリングによって元ネタの創作性のある部分を利用して再生すると元の楽曲の著作権（複製権）を侵害する可能性がある。サンプリングの場合、元ネタの利用部分がごく短く、その部分だけでは創作性がある表現を利用・再生したとは認められない場合も多いが、このような場合には、著作権侵害にはならないという結論になる。

　原盤権については、問題はより厄介になる。原盤権の保護については創作性が要件とされていないため、元ネタの音源をそのまま利用すれば、たとえ 1 秒といった短い時間でも、創作性のない部分の利用であっても、原盤権の侵害になるという考え方もありうるからである。これに対して、主に音楽文化の発展の見地から、一定の範囲であれば原盤権侵害にならないと考えるべきだという立場もある。

154

サンプリングについては、海外の動向も興味深い。米国法のもとでサンプリングの著作権侵害問題を考える場合、「フェアユース（Fair Use）」と「デミニマス法理（de minimis use）」を理解する必要がある。フェアユースは、特定の状況において著作権で保護された著作物の非許諾利用を認めることにより、表現の自由を促進する法理である。米国著作権法はフェアユースか否か判断するための枠組みを定めており、サンプリングの場合は、使用されるサンプルの量とその質、オリジナル作品への影響、そして用目的などを考慮して判断されることになる。「デミニマス法理」とは、「法は些細なことに関心を持たない」ということを意味する法原則であり、著作権法の文脈では、コピーされたものが侵害と認定するにはあまりにも些細なものである場合、法はコピーを無視する、というように適用される。サンプリングに関する米国の重要な裁判例にVMG Salsoul 事件（VMG Salsoul v Ciccone, 9th Cir., 2016）があるが、この事件では、0.23秒のサンプリングが問題となり、第9巡回区連邦控訴裁判所は、非常に短いサンプリングであって、平均的な聴衆が元の音源を識別できない場合は、著作権侵害にはあたらないと判断した。

　EUでは、サンプリングが著作権侵害にあたるかどうかは、EU司法裁判所の判決によって明確化されている。KraftwerkとMoses Pelham の間で争われた Pelham 事件（Pelham GmbH, Moses Pelham and Martin Haas v Ralf Hütter and Florian, C-476/17, ECLI: EU: C: 2019: 624）では、2秒間のサンプリングが著作権侵害にあたるかどうかが問題となり、EU司法裁判所は、サンプリングされた音が耳で識別できない形で変更されている場合は、著作権侵害にはあたらないと判断した。判断の手法をみれば、米国法のデミニマス法理に近いといえそうである。上記で紹介した海外の事例は、今後、日本における判断基準にも影響を与える可能性があるだろう。

　権利者の保護と、利用者の便宜をはかって文化の発展を支えることのバランスは、古くて新しい著作権法の課題である。サンプリングと原盤権の問題もまた、広く根付いた音楽カルチャーと原盤権者を共に脅かすことのない、程よい着地点を見つけたいテーマである。　　　〔唐津真美〕

3-4-1 原盤ビジネスの構造

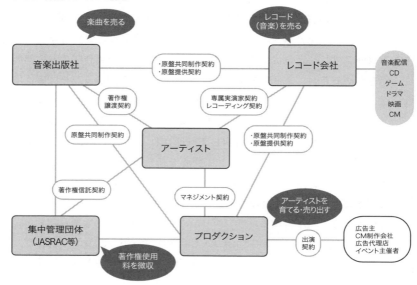

## 2 原盤ビジネスの諸契約①──原盤制作時の契約

### (1) 原盤ビジネスに関する諸契約の概要

　原盤をめぐる契約は、制作段階と活用段階に分けて考えることができる。ここではレコード会社が制作資金を主に負担して原盤を制作することを想定している。

### (2) レコーディング契約

　原盤製作者は、まずアーティストとレコーディング契約を締結し、プロデューサーと業務委託契約（プロデューサー契約）を締結する。レコーディング契約については、**3-6**（▶▶166頁以下）にて解説する。

### (3) プロデューサー契約のポイント

　プロデューサーの業務範囲は、原盤の企画に始まって、楽曲の選定や、編曲・演奏に対するアドバイス、予算管理、バックミュージシャンの選定、レコーディング・マスタリングへの立ち会いなど多岐にわたり、業務期間も長期になる場合が少なくない。したがって、業務内容や期間について契約書で明確に決めておくことが望ましい。

　プロデューサーの報酬の決め方には、印税方式（**プロデューサー印税**）と

定額方式がある。報酬については「プロデュース業務一式　〇〇円」という大雑把な規定になっているケースも多いが、後日のトラブルを避けるため、合意された報酬がカバーする業務の範囲についても明確にしておくことが望ましい。

　またプロデューサーは、自身で編曲をおこなうケースや、自身のコネクションでバックミュージシャンを集めて報酬の支払いまでおこなうケースも少なくない。このような場合には、プロデューサーが楽曲や原盤の権利者のひとりになる可能性がある。したがって、後日権利関係でもめないように、プロデューサー業務に関連して生じる可能性がある権利の帰属についても契約で明確にしておくべきである。

## （4）共同原盤契約・原盤共同制作契約

　前述のように、一般的には、レコード製作費を負担した者（会社）がレコード製作者になる。しかし、一定レベルの音源は手軽に作成できるようになったとはいえ、多くのミュージシャンを使ってハイクオリティな音源を作成するためには相当程度の資金が必要になるため、一社では負担が重いと感じることもある。また一方では、曲がヒットした場合、原盤権をもっていると継続的に収益を得ることも期待できる。そこで、音楽業界の複数のプレーヤーが原盤制作費を分担する共同原盤契約や原盤共同制作契約が締結されることがある。出資者の組み合わせは様々であり、アーティスト本人の個人会社やプロダクションが出資することもあれば、音楽出版社が参加することもある。映画や CM のタイアップ楽曲の場合には、映画や CM の権利者が製作費を分担することもある。

　複数の出資者がいる原盤契約の主要なポイントは、①原盤制作費の負担割合、②原盤に関する権利の持分割合、③原盤印税の分配割合と分配方法、④代表原盤権者、⑤アーティスト印税の額と支払方法、⑥（レコード会社が当事者でない場合）レコード会社との原盤契約の条件等である。

　通常各当事者は、原盤制作費（①）の負担割合に応じて、原盤に関する権利（所有権、著作隣接権、報酬・補償金請求権）をもち（②）、原盤を利用した収益は、権利の持分に応じて印税として分配される（③）。共同原盤といっても、多くの場合はアーティストと契約を締結する当事者が原盤権者の代表となる（④）。アーティスト印税も、代表原盤権者からアーティストに対して支払われることが多い。代表原盤権者がレコード会社ではない場合、原盤

を収益化するための契約（レコード会社のへの原盤提供契約など）においては、代表原盤権者が契約当事者になる。実態としては、原盤権に包含される権利全般ではなく、印税・報酬等の請求権をもっているだけの共同原盤権者も多い。継続的な収益を目的としている当事者からすれば、印税・報酬等に関する権利を確保できれば出資の目的は達成できるからである。

## **3** 原盤ビジネスの諸契約②——原盤利用時の契約

### （1）原盤譲渡契約と原盤供給契約

　原盤権者がレコード会社である場合、原盤を複製して自社で CD を制作することができる。しかし、原盤権者がレコード会社ではない場合は、CD を制作・発売するためにレコード会社に複製権を与える必要がある。このような場合の典型的な契約が、原盤譲渡契約と原盤供給契約だ。原盤譲渡契約が原盤を相手側（たとえばレコード会社）に譲渡する契約であるのに対して、原盤供給契約は、原盤権者がレコード会社に対して原盤の使用を（原則として独占的に）許諾する契約であり、原盤権は原盤権者に残る。

　レコード会社が原盤の譲渡を受けると、CD の制作に限らず、音楽配信等のその他のメディアでも原盤を利用することができる。第三者に対して原盤の使用を許諾することもできる。原盤供給契約の場合、レコード会社は許諾を受けた範囲で原盤を利用できるにすぎない。ただし、原盤供給契約の許諾の範囲を拡大すれば幅広いメディアで原盤を利用することができるし、サブライセンス権を得れば第三者に対して再許諾を与えることもできるので、原盤供給契約を実質的に原盤譲渡契約に近いものにすることも可能である。つまり契約のタイトルを見ただけでは契約内容は明確ではないので、契約のタイトルだけではなく中身をよく読むことが重要だ。原盤譲渡契約・供給契約において確認すべき主なポイントは、以下の通りである。①譲渡または使用許諾の範囲、②対価（原盤印税）、③契約期間（特に原盤供給契約の場合だが、原盤譲渡契約でも終了事由を要確認）、④契約終了時の取り扱い（権利の帰属や在庫売却期間、ジャケットの取り扱いなど）。

### （2）原盤印税

　原盤譲渡契約の場合は譲渡の対価として、原盤供給契約の場合は使用許諾の対価として、いずれにしてもレコード会社は原盤権者に対して、通常は原盤印税という名目の支払いをおこなう。

CDのようなパッケージ商品の場合、原盤印税の一般的な取り決め方は以下の通りである。

（消費税抜小売価格－ジャケット経費）× 印税率 × 計算対象となる数量

数字の詳細は、レコード会社と原盤権者の関係やアーティストの実績によっても影響を受けるが、ジャケット代は小売価格（消費税抜）の10%、印税率は13〜18%、計算対象となる数量は、把握の容易さと返品率を考慮して「出荷価格の80〜90%」である場合が多いようだ。

**（3）原盤ライセンス契約**

原盤をレコード会社に提供する場合は、原盤譲渡契約や原盤供給契約というタイトルが使われることが多いが、音楽配信、CM、ゲーム、映画などに原盤を提供する場合は、ライセンス契約という表題が使われている場合が多い。原盤ライセンス契約におけるポイントは、①ライセンスされる権利の範囲（権利の範囲・許諾地域）、②独占・非独占、③ライセンス料、④契約期間、⑤契約終了時の効果、などである。

2024年11月現在、において音楽原盤が最も多く利用されている形態は、世界的に見れば音楽配信である。音楽配信については **6-2**（▶▶273頁「音楽配信」）で詳述する。　　　　　　　　　　　　　　　　　〔唐津真美〕

## 3-5
# プロダクションと専属マネジメント契約

## 1 プロダクション・芸能事務所の役割

　ここでは、「プロダクション」「芸能事務所」などと呼ばれる事業者（以下、本節では総称して「プロダクション」という）とアーティストの間の契約を取り扱う。プロダクションと契約を締結する個人は多種多様で、音楽関係のアーティスト、俳優、ダンサー、芸人などはもちろん、専門家としてテレビの情報番組などでコメンテーターとして出演するような人もプロダクションに所属しているケースが多い。本節では、主に、音楽関係のアーティストとプロダクションとの間の契約を念頭に置いている。

　一口にプロダクションといっても、その機能は様々である。本節であらゆるパターンを網羅することは難しいので、典型的な事例について説明していきたい。

### (1) 育　成

　日本においては、個人がアーティストやその他のタレント、芸能人としていわゆる「デビュー」を果たす前から、どこかのプロダクションに所属している場合が多い。YouTube、TikTok などの動画投稿サイトや各種 SNS が発達した現代においては、個人が自作の曲を自室で演奏した動画が拡散して一気に人気が高まり、大手メディアでのデビューにつながる例も出てきたが、そのような場合も、メジャーデビューまでにはどこかのプロダクションと契約するケースが大半である。

　デビュー前の段階でプロダクションが果たす重要な機能のひとつは、**アーティストの育成**である。プロダクションが、ボイストレーニングやダンスなどのレッスンを提供する場合も多い。地方出身のアーティストの卵のために、プロダクションが居住場所の提供をする場合もある。米国のエンタテインメント業界においては、デビューを夢見るアーティストは個人の負担で各種のレッスンを積み、オーディションを受け続けるパターンが多いが、日本の場合は、アーティストの卵の段階で契約関係を結び、プロダクションがアーテ

ィストを"育て"、デビューまで御膳立てをするケースが多い。

## （2）マネジメント

プロダクションの中心的な機能は、アーティストのマネジメントである。契約書のタイトル自体も、「マネジメント契約」となっていることが多い。マネジメント業務の具体的な中身は、契約によって規定されている。基本的な要素は、①プロモーション（アーティストのブログ、SNSなどの運営も含む）、②役務の提供先（テレビ局など）との条件交渉および契約締結（＝仕事をとってくること）、③スケジュール管理、④報酬請求および入金の管理、⑤ファンクラブの運営、⑥ライブ・コンサート等の企画、⑦関連グッズの製作・販売、⑧マスコミ対応などである。マネジメント契約は多くの場合「専属マネジメント」になっているが、芸能活動から生じる諸権利を集中的に管理することで仕事の獲得やプロモーションが効果的に行えること、さらには仕事のバッティングや、競合関係にあるスポンサーの仕事を受けてしまう事態を回避することなどを考えれば、専属契約にすることにも一定の合理性があるといえよう。

## （3）権利の管理

**専属マネジメント契約**には、権利の帰属に関する規定が含まれている。多くの場合、アーティストは、専属契約期間中、創作活動や実演活動から生じるすべての権利（著作権および著作隣接権）をプロダクションに譲渡することになっている。プロダクションは、アーティストからこれらの権利を譲り受けることを前提として、音楽出版社やレコード会社など様々な事業者と契約を締結し、収益の最大化を図っている。この場合は、音楽出版社と締結する著作権契約やレコード会社と締結する専属実演家契約の契約当事者はプロダクションになるケースも多い（著作権契約をアーティスト本人に結ばせる場合、専属実演家契約をアーティスト、プロダクション、レコード会社の三者契約とする場合も少なくない）。

## （4）エージェント契約

多くのアーティストが所属プロダクションとの間で専属マネジメント契約を結び、権利の管理もプロダクションに委託している。一方、最近では、日本においても「**エージェント契約**」という言葉が聞かれるようになってきた。米国のエンタテインメントビジネスにおいては、最初からエージェント契約を結ぶことが一般的であるが、日本の場合は、キャリアの当初はプロダクシ

ョンとの間で専属マネジメント契約を結んでいたアーティストが、ある程度
人気が出て収益も大きくなった段階で、事務所から「独立」して、元事務所
や新事務所とエージェント契約を結ぶ場合が多い。このような段階のアーテ
ィストの場合、すでに個人事務所を立ち上げていることが多く、権利関係に
ついては個人事務所に帰属させる一方で、営業や仕事の獲得についてのみプ
ロダクションに委託するケースが見られる。マネジメント契約が通常は事務
所によるトータルマネジメントを意図しているのに対し、このようにアーテ
ィストが仕事の獲得に必要な業務について代理人（エージェント）を選任す
る契約は、「エージェント契約」と呼ばれている。一般的なエージェント契
約では、プロダクションが契約交渉の窓口になるものの、契約当事者はアー
ティスト本人やアーティストの個人事務所になる場合が多く、マネジメント
契約よりもアーティストの裁量が大きいことが、アーティスト側から見て魅
力になりうる。もっとも、エージェント契約と呼びつつも、現状ではその中
身は様々であり、なかには、多くの業務を事務所に委託して、実態としては
マネジメント契約に近いタイプの契約もある。契約の中身をよく確認するこ
とが重要である。

## **2** 専属マネジメント契約のポイント

　ここでは、主にアーティストの立場で、専属マネジメント契約を締結する
場合の実務上のポイントについて考えてみたい。

### （1）育成に関する条項

　育成期間については、プロダクションとアーティストとの間の費用の分担
について確認することが重要になる。プロダクションが住居を手配し、各種
のレッスン費用を負担し、育成期間中に先輩アーティストのサポートとして
ステージに立つ場合には、プロダクションから交通費や衣装代に加えて日当
も支給される契約もある一方で、レッスンの受講をアーティストに対して義
務づけたうえにレッスン代はアーティストの自己負担という契約もある。こ
のふたつの極端な契約の間には様々なバリエーションがあるため、契約にあ
たっては、特に費用について詳細まで確認しておく必要がある。

### （2）経費の分担・収益の分配

　デビュー後のアーティストのマネジメントにおいても、経費の分担につい
ては注意を要する。デビューして収益を上げているアーティストの場合、専

属契約のもとでおこなうアーティスト活動の経費についてはプロダクションが負担する場合が多いと思われるが、アーティストの希望で特に高額の衣装を用いる場合などはアーティスト負担になっていることもある。

収益を上げられる段階に至ったアーティストにとっては、事務所との間における収益の分配がより重要な問題になる。上記で述べたように、専属契約を締結した結果、アーティストがもっている権利のほとんどがプロダクションに帰属することになるため、アーティストの立場から考えると、権利譲渡の対価や、報酬を適切に決めておくことが重要になる。事務所移籍の際に、事務所に譲渡していた権利の買戻し等が話題になることも増えてきた（▶▶170頁「アーティストの移籍・独立をめぐる実務的問題点」）。音楽の場合は、レコーディングに関する取り決めが中心になると思われるが、この点については **3-6**（▶▶166頁以下）で詳述する。

### (3) 健康管理

マネジメント契約では、健康に留意して怪我や病気の場合には適宜治療を受けて芸能活動に対する支障を最低限度にすることが、アーティスト側の義務として規定されている場合が多い。コンサート前日に飲みすぎて翌日声が出ないような状況になった場合には、単に社会的責任にとどまらず、契約上もアーティスト本人の責任が問われる可能性があることになる。

一方で、マネジメント側がスケジュールを詰め込んだことによってアーティストの負担が過度になり、心身の健康の悪化を招く場合もある。これによってアーティストの仕事に支障が生じれば、マネジメント側の責任が問われる可能性も高い。マネジメント側は、アーティストの心身の健康に留意した適切なスケジュール管理をおこなう責務があるといえる。なお、従来は芸能従事者が労災保険に加入することは難しかったが、2021年に労災保険の「特別加入」の対象に「芸能関係作業従事者」が追加されている（▶▶58頁「労働災害」）。

### (4) 不祥事の責任

マネジメント契約が、アーティストの禁止行為として、「飲酒運転、麻薬・覚せい剤等の違法薬物の摂取、暴力行為、その他の刑罰法規に抵触する行為」という明確な違法行為のほか、「品位を疑われるような行為、公序良俗に反する行為」「暴力行為、暴言、その他関係者の尊厳を侵害する行為」というような抽象的な禁止行為を規定している場合が多い。以前は「芸の肥

やし」と大目に見られていた浮気が、今は激しい非難の対象になるなど、「不祥事」「スキャンダル」といわれる行為の内容とそれに対する社会的な評価は、時代とともに変化している。アーティストは、法的には犯罪ではない不祥事を起こしても、契約違反だとして解雇されたうえにプロダクションから損害賠償請求を受ける可能性があることに留意が必要だ。

## (5) SNS 等の利用

　近年は、ソーシャルメディアやブログ、YouTube 等の媒体（以下「SNS 等」という）を利用して、アーティスト自身が情報を発信することが容易になっている。SNS 等はプロモーション上有益である一方、アーティストの投稿をきっかけにいわゆる「炎上」が発生し、アーティストのみならずプロダクションのイメージダウンにつながる例も多いため、最近のマネジメント契約の多くは、SNS 等の利用に関する規定を置いている。アーティストのSNS をすべてプロダクションが管理し、プロダクションの承諾を得た内容のみ投稿できるような厳格な契約もあれば、アーティストに対して慎重な発言を義務づけるにとどまる契約もある。なお、最近では SNS 上における芸能人に対する誹謗中傷も深刻な問題となっている。この点が専属契約に規定されている例はまだ多くないと思うが、事務所側としてはアーティストによる SNS 利用が適切におこなわれているか留意するとともに、自社アーティストに対する誹謗中傷への対応にも留意する必要がある（▶▶ 286 頁「情プラ法（旧プロバイダ責任制限法）による削除請求や発信者情報開示請求」）。

## (6) 契約「書」の要否

　専属マネジメント契約については、「そもそも契約書を作るのか」という点もポイントになる。実際、エンタテインメント業界の多くの場面においては、現在も契約書なしでビジネスがおこなわれている。契約書には合意内容を明確にし相手に対して履行を請求することが容易になるという側面がある一方、タレントからすると、契約書がなければ事務所側に様々な権利を取られる可能性が低くなり、移籍がより容易になるというメリットがあることも事実である（業界の力関係等は別問題として）。結論として、読者がアーティストやその代理人である場合は、メリットのある合意が可能ならば契約書を要求する方がよいと思われるが、一方的で不利な契約書になるくらいならば作成しない選択肢もあるだろう。もっともフリーランス法のもとではほぼすべての発注に文書交付義務が発生するので、事務所主催のイベントやファン

クラブでの稼働を含む事務所契約の場合には、事務所側の文書交付義務の対象になると思われる。

## **3** 専属契約をめぐるトラブル

専属契約に関連するトラブルの代表的なものとして、事務所移籍時のトラブルがある。この点については **3-7**（▶▶ 170 頁以下）で詳述する。

また、実際にトレーニングや研修の機会を提供してタレントやアーティストを真摯に育てるプロダクションがある一方で、タレントやモデルとしてのデビューをちらつかせながら、高額の事務所登録料やレッスン料が生じる契約を締結させる例も報告されている。街中で「スカウト」するパターンに加えて、SNS に書き込まれている募集広告を見て連絡をとった人がトラブルに遭うケースも増えてきている。[1]

専属契約の法的性格が必ずしも明確ではないことが、思いがけない場面で問題になることもある。新型コロナウイルスが蔓延し、多くのライブやイベント、さらにはテレビの番組収録なども中止された際には、収入が激減した芸能人が少なくなかった。たとえ事務所の判断で稼働が中止になったような場合でも、芸能人の場合、「労働者」ではないことから労働法上の休業手当の対象にならず、事務所に所属していることからフリーランス向けの補償の対象にもならず、また芸能人自身がイベント等の自粛を決めたわけではないため、自粛に協力した事業者向けの支援の対象にもならない……と、様々な支援の隙間に入ってしまうケースも報告された。これは音楽業界に限った話ではないが、このような非常事態の場合に発生する損失が弱い立場の人々に集中することがないように、法制度や契約の面から考えておく必要があるだろう。

〔唐津真美〕

**3-5 注釈**

1) 2024 年 12 月 26 日に公正取引委員会は「音楽・放送番組等の分野の実演家と芸能事務所との取引等に関する実態調査（クリエイター支援のための取引適正化に向けた実態調査）」を公表した。

## 3-6
# レーベルと専属アーティスト契約

## 1 レコード会社の役割

　著作権法の文脈での「レコード」は、丸い円盤の「レコード」に限らず音を固定した原盤を意味している。現在においても、音楽が消費者の手にわたるまでの流れの中で、レコード会社は重要な役割を果たしている。

　レコード会社の主要な機能は、大きく分けると、**企画、制作、製造、販売、宣伝**に整理することができる。本稿改訂時点において、日本は CD 売上が配信売上を上回る稀有な国になっている。CD の未来に不安はあるものの、ここでは商流がわかりやすい CD を例にして、概要を示してみよう。

- (1)　企画：どんな CD を制作するか考える
- (2)　制作：実演家と契約を結び楽曲をレコーディングして原盤を作る
- (3)　製造：原盤を利用してパッケージ商品としての CD を制作する
- (4)　販売：CD を倉庫から出荷して、レコードショップに卸す
- (5)　宣伝：メディアやレコードショップに対してプロモーションをおこなう

　もっとも現在では、原盤制作はプロダクションや音楽出版社がおこなうケースが増えている。原盤制作費と業務を分担することでリスクを分散し原盤権を共有するスキームについてはすでに説明した通りである（▶▶ 152 頁「原盤ビジネスと各種原盤契約」）。現在レコード会社の主要な役割は、企画および宣伝にシフトしているといえる。ドラマや映画、CM とのタイアップを獲得することも、レコード会社の重要な仕事となっている。

## 2 レコーディング契約

　レコード会社とアーティストの間の契約として、まずは原盤を制作する際に締結するレコーディング契約について解説する。

原盤製作者はアーティストとレコーディング契約を締結し、プロデューサーと業務委託契約を締結する。レコーディングに参加するのはメインのアーティストに限らない。通常は、スタジオミュージシャンと呼ばれるバックミュージシャンとも契約を締結する必要がある。

レコーディング契約では、①業務の内容、②報酬、③権利関係が主要なポイントとなる。①は端的にいえば「いつどこでレコーディングがおこなわれるか」ということである。②の報酬には、レコードの売上に応じて報酬が増える印税方式と、定額の報酬が支払われる方式がある。メインのアーティストについては一定額の前払金＋印税方式の契約が多く、バックミュージシャンの場合には定額方式が多く見られる。

③の権利関係では、レコード会社が実演家の権利についても譲渡を受けるか、独占的委任を受けておくことが重要である。現実には、原盤製作者はメインのアーティストとは書面で契約を交わすことが多い一方、バックミュージシャンとは電話やメール、SNS 上のやりとりで話が決まり、書面は作らずギャラは手渡しという場合も多い。この場合、権利関係については「暗黙の了解」しか存在しないため、CD のレコーディングに参加したスタジオミュージシャンが、原盤が CM やドラマで使われているのを見て追加報酬を請求してくる場合もある。フリーランス法（▶▶ 62 頁）が施行されたこともあり、レコーディングの際の報酬がカバーしている範囲と原盤利用の許諾については、書面を作成するか、それが難しいならばメール等に明記するなどして明確しておくことをおすすめしたい。

## 3 専属実演家契約

アーティストがレコード会社と結ぶ専属実演家契約は、専属マネジメント契約と比較すると、中身がわかりにくい契約かもしれない。アーティストがレコード会社に「専属する」とは、契約期間中、アーティストが、そのレコード会社の発売する CD や DVD 等のために独占的に実演（歌唱・演奏）を提供することを意味する。専属先以外のレコード会社が発売する CD、DVD や音楽配信、時には番組や映像作品のためにアーティストが歌唱・演奏する場合、専属先から許諾を得ることが必要になる（専属解放）。

専属実演家契約は、権利の帰属についても規定する。一般的には、アーティストはレコード会社に対して、原盤に関するアーティストの実演について

の著作権法上の一切の権利（著作隣接権、二次使用料請求権、放送の同時配信・見逃し配信等によって発生する補償金請求権、オンライン授業に関する補償金請求権、私的録音録画補償金請求権を含む）を、地域、期間、範囲等の制限なく独占的に譲渡する。原盤にかかるすべての権利（所有権、レコード製作者の有する一切の権利を含む）はレコード会社に帰属し、レコード会社は、原盤の全部または一部を独占的に利用して CD や DVD を複製し、国内・国外を問わず、自由に頒布し、または音楽配信することができる。ただし、レコード会社が第三者に対して原盤の全部もしくは一部を譲渡または使用許諾する場合には、アーティストの承諾を得ることを義務づける契約もある。また、付随する権利として、アーティストの肖像を利用したりプロモーションビデオを制作する権利についても規定されている。

　その他の重要な規定は、印税に関する規定である。ここでいう印税は楽曲の著作権ではなくアーティストの実演に対して支払われるものなので、「**アーティスト印税**」「**実演家印税**」などと呼ばれている。音楽関連の印税は、楽曲の著作者である作詞家・作曲家に対して支払われる印税（著作権使用料）と、実演に対して支払われるアーティスト印税、さらに原盤権者に対して支払う原盤印税という 3 種類を代表とする多様な印税があるので、印税の話をする時は、何の印税か常に意識しておく必要がある。

　一般的な印税の決め方は下記の通りである。


　　【CD の場合】
　　　（税抜小売価格－ジャケット経費）× 印税率


　　【音楽配信（ダウンロード）の場合】
　　　税抜配信価格 × ○% × ダウンロード数


　ジャケット経費は税抜小売価格の 10%、アーティスト印税の計算対象数量はレコード会社の営業所出荷数量の 90%、というように定められていることが多い。なお、ストリーミングによる聴き放題サービスや海外許諾やコンピ盤へのライセンスの場合などは、「甲（レコード会社）が第三者に本件原盤の使用を許諾した場合、第三者より得た収入の○%」というような第三者使用の規定が適用される場合が多いが、音楽配信については、レコード会社

が配信事業者から受領する原盤使用料にレコードの印税率を乗じた金額とする場合もあるようである。一般的に第三者使用による印税とレコードのアーティスト印税の相場は異なる場合が多い（アーティスト印税の方が低額）。この意味でも、特に新しい流通形態に関する印税の算定方法には注意する必要がある（▶▶273頁「音楽配信」）。

## **4** 専属解放

　上記で触れた「専属解放」とは、基本的にはレコーディングの同意を与えることを意味し、多くの場合、同意を求める当事者が専属先のレコード会社に対して「専属解放料」という対価を支払うことによって許諾を得ることになる。たとえば、アーティストが他のアーティストの楽曲にゲスト参加する場合や、多くのアーティストが参加するコンサートに出演して主催者がコンサート映像をDVDとして発売する場合には、専属解放の必要性が問題となる。

　もっとも、専属解放が問題になるのは、このようなわかりやすい場面には限らない。レコード会社との専属契約においては、通常想定される歌唱・演奏に限らず「歌唱、演奏、口演、朗詠、その他一切の芸能的な行為」がすべて「実演」に含まれることが多い。「レコーディング」は通常「レコードもしくはビデオの複製・頒布または音楽配信を目的として、アーティストの実演を原盤に固定する」と定義づけられている。つまり、アーティストによる「芸能的な行為」を含むDVDを制作する場合、歌唱・演奏に限らず、専属契約の対象となることになる。最近では、ミュージシャンがドラマや映画に俳優として起用されたり、アニメの吹き替えに起用されたりする例が増えている。ミュージシャンが俳優や声優として演技をする行為も「芸能的な行為」にあたるため、出演した映画やドラマを配信したりDVDとして販売したりする際には、専属解放の問題が生じることになる。専属解放は、アーティストまたはその所属事務所とレコード会社の契約上の問題であるから、本来であればアーティストの側が自身が専属するレコード会社に対して同意を求めることになりそうだが、実務上は、レコード会社からテレビ局などに対して**専属解放料**を支払うように連絡がいく場合が多い。したがって、制作側は、レコード会社と専属契約を結んでいるアーティストを起用する際には、専属解放の必要性と費用について留意する必要がある。　〔唐津真美〕

## 3-7
# アーティストの移籍・独立をめぐる実務的問題点

### 1 移籍をめぐるトラブルの状況

　音楽業界に限らず、エンタテインメント業界全般においてしばしば社会的な注目を浴びるトラブルの中に、事務所移籍をめぐるトラブルがある。"移籍をめぐり事務所と対立""元事務所の妨害か—最近○○を見ない"というような事案だ。このようなトラブルの中には、法的な問題もあれば、業界内のいわゆる「忖度」の結果であって必ずしも法的に問題があるとまではいえないケースもある。本節では、アーティストの移籍をめぐる契約上および法律上の問題点に焦点を当てることとしたい。

### 2 独立にあたって問題となりうる専属マネジメント契約の規定

　「事務所の移籍」とは、通常、芸能事務所からの移籍を意味している。専属マネジメント契約には、アーティストの移籍の障害となるような規定が盛り込まれている場合も少なくない。たとえば以下のような契約である。

- ・契約期間が長く、合意によらない途中解除が難しい
- ・「アーティスト側が更新を希望しない場合であっても、事務所はその裁量により1回に限り契約を更新することができる」という更新規定がある
- ・事務所がアーティストの芸名に関する権利をもち、商標登録もできる。本名で活動する場合は本名を芸名とみなす規定もある
- ・アーティストが、現事務所で使っている芸名（本名を含む）の利用を移籍後も希望する場合には、事務所の許諾を得ることが要求されている

　上記の中には、後述するように法的な有効性が疑われる条項もある。たとえば芸名の問題については近年裁判例も出ており、専属契約後も事務所側が

無期限に芸名の使用の諾否の権限を認めている規定について「社会的相当性を欠き、公序良俗に反するものとして、無効」とした判決もある[1]。個人の芸名に限らず、バンド名についても、各バンドメンバーの人格権に基づいてパブリシティ権を行使できるという判決も出ている[2]（▶▶383頁「素材②：パブリシティ権」）。しかしながらこのような判決を受けて直ちに業界の契約実務が変わるわけではない。契約に規定が入っている以上、事務所は契約上の権利を主張することが予測される。専属マネジメント契約を締結する時には、アーティストと事務所の関係が悪化する可能性まで考えないことも多いが、慎重な検討が必要だ。

## 3 独禁法上の問題

　2017年7月に、公正取引委員会が芸能界の契約に関して大手芸能事務所や業界団体の調査を始めたと報道された。その後公正取引委員会は、フリーランスなど雇用契約以外の契約形態を検討対象として独禁法の適用関係を理論的に整理する目的で「人材と競争政策に関する検討会」を設置し、2018年2月に「人材と競争政策に関する検討会報告書」（以下「報告書」という）を公表した。

　アーティストと所属事務所の法的関係をめぐっては、従来から、芸能事務所が「使用者」、所属アーティストが「労働者」という関係なのか、それとも双方が独立した事業者なのかという議論があった。労働者であれば労働法上の保護の対象となり、契約内容にも労働法による制約が課される一方で独禁法の適用はないと考えられるが、これが独立事業者間の契約であれば、原則として労働法は問題にならない一方で独禁法が適用され、専属マネジメント契約の中の一定の規定が**「優越的地位の濫用」**や**「不当な取引制限」**に該当して無効であると議論できる余地が出てくると理解されていたからである。

　労働基準法にいう「労働者」とは、他人の指揮監督下で労働し、それにより賃金を得る者のことをいう。新人アーティストのように仕事の取捨選択や進め方に裁量はなく事務所の指揮命令下にある場合は「労働者」に該当する可能性も十分に考えられるが、大物芸能人ならば独立した事業者の要素が強いと思われる。

　独立事業者にあたるようなアーティストの契約に関しては、事務所が独禁法の規定する「優越的地位の濫用」や「不当な取引制限」に該当するような

行為をおこなった場合は、独禁法が適用されうることに争いはないと思われる。報告書は、「労働者」にあたるアーティストの労働条件についても、労働法が適用される場面では原則として独禁法は適用されないが、例外的な場合には独禁法が適用されうるという方向性を示した。

公正取引委員会は、芸能分野で独禁法上問題となりうる事例も公表している。芸能人の移籍・独立に関する事例としては、契約終了後、一定期間芸能活動をおこなわない旨の義務を課すことや、移籍・独立した場合には芸能活動を妨害する旨示唆して移籍・独立を諦めさせることは、優越的地位の濫用等にあたる可能性があるとされた。また、前所属事務所がテレビ局等の出演先や移籍先に圧力をかけ、独立した芸能人の芸能活動を妨害することは、取引妨害・取引拒絶等にあたる可能性があるとされた[3]。2019 年には大手芸能事務所を退所したメンバーを出演させないようにテレビ局等に圧力をかけた疑いで、公正取引委員会が事務所に対して注意をおこなった。「注意」は、独禁法違反につながるおそれのある行為がみられた場合に、未然防止を図る観点でおこなわれるものにすぎないのだが、このケースが与えたインパクトは大きく、以降、人気芸能人が独立する例がじわじわと増えてきている。

主として音楽業界の芸能事務所の業界団体である日本音楽事業者協会（音事協）は、以前からマネジメント契約のモデル契約書を会員向けに公表していたが、モデル契約書は報告書等を反映して改訂されている。プロダクションによっては、以前のモデル契約書をベースにした契約が自動更新されて生きていたり、ひな型自体がアップデートされていない例も見受けられるが、今後、プロダクションがアーティストと契約を締結する際には、独禁法も踏まえて内容を検討する必要があるだろう。

## 4 労働法上の問題

アーティストが労働者といえる場合は、労働法による保護が及ぶことになる（▶▶ 56 頁以下「労働法」）。

アーティストの競合事務所への移籍や独立それ自体を禁止することや、別事務所での芸能活動開始を長期間制限することは、労働法の一般理論からしても簡単には認められないことに留意する必要がある。雇用関係を解消する場合、同業他社への移籍制限や、移籍制限はないが移籍後一定期間は同じ業務をおこなってはならないという合意がなされることがある。裁判実務上、

このような競業避止合意の有効性は、退職従業員の地位の高低、禁止競業行為の範囲、競業制限の代償措置の有無などの観点から総合的に判断されるのが通常である。芸能人の場合は、所属事務所の役員クラスと同等の地位にあるケースは少ないと思われ、また、独立にあたって退職金が支払われることは少ない。さらに競業制限されると実質的に仕事ができなくなる可能性が高いため、上記のような競業制限が認められる可能性は低いと思われる。

## **5 事務所移籍にあたり検討すべき実務的ポイント**

事務所からの独立または移籍自体について両者が合意に至った場合も、実務上、取り決めておく必要がある事項は、実は多岐にわたっている。以下はその例だが、個別事情により他の取り決めが必要な場合もあるだろう。

(1) 対レコード会社その他の第三者との契約の取り扱い
(2) 作詞・作曲の著作権の帰属
(3) すでに決定済みの出演やレギュラー番組の取り扱い
(4) ファンクラブの引継ぎ
(5) 各種 SNS・HP・YouTube 上のチャンネルの引継ぎ
(6) 芸名の継続使用の可否・制限の有無
(7) 芸名などが商標登録されている場合の商標の譲渡
(8) 商標登録されていないロゴ・イラスト等の取り扱い
(9) 過去のアーティスト写真の取り扱い
(10) 対外発表の方法

事務所からの独立・移籍に伴う交渉は、エンタテインメント法実務の中でも、しばしば感情がぶつかり合うタフで繊細な交渉作業である。アーティストと事務所の双方がスムーズに次のステップに進めるようにするためにも、独立・移籍にあたっては適切な合意書を交わして、後日のトラブルを回避することを心がけたい。

〔唐津真美〕

---

**3-7 注釈**

1) 東京地判令和 4 年 12 月 8 日［愛内里菜事件］。
2) 知財高判令和 4 年 12 月 26 日［FEST VAINQUEUR 事件］。
3) 2019 年 9 月 25 日に開催された公正取引委員会委員長と記者の懇談会で配布された資料。

## 3-8
# JASRAC 処理の実際

## 1 JASRAC 管理楽曲の利用

　本節では、集中管理団体中で 90% 以上のプロの楽曲を管理している JASRAC を取り上げ、実際の処理方法を概観する。

　ざっくりいえば、利用者は、JASRAC 管理楽曲であることが確認できれば、JASRAC へ利用の申し込みをおこない、使用料を支払う。これで、たいていの場合は利用が可能となる。

　もっとも、JASRAC 管理楽曲でも JASRAC が管理外の利用方法や、「**指し値**」となる場合など、別途権利者との交渉が必要となる場合がある（後述）。

### （1）管理楽曲の検索

　著作物の利用にあたっては、原則として著作権を有する者の許諾が必要であるから、利用にあたっては、まず、著作権者が誰かということが問題となる。音楽の場合は JASRAC 管理楽曲が多いので、まずは JASRAC の管理であるかを確認するのが早い。

　JASRAC のサイトには作品データベース検索サービス「J-WID」[1] があり、管理されている楽曲が検索できる仕組みがある。このデータベースでは、作品タイトル、アーティスト名などで作品を特定し検索できる。

　また、「音楽権利情報検索ナビ」（minc）では、JASRAC、NexTone などの管理作品を、横断的に検索できるので、参照されたい。そこでも見つからなければ、地道に著作権者を探すほかはない。もちろん、すべてのケースで著作権者が探索できるとは限らない。この意味で、音楽の著作物に関しては、集中管理団体の担う役割は大きい。

### （2）JASRAC が管理している権利・利用方法の確認

　すでに述べた通り（▶▶ 147 頁）、JASRAC はある楽曲についてのすべての著作権を管理しているわけではない。また、念のために付言すれば、JASRAC は著作権を管理しているが、隣接権を管理していないので、音源を使用する際にはレコード会社など、隣接権者の許諾が別途必要となることには

注意されたい（▶▶152頁「原盤権とは」）。

さて、話を元に戻し、J-WID で楽曲を検索してみると、たとえば以下の通り表示される。

3-8-1　西野カナ「会いたくて会いたくて」

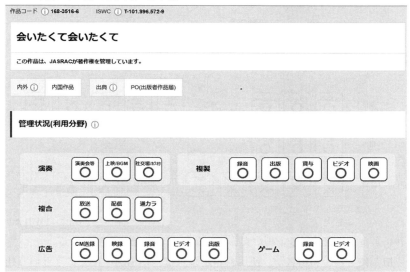

(出典) J-WID より

「演奏」、「複製」、「複合」、「広告」、「ゲーム」まで、利用形態それぞれに「○」がついている。このように「○」がついているものは、JASRAC が管理している権利または利用方法である。つまり、この曲に関していえば、演奏や録音などすべての利用について、JASRAC に使用料を支払えばこれらをおこなうことができるというわけだ。

ところが、同じアーティストでも、管理状況が異なる曲がある。次頁の「IN STEREO」では、「演奏」や「複合」は「○」だが、映画や「広告」は「×」がついており、「ゲーム」は「△」となっている。「×」が付された利用分野、つまり映画や広告目的利用については、JASRAC が管理していない。「△」が付された利用分野は、JASRAC が一部の権利を管理していることを示す。また、ここでは付されていないが、「！」という記号もあり、これが付された利用分野は、JASRAC への直接の問い合わせが求められている。

利用方法として、使用料規程では使用料が定まらない場合がある。この場合には、JASRAC に楽曲管理を委託している権利者（音楽出版社等）との交

3-8-2　西野カナ「IN STEREO」

（出典）J-WID より

渉によって決定される金額が支払額となり、「**指し値**」と呼ばれる。

　指し値とは、利用者が、使用料が定まれば、JASRAC に支払うという仕組みである。どのような場合が指し値とされているかについては、JASRACのウェブサイトに説明がある（▶▶178 頁「シンクロ権」ほか）。[2]

**(3) 使用料の支払い**

　使用料は、JASRAC の使用料規程に定めがあり、ウェブ上でも簡単に計算できる場合がある。利用区分ごとに細かく規定されている。[3]

**(4) 申し込み・支払いの手続**

　実際に利用をおこなう場合には、JASRAC のホームページから利用形態ごとに用意されている申込書をダウンロードし（または郵送で提供してもらい）、必要事項を記入のうえ提出する。オンラインでの申し込みが可能な場合もある。その後、JASRAC より届く請求書に基づいて支払いをおこなうという流れで手続は終了する。もっとも、継続的な使用が見込まれる企業等は、JASRAC と年間の包括的利用許諾契約を締結している。利用申請が簡便であり、使用料の優遇措置を受けられる場合がある。

## 2 JASRAC が管理していない権利

たとえば、編曲権、翻訳権、翻案権（▶▶ 138 頁「編曲について」）は、JASRAC の管理対象外である。

また、編曲や替え歌、訳詞などにより著作物を改変する場合、改変の仕方によっては、著作者人格権が問題になることがありうる。著作者人格権は一身専属権であるから、JASRAC が権利を譲り受けることができない。以上により、編曲や替え歌、訳詞をおこなう場合には、JASRAC ではなく、著作者や音楽出版社などの許諾が必要となることに注意が必要である。

市販されている音源を利用する場合には、JASRAC のほか実演家、レコード製作者への利用手続が必要な場合があることには注意されたい。

3-8-3 市販されている音源を利用するときに働く権利

| 利用方法 | 例 | 著作権 | 著作隣接権 |
|---|---|---|---|
| 録音 | (店舗で流す BGM や配布のため)携帯音楽プレーヤーなどにコピーする | ○ | ○ |
| インターネット配信 | 市販の音源を含む動画を動画投稿(共有)サイトに投稿する | ○ | ○ |
| 再生演奏 | CD を、そのまま店舗の BGM として流す | ○ | × |

※「○」は権利が働くことから、該当する権利者への利用手続が必要。表 1-5-4（▶▶ 35 頁）も参照。

## 3 JASRAC 処理が不要な場合

著作権が及ばない利用については、そもそも権利者の許諾が不要であり、当然に JASRAC 処理も不要となる。

### (1) 著作権の保護期間（著作権法 51～58 条）

保護期間が満了した著作物は、著作権者の許諾なく利用できる（▶▶ 28 頁の表 1-5-3、コラム「保護期間の計算方法」）。

### (2) 著作権法上の制限規定（著作権法 30 条～47 条の 7）

また、著作権法上の制限規定に該当する方法で利用する場合には、JASRAC 管理楽曲であっても、JASRAC の許諾は不要である。　　　〔橋本阿友子〕

### 3-8 注釈

1) 〈http://www2.jasrac.or.jp/eJwid/main?trxID=F00100〉。
2) JASRAC「使用料が指し値となる利用形態について」〈https://www.jasrac.or.jp/users/calculation/pdf/designated-fee.pdf〉。
3) JASRAC「使用料規程」〈https://www.jasrac.or.jp/aboutus/public/pdf/tariff.pdf〉。

177

## 3-9
## シンクロ権

　日本では、音楽を映画に複製する場合でも、CD に録音する場合でも、著作権に関していえば録音権（複製権の一部だと考えられている）についての権利処理が必要となる点では同様である。利用者は、基本的には JASRAC 使用料規程に基づく使用料を支払うことで JASRAC 管理楽曲を利用することができる。

　ところが、一部の国では伝統的に、音楽を映像と同期させて録音する場合には、別の権利処理を求めてきた。シンクロナイゼーション・ライツ（**シンクロ権**）に関する問題である。

　これは、音楽そのものから得られる印象が、映像と同期されることで大きく変わりうることから、元の音楽そのものによる印象を保護するために、映像と同期をさせて録音する場合に特別に権利処理が求められるものと説明される。

　シンクロ権による権利処理の対象としては、映画・DVD などのビデオグラム、テレビ CM などがある。その結果、日本でも外国曲を映像に録音する際には、まず権利者（サブ・パブリッシャー）に問い合わせて、使用料額を交渉のうえ決定することになる（▶▶ 174 頁「JASRAC が管理している権利・利用方法の確認」）。

〔橋本阿友子〕

## 3-10
### 包括契約と独禁法

## 1 独禁法上の私的独占[1]

　以上に説明した通り、JASRAC は大半の楽曲を管理し、集中管理団体の中で圧倒的な地位を占めている。この JASRAC の徴収方法が、独禁法に違反するかが争われたことがある。

　独禁法は、「公正かつ自由な競争を促進し、事業者が自主的な判断で自由に活動できるようにすること」を目的に定められている。公正で自由な競争が確保されている市場では、各事業者が多くの消費者を顧客として獲得するために、魅力的で安価な商品やサービスを提供しようと競争するだろう、という考え方が前提となっている。その結果、消費者は豊富な商品やサービスの中から自分の欲しいものを選ぶことができるようになるので、市場における競争を確保することは消費者の利益になる、というわけである。こうした考え方を前提に、独禁法は、市場における公正で自由な競争を確保できない状況を規制している。

　独禁法違反の行為類型のうち、上記 JASRAC 裁判で問題となったのは、私的独占の禁止である。「私的独占」とは、事業者が単独であるいは他の事業者と結合するなどして他の事業者の事業活動を「排除」したり、「支配」したりすることにより、市場における競争を実質的に制限することをいう。このうち「排除」——事業者が単独または他の事業者と共同して、不当な低価格販売などの手段を用いて、競争相手を市場から排除したり、新規参入者を妨害して市場を独占しようとすること——による私的独占を「排除型私的独占」という。

　今回の一連の手続で争点になったのは、JASRAC が放送事業者との間でおこなっていた使用料徴収方式のひとつである「**包括徴収方式**」が、排除型私的独占にあたるかどうかという問題だった。

## 2 JASRACと放送事業者間の包括許諾契約

JASRACによる使用料の一般的な徴収方法は、1曲1回の曲別使用料に利用楽曲数を掛けた金額を徴収する「個別徴収」である。しかし、日々大量の楽曲を使用する放送事業者が1曲1回ごとの使用をベースに個別に使用料を支払うのは現実的ではない。そこで、放送事業者はJASRACとの間で特別な取り決めをしていた。これが「包括利用許諾契約」だ。この契約に基づいた使用料の徴収を「**包括徴収方式**」と呼び、上記の個別徴収方式に対して、楽曲の有無や回数にかかわらず定額または定率によって算出される包括的な使用料を徴収する。各放送事業者とJASRACが締結していた「包括利用許諾契約」は、放送事業収入に一定率を掛けた金額を徴収するというものだった。

この包括利用許諾契約の締結とそれに基づく包括徴収のもとでは、包括利用許諾契約を締結した放送事業者は、追加の料金の発生を回避するために、JASRAC以外の集中管理団体の管理する楽曲を利用しなくなる可能性がある。結果として、JASRAC以外の団体による管理事業業界への参入が阻まれるおそれが指摘された。

## 3 公正取引委員会・最高裁の判断とJASRAC

公正取引委員会はこれを、排除型私的独占に該当し独禁法に違反すると判断し、JASRACが包括徴収方式をやめること、代替の徴収方式についてあらかじめ公正取引委員会の承認を得ることを内容とする是正命令（排除措置命令）を下した。これをJASRACが争い、その後公正取引委員会が自らの命令を取り消した。今度は取り消されたことを不服として、他の事業者による公正取引委員会を相手として東京高裁に訴訟が提起され、控訴審で高裁は審決に誤りがあるとして公正取引委員会に差し戻す判決を出し、最高裁（最判平成27年4月28日）もそれを追認した。

最高裁の判断は、単に審議のやり直しを命じるものだったのだが、JASRACが排除措置命令を受け容れて、従来の包括徴収方式を改めると表明したために命令が確定した。この事件では、JASRACの徴収方式が新規参入を許さない形となっていたか否かが問題視されたものだといえよう。

事件は、問題とされた包括徴収方式をJASRACが改めるべく、各放送局

から放送した全曲の報告を受け、放送された全曲における JASRAC 管理曲の割合を算出できるようにすることにより、事実上終息した。

このように、JASRAC は放送分野において、利用料算出にあたり自らの管理楽曲の利用割合を反映させることになった。　　　　　　〔橋本阿友子〕

### 3-10 注釈

1)　唐津真美「JASRAC と独占禁止法の関係を読み解く─"無罪"審決を理解するための基礎知識」骨董通り法律事務所 HP コラム〈https://www.kottolaw.com/column/000408.html〉参照。

## 3-11
## 委嘱楽曲における JASRAC による特別な扱い

### 1 委嘱楽曲の特別扱い

　JASRAC との間の信託契約では、JASRAC に権利を信託するか否かにつき楽曲ごとに異なる扱いをすることはできないと説明した。しかし、それでは、たとえばある企業が社歌をある作曲家に委嘱した場合、その作曲家がJASRAC との信託契約を締結していたら、企業は自らの社歌を使用する際に JASRAC に使用申請をし、使用料を支払うことになる。しかし、これは現実的ではない。また、作曲家も社歌として作曲することを委嘱された以上、社内での歌唱は当然に許諾しているものと考えられる。

### 2 委嘱免除

　そこで、JASRAC はその**管理委託契約約款**でこう定める。すなわち、委託者（上の場合の作曲家）が、社歌・校歌等特別の依頼により著作する場合にはその著作物の全部または一部を依頼者に譲渡でき、また、JASRAC と信託契約を締結している音楽出版者に対しては著作物の利用を開発するため管理を目的として著作権の全部または一部を譲渡できる（第5条3項・4項）。

### 3 受託者の管理に対する制限

　そのほか管理委託契約約款では、一定の場合に JASRAC による権利の行使を制限する定めもある。すなわち、自己の信託作品を自ら利用する場合や、劇場用映画・放送番組や舞台作品のために第三者から委嘱を受けて創作した楽曲を、依頼者が一定の範囲内で利用するときは、JASRAC の権利行使をさせないことができる場合がある（第17条）。いわば、一定の「買取」を許す規定である。ただし、当該作品の他の関係権利者の反対がないことや、JASRAC による事前承諾などの条件が付されているので、注意が必要である。

〔橋本阿友子〕

# 3-12
## 貸譜と著作権類似の契約条項

　クラブ活動やサークルなどでは、まとまった人数の構成員が同じ曲を歌唱し、演奏することがある。このような場合に、全員がそれぞれ各別に楽譜を購入するのではなく、楽譜出版社から楽譜を人数分借りて使用することがある。楽譜出版社側から見れば、出版社が演奏者に楽譜を貸していることになる。これが、いわゆる**貸譜**（レンタル楽譜）である。

　貸譜のシステムは通常、団体名、演奏曲目、必要部数、使用目的、使用回数等を明示して申し込みをすると、楽譜が届く仕組みである。楽譜とともに請求書が届き、楽団は請求書に基づく金額を送金する。演奏終了後、もし必要があって楽譜をコピーしていた場合には、これを破棄あるいは保管せず、他のレンタル楽譜とともに出版社へ返却することとなっている。

　何もこのような面倒をしてまで借りなくとも、各人が個別に購入すればいいのではという疑問もわくかもしれない。しかし、事務所やライブラリをもたない楽団にとっては楽譜の管理が難しいという課題がある（特にオーケストラのスコアは紙面量が多い）。かといって、各奏者が個別に管理すれば、パート譜が散在してしまう。他方、やや話はずれるが、レンタルした者による鉛筆による手書きはレンタルの規約上許されていることがあり、筆跡やサインなどで著名な指揮者と同じ楽譜を使っていることが判明して団員の志気が上がることもあると聞く。

　もっとも、全員が同じ曲を演奏するならば、代表者が楽譜を一冊購入しコピー（複製）をとればよく、楽団が楽譜を「借りる」必要性はないように思われる。あるいは、楽譜を複製することに何らかの権利処理が必要なのだろうか。

　そもそも楽譜は音楽の著作物の複製物で、楽譜自体には創作性がなく、著作物ではないと考えられている。これは、採譜（音楽を楽譜に表すこと）は、誰がおこなっても同じであると考えられているためだ。

　つまり、楽譜の複製には本来、元の曲を離れた楽譜出版社に対する固有の権利処理は不要であると考えられる。たとえば楽団において、パブリックド

メインになった楽曲の楽譜を代表者が購入し、その他の団員が複製して使用することは、たとえ複製につき許諾がなくとも著作権侵害とはならない。しかし、現実には、貸譜の際のレンタル条件として複製は厳に禁止されているし、それどころか譜面を利用した演奏の場所・回数・その放送の可否なども限定が加えられるのが通常である。たとえ楽曲の著作権が消滅していても、である。これは、法律上に存在しない権利、いわゆる「疑似著作権」[1]を前提とする契約が締結されている場面のひとつともいえよう。

　楽譜を借りる際には、各社の利用条件に従うことが求められる。利用条件の中には公表されていないものもあるが、必要が生じた場合以外は複製が禁止されているのが通常だろう。楽譜出版社に法律上の権利はないものの、複製禁止や楽譜の使用料の支払いを規定している貸譜のシステムも、契約上は有効であると考えることができよう。このような場面は何も貸譜にとどまらない。ほかにも、すでにパブリックドメインとなっている写真の蔵出し料や、同じくパブリックドメインとなった絵画を撮影に供する際に所蔵美術館に対して支払う撮影協力費などがある。詳細は各章を参照されたい。

〔橋本阿友子〕

**3-12 注釈**

1)　福井健策『著作権の世紀—変わる「情報の独占制度」』（集英社・2010 年）193 頁。

## 第3章　参考文献

福井健策編／前田哲男＝谷口元著『音楽ビジネスの著作権〔第2版〕』（著作権情
　　　報センター・2016年）

安藤和宏『よくわかる音楽著作権ビジネス　基礎編〔6th Edition〕』（リットーミ
　　　ュージック・2021年）

安藤和宏『よくわかる音楽著作権ビジネス　実践編〔6th Edition〕』（リットーミ
　　　ュージック・2021年）

田中豊編『判例でみる　音楽著作権訴訟の論点80講』（日本評論社・2019年）

大川正義『図解入門業界研究　最新音楽業界の動向とカラクリがよ〜くわかる本
　　　〔第4版〕』（秀和システム・2017年）

橋本阿友子「演奏家が知っておきたい著作権法の基本知識」骨董通り法律事務所
　　　HPコラム〈https://www.kottolaw.com/column/001522.html〉

唐津真美「実演家の権利について再確認してみよう―北京条約を契機に【前編】」
　　　骨董通り法律事務所HPコラム〈https://www.kottolaw.com/column/
　　　000547.html〉

唐津真美「実演家の権利について再確認してみよう―北京条約を契機に【後編】」
　　　骨董通り法律事務所HPコラム〈https://www.kottolaw.com/column/
　　　000589.html〉

福井健策（司会）＝佐藤大和＝宍戸常寿＝中井秀範＝三尾美枝子「［座談会］芸能
　　　活動と法―エコシステム、文化政策、ルールメイキング」ジュリスト
　　　1594号（2024年）

小林利明「芸名、グループ名とパブリシティ権」ジュリスト1594号（2024年）

第4章

出版・マンガ

## 4-1
# 出版・マンガビジネスと法実務

## 1 出版・マンガ市場の概況

　2024年版「出版指標年報」によると2023年の紙および電子の出版市場は1兆5963億円で、前年比2.1%減の減少となっている。コロナ前の2019年からは3.4%増ではあるものの、2年連続の前年割れである。1994年にマイナス成長に転じて以降長期低落が続いているという見方もできるが、電子の力で少なくともこの5年間は下げ止まっている、という評価も可能である。

　書籍と雑誌を合計した紙の出版物の推定販売金額は1兆612億円、前年比6.0%減で、2024年も同程度の減少をすると1兆円を割り込むことが見込まれている。内訳は書籍が4.7%減の6194億円、雑誌が7.9%減の4418億円となっており、1979年から続いていた雑誌の売上が書籍の売上を上回る状態が2016年に逆転して以降の"書高雑低"の傾向が定着し、書籍と雑誌の売上の差も拡大傾向にある。

　他方で電子出版の市場は5351億円、前年比6.7%増で、その内訳は、コミックが7.8%増の4830億円、書籍が1.3%減の440億円、雑誌が8.0%減の81億円である。比較的好調なライトノベル、写真集以外の文字ものの伸び悩みにより2年連続で減少した電子書籍、dマガジンの会員減少などが続いた影響で低迷する電子雑誌の一方で、電子書籍市場の全体の90.3%を占める電子コミックが電子出版の市場を牽引する状態が続いている。

　本書の初版で紹介した2018年の出版市場の売上の内訳は、紙の出版物が1兆4407億円、電子出版物が2215億円であったから、電子出版物の市場占有率は13.3%程度であったが、2023年には33.5%と市場の3分の1を占めるに至っている。

　このように、全体として縮小傾向にある出版市場の中で、電子コミックが牽引する電子出版物の市場が拡大しているというのが出版市場全体の状況である。

## **2** 出版・マンガ市場の伝統的な仕組み

　出版物は、伝統的には、出版社（製造元）→取次（問屋）→書店（小売店）というルートをたどって読者の手元に届けられている。これは製造元→問屋→小売店という一般的な商品の流通経路と類似しているが、出版物の流通ルートにはほかにはない特徴がある。それが、書店との関係における**委託販売制度**である。

　かつては書店が出版物を買い取る買取販売制度がとられていたが、明治40年代より返品を認める委託販売制度が主流となり、これにより書店は、売れない出版物の在庫を抱えることによるリスクを負わなくてすむことになり、多様な出版物を店頭に並べることができるようになったとされている。現在も買取販売を採用しているのは岩波書店などの限られた出版社だけである。

　委託販売制度においては、書店に並んでいる出版物はあくまで書店から販売を委託されて預かっているものということになるので、その所有権は出版社に帰属するはずである。しかし、会計上は、出版社は出版物を出庫した段階で売上として計上し、[1]その代金を以前に出庫し返品されてきた出版物の代金と相殺処理をしており、また書店に並んでいる在庫を在庫として計上していない。つまり、書店にある出版物は出版社のものではないという処理をしている。

　このように「委託販売」という制度と会計処理には食い違いがあり、法的には書店にある出版物の所有権が誰に帰属するのかは必ずしも明確ではない。この問題は、出版不況を受けて近年相次いだ取次や書店の倒産事例において在庫の処理をめぐって具体化している。いまだ裁判例などはないが、現在のところ書店に並んでいる出版物は書店のものではあるものの、倒産等の際には出版社側にそれらを買い戻す優先的な権限があるという取り扱いを前提に、債権者である出版社あるいは取次との間で合意をして処理がなされている。

　次に、出版物の流通について忘れてならないのは**再販制度**（再販売価格維持制度）である。再販制度とは、書店での出版物の販売価格（再販売価格）を出版社が決定できるという制度で、定価販売制度などとも呼ばれている。本来、商品の価格は需要と供給のバランスにより決められるべきものであるから、再販制度は消費者の利益を害するものとして独禁法上原則として禁止

されている。

　しかし、出版物は種類も新刊発行点数も多く、また個々の出版物がほかに取って代わることのできない内容をもっており、需要が少なくても存在意義が高い場合があることなどの特徴があるため、再販制度を認めないと、以下のような弊害が生じるとの出版業界からの要望により、例外的に認められている。

　　①よく売れる内容の本ばかりを高額で売ろうという傾向が強まり、本の
　　　種類が少なくなり、内容も偏り、価格も高騰する
　　②輸送コストがかかる遠隔地は都市部より本の価格が上昇する
　　③価格競争により小売店（書店）が減少する

　もっとも、近年ではその見直しを求める声も出てきている。

## 3 出版・マンガ市場の仕組みの変化

　このような出版・マンガ市場の仕組みは、①出版不況と称される紙媒体の出版物の市場の急激な縮小、②その一方での電子出版の市場の拡大、そして③アマゾンに代表されるネット書店の台頭に伴い、大きな変容を遂げつつある。

　書店においては、かつてはどの町にも存在した中小の書店の閉鎖、その一方で大型書店の増加という動きが見られる。一方で、アマゾンに代表される店舗をもたないネット書店が急激に売上を拡大させている。また、取次についても中小の取次が相次いで倒産する一方、トーハンおよび日販という2大取次が書店を傘下に収める事例も続いている。

　以上のような市場の変化を受け、紙媒体の書籍の流通ルートは図4-1-1にあるように極めて複雑なものとなっている。

　その一方で電子書籍については伝統的な紙媒体の出版社が電子書籍の出版に乗り出す一方、出版業界とは異なるIT業界からの参入も増えてきており、業界の様相も複雑化している。

〔桑野雄一郎〕

4-1-1　主な出版流通経路

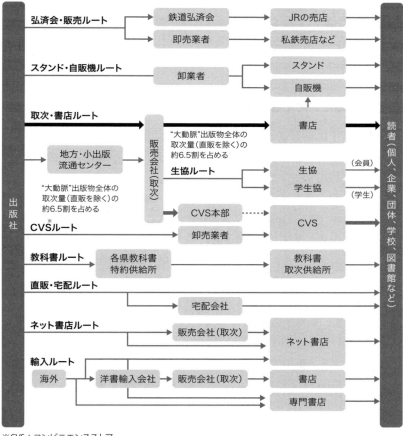

※CVS：コンビニエンスストア
（出典）日本雑誌協会・日本書籍出版協会『日本雑誌協会　日本書籍出版協会 50 年史』より

## 4-1 注釈

1) 2021 年 4 月 1 日より適用されている会計上の収益認識基準により、売上として計上できるのは出庫分から見込返品高等を控除した額である。

## 4-2
## 出版権とは

### 1 出版行為に対応する著作権

　紙媒体の出版物の場合、出版とは、作品を印刷・製本（複製）して販売（譲渡）することである。また、電子出版物のうち、作品のデジタルデータの記録したUSBやディスクなどを販売する場合（販売型電子出版）も、出版とは、作品をデジタライズ（複製）して販売（譲渡（動画の場合は頒布））またはレンタル（貸与（動画の場合は頒布））することである。他方、電子出版物のうち、作品のデジタルデータを配信する場合（配信型電子出版）は、出版とは、作品をデジタライズ（複製）して配信（公衆送信）することである。

　したがって、作品を出版するためには、書籍の種類に応じて、対応する複製権、譲渡権・貸与権・頒布権や公衆送信権の許諾を受ければよいことになる。実務上も、紙媒体の雑誌への掲載の場合には、単なる（独占的）許諾だけでおこなわれているのが一般的である。

　ただ、単なる（独占的）許諾を受けただけでは、第三者に対しても主張できる権利（物権的権利）ではなく、契約相手に対して主張できる権利（債権的権利）しか手に入れることはできない。したがって、著作権者が他の出版社に許諾をして同じ著作物の出版をさせた場合、著作権者に対する損害賠償等は請求できても、他の出版社に対して出版の差止め等を請求することは原則としてできない。

　そこで、出版社がこうした第三者に対して差止め等を請求するためには、著作者から出版に関する支分権である複製権、譲渡権・貸与権や公衆送信権の譲渡を受けることが必要ということになる。実際、医療分野などでは出版社側に著作権の譲渡がなされることが多いようである。また、マンガの世界でも、その当否はともかくとして、特に若手の作家の作品がいきなり電子書籍として発行される場合などには、著作権の──それも包括的な──譲渡がおこなわれることが増えてきているようだ。

　しかし、一般的には作品が商業ベースで発行されているような著作者が著

作権の譲渡に応じる可能性は高くはないであろうし、譲渡をするとなると対価も高額なものになることが予想される（上述のマンガの世界でおこなわれている著作権譲渡の例も、作品を発表する機会が少ない若手のマンガ家が、掲載されることを優先して十分とはいえない対価を甘受して応じている場合も少なくないと指摘されている）。

そこで、著作権の譲渡という方法を避けつつ、第三者に対しても主張できる権利として著作権法で認められているのが**出版権**である。[1]

## 2 出版権の種類

著作権法上は、対応する支分権に応じて、以下の2種類の出版権を規定している（著作権法80条1項）。

第1号出版権（紙媒体の書籍の出版と販売型電子出版）

第2号出版権（配信型電子出版）

それぞれの内容をまとめると以下の通りである。

4-2-1　出版権の概要

| | 第1号出版権 | 第2号出版権 |
|---|---|---|
| 設定する者 | 以下の権利者 | |
| | 複製権者 | 公衆送信権者 |
| 設定を受ける者 | 以下の行為を引き受ける者 | |
| | 出版行為[※1] | 公衆送信行為[※2] |
| 設定を受けた者の権利 | 以下をおこなう権利の全部or一部を専有する | |
| | 出版行為をおこなう権利[※1] | 公衆送信行為をおこなう権利[※2] |
| 設定を受けた者の義務 | 原稿の引渡しを受けてから6か月以内に慣行に従い継続して以下の行為をおこなう義務 | |
| | 出版行為 | 公衆送信行為 |

※1 出版行為とは、紙媒体の場合は文書または図画として複製することであり、販売型電子出版の場合は、記録媒体に記録された電磁的記録として複製することである。
※2 公衆送信行為とは、原作のまま記録媒体に記録された著作物の複製物を用いてインターネット送信をおこなうことである。（有線）放送は除外され、送信可能化が含まれるとされている。

## 3 出版権の内容

出版権の設定を受けた者は、出版行為または公衆送信行為をおこなう権利を「専有する」ことになっている。詳細は後述するが、「専有する」ということは、排他的・独占的な権利ということである（▶▶195頁「出版権設定契約」）。したがって、出版行為または公衆送信行為は、第三者はもちろんのこ

と、出版権を設定した著作権者自身でさえこれをおこなうことは出版権侵害ということになる。

　こうして見ると、出版権は、複製権および公衆送信権のうち、出版行為および公衆送信行為をおこなう権利を抜き出し、これを出版権者に譲渡したのと同様の結果をもたらす行為だともいえる。「出版権の設定」という表現になってはいるが、その実は「著作権の一部譲渡」といってもよいわけであり、非常に強力な権利だといえる。

〔桑野雄一郎〕

**4-2 注釈**

1)　ただし、この説明は改正著作権法により 2020 年 10 月 1 日より導入された著作物の利用権に関する当然対抗制度によりその前提が大きく変わることになった。これについては **4-4**（▶▶ 199 頁以下）において後述する。

# 4-3
## 出版権設定契約

## 1 出版のための契約類型

著作物を出版するには、前述の通り以下の四つの方法が考えられる。

①作家からすべての著作権の譲渡を受ける
②作家から複製権と譲渡権・公衆送信権の譲渡を受ける
③作家から出版（複製と譲渡・公衆送信）の許諾を受ける
④作家から出版権の設定を受ける

このうち実務上よくおこなわれているのは③と④である。雑誌への掲載など、③については契約書が締結されない場合もあるが、④では契約書が締結されるのが一般的である。

④の出版権の設定に際してよく使われているのが、一般社団法人日本書籍出版協会（書協）が作成した出版契約書のひな型（以下「**書協ひな型**」という）や、これをもとに各社独自にアレンジした書式である。弁護士の実務としては、出版契約書の条項の意味について質問されることや書協のひな形をどうアレンジするかの判断を求められることが少なくないので、まずはひな形の条項について理解しておくことは必要である。現在「紙媒体・電子出版一括設定用」、「紙媒体出版設定用」および「配信型電子出版設定用」の3種類があるが、ここでは「紙媒体・電子出版一括設定用」の主な条項を紹介し、一般的な出版権設定契約の骨格を概観する。

## 2 出版権の設定の合意（第1条）

書協ひな型では「出版権の設定をする」という趣旨が明記されている（第1条1項）。これにより、上記①から④のうち④の合意であることを明らかにしているわけである。

また、第1号出版権は複製をする権利、第2号出版権は公衆送信をする

権利であるから、第1号出版権には複製した出版物を譲渡する権利、第2号出版権には著作物を複製して公衆送信するためのデジタルデータを作成する権利が当然に含まれているわけではない。書協ひな形ではこのように法律上の出版権に含まれていない行為も「出版利用」として、契約により設定される出版権に含めている。しかし、これらの行為については法律上の出版権の設定はできないので、独占的な許諾という趣旨に解釈されることになると考えられる。

## 3 出版権の内容（第2条）

書協ひな型第2条では、1項1号が第1号出版権のうち紙媒体の出版に関する出版権について、同項2号が第1号出版権のうち販売型電子出版に関する出版権について、同項3号が第2号出版権（配信型電子出版）について規定している。

また、平成26 (2014) 年の法改正により複製権者・公衆送信権者の承諾を得た場合に出版権者が第三者に再許諾をすることができる旨の規定が設けられたのを受け、本条3項において再許諾をすることが認められている。

## 4 出版行為

著作権法では出版権の設定を受けた出版権者は、第1号出版権では著作物を複製する権利を、第2号出版権では公衆送信する権利を専有することになっている（著作権法80条1項柱書）。「専有」することの当然の帰結として、これらの行為を著作権者自身がおこなうことも、第三者におこなわせることも禁止されることなり、書協ひな形でもその旨が規定されている（第3条1項）。

著作権法では、出版権者が専有できるのは、著作物を原作のまま、つまり著作物に手を加えずに出版することだけであるから、たとえば作家が出版権を設定した著作物の内容にマイナーな変更を加えて他の出版者に出版をさせたり、また別な出版物に同じタイトルをつけて出版させたりしても、出版権の侵害にはならないことになる。しかし、出版社としては無断でこういうことをされては困るだろう。そこで、書協ひな型では、明らかに類似すると認められる内容の著作物や同一タイトルの著作物の無断出版を禁止している（同条1項）。

また、著作権法では、①出版権の存続期間中に著作者が死亡したとき、または、設定行為に別段の定めがある場合を除き、②出版権の設定後最初の出版のあった日から3年を経過したときは、著作権者は著作物を全集その他の当該著作者の作品を集めた編集物に収録して複製または公衆送信をおこなうことができるとされている（著作権法80条2項）。

この「設定行為に別段の定めがある場合を除き」という規定を受けて、書協ひな型では出版権の最初の出版のあった日から3年を経過した後でも、出版契約の有効期間中は、複製権者が全集や著作集等の編集物に作品を収録するためには、あらかじめ出版権者の同意を得なければならないと規定している（同条3項）。

なお、「設定行為に別段の定めがある場合を除き」という文言は「著作者が死亡したとき」にはかかっていないので、出版契約の存続期間中に著作者が死亡したときは、出版権者や全集等への収録を禁止することはできない。著作者が死亡したときには全集などを出す必要性が高いと考えられることによるものとされる。

## 5 権利許諾管理の委任（第6条）

第1号出版権が対象としているのは著作物を頒布目的で機械的方法または化学的方法により文書または図画として複製する権利であるから、頒布目的ではないコピー機を使ったコピーやレンタルは第1号出版権の対象外である。しかし、出版物のコピーやレンタルは日常的におこなわれているものであって、それについて著作権者自身が許可を出さなければならないというのはあまりにも非現実的である。そこで、このような複製やレンタルについては、著作権等管理事業法に基づく著作権管理団体による権利処理が可能となっている（▶▶216頁「出版物の利用」）。書協ひな型では、これらの利用形態について、出版社が窓口となってこれらの著作権管理団体に対する委任をおこなうことができるようにしている。

## 6 出版権の存続期間の定め（第12条）

出版権は存続期間の定めがない場合、最初の出版のあった日から3年で消滅することになっているため（著作権法83条2項）、契約期間を設け、さらに自動更新の規定を設けたうえで、これを出版権の存続期間としている。

実務上は出版契約の期間は 3 年または 5 年とすることが多いようである。

## 7 著作物の翻訳、翻案等（第 16 条）

　出版権には、著作物を翻訳したり翻案したりする権利は含まれていないので、作家が出版権を設定した著作物を翻訳したり、映像化したりすることについては出版権者には何の権利もない。

　そこで、書協ひな型では、出版権を設定した著作物が翻訳・ダイジェスト等、演劇・映画・放送・録音・録画等その他二次的に利用される場合には、出版権者にその処理を依頼することになっている（第 16 条）。これはあくまで委任にすぎないので、出版権者はこれらの二次利用については作家と協議のうえ決定することになっている。いわゆる出版社の**窓口権**と呼ばれる権利である。

　以上のように、書協ひな形は著作権法上の出版権を踏まえつつ、出版行為が円滑におこなわれるよう、疑義が生じかねない部分の権利処理を盛り込むとともに、出版社の利益を守るという観点からアレンジが加えられている。そうした箇所を中心に、作家・出版社間の契約交渉がおこなわれる場面も増えてきている。冒頭で述べた通り、この書協ひな形をベースに各社、あるいは各著作者がカスタマイズしている例も少なくない。　　　　〔桑野雄一郎〕

# 4-4
## 出版権の登録と当然対抗制度

### 1 登録制度と当然対抗制度

　前節まで述べてきた通り、出版社としては出版権の設定を受けることで、出版行為を独占的におこなうことができるようになる。単なる出版許諾ではなく出版権の設定を受けるメリットはこの点にあった。

　しかし、2021年1月1日より施行された著作権法改正により、著作物を利用する権利についての**当然対抗制度**（改正著作権法63条の2）が導入された。これに伴い、著作物の利用許諾を受けた者は、自己の権利（債権的権利）を著作権の譲受人や出版権の設定を受けた者などの物権的権利を取得した者に対して対抗できることになった。出版社としては、出版権の設定を受けただけでは、著作権者から出版の許諾を受けた他の出版社に対して自己の出版権に基づく差止め等の請求ができなくなるわけである。出版権に基づく差止め等を請求するためには、利用許諾がなされる前に出版権の設定についての対抗要件としての登録（著作権法88条1項1号）を備えることが必要となる。

　著作権法では著作権譲渡や出版権の設定については登録を備えないと「第三者に対抗することができない」とされている（著作権法77条1号・88条1項1号）。出版権の設定については文化庁への登録をおこなうことになる。手続の詳細や登録申請書の書式および必要書類については文化庁のウェブサイトにある「登録の手引き　著作権に関する登録をお考えの方へ[1]」に掲載されている。

### 2 登録が必要となる場合

#### （1）第三者に対して著作権の譲渡や出版権の設定がなされた場合

　登録制度が本来予定しているのは、出版権の設定の後に、著作権者から第三者に対する著作権の譲渡や権利内容が重複する出版権の設定がなされた場合である。著作権や出版権のような独占的排他的な権利は両立しえないので、出版権者と第三者の間でどちらが優先するのかが問題となるが、著作権法上

の登録制度は、このような場合に先に登録を備えた者が優先し、確定的な権利者となるという制度である。出版社としては著作権の譲受人や重複する出版権の設定を受けた者が先に登録を備えてしまうと自己の出版権が消滅してしまうため、本来であれば出版権の設定を受けた際には登録まで備えることが望ましいといえる。

### (2) 第三者に対して出版許諾がなされた場合

当然対抗制度が導入されたことにより、出版権者は単なる使用許諾を受けた者に対しても自己の権利を主張するためには（使用許諾がおこなわれる前に）対抗要件としての登録を備えることが必要となった。

**(1)** で述べた著作権の譲渡や重複する内容の出版権の設定の場合とは異なり、単なる使用許諾であれば、出版社としては設定を受けた出版権が消滅することはない。したがって、自身による出版行為を継続することは可能である。

しかし、使用許諾を受けた者に対抗されてしまう結果、使用許諾を受けた者が出版行為をおこなうことを阻止することはできない。そのため、出版行為を独占することはできなくなってしまう。出版社としては、出版行為を独占したい作品については登録制度の利用も視野に入れておきたいところである。

### 3 登録制度に備えた出版契約

従来は、出版権を設定した著作権者がその著作権を譲渡したり、重複する内容の出版権を設定したり、使用許諾をしたりすることは伝統的な作家と出版社の関係を前提とすれば通常は考えられないこと、また出版権設定の登録申請に際しては1件につき3万円という登録免許税が必要なこともあり、登録制度は積極的に利用されていたとは言い難かった。

しかし、著作権の保護期間が著作者の死後70年と極めて長期間にわたることを考えると、著作権者が死亡したあとに何らかの理由で遺族等と出版社の関係が円満でなくなった場合に、当該遺族等がそのような行動に及ぶことは当然予想されることである。そこで、出版契約の中でそのような行為を禁止する旨の条項は設けておくことが必要である。

また、設定した出版権について出版社が単独で登録申請をおこなうことを承諾する旨の著作権者の承諾書がある場合などを除き、登録は出版権を設定

した著作権者と出版権の設定を受けた出版社が共同で申請をするのが原則とされている（著作権法施行令16条・17条）。著作権者が死亡した場合には遺族等に承諾書を作成してもらうか、共同での登録申請に協力をしてもらう必要があるわけである。しかし、関係が円満でなくなった遺族等にそのような協力をしてもらうことは期待できない。そこで、出版契約書の中で承諾書に代わる条項として、出版社が設定した出版権について出版社が単独で登録申請をおこなうことを承諾する旨の条項を盛り込むことも検討したい。

　もっとも、たとえそのような措置を講じても、著作権譲渡や重複する内容の出版権の設定を受けた第三者が先に登録まで備えた場合、出版社としては設定を受けた出版権が消滅してしまうことになる。このような場合でも出版行為を継続できるようにするためには、出版権が消滅した場合においても出版権設定契約が出版許諾の範囲ではなお効力を有するものとする旨の条項を設けておくことも考えられる。これにより、出版権が消滅したとしても、出版許諾契約に基づく利用権は、当然対抗制度に基づき、先に著作権譲渡や出版権設定を受けた第三者に対抗することができるので、出版社としては出版行為を継続することが期待できる。　　　　　　　　　　　　　　　〔桑野雄一郎〕

**4-4 注釈**

1)　文化庁著作権課「登録の手引き」（令和5年4月改訂）〈https://www.bunka.go.jp/seisaku/chosakuken/seidokaisetsu/toroku_seido/pdf/93977001_01.pdf〉。

# 4-5
## マンガ

## 1 マンガとは

　マンガとは、絵と文字によって、ストーリーを表現するものである。主には、4コママンガ、1話読み切りのマンガ、長期にわたりストーリーが続く連載マンガなどがある。

　マンガは、台詞などの文字の要素については、言語の著作物（著作権法10条1項1号）、絵やコマ割りなどの要素は美術の著作物（同法10条1項4号）の複合的な性格を有する。全体のストーリーも（台詞や物語を説明する文章を伴わず絵だけで物語が展開されるような作品であっても）言語の著作物に準ずるものと考えられる。

## 2 ストーリー

　マンガのストーリーは、当然ながら著作物たるマンガの重要な要素である。したがって、たとえば、既存のマンガのストーリーを利用して小説を執筆する場合（そもそも原作として、ストーリーが独立で存在していたような場合を除き）、著作権者であるマンガ家などから利用（翻案）についての許諾を得る必要がある。また、インターネット上で著作権者に無断でマンガのストーリーを掲載するいわゆるマンガのネタバレサイトなども、そのネタバレサイトが絵を含まず、文字だけでストーリーを書いたものであったとしても、態様によっては著作権侵害の可能性がある。

　もっとも、事実やアイディアは著作物として保護されないため、マンガのストーリーのうち、事実やアイディアにすぎない部分を抽出して利用したとしても、それはマンガの著作物の複製や翻案には該当しない。たとえば、ある歴史上の人物についてのマンガで、ストーリーのうち事実を叙述する部分のみが同じであったとしても、それは著作物にはあたらない事実が共通しているにすぎない。また、たとえば「未来から来た動物型ロボットが未来の道具を使って小学生の男の子を手助けする」といったアイディアにとどまるス

トーリーの要素が同一であった場合にも、そのマンガの著作権（複製権・翻案権）を侵害しているとはいえないだろう。

## 3 台 詞

キャラクターの台詞は、独立して取り出した場合でも、言語の著作物に該当しうる。もっとも、著作物に該当するというためには、創作性のある表現物でなければならない。したがって、有名な台詞で特徴的な言葉であったとしても、短いフレーズにすぎない場合は創作的な表現とはいえず著作物には該当しないだろう。また、実際の人物の発言やインタビュー内容を単に再現した台詞であれば、その発言をした人に言語の著作物の著作権が発生することは考えられても、マンガ家の著作物になることは考えにくい。

## 4 絵

絵もまたマンガの重要な要素であり、あるひとつのコマやキャラクターの絵を抜き出して利用する場合にも、著作権者であるマンガ家などの許諾を得る必要がある（▶▶210頁「マンガの著作権とキャラクターの著作権」）。ところで、マンガの絵の利用方法として、既存のキャラクターを利用してオリジナルのストーリーを描く同人誌や、キャラクターの特徴的なコスチュームを着て写真を撮り、発信するコスプレなどの二次創作が盛んに行われている。原作マンガの特定の絵の特徴を写したものであれば、複製や翻案に該当する可能性が高いが、これらの二次創作活動は、権利者の黙認のもと行われているという側面もある。マンガは1コマ1コマを美術の著作物と捉えることもできるが、各ページ、あるいは複数のページ全体も——それを美術の著作物と捉えるか、編集著作物と捉えるかは議論の余地があるかもしれないが——著作物と捉えることができる。このように各ページ、あるいは複数のページ全体を著作物と捉えた場合には、コマ割りがマンガを構成する重要な要素であることは疑いようがなく、マンガのコマ割りを無断で変更して利用することはできない。裁判例において、マンガの一部分をコマ割りの配置を変更して引用した事案において、同一性保持権の侵害を認めたものがあり（東京高判平成12年4月25日［脱ゴーマニズム宣言事件］）、裁判所は、コマの配置を変更しても読み進む順番が変わらないことは、改変を否定する理由にならないと判断している。

〔石井あやか〕

# 4-6
## マンガ原作者

### 1 マンガ原作者とは

　マンガ作品には、マンガ家がストーリーを含めて一から創作したものもあるが、他人が創作した作品（原作）をマンガ化したものもある。マンガの原作には、マンガのために執筆された、すなわちそれ自体が完結した作品として公表されることが予定されていないものもあれば、小説等の形でそれ自体がすでに完結した著作物として発表されているものもある。ここでは、そのいずれの場合も含めてマンガの原作を創作した著作者のことを「**マンガ原作者**」と呼ぶ。

　マンガのために執筆された原作としては、後述の訴訟事件にもなった『キャンディ・キャンディ』（原作：水木杏子）、『子連れ狼』（原作：小池一夫）、『北斗の拳』（原作：武論尊）、『DEATH NOTE』（原作：大場つぐみ）などがある。

　すでに完結した著作物として発表された小説がマンガ化された例としては、細野不二彦がマンガ化した『クラッシャージョウ』（原作：高千穂遥の同名小説シリーズ）、井上雄彦の作画による『バガボンド』（原作：吉川英治『宮本武蔵』）、せがわまさきの作画による『バジリスク〜甲賀忍法帖〜』（原作：山田風太郎『甲賀忍法帖』）などがある。また、最近ではライトノベルのマンガ化が盛んである。

### 2 マンガ原作者の権利

　マンガの原作はマンガ原作者が創作した著作物である。原作に基づいて描かれたマンガ作品は、マンガ原作者が創作した著作物（原作）をマンガ家が翻案（マンガ化）した著作物であり、いわゆる二次的著作物にあたる。二次的著作物の原著作者（マンガ原作者）は、二次的著作物（マンガ作品）に対し、二次的著作物の著作者（マンガ家）と同じ権利を有しているので、結局マンガ作品の利用に際してはマンガ家とマンガ原作者の双方から許諾を得る必要

があるということになる。このような理解から、マンガ作品の出版、そして
その二次利用についての印税は、マンガ家とマンガ原作者の双方に分配され
ているのが一般的である。

　ただ、マンガ作品が原作に基づいているといっても、どの程度原作を忠実
にマンガ化したものかは作品によって異なる。特に、既存作品のマンガ化で
はなく、マンガのために新たに原作が執筆される場合、原作の形式や詳細さ
は様々である。まるで映画のシナリオのように場面設定や登場人物の外見、
台詞などが極めて詳細に文章で記載された原作やマンガ原作者の絵柄で描か
れたネーム形式の原作に基づいて、これに忠実に従って作画されているマン
ガ作品もあれば、原作と称してはいても作品の設定や大まかなあらすじ程度
しか書かれていない場合もある。さらに、簡単なメモ書き程度の原作に基づ
いて作画され、そもそも原作が著作物といえるかも疑問な場合や、原作の内
容が大まかすぎるため結局ほとんどの部分をマンガ家が補充してマンガ作品
に仕上げる場合もある。

　このように、原作がマンガ作品に与えている影響度、貢献度は作品によっ
て様々であることから、印税の配分率は5対5を基調としつつ、作品によ
ってはマンガ家7対原作者3といった調整がおこなわれることもある。さ
らに、原作者のマンガ作品に対する貢献度が非常に低い場合には、「原作」
ではなく「原案」との表記が使用されることもある（▶▶32頁「『原作』と
『原案』」）。この場合、原作者に対しては一時金を支払うのみで印税の配分は
なされない場合もある。

　他方、すでに映画化等で著名になった既存作品のマンガ化などでは、マン
ガ作品の印税はすべて原作者側に支払われ、マンガ家に対しては一時金を支
払うのみという場合もある。このように、印税の配分率には原作者側とマン
ガ家側の力関係が影響している場合もある。

## 3　原作者がいる場合の権利処理①：二次的著作物の場合

　マンガ作品に対するマンガ原作者とマンガ家の権利が争点になった著名な
事件に「キャンディ・キャンディ事件」（最判平成13年10月25日）がある。
　マンガ『キャンディ・キャンディ』は、原作者として水木杏子氏、マンガ
家としていがらしゆみこ氏がクレジット表記されていた作品であるが、いが
らし氏が水木氏に無断でマンガ作品の主人公であるキャンディの絵をリトグ

ラフや絵葉書に使用していたことから、水木氏はいがらし氏の行為が著作権侵害であるとして提訴した。裁判所は、『キャンディ・キャンディ』は水木氏の原作に基づいて描かれた二次的著作物であると認定し、いがらし氏の行為が水木氏の著作権（二次的著作物の利用に関する原著作物の著作者の権利）を侵害すると判断した。

　二次的著作物であるとの認定を前提とすれば、著作権法28条の文言からもこの結論に異論の余地はないように思われる。しかし、二次的著作物であるとしても、この事件で利用されたのはマンガ家が独自に描いた絵だけであり、原作者が創作した物語の利用を伴っているわけではない。このような場合にまで原作者の権利が及ぶのかという点には疑問の余地もあるところである。

　このような批判的な見解も少なくないものの、現在のところこのキャンディ・キャンディ事件判決を踏まえると、二次的著作物の利用には広く原作者の権利が及ぶという結論を前提とせざるをえないだろう。実務上、このような二次的著作物の利用にあたっては、原作者からも許諾を得る場合が多い。マンガに限らず、既存作品の二次展開において原作者の権利処理を怠ってトラブルになるケースは多いため、注意してほしい。

## **4** 原作者がいる場合の権利処理②：共同著作物の場合

　ところで、キャンディ・キャンディ事件では、水木氏は、裁判で認められた二次的著作物の原著作者としての権利とともに、共同著作物の著作者としての権利も主張していた。そこで、マンガ作品はマンガ原作者とマンガ家の共同著作物なのか、マンガ原作者が創作した原作を翻案してマンガ家が創作した二次的著作物なのか、という議論がなされたことがある。

　しかし、二次的著作物とは原著作物を翻案して創作した著作物であるのに対し、共同著作物とは複数の者が共同して創作した著作物で、各人の寄与を分離して個別的に利用できないものである。つまり、二次的著作物に該当するかどうかは原著作物との関係で判断されることであるのに対し、共同著作物に該当するかどうかは、作品の創作過程に着目して判断されることである。このように両者は判断する際の視点が異なるものであるから、二者択一という関係にあるわけではない。たとえばマンガ原作者が原著作物に該当する原作を創作し、それを翻案してマンガ作品を創作する作業をマンガ家と共同作

業でおこなったという場合は、マンガ作品はマンガ原作を原著作物とする二次的著作物であると同時に、マンガ原作者とマンガ家が共同で創作した共同著作物にもなりうる。いずれに該当するかはケース・バイ・ケースでもあることに加え、明確な基準があるわけでもないので、実務上はいずれの場合を前提として契約内容を固めるかどうかという問題に集約されることになる。

　マンガ作品がマンガ原作者とマンガ家の共同著作物にあたる場合、マンガ原作者とマンガ家はマンガ作品の著作権を共有することになるが、各々の著作権は相手の合意を得なければ行使することができないのが原則である（著作権法 65 条 2 項）。もっとも、他の共有者は、正当な理由がない限り、合意の成立を妨げることはできないとされている（同条 3 項）。しかし、この「正当な理由」の判断基準も明確ではないので、共有者間で事前に協議して契約書に定めておくことが望ましい。

　なお、二次的著作物の保護期間は原著作物の保護期間とは別個に進行するのに対し、共同著作物の保護期間は最後に死亡した著作者の死後 70 年である（▶▶ 27 頁「保護期間」）。　　　　　　　　　　　　　　　　　〔桑野雄一郎〕

# 4-7
## マンガ編集者

　マンガ『バクマン。』はふたりの少年がコンビを組んでプロのマンガ家を目指す姿を描いた作品だが、その中では雑誌「少年ジャック」の編集担当者が主人公に対して様々なアドバイスを提供する姿が描かれている。マンガに限らず、文芸の世界においても、出版社の**編集者**は作家に対して様々なアドバイス、アイディアを提供し、作品を、さらには作家を育ててきたという側面がある。そのため、編集者と作家との間に強い人間関係が形成され、編集担当者が独立して出版社を起業した際に、マンガ家も自ら役員となり、作家としても移籍をした、という例もある。著作権法において出版権という、出版社を想定した強力な権利が認められている背景には、そのように出版社が作品の創作過程に密接に関わっていたことがあるといえる。

　もちろん、このような編集者の強い役割によって、本来作家が描きたい作品をそのままの形では発表してもらえなくなる、編集者との相性が合わないと作家も芽が出ないといった場面も存在することは否めない。

　そのこともあり、近年のデジタルコミックの世界では、このような編集者のあり方には変化が見られる。すなわち、デジタルコミックの世界では、出版社から取次を経由して書店へ流れるという流通経路をたどらず、配信用のサーバーにアップすることで販売が可能である。その結果、マンガ家は出版社を介さなくても自分の作品を流通に置くことが可能になっているわけである。そこで、編集者も作品の中身にはさほどコミットしない場合も増えつつある。

　出版権は電子書籍にも拡張されたが、他方で当然対抗制度（▶▶ 199 頁「出版権の登録と当然対抗制度」）により使用許諾に基づく権利の保護も強化されたことを踏まえると、このような電子コミックについては、出版社側の関与や投資の実態に応じて、出版権のような強力な権利を設定するのではなく使用許諾という方法を選択することもありうるであろう。　　　〔桑野雄一郎〕

# 4-8
## 連載マンガ

### **1** 雑誌連載

　伝統的な紙媒体のマンガの世界では、まずマンガ雑誌に連載という形で掲載され、それがある程度まとまったところで単行本化されるという経緯をたどるのが一般的である。

　もっとも、雑誌連載の時点では出版に関する契約書が締結されることは多くはない。一部の作家との間で、他の雑誌への作品提供を禁止する専属契約が締結される程度である。

　つまり、マンガ雑誌への掲載は著作者である作家から雑誌に掲載すること（複製権）およびその雑誌を頒布すること（譲渡権・貸与権）の許諾を得ておこなわれているわけだが、当該許諾についての契約書は作成されていないのが通常ということになる。

　出版社としては雑誌の掲載のために作家から原稿を提供され、その事実から出版の許諾があることは明らかであり、また原稿が手元にある以上他社から出版される可能性もないため（ただし、後述 **2** も参照）、契約書を締結する必要性に乏しい。他方、作家としても、雑誌は次の号が発売されれば市場からなくなるものであり、対価としても一時金として原稿料を受領するだけで継続的に印税等の支払いを受けるわけではないことから、やはり契約書を作成する必要性は高くはない。雑誌掲載に際して書面での契約が締結されない背景には、このような事情もあったものと考えられる。

### **2** 単行本化

　雑誌に連載されたマンガを単行本化する場合は、出版に関する契約──多くの場合出版権設定契約──が締結されることが一般的である。この段階で、印税についての合意などがなされることになる。

　ただ、近年は原稿をデジタルデータで作成・提供する作家が増え、また電子雑誌では新しい号が発売された後もバックナンバーとして販売が継続する

ようになっている。また、紙ではなくウェブサイトで連載が開始されるマンガ作品も増えてきている。このようなマンガ作品については、原稿が電子媒体であるから他社からも発行されてしまう危険性があるなど、紙媒体において雑誌への掲載の時点で契約書を締結しない理由が妥当しないこととなる。

そこで、最初にウェブ等で発行される電子コミックの世界では掲載の時点で契約書が締結されることが常態化しつつある。最近では電子コミックが先行してその後紙媒体で出版されるというビジネスも増えてきているが、そのような場合においても、最初の電子コミックでの発行の時点で紙媒体での発行も視野に入れた契約が締結されていることが多い。

このように、連載マンガの単行本化における契約締結の時期やその内容は多様化しつつあるのが現状である。

## **3** 連載マンガの保護期間

連載マンガにおいても著作権の保護期間は著作者の死後 70 年である（著作権法 51 条 2 項）。ちなみに、法人等が著作の名義を有する著作物、および職務著作が成立し、法人が著作者となる著作物の著作権の保護期間は公表から 70 年である（同法 53 条 1 項・3 項）。あまり例は多くないが、最近ではウェブサイトに掲載するマンガなどでこれに該当する場合もある。後述するポパイ・ネクタイ事件でこの点が問題となった。

この公表の時期については、連載マンガが全体としてひとつの物語を形成しており、その一部分ずつを逐次公表して完成する場合については、最終部分、すなわち最終回の公表時を基準として、作品全体の著作権の保護期間が算定されるが、一話完結の形で連載される著作物については各回の公表時から算定される。その結果、各回ごとに著作権の保護期間も異なるということになる。

## **4** マンガの著作権とキャラクターの著作権

連載マンガについての重要な判決にポパイ・ネクタイ事件判決がある（最判平成 9 年 7 月 17 日）。

この事件は、マンガ『POPEYE』の著作権者である原告が、同マンガのキャラクターのポパイの図柄等を付したネクタイを販売している被告に対して販売の差止め等を請求した事件である。

この事件において最高裁は、連載マンガについては、各回のマンガそれぞれが著作物にあたるとする一方、マンガの登場人物（キャラクター）については、マンガの具体的表現から昇華した登場人物の人格ともいうべき抽象的概念であって、具体的表現そのものではなく、それ自体が思想または感情を創作的に表現したものということができないとの理由で、著作物にはあたらないとした。

他方、イラスト・絵画としてのキャラクターについては裁判例においても著作物性が認められており、具体的なマンガのコマの複製でないとしても、イラスト・絵画としてのキャラクターの**本質的特徴**を直接感得できるようなイラスト等を使用することは複製権の侵害とされている。

このように、マンガのキャラクターについては、ビジュアル面については著作物としての保護が認められているが、具体的なビジュアルを離れた抽象的なキャラクターについては著作物と認められないとされている。

## **5** 連載マンガの著作権

上記ポパイ・ネクタイ事件判決は、連載マンガについては各回のマンガそれぞれが著作物に該当するとしたうえで、先行する回のマンガと後続する回のマンガの関係について、後続のマンガは、先行するマンガと基本的な発想、設定のほか、主人公をはじめとする主要な登場人物の容貌、性格等の特徴を同じくし、これに新たな筋書を付するとともに、新たな登場人物を追加するなどして作成されるのが通常であって、このような場合には、後続のマンガは、先行するマンガを翻案したものということができるから、先行するマンガを原著作物とする二次的著作物に該当するとした。

そして、二次的著作物の著作権については、二次的著作物の著作権は、二次的著作物において新たに付与された創作的部分のみについて生じ、原著作物と共通しその実質を同じくする部分には生じないとした。その理由は、二次的著作物が原著作物から独立した別個の著作物として著作権法上の保護を受けるのは、原著作物に新たな創作的要素が付与されているためであって、二次的著作物のうち原著作物と共通する部分は、何ら新たな創作的要素を含むものではなく、別個の著作物として保護すべき理由がないからであるとした。

このことから、後続する回の著作権は、先行する回にはない、後続する回

において新たに付加された要素についてのみ成立することになる。そして、連載マンガに登場するキャラクターについては、前述のようにそのビジュアル面については著作権が成立するとしても、基本的に後続する回に登場するキャラクターは先行する回に登場するキャラクターとビジュアル面においても同じ特徴を有しているわけだから、このように後続する回に登場するキャラクターが、先行する回に登場するキャラクターと同一と認められる限り、当該キャラクターについての著作権は成立しないことになる。

ポパイ・ネクタイ事件では、『POPEYE』が職務著作であったことから、無断使用されたキャラクターであるポパイの著作権の保護期間の終期起算日を確定するうえで公表日が問題となり、その関係で最初の回が基準となるのか、最終回が基準となるのかが争点となったが、裁判所は以上の理由により、最初の回を基準として判断すべきであるとした。そして、当該事件では最初の回を基準とすると著作権の保護期間が満了していたため、原告の請求が退けられる結果となった。

連載が長期化した連載マンガにおいては、同一のキャラクターであってもビジュアル面がかなり異なることがある。たとえば有名な『こちら葛飾区亀有公園前派出所』の主人公である両津勘吉のビジュアルは第1話と最終話とでは大きく異なっている。このような場合にはキャラクターについても第1回とその後の回とでは別個の著作物、あるいは第1回のキャラクターを翻案した二次的著作物としてそれぞれに著作権が成立する可能性もあると考えられる。

〔桑野雄一郎〕

# 4-9
## 翻訳出版

## 1 翻訳権とは

　小説、児童書、実用書、学術書と幅広いジャンルにおいて、海外の書籍が日本語に翻訳され、出版されている。翻訳出版には、海外の本を日本語に訳して出版する場合、日本語の本を海外の言語に訳して出版する場合の両方が考えられるが、ここでは前者のケースを念頭に置く。

　海外の著作物を日本語に翻訳するには、原書となる著作物の翻訳権を保有している権利者を特定したうえで、翻訳出版契約を締結し、翻訳権の許諾を受ける必要がある。原書の著作権者は、翻案権の一部として、その著作物を翻訳する権利を専有する（著作権法27条）。なお、著作権法上にいう翻訳には、翻訳者が翻訳するうえで創作性が加えられていることが必要で、たとえば、コンピュータプログラムによる機械翻訳では、人間による創作行為はなく、著作権法にいう翻訳にはあたらず、多くの場合は単なる複製にとどまると考えられる。

## 2 原作者と翻訳者の権利の関係

　翻訳者は、翻訳によって創作された著作物に対して著作権をもつ。また、翻訳した著作物は、原書の二次的著作物に該当することから、原著作者も、翻訳書について二次的著作物に関する権利を有する（著作権法28条）。

　ただし、原著作物と二次的著作物は別個の著作物であり、保護期間も独立して算定する。すなわち、原著作物の保護期間が経過した場合、二次的著作物については二次的著作権者のみが権利を有することになる。したがって、たとえば、原書の著作権の保護期間が経過しパブリックドメインの著作物となった場合にも、その翻訳文を使うためには翻訳者から許諾を得ることが必要となる。逆もしかりで、二次的著作物である翻訳書の保護期間が経過していたとしても、原著作物の権利には影響を及ぼさない（▶▶27頁「保護期間」）。

213

## 3 翻訳権の保護期間

　翻訳出版契約を締結し、翻訳権の許諾を受けるにあたっては、対象となる著作物の翻訳権が有効に存続しているかを確認する必要がある。翻訳権の保護期間が日本で経過している著作物については、自由に翻訳出版することができるからだ。

　翻訳権の保護期間については、通常の著作権の支分権とは異なる保護期間に関するルールがある。これは、いわゆる「翻訳権10年留保」と呼ばれるもので、1970年12月31日以前に発行された著作物で、発行後（発行された日が属する年の翌年1月1日から）10年以内に日本語訳が発行されていないものは、その翻訳権が消滅し、自由に翻訳出版ができる（旧著作権法7条）。このルールは、著作物の輸入国であった日本に有利な内容であったことから、現行著作権法が施行される1970年まで維持された。また、翻訳権10年留保により一度消滅した翻訳権は、復活しない（附則8条）。

　加えて、保護期間の算定にあたっては、戦時加算を考慮しなければならない（▶▶28頁・コラム「保護期間の計算方法」）。翻訳権の保護期間については、通常の戦時加算にさらに6か月を追加する必要があり（戦時加算特例法5条）、これらの戦時加算は、翻訳権10年留保の10年の期間についてもあてはめて考えることになる（ただし、日本とアメリカは、戦前に相互に翻訳自由を認めていたので、アメリカの著作物については、翻訳権の戦時加算は考慮する必要がないとされる[1]）。

　なお、翻訳権10年留保の対象はあくまで翻訳権であることから、たとえば原書の挿絵や写真の利用（複製）などには適用されない。そこで、原書の文章とあわせて挿絵や写真も利用したい場合には、本文の翻訳権が消滅していたとしても、挿絵や写真の複製について許諾を受ける必要がある。また、翻訳権10年留保による翻訳権の消滅は、翻案権の保護期間に影響を与えないことにも留意が必要である。したがって、たとえば、原書を子供向けに内容を変更し、日本語版の本にして出版するといったような場合は、翻訳だけでなく翻案もおこなわれているため、翻訳権が10年留保により消滅していたとしても、翻案の許諾が必要となる。

## 4 翻訳出版契約

　翻訳出版契約の締結にあたっては、日本の出版社が直接、海外の作家、出版社、エージェントと交渉するケースもあれば、仲介役となる「国内エージェント」を通じて交渉するケースもある。

　他の出版社から同じ原書の翻訳が出版されることを避けるためには、翻訳出版契約において、独占的許諾を確保しておくことが必要となる。また、許諾の対価である使用料は、通常、契約が成立したときに支払うアドバンスと、その後のロイヤルティ（印税）からなる。アドバンスの額については、多くの売上が見込める書籍については、高額のアドバンスを提示されることもある。ロイヤルティ（印税）の料率は、本の性格や分野によっても異なるが、ハードカバー版やペーパーバック版といった紙媒体であれば、本の定価×販売部数×6〜8％ が一般的なラインであろう。電子書籍については、ハードカバー版やペーパーバック版よりも料率が高くなる傾向にある。

　なお、これらは原著作者に対し支払う使用料であり、翻訳を作成した翻訳者との関係では、日本語テキストについての出版契約を締結し、著作権使用料を支払うことが必要となる。　　　　　　　　　　　　　　　　　　〔石井あやか〕

#### 4-9 注釈

1)　日本書籍出版協会『翻訳出版の手引〔新訂第 5 版〕』（日本書籍出版協会・2011 年）

## 4-10
### 出版物の利用

## 1 複 製

コピー機やスキャナーが普及し、コピーやスキャンが日常的におこなわれるようなったことで、これらの行為が出版物利用の一態様と意識されることは少ないかもしれない。しかし、スキャンやコピーはまさに「**複製**」という出版物の利用行為であり、原則として著作権（複製権）の侵害にあたる。

### （1）私的使用のための複製

出版物を複製しても、それが私的使用目的でおこなわれるのであれば、複製権の侵害には該当しない（▶▶22頁の表1-5-2）。

たとえば、自宅で使用するPCの壁紙に使用するために好きな絵をスキャンしたり（個人的使用）、雑誌の中の作家のインタビュー記事を、その作家が好きな母親のためにコピーしたりする（家庭内使用）ことは、いずれも私的使用目的の複製に該当し、複製権侵害とはならない。

また、これらに準ずる限られた範囲内で使用する場合も私的使用目的の範囲に含まれる。血縁関係にある場合や極めて親しい緊密な関係にある相手のために複製をする場合などがこれにあたる。人間関係の緊密さが必要と考えられており、相手が少人数だからこれに該当するというわけではない。企業内での資料コピーなど、業務上おこなわれる複製もこれに該当しないとされている（東京地判昭和52年7月22日）。

### （2）複製権の集中管理

私的使用のための複製にあたる場合は限られていることから、複製をするためには原則として著作権者（複製権者）の許諾が必要となる。しかし、コピー機が普及した現在、コピーのたびに著作権者の許諾を取得しなければいけないようでは、利用者と著作権者の双方にとって過大な負担となる。そこで、1991年に、著作権の権利者団体から権利の委託を受けて複製権を集中的に管理している団体として、公益社団法人日本複製権センター（JRRC）が設立された。JRRCは、委託を受けた著作物について、複写機を設置した

企業や団体と著作物複写利用許諾契約を結び、所定の使用料を徴収したうえで権利者の団体を通じて著作権者に分配する仕組みを作っている。

海外出版物については、JRRC による取扱いはなく、一般社団法人学術著作権協会（JAC）や一般社団法人出版者著作権管理機構（JCOPY）がこれを取り扱っている。ただし、JAC と JCOPY は、国内出版物の管理もおこなっているため、出版物によってどの団体から許諾を得るかは注意が必要である。奥付に団体名が書かれている出版物もあるため、まずは奥付を確認してみて、必要に応じて上記の団体や出版元への確認をおこなうこととなる。

これらの団体が管理をしていない著作物については、原則に戻って著作権者の許諾を得なければならないということになる。

## 2 図書館での利用

著作権法では、図書館の公益的役割を尊重して、図書館における著作物の利用を一定の範囲で認めている（▶▶ 22 頁の表 1-5-2）。

### （1）貸し出し

出版物の貸し出しをおこなえば、原則として著作権（**貸与権**）の侵害にあたる。しかし、著作権法では、公表された著作物の複製物は、営利を目的とせず、無償でおこなう場合は、貸与をしても貸与権の侵害にはならないとされている（著作権法 38 条 4 項）。図書館がおこなっている貸出業務は、これにあたる。

### （2）蔵書のコピー

図書館では、①利用者の求めに応じておこなう場合、②老朽化した蔵書の保存のためにおこなう場合、③絶版などのため入手困難な資料について他の図書館からの要望があった場合には、蔵書をコピーすることができる（著作権法 31 条 1 項）。コピーできる主体はあくまで図書館であって利用者ではないが、図書館内に設置されているコピー機を使って利用者自らがコピーすることもこの規定に基づくものとして扱われている。

①利用者の求めに応じておこなう場合については、調査研究のために、公表された著作物の一部分をひとりにつき 1 部提供する場合に限り、コピーすることができるとされている。原則として著作物の「一部分」のコピーしか許されないため、ひとつの著作物を全部コピーすることはできない。通常、著作物の「一部分」とは、多くても著作物全体の半分以下と解釈されている。[1]

もっとも、利用者自らがコピーする場合は、本来は著作権法31条に基づく複製ではなく、私的使用のための複製の範囲内であれば、「半分以下」の制約はかからないと考えられる。

なお、著作権法では上記の通り②老朽化した蔵書の保存のためにおこなう場合と③絶版などのため入手困難な資料について他の図書館からの要望があった場合については規定されているが、「絶版などのため入手困難な資料の保存のために行う場合」については明確に規定されていなかった。しかし、2015年の文化審議会でこのような場合も複製は可能であるとの見解が示され、これをうけて貴重な所蔵資料のデジタル化が進められている（▶▶277頁・コラム「デジタルアーカイブ」）。

### (3) 公衆送信

図書館資料の複製サービスの一環として郵送による送付を受け付けていた一部の図書館を除くと、**(1)** で述べた図書館資料の複製は実際に図書館に足を運ぶことが前提となっている。そのことの不便さは以前より指摘されていたが、新型コロナウイルスの感染拡大を受けて図書館が閉館、あるいは利用を制限されるなどして図書館に足を運ぶこと自体が困難となり、また感染回避のため人の集まる場所への外出を避けたい利用者がサービスを享受できないことの問題点が指摘されたことを受け、令和3（2021）年法改正により、インターネットを通じた図書館資料の配信（デジタルデータの配信とFAX送信）が認められ、令和5（2023）年6月1日より施行された。

これにより、一定の要件を満たした図書館（特定図書館）において、営利を目的としない事業者として当該図書館の利用者情報を登録している利用者に対し、①図書館資料を用いて公衆送信のための複製をおこなうこと、②図書館資料の原本または複製物を用いて公衆送信をおこなうことが可能となった。複製や公衆送信が可能なのは原則として図書館資料の一部であり、また著作権者に対する不利益に配慮し、図書館において補償金を支払うことが必要とされているが、本書第2版執筆時点では同サービスを導入する館は必ずしも広がっていない。

### (4) 図書館をめぐる問題

図書館による図書の貸し出しについては、書籍の売上が減少するという意見があり、一部の出版社からは文庫本については貸し出しをやめてほしいという要望が出たこともある。他方で、書籍に触れる機会が増えるので売上に

は貢献するという声もある。電子書籍の普及に伴い、出版社と図書館のあり方も今後の課題となると考えられる。

　また、2012年12月に松江市教育委員会が松江市内の市立小中学校に対してマンガ『はだしのゲン』について閉架措置および貸出制限を求めていたことが報じられ、問題となった。図書館の対応が表現に対する規制にもつながる問題であり、内容によっては行政訴訟等にも発展する可能性がある（▶▶76頁「表現の自由との様々なインターアクション」）。

## 3 学校での利用

　著作権法では、学校教育の目的を尊重して、教育機関における著作物の利用を一定の範囲で認めている（▶▶22頁の表1-5-2）。

### (1) 授業の過程における複製等

　学校その他の教育機関における授業の過程で利用するためであれば必要と認められる限度で著作物を複製し利用することが認められている（著作権法35条）。以前は紙媒体での複製、配布だけが想定されていたが、いわゆる遠隔授業にも対応できるようにするため、平成30（2018）年の法改正により、デジタライズした著作物について授業の過程で利用するためにインターネットを経由して配布（公衆送信）することも認められた。

　他方で、著作権者への不利益に配慮し、公衆送信をする際には、公衆送信をするために教育機関において一般社団法人授業目的公衆送信補償金等管理協会（SARTRAS）を通じて権利者に補償金を支払うことが必要とされた。2020年12月18日に認可された補償金規定に基づき、2021年4月から補償金の支払いがおこなわれている。

### (2) 教科用図書等への掲載

　学校で使う教科書（著作権法では「教科用図書」という）には小説や絵画等の著作物が掲載されている。公表された著作物を円滑に教科用図書に掲載できるように、学校教育の目的上必要と認められる限度での掲載については、著作権者の許諾は不要とされている（著作権法33条1項）。ただし、教科用図書に掲載する際には、著作者に通知をしたうえで、著作権者に**補償金**を支払わなければならない（同条2項）。

　教科書をデジタル化した「デジタル教科書」（著作権法では「教科用図書代替教材」という）や弱視の児童・生徒のために文字や図形を拡大して掲載す

る教科用拡大図書についても同様とされている（著作権法33条の2・33条の3）。ただし、教科用拡大図書については、補償金を支払うのは営利目的の場合だけとされている。

### （3）学校教育番組の放送等

学校教育現場の教育課程で使うことを目的として、学習指導要領に準拠して製作されている学校教育番組における放送・有線放送についても、著作権者の許諾は不要とされており、学校教育番組用の教材に著作物を掲載することも認められている（著作権法34条1項）。ただし、この場合も、著作者に通知をしたうえで、著作権者に補償金を支払わなければならない（同条2項）。

## 4 出版物の映像化

映画化、ドラマ化、アニメ化などの出版物の映像化は、原作である出版物をもとにして新たな著作物を創作する行為である。これは、著作権法では「**翻案**」と呼ばれる出版物の利用行為である。これも著作権者の承諾なくおこなえば、原則として著作権（翻案権）の侵害にあたる。

映像化には、まず原作をもとにして脚本を作り、その脚本に基づいて映像作品を制作するという段階がある。すなわち、出版物の映像化においては、①原作の脚本化と②その脚本に基づく映像化という2段階の翻案がおこなわれており、それぞれについて著作権者の許諾が必要となる。通常は、脚本化の許諾に際して、その脚本に基づく映像化の許諾もあわせて取得される（▶▶32頁「『原作』と『原案』」、116頁「海外ライセンス契約」も参照）。

NHKが辻村深月氏の小説『ゼロ、ハチ、ゼロ、ナナ。』のドラマ化を進めていたところ、辻村氏が脚本を承認せず、クラインクイン当日にドラマ化が中止になったため、NHKが辻村氏の代理人であった講談社を訴えたという事件がある。この事件では、映像化許諾契約が成立しているかが問題となったが、裁判所は、講談社側から「ドラマ化に向けた作業を進めてよい」と伝えられていたとしても、脚本の承認が得られていない状況では映像化許諾契約は成立したとはいえないとして、NHKの請求は棄却された（東京地判平成27年4月28日）。

テレビドラマ、特に連続ドラマの制作現場では、脚本の執筆から撮影、そして放送まで時間的な余裕がないことが少なくない。本件のように、クラン

クイン当日になってもドラマの最後までの脚本の承認が得られていないことも珍しいことではない。しかし、原作者の中には映像化に際して様々な改変が加えられること自体にそれほど抵抗感を示さず、ある程度鷹揚な対応をする作家もいる一方で、原作に忠実であることを強く希望する作家も少なからず存在する。2024 年には TV ドラマ「セクシー田中さん」の原作者であるマンガ家が、自身が SNS 上におこなった、TV ドラマが原作に忠実な作品になっていないことを指摘する批判的な投稿を削除した後に自殺をするという痛ましい事件が、世間の注目を集めることとなった（▶▶116 頁「海外ライセンス契約」）。

　この事件を契機に、原作に基づくドラマの制作過程についてネット上を含めて様々な議論が展開されたが、出版物の映像化においては、①原作の脚本化と②脚本に基づく映像化という 2 段階の翻案について原作者の許諾が必要となるので、許諾を得る時間的余裕を設けること、またドラマ制作が極めてタイトな日程になることについて事前に作家の了解を得ておくことが肝要である。

〔桑野雄一郎〕


**4-10 注釈**

1)　全国公共図書館協議会「公立図書館における複写サービスガイドライン」（平成 24 年 7 月
　　6 日）。

## 第 4 章　参考文献

福井健策編／桑野雄一郎＝赤松健著『出版・マンガビジネスの著作権〔第 2 版〕』（著作権情報センター・2018 年）

日本書籍出版協会『新版　出版契約ハンドブック』（日本書籍出版協会・2017 年）

豊田きいち＝宮辺尚『編集者の著作権基礎知識〔新版〕』（太田出版・2022 年）

宮田　昇『翻訳出版の実務〔第 4 版〕』（日本エディタースクール出版部・2008 年）

日本書籍出版協会『翻訳出版の手引〔新訂第 5 版〕』（日本書籍出版協会・2011 年）

米沢嘉博監修『マンガと著作権―パロディと引用と同人誌と』（コミケット・2001 年）

桑野雄一郎「講演録／まんが出版ビジネスをめぐる新たな著作権問題」コピライト 561 号（2008 年）2 頁

『50 年史』編集委員会編『日本雑誌協会　日本書籍出版協会　50 年史』（日本雑誌協会・日本書籍出版協会・2007 年）

第5章

ライブイベント

# 5-1
## ライブイベント・ビジネスと法実務

### ❶ ライブイベント市場と主なプレーヤー

　（音楽を含む）ライブイベントは、疑いなく人類史上で最も長い歴史をもつ
エンタメ・ビジネスであり、その市場は「映画・テレビ」にも増して複雑で
多様である。

　ここでは、一般のジャンル分けを意識して、まずは対象を「コンサート・
音楽ライブ」「演劇」「ダンス」「古典芸能」「演芸」「その他」に分けてみよ
う。

　「**コンサート・音楽ライブ**」は説明不要だろう。スタジアム・ドーム規模
の大規模コンサートからライブハウスや飲食店での小規模ライブまで、その
裾野はさらに幅広い。ジャンルも様々であるが、ポップス・ロックなどの
中・大規模のコンサートでは、その主催者は「アーティスト」と呼ばれる歌
手・ミュージシャンの所属事務所であることが多い。こうした事務所はアー
ティストのマネジメントをするだけでなく、様々なイベントをプロデュース
するプロデューサーでもある。レコード会社も、CDの構造的な売上縮小と
コンサートの活況を背景にコンサートビジネスへのシフトを強めており、い
まや「売上の半分以上をライブ関連で稼ぎ出すレコード会社」すら見られる。
それらの委託を受けて、あるいは時には自ら主催者となってコンサートの制
作・宣伝・実施などを担う存在がイベントプロモーター（イベンター）と呼
ばれる存在だ。

　次いで「**演劇**」は、さらに細かく「商業演劇」「新劇」「小劇場」などと分
類されることもある。商業劇場とは東宝・松竹・劇団四季などを代表格とし
た演劇の興行会社が制作する、しばしば大規模なミュージカルやストレート
プレイの舞台であり、10年代以降急速に人気を伸ばした「2.5次元」と呼
ばれるアニメ・マンガ原作のミュージカル舞台もこのグループに属するだろ
う。新劇は、明治以降に移入された翻訳現代劇を上演する団体で文学座・青
年座などが代表格となる。小劇場は、1960年代のアングラ運動以後の小規

模な現代劇集団の総称で、新たな演劇ムーブメントを常に担い続けてきた。そして現代ではこれらの分野はお互いに融合の度合いを深めており、劇団の枠を超えたプロデュース形態での上演がむしろ主流ともいえる。

「**ダンス**」は、バレエ、日本舞踊からヒップホップ、ブレイキンなどのストリートダンス、ジャズ、コンテンポラリーまで多くのジャンルに分かれ、大規模バレエ団に代表されるようなジャンルごとのカンパニーや教室が極めて多数存在している。特にゼロ年代以降は EXILE のライブが年間 100 万人以上を動員し大規模ダンスフェスも人気を博するなど、ダンスのカルチャー・ビジネス面での存在感は大きく拡大した。2012 年からの中学授業でのダンス必修化もあって、今や日本のダンス人口はサッカー・野球の合計より多い、1000 万人規模とされる[1]。

「**古典芸能**」「**演芸**」は、能・狂言・歌舞伎・文楽、あるいは落語・漫才・コント・大道芸など多彩なジャンルを含み、また前述の音楽・演劇・ダンスの各ジャンルとも重複する部分が少なくない。松竹と歴史的に密接な関係がある歌舞伎を除けば、古典芸能のジャンルの担い手は師匠・弟子の関係を基軸にした一門・社中と呼ばれる団体であり、彼らが公演の主催者となる場合が大半だろう。長期にわたる「お笑い」人気により、演芸分野の芸人たちはライブに限らず多様なエンタテインメント分野の中軸を担っているが、その養成の場であり活動の軸足は今も、寄席・演芸場などの実演ライブである。

最後の「**その他**」とした中には実に多彩なライブイベントの広がりが入る。音楽フェスからガーデニングフェスに至るまで多様な分野でのフェスティバルの人気は高い。花火大会や伝統祭礼も、時に一晩で 100 万人もの動員を誇るライブイベントである。さらに、こうしたイベントが常設化したものとしてテーマパークも、この分野に分類することができるだろう。本節では直接扱わないが、人気が続く美術の分野での展示会、様々なスポーツイベント、ファッションの分野のファッションショー、コミックマーケット（コミケ）のような即売会は、大規模なライブイベントでもある。各種の見本市やセミナーも活況を呈している。映画館やアミューズメント施設にもライブ性はあり、以上の場ではしばしば本節で論ずるのと類似の法実務の課題が生じる。

たとえば、「ライブイベントの市場規模は約 1 兆円」といった言及がされることがある。また、90 年代終わりからコンサートビジネスが 20 年にもわたって大幅な長期拡大傾向を続けるなど、デジタル化の時代にあってライ

ブイベントの存在感はむしろ高まり、それへの注目や各ビジネスの「ライブシフト」といえる現象も広がった。しかしライブイベントの我々の社会への影響の大きさは、そのような単純なチケット販売額や短期的な動向でははかれない。たとえば一晩で100万人を動員する大規模な花火大会も、そのほとんどは無料の観覧者なので、直接の入場売上でいえば花火大会はスモールビジネスである。しかし、周辺で増加する飲食費・グッズ購入費・宿泊費・交通費その他の直接の経済波及効果は、しばしば数十億円規模と試算される。[2] まちおこしやイメージ発信などの間接的な効果はさらに大きいだろう。

## 2 ライブイベント・ビジネスの法実務

ライブイベント・ビジネスは、大きく分ければ「制作」「興行」「二次利用」の三つのフェイズに分けて考えられる。

「**制作**」とは、イベントを準備し実施できる直前の状態にもっていくフェイズであり、ステージ上などで「出し物」を実現するまでの営みをいう。演劇分野でいえば、舞台作品の制作は、既存の戯曲の上演ライセンスを受けたり、新作戯曲の執筆を委嘱する契約交渉からスタートするのが典型例だろう（▶▶229頁「舞台作品を制作し、上演するための契約」）。コンサート・音楽ライブではセットリスト曲の演奏許諾を受ける作業がこれに該当するが、多くの曲はJASRAC等の集中管理団体を通じて定型的ないし包括的に許諾を得ることができる（▶▶174頁「JASRAC処理の実際」ほか）。ただし、ミュージカルやダンス作品の上演では「グランドライツ」という特殊な権利処理が必要となる場合がある（▶▶260頁「グランドライツ」）。

出演者やスタッフとの契約もこのフェイズでの重要な作業となる。また、ジャンルを問わず、制作業務の全体を団体たる劇団やダンスカンパニー、オーケストラなどに委託する、公演委託契約もしばしば交わされる（▶▶229頁「舞台作品を制作し、上演するための契約」）。

「**興行**」とは、このようにして制作されたイベントを実施するフェイズであり、また制作資金を負担した者がチケットを販売するなどしてその回収を図る営みを総称する。主催者とは、狭義においてはイベントの興行の主体であり、売上低調などによる損失（**興行リスク**）の負担者を指す。制作の主体が自ら興行をおこなうことを「自主興行（手打ち）」などと呼び、ある地域でのプロモーターや公共ホール、放送局などに主催者になって興行リスクを

負担してもらうことを「売り興行」と呼ぶ。売り興行の場合、各地の主催者は多くの場合定額でオケや劇団に公演制作を委託する形態をとり、自らリスクを取って興行を宣伝しチケットを販売し、「出し物」以外の当日の会場運営のすべてに責任を負う。

　これが国際規模でおこなわれると「**国際ツアー**」となる。外国アーティストの来日コンサートやミュージカルや海外オケの来日公演、逆に日本のアーティストやカンパニーの海外公演などがその例である。2024 年には日本カルチャーの海外人気に伴って、BABYMETAL、藤井風らの海外ツアー成功や、東宝による舞台版『千と千尋の神隠し』のロンドン 30 万人動員などが話題となった。国際ツアーは、ライブイベント・ビジネスの中でも最もリスクが高く、契約や法務も複雑化する領域であるが、他方でエンタテインメント法務の醍醐味が最も凝縮された刺激的な領域でもある。そこでは、通常の制作・興行における法務に加えて、ビザ・通関・源泉徴収などの国際税務といった固有のノウハウが必要となる（▶▶ 232 頁・「国際上演契約」、235 頁「国際契約における頻出条項」、244 頁「消費税の取扱い」）。

　興行に特有の法務に、チケット販売など来場者との関係整理がある。チケット契約はほとんどすべてのライブイベントに共通の重要な要素であるが、法的な整理はさほど進んでいない代表的ジャンルといえる。イベントが中止を余儀なくされたり、告知・宣伝された内容と当日のイベント内容が異なっていると、チケットの返金という困難な問題を生ずる（▶▶ 238 頁「チケットの法的性質と効力」）。このことに限らず、ライブイベントにおいて中止・キャンセルは最大のリスク場面だろう。チケットをめぐってはまた、その買い占めや高額転売の対策も重要な法務であり、2020 年に世界を襲ったコロナ禍でいったん減少したものの、2023 年から再び深刻化した（▶▶ 241 頁「チケット高額転売」）。

　制作・興行にわたるライブイベントのもうひとつのリスクは事故とそれに関わる補償・保険の実務だろう。様々なライブイベント契約では各種の保険加入義務を定める付保条項の交渉は欠かせない（▶▶ 248 頁「各種の保険」）。他のエンタテインメント分野と同様、関係者の倒産とその後処理もまた、関係者の緊張する場面だ（▶▶ 53 頁「倒産への対処」）。

　特にライブイベントにおいてはジャンルを問わず、「Show Must Go On」の精神が広く行き渡っている。困難に直面してもなんとかその日の興行をや

り抜くことは、その日時間を割いて集まってくださる観客たちへの責任でもあり、また中止による損失を回避する王道でもあった。しかし、コロナ禍の中で劇場・ホールは（その安全管理の努力にもかかわらず）危険な場所だという風評にさらされたこと、さらにこの頃からエンタテインメントの安全性や稼働環境に内外からより厳しい目が注がれるようになったことで、公演の中止・変更のハードルはしだいに下がりつつある。公演開催の安全基準や保険のありようなど、「Show Must Go On」の再定義が進んでいる（▶▶254頁・コラム「ライブイベント支援とエンタテインメント法務：コロナ禍を越えて」）。

　会場での録音・録画の規制やその自由化など、観客への対応も重要な法務である（▶▶262頁「会場での撮影・録音・録画」）。コロナ禍を受け、安全な開催ガイドラインの面でも、観客への協力要請と規律は、不可欠のエンタテインメント法務となりつつある。逆に、2024年に障害者差別解消法の「合理的配慮」が義務化されたことも受け、観客側の車いす席などの各種のニーズや、チケット値上がり傾向も受けた座席位置へのクレームなど、観客の各種要望への対応も重要性を高めた。

　また、ライブイベントに関わる法令上の規制も少なくない。代表格はライブハウスやナイトクラブをめぐる風営法規制であり、その他興行場法、仮設会場に関わる建築規制、消防法、飲食店営業許可（▶▶251頁「各種許認可」）など、多くの人々が集まるだけに、関わる行政法規は少なくない。コロナ禍で最大の関心事となった政府・自治体の休業要請への対応も、この観点での重要な法務マターであった。

　「興行」に続く「**二次利用**」は、ライブイベントにおいても拡大中の領域だ。イベントの放送やネット配信、劇場などでのライブビューは、特有の契約や権利処理を要する。DVDなどのビデオグラム化や、プログラム・各種グッズの製作・販売も欠かせない周辺ビジネスとなっている（▶▶256頁「ライブビュー・二次利用」）。　　　　　　　　　　　　〔福井健策〕

### 5-1 注釈

1)　日経ヴェリタス2023年7月5日記事。
2)　加藤丈侍「花火大会の経済効果」中小総研（2015年6月25日）〈https://www.fmltd.co.jp/wp/wp-content/uploads/2015/10/20150625.pdf〉、株式会社フィデア総合研究所「調査レポート　第84回全国花火競技大会『大曲の花火』開催に伴う経済波及効果」フィデア総合研究所（2010年10月）〈http://www.f-ric.co.jp/report/research/2010/1010.pdf〉ほか。

## 5-2
## 舞台作品を制作し、上演するための契約

　新作の舞台公演を制作・上演したいプロデューサー（公演主催者）は、誰との間で、どのような契約を結ぶべきか。小説を原作にする場合や、助成金を受けて文化事業として国際共同製作をおこなう場合はどうか。

### 1　必要となる契約

　公演を実現するためには、上演に必要な構成要素（脚本、音楽、舞台美術、照明、出演者など）を手配したうえで、それらについて、上演する権利を確保しなければならない。そのために必要となりうる契約として、主に以下のものが挙げられる。

#### （1）脚本家との契約
　脚本の執筆を委嘱（委託）するとともに、脚本の上演その他の利用権を許諾等により取得する契約である。

#### （2）各種クリエイティブ・スタッフ（演出家、作曲家、舞台美術家、照明デザイナーなど）との契約
　演出、作詞、作曲や美術、照明のデザインを委嘱（委託）するとともに、成果物（歌詞、楽曲、デザイン）の上演その他の利用権を許諾等により取得する契約である（音楽については、▶▶260頁「上演と音楽著作権」、182頁「委嘱免除」）。

#### （3）キャスト（出演者）との契約
　出演を委託するとともに、実演の二次利用（映像化等）の権利を許諾等により取得する契約である。

#### （4）（原作がある場合）原作権利者との契約
　原作の翻案による上演その他の利用権（▶▶220頁「出版物の映像化」）を、許諾等により取得する契約である。

　原作がパブリックドメイン（▶▶27頁「保護期間」）の場合は不要となる。よって、保護期間が満了しているかどうか調査すべき場合もある。

　なお、制作・上演スケジュールが未定の段階では、オプション契約（▶▶

229

116頁「海外ライセンス契約——オプション契約を例に」ほか）を締結すること
もある。一定額のオプション料の支払いによりオプション権を確保し、一定
期間内にオプション権を行使すれば上演権を取得できる、という内容が一般
的である。

### （5）（共同製作の場合）共同製作者間の契約

出資の割合（金額）と払込条件、出資金の使途（予算）・管理、制作に関す
る権限・役割分担（**クリエイティブ・コントロール**）、権利帰属（著作権の共有
割合など）を取り決める契約である（▶▶101頁「製作委員会と映像ファンド、
金商法」）。

国際共同製作では、日本・外国の双方での上演が予定されていることが多
い。そのため、日本側・外国側がそれぞれ、どの程度まで製作上のコントロ
ールをもつのかを取り決めておくことが重要になりうる。

特に国際共同製作では、文化庁等からの助成金を制作費に充てることがあ
るが、その場合、助成金の管理・使途について具体的な限定が課されうるこ
とに注意を要する。

### （6）劇場との契約

劇場を賃借するとともに、設営、受付等の現場運営業務を委託する契約で
ある。

## 2 重要な契約条件の例

上記のうち**（1）**、**（2）**、**（3）**は多くの場合、法的には「業務委託＋権利許
諾（ライセンス）」からなる。そこで、定めるべき重要な契約条件は、以下の
ように整理することができる。

なお、当初から海外進出（ライセンス上演等）を想定する場合は、クリエ
イティブ・スタッフ等との契約において、海外での利用権もあらかじめ契約
上確保しておきたい。

### （1）委託条件

- ・業務の具体的内容
- ・成果物（脚本、デザインなど）がある場合の提出期限、承認のプロセ
  スおよび基準、権利（著作権等）の帰属
- ・対価（委嘱料）の金額、支払条件
  なお、下請法の適用に留意すべき場合がある（同法にいう「情報成果

物作成委託」に該当する場合（▶▶ 98 頁「著作権法 29 条と『製作者』、リスクマネー論・下請法」））。

## （2）許諾条件

・許諾される利用行為の範囲

　（a）上演

　　　　想定される上演予定に応じて（初演のみでよいか、再演以降の権利も確保するか、など）取り決めるべきことになる。

　（b）二次利用

　　　　公演映像の放送、配信、ビデオグラム化、および翻案利用（映画化、ノベライズなど）が考えられる。

　　　　なお、劇場用映画とは異なり、これらの二次利用が当然に想定されてはいない場合もあるが、プロデューサーとしては「想定される二次利用について、当初の契約時に確保しておくべき利用権の範囲」を明確に把握しておくことが求められる。

・許諾の地域（「全世界」「日本国内のみ」など）、期間（一定年数に限るなど）

・独占許諾か、非独占許諾か

・対価（許諾料）の金額、支払条件

〔北澤尚登〕

# 5-3
## 国際上演契約

　海外の舞台作品（ブロードウェイ・ミュージカルなど）を日本で上演したいプロデューサーは、海外との権利元との間で、どのような契約を結ぶべきか。

　日本オリジナルのキャストによる「日本版」の上演、本場のキャスト（カンパニー）による「ブロードウェイ版」の来日上演、の２通りが考えられる。それぞれ、想定される契約形態が異なるので、契約書の作成・締結に際しては区別を理解しなければならない。

　なお、国際契約の場合、海外の権利元がフォームを提示してくる場合が多い。片面的なものが多いので、諾否は吟味する必要がある。こちら側でフォームを用意しておき、先手を打って提示することも考えたい。

## 1 上演ライセンス契約

　日本オリジナルのキャストによる「日本版」を上演したい場合には、上演ライセンス契約の締結が考えられる（制作・上演スケジュールが未定の段階では、オプション契約を締結することもある）。

### （1）ライセンス対象となる公演要素

　ミュージカルの場合、**レプリカ**（クリエイティブ要素の包括的ライセンス）と**ノン・レプリカ**（「台本＋歌詞＋楽曲」のみライセンス）との区別がある。

　ノン・レプリカの場合、ライセンス対象外の公演要素については、日本側がクリエイティブ・スタッフ（例：演出家、振付家、舞台美術家、衣裳デザイナー、照明デザイナー）を確保しなければならない。

　レプリカの場合、本国のクリエイティブ・スタッフへの委託（直接契約）を義務づけられることもある。

### （2）重要な許諾条件

　**5-2**（▶▶229頁以下）で挙げたものと概ね共通であるが、より具体的には以下のものが挙げられる。

　なお、日本発の演劇作品について海外での上演をライセンスする場合は、これらの条件を逆の（権利元の）立場から検討することになる。

### （a） 上演権の存続期間

ブロードウェイなどの場合、権利元は初演のみに限定するか、または「ロングラン」（無期限だが、一定期間の公演休止が許諾期間終了のトリガーとなる）を要求してくることが多い。

これに対して日本側は、地方公演や再演等の必要がある場合、休止期間にかかわらず一定年数の上演権を確保できるよう、交渉する必要がある。

### （b） 二次利用（公演映像の放送・配信・ビデオグラム化、商品化・キャストアルバム等）の可否

権利元は不可（別途の許諾が必要）とする場合が多いが、日本側はこれらの二次利用を想定している場合、上演ライセンス契約における権利を目指して交渉しなければならない場合もある（少なくとも、公演映像の宣伝広報利用は明示的に許諾範囲に含めることが望ましい）（▶▶256頁「ライブビュー・二次利用」）。

### （c） 許諾対価

権利元は、早期かつ確実に一定の支払いを受けることができるよう、前払金（Recoupable Advance）、最低保証金（MG）を要求してくることが多い。その場合、許諾対価への充当が可能（recoupable）か否かに注意を要する。

上演許諾対価（Royalty）は、興行収入（Gross Weekly Box Office Receipt = GWBOR）に対するパーセンテージでの算定が通例である。その場合、「興行収入」に何が算入され、何を（どこまで）控除できるか、がポイントになる。消費税やチケット販売手数料など、日本側が想定する控除可能範囲を確保できるように契約条項をアレンジすべきことになる。

### （d） 翻訳（日本語への）成果物に対する権利

権利元は、「翻訳に基づいて生じた著作権その他すべての権利は、ライセンサーに（別途の意思表示または支払いを要することなく）当然帰属し、ライセンサーはいかなる利用もなしうる（著作者人格権は放棄させる）」という契約条項（いわゆる**アサインバック条項**）を提示してくることがある。

これに対し日本側には、同一内容の日本（語）版を、無断で第三者に上演・改変等されることは防ぎたい、というニーズもある。また、日本側の翻訳者から包括的な権利譲渡や権利放棄を受けることは、現実的に難しい場合もある。

よって、アサインバック条項に対しては押し返しや対案を検討したい。

### (e) 権利元の承認権の強度と範囲

権利元は、クオリティ・コントロールの観点から、多岐にわたる項目（たとえば、スタッフ・キャストの人選、台本・歌詞・演出の改変、日本語訳の訳者選定や翻訳内容、宣伝・広報の方法や内容、公演予算・チケット価格・劇場選定など）について、広汎な承認権を要求してくることがある。

これに対して日本側は、制作上の自由度が狭められるリスクや、承認プロセスによるスケジュール遅延リスクを負わされすぎないよう、交渉による押し返しを検討すべき場合がある。

## **2** 招聘（公演委託）契約

本場のキャスト（カンパニー）による「ブロードウェイ版」の来日上演を実現したい場合には、招聘（公演委託）契約の締結が考えられる。逆に、日本発の作品を海外で上演する場合は、招聘される立場で、この種の契約（国際ツアー契約）を結ぶことになる。

許諾条件として重要なものは、公演業務の具体的内容（公演水準など）のほか、**5-4**（▶▶235頁以下）で言及するものが挙げられる。

また、日本側で用意すべき劇場の技術仕様を、契約書別紙の「**テクニカルライダー**」などで来日側が詳細に指定してくる場合がある。たとえば、舞台の広さや床の材質、音響設備のほか、ワードローブや楽屋の広さ、細かいものでは楽屋に置く飲み物の銘柄まで書き込まれる場合もある。

これに合意すれば契約内容の一部となり、日本側は法的に拘束されうるため、諾否を慎重に吟味すべき場合がある。〔北澤尚登〕

# 5-4
## 国際契約における頻出条項

　舞台作品の上演ライセンス契約および招聘契約における重要な契約条項として、許諾条件や公演業務の具体的内容以外では、以下のものが挙げられる。

## 1 来日経費

　招聘の場合は、カンパニーのメンバー（スタッフ・キャスト）の来日を当然に伴う。それ以外の場合でも、クリエイティブ・スタッフ（脚本家や演出家など）が打合せやオーディション、リハーサル立会い等のために来日することがある。また、クリエイティブ・スタッフや権利元のメンバーを公演初日に招待するよう求められることもある。

　日本側からすると、手配義務や費用負担の上限を契約で明確に取り決めるため、具体的には以下の内容を契約条項に盛り込むことが考えられる。

- **渡航費**、**航空券**……人数、出発地／到着地、航空券のクラス（ビジネス、プレミアムエコノミーなど）
- **国内移動**……人数、区間（空港・ホテル・会場間など）、交通手段（ハイヤーなど）
- **宿泊費**……人数、泊数、ホテルのグレード、部屋のタイプ（スイートなど）、部屋代以外の負担範囲（朝食、インターネット、クリーニングなど）
- **日当**……人数、日数、渡し方（「日本到着時に現金手渡し」など）

## 2 国際源泉課税

　日本側から支払う対価等について、日本の所得税法に基づき源泉徴収を要する場合の取扱い（源泉徴収税額を支払額から控除できるか、租税条約による減免を受ける想定の場合は減免届出手続の役割分担、など）を契約上盛り込んでおくことが望ましい（なお、消費税については▶▶244頁「消費税の取扱い」）。

**（1）所得税法・租税条約の適用関係**

　一例として、日米租税条約が適用される場合の典型例は、本節執筆時では以下の通り整理できる（支払先が非居住者であり、日本国内に PE（Permanent Establishment; 支店等の恒久的施設）を有しない前提）。

　　①許諾対価の場合

　　　所得税法：著作権の使用料→20.42％（復興特別所得税含む）

　　　日米租税条約：使用料→免税

　　②業務委託（招聘、委嘱等）対価の場合

　　　所得税法：人的役務の報酬（主に個人）or 人的役務の提供事業の対価

　　　　（主に法人）

　　　　→20.42％（復興特別所得税含む）

　　　日米租税条約：

　　　　作家、演出家など：事業所得→免税

　　　　俳優、歌手など：芸能人・芸能法人→原則課税（ただし、米国等との租税条約上、「**免税芸能法人**」に該当する場合には、税率軽減および税額還付の扱いがありうることに注意を要する）

**（2）契約条項の内容例**

　契約条項に盛り込んでおきたい主な内容として、以下のものが挙げられる。

　　・源泉徴収税額が、所定の対価額に含まれるか否か（＝日本側で、所定の対価額から源泉税額を控除できるか否か）

　　・権利元が、**租税条約に基づく減免**を希望する場合において、減免届出に必要な書類・情報を日本側に提供する義務

## 3　ビ　ザ

　各当事者の義務の範囲は、たとえば以下のように明確に取り決めておくべきこととなる。その前提として、来日に際してのビザの要否および種別（興行ビザなど）を把握しておくことも必要となりえよう（▶▶8頁の表 1-3-1 中「対象法領域③：その他の法ジャンル」）。

・**来日側の義務**：ビザの申請、取得＋在留資格証明書の申請に必要な書類・情報の提供

・**日本側の義務**：（ビザ申請に必要な）在留資格証明書の申請、取得＋ビザ申請費用の負担

　ビザが下りないリスクが具体的に懸念されるケースでは、ビザが下りず来日（公演）ができなくなった場合、不可抗力か否かで紛争化のおそれがあるので、契約条項以外の予防的な手当てとして、来日メンバーのパスポートの有効期限や犯罪歴の有無の確認（を、権利元に徹底させること）が必要な場合もある。

## 4 クレジット

　公演プログラム冊子や宣伝素材（チラシなど）における、ライセンサー・キャスト・スタッフのクレジットの掲載方法（たとえば「Book by～／Music by～／Lyric by～」といった表記、「他のキャスト・スタッフより小さくないサイズ」）について、契約で指定する場合がある。

　なお、個別のキャスト・スタッフとの契約においてもクレジット条項を入れる場合、相互矛盾を生じないように留意を要する。　　　　　〔北澤尚登〕

# 5-5
## チケットの法的性質と効力

### 1 チケット販売契約

　**チケット**はライブに限らず、あらゆるエンタテインメントの領域にまたがる決定的な要素である。しかし、その法的な性質を論じた文献や研究は極めて少ない。「チケットを販売する行為」とは、いったい何であろうか。

　おそらく、典型的なチケット販売は本質的に、主催者と購入者の間の「**入場・鑑賞契約**」と呼ぶべきものであろう。そこでは購入者は（有料イベントであれば）一定の対価を支払うことを約し、主催者は購入者を（クローズドな会場であれば）入場させ、概ね告知された内容でのイベントを鑑賞ないし体験させることを、相互に約束している。主催者は約定の代金を求める債権を有し、購入者は入場し鑑賞することを求める債権を有しているだろう。チケットは、この購入者の債権を証明する証券と理解できる。

　チケットはチケット会社が販売をおこなうことも多いが、多くのケースでは、主催者との**チケット販売委託契約**に基づいて、主催者のために購入者と契約を締結していると解すべきだろう。事実、仮にイベントが悪天候などで予定通りおこなわれない場合、購入者への説明や返金（リファンド）をおこなう主体は主催者であり、チケット会社はその義務代行者という建付けがとられている。その意味で、チケット会社は代理人であり、締約代理商（商法27条）と理解できそうである。

　あとで述べる公演中止でのリファンドやチケット転売問題などでは、チケット契約における「特約」の有無と有効性が正面から問題になる。こうした特約は、しばしばチケットの裏面に記載されていたりするが、この裏面の約定は果たして有効なのだろうか。

　当事者間の契約はチケット販売時に成立しているはずで、対価も通常は精算されている。成立したうえで渡されたチケットの裏面を見たら何か書いてあったとしても、そこに法的合意があったとみなされる可能性はおそらく低いだろう。

では、オンラインでのチケット販売における**チケット販売規約**はどうか。通常は、チケットをオンラインで購入する場合、販売規約などに同意する旨クリックして、アカウントを作成するだろう。こうした「**クリックオン契約**」の有効性はひとつの論点であり、裁判例や経産省の準則では、少なくとも明瞭な表示と了解に基づくクリック等があったなら、効力は認められる可能性が高い[1]。むろん、消費者側の利益を一方的に害するような条項は、民法および消費者契約法（10条）に基づき、その効力を否定されることになる。

## **2** イベント中止・変更と返金

さて、ライブイベントはまさに「生もの」を扱うエンタテインメントである点がその最大の魅力・活力であるとともに、それゆえに興行上・制作上も多くのトラブルがつきものである。特に、イベントが悪天候や感染症流行などで中止になったり、内容に問題があったために、返金（リファンド）に至るケースは決して少なくない。ライブイベントにおいて最も扱いの難しい領域である。

リファンドをめぐるトラブルの第一は、「そもそもリファンドが必要なケースか否か」だ。たとえば、宣伝において出演・出場が予告されていたアーティストや選手が出演・出場しなかった場合や、コンサートが途中まで進行した段階で機材トラブルや悪天候で中断終了した場合などが、典型例だろう。

この場合、約款での特約を度外視するならば、まずはチケット契約における主催者の側に**債務の本旨履行**があったかが問題となる。多くのチラシ等には「出演者は変更される場合があります」と記載されているかもしれないが、だからといって目玉といえるメイン・アーティストが不在で本旨履行といえるかは疑問もある。コンサートが残り1/3の時点で中止となった場合など、まさに多くの観客の期待と現に提供されたもの、または告知の内容などが総合的に判断されるだろう。

本旨履行がない場合、民法の原則に従えば、それが主催者の都合による場合だけでなく、主催者には帰責性がない場合でも、リファンドは必要となりそうだ[2]。では、どの範囲でリファンドをおこなうか。チケット価格は当然そこに入るであろうが、たとえば遠隔地から飛行機で、あるいは一泊してコンサートやスポーツイベントに駆け付けるファンも多い。その場合、航空券代や無駄となった宿泊費の補償まで求められるケースがあり、どこまでが相当

な因果関係のある損害といえるかが論点となる。

　以上が民法の考え方だが、実際には有効な約款が存在して、「出演者の変更は返金の対象にならない」「リファンドはチケット代を限度とする」といった約定がされている場合は多いだろう。一般的な範囲を越えて責任の限定が過度である場合には、こうした規定が消費者の利益を一方的に害して、前述の消費者契約法などにより効力を否定されるかが論点となろう。

　2020年に世界を襲った**コロナ禍**ではまさに、自治体による一般的な自粛要請・政府による緊急事態宣言下など様々な段階での、規約も踏まえたリファンドの要否と範囲が問題となった（現実には、商業的なライブイベントの多くは高額の損失を抱えつつ、チケット代の全額を観客に払い戻した）。〔福井健策〕

### 5-5 注釈

1)　経済産業省「電子商取引及び情報財取引等に関する準則」（2022年4月）24頁、改正民法548条の2ほか参照。
2)　民法536条1項。以下、福井健策「感染症とイベント中止の法的対処〜払い戻し、解除、入場制限、ライブ配信〜」骨董通り法律事務所HPコラム〈https://www.kottolaw.com/column/200227.html〉、「アーティスト・文化団体・知財の災害法律相談」骨董通り法律事務所HP〈https://www.kottolaw.com/FAQ_disaster.html〉Q1〜2〔北澤尚登執筆〕ほか参照。

# 5-6
## チケット高額転売

### 1 買占めと高額転売の問題化

　2010年代に入って、**転売ヤー**などといわれるオンラインでのチケットの買占めと**高額転売問題**が顕在化してきた。人気のコンサート、スポーツイベントや舞台のチケットが発売されるや否や瞬く間に買い占められてしまい、その直後にチケット転売サイト等に定価の数倍以上もの高額で並ぶ姿はもはや日常茶飯事といってよい。前述の通り、それはコロナ禍によるライブイベント危機時の一時的な減少をはさみ、2023年から再び激増した。

　背景としては、ネット社会の進展が大きいだろう。かつてのダフ屋は、チケット売り場などで並んでチケットを買い、あるいはコンサート会場の周辺で当日、チケットを余った客から買って別な客に売るというモデルだった。これは都道府県の迷惑防止条例などで規制される行為だが、その被害はある一定以上の広がりをもつことはなかった。購入するのも販売するのもリアルでの対面では限界があったからだ。しかし、ネットや通販でのチケット購入であれば誰でも「気安く」買占めをおこないやすい。特殊なプログラムを使い高速での購入申込みをくり返したり、多数のファンクラブ名義を駆使したりする実態も、報じられた。販売もまた、転売サイトなどを使えばたやすく最高値の購入者と出会え、「安全」に売買がおこなえる。そのため、一般人による買占め・転売が一気に広がったことが背景だろう。

　2016年、多数のアーティストや音楽系団体が連名で、チケット転売に反対する新聞全面広告をうち、大きな話題となった。懸念されているのは、①買占めと高騰により一般のファンがチケットを入手しづらく、またその懐が痛む点、②その結果、他のイベントに行ったりグッズを購入したりする資金がなくなり、イベント界全体の売上が減少する点、③にもかかわらず転売での高額の利ザヤは買占めをおこなった人物の不労所得になるだけで、アーティストやスタッフには一切回らない点、だった。

## 2 買占め・転売の規制手段

　では、買占めや転売を禁止することは可能だろうか。前述の通り、チケット販売とは本質的に「入場・鑑賞契約」である。そしてチケットはそのうちの「入場・鑑賞する債権」を証明するための証券となりそうだ。債権は自由譲渡性が原則だが、当事者間で譲渡禁止の特約があれば、その合意には一定の有効性が認められる（民法466条3項ほか）。

　多くのイベントのチケットには裏面に、「営利目的での転売の禁止」「キャンセル不可」といった約定が記載されている。しかし、伝統的な対面のプレイガイドなどで購入されるチケットの場合、こうした裏面の記載に一般的な拘束力が認められる可能性はやや低いだろう。一方、オンラインでの販売の場合ならば、明瞭にチケット販売規約が示されたうえで「同意」ボタンのクリックなどがおこなわれているならば、販売規約は原則として効力を認められそうである（▶▶238頁「チケット販売契約」）。少なくとも、定価を超えるなど営利目的での転売や、転売目的での購入を断る要請には正当性があるので、その限度では**転売禁止**は有効となろう。

　もっとも、このような規約の存在にかかわらず買占めと高額転売は必ずしも抑え込めていない。では、規約を離れて買占めや高額転売を直接的に規制する法令はないのか。前述のように伝統的なダフ屋行為は都道府県などの**迷惑防止条例**で規制されているが、通常、その条件は「公共の場所での転売行為や転売目的で列に並ぶ行為」である（東京都「公衆に著しく迷惑をかける暴力的不良行為等の防止に関する条例」（迷惑防止条例）2条ほか）。オンラインの買占めや転売行為の場合、インターネットは「公共の場所」ではないのでこうした条令では規制されない、という意見も強い。また、使用目的で購入されたチケットは未使用でも「**古物**」である。よって営利目的で反復継続して売買するならば古物営業免許は必要となるが（古物営業法3条）、これは免許さえ得てしまえばよいともいえるので、直接的な転売規制ではない。さらに、転売目的を隠してチケットを入手した点を、主催者・チケット販売会社への詐欺だと構成して立件した例もあるが、この構成も常に有効とは限らない。

　以上のように、チケット転売を直接規制する法令がない中、2018年には**チケット不正転売禁止法**（特定興行入場券の不正転売の禁止等による興行入場券の適正な流通の確保に関する法律）が成立した。そこでは、イベントの有料入

場券で「日時、及び座席（又は入場資格者）が指定され」「券面等に転売禁止や購入時に購入者の氏名・連絡先を確認した旨が記載される」など一定の条件を満たしたものを、定価を超えて業として転売したり、転売目的で買い受ける行為に刑事罰が科されている。

このほか、電子チケットのさらなる普及、「ダイナミック・プライシング」など実勢価格に応じた価格の弾力性、転売サイトなどの高額転売対策、といった民間での努力の必要性が指摘されている。さらに、急用・急病などで行けなくなったチケットの定価かそれ以下での転売の道は、おそらく開かれている必要がある。そうであればこそ高額転売の禁止やキャンセル不可の規約も正当化されるだろう。

残念ながら、コロナ禍による一時的な低調をはさんで買占めと転売は依然として極めて多く、転売サイトは対策の掛け声とは裏腹に高額転売で利益を上げ続けている。背景には、チケット不正転売禁止法には前述の「業として」要件があるため、摘発には転売者が反復継続して高額転売をおこなっていることの証明が求められる点がある。しかし、ゲートキーパーであるべき転売サイトは、出品者に匿名出品を許しつつ情報開示には消極的である。また、定価による正規転売チャンネルの取り組みもまだ一部でしか進まないなど、高額転売問題は 20 年代前半に大きな壁に直面した。[1] 〔福井健策〕

**5-6 注釈**

1) 以上全般に、福井健策「チケット不正転売法を概観する（追記版）」骨董通り法律事務所 HP コラム〈https://www.kottolaw.com/column/181211.html〉参照。

# 5-7
## 消費税の取扱い

### 1 消費税の課税対象

　契約実務上、海外からのカンパニー、アーティスト等の招聘、海外作品の利用許諾等の場面では、源泉税の取扱いは比較的注目されやすい（▶▶235頁「国際契約における頻出条項」）。そのほか、実務上、消費税も重要である。

　消費税は、2019年10月、8%から10%に引き上げられた。主な課税対象は国内取引であるが、これは、①事業者（個人・法人）が事業として、②対価を得て、③国内でおこなう、④資産の譲渡・貸付または役務の提供をいう。基本的な考え方として、上記③および④につき、「資産の譲渡・貸付」は"資産の所在地"が日本の場合に、「役務の提供」は"役務の提供地"が日本の場合に、それぞれ国内取引となる。なお、国内に住所等を有する者に対する電子書籍、音楽、広告などのインターネット配信については、提供元が国内だけでなく国外であっても国内取引とされ、課税対象となる。

　「資産の譲渡・貸付」には、著作権、特許権、意匠権、商標権等の知的財産権の譲渡や利用許諾も含まれる。国内取引の該当性判断において、特許権、商標権等の工業所有権については登録地が基準となる一方、著作権については著作権者の住所地が基準となる。たとえば、日本企業が、海外の原作者やカンパニーから作品の利用許諾を受ける場合には、多くは国外取引とされ、消費税の課税対象外となるだろう。

　また、「役務の提供」には、演技、歌唱、ダンスなどの実演、監督、演出等の人的サービスが含まれ、国内取引の該当性判断においては役務提供地が基準となる。たとえば、海外から歌手やカンパニーを招聘して日本で公演を開催する場合には、多くは国内取引となるだろう。

　一定期間の課税売上高といった基準はあるものの、日本に住所や事務所がなくても、上記の各要件を満たせば、日本の消費税の納付義務を負うのである。

## 2 リバースチャージ方式

消費税は、原則として、役務の提供者などの「支払いを受ける側」が納付義務を負う。しかし、消費税を納付漏れする国外事業者も少なくなく、日本に招聘された海外のカンパニー、アーティスト等の国外事業者から消費税を徴収し難いのが実情であった。その対策として、2016年4月から、国外事業者が日本国内でおこなう芸能・スポーツ活動の対価について、リバースチャージ方式が導入された。**リバースチャージ方式**とは、大雑把にいえば、手続上、役務の提供などを受ける「支払いをおこなう側」が納税義務を負う制度である。

リバースチャージ方式の対象は、国外事業者（個人・法人）が、日本において、対価を得て他の事業者に対しておこなう以下のような行為である。

①芸能人としての映画の撮影、テレビへの出演
②俳優、音楽家としての演劇、演奏
③スポーツ競技の大会等への出場

課税の有無については、役務提供者の肩書や主たる職業よりも、実際に提供する役務が重視される。国税庁の資料（「国境を越えた役務の提供に係る消費税の課税に関するQ＆A」（2024年7月改訂版）Q38以下）によれば、たとえば、外国人スポーツ選手（国外事業者）が日本国内で映画やCMの撮影をおこなって出演料の支払いを受ける場合は、芸能人と同様に、上記①に含まれる。また、プロに限らずアマチュアであっても、外国人（国外事業者）がスポーツ競技の結果として報酬や賞金を受領した場合は、上記③に含まれる。一方で、国内のスポーツチームが外国人の監督やコーチから指導を受けても、その指導は上記③には該当しない。また、外国人モデル（国外事業者）による映画、テレビ、CM等への出演は上記①に該当するが、ファッションショーや雑誌で服を披露するなどモデルとして役務を提供しても、上記①や②には該当しない。

なお、国外事業者による不特定かつ多数者との取引は、リバースチャージ方式の対象外である。このため、たとえば、海外カンパニーは、日本の主催者との契約に基づき所属する音楽家等を出演させると、リバースチャージ方

式の対象となりうる一方、日本の観客にチケットを直接販売してイベントを開催するのであれば、リバースチャージ方式の対象外となりうる。

「日本での役務提供には消費税がかからない」と誤解している国外事業者もいるだろう。しかし、日本の事業者は、リバースチャージ方式の導入後も、従来と同額を国外事業者に支払い続けるのであれば、消費税分、その負担が増えることになる。リバースチャージ方式の適用対象である取引については、国外事業者に対して、消費税の負担の存在を契約書に記載しておくほか、その旨を説明したうえで、対価の額や消費税の取扱い（内税・外税）を決めるとよいだろう。

なお、経過措置により、リバースチャージ方式は、当分の間は、一般課税で申告する場合で、課税売上割合が 95% 未満である事業者にのみ適用される。中小事業者など、これにより適用除外とされる事業者もいるため、あわせて確認しておくとよいだろう。

## 3 インボイス制度

消費税は、事業者による仕入れ、製造、販売等の各段階で課税されるため、最終顧客に至るまでに繰り返し課税される可能性がある。こうした二重課税を防止するため、売上時に受け取った税額から仕入時に支払った税額を控除する制度があり、これが「仕入税額控除」である。2023 年 10 月のインボイス制度の導入によって、原則として、発注者側（例：商品の買主、業務の委託者）は、受注者側（例：商品の売主、業務の受託者）との取引について仕入税額控除を受けるには、受注者側からインボイスの交付を受けて保存することが必要となった。[1]

インボイス発行事業者の登録をおこなうか否かは、各事業者の任意であるが、これまで免税対象だった小規模の事業者も、登録によって税負担が生じる。一方、発注者側は、未登録事業者との取引については仕入税額控除ができず、その分、税負担が増加する。[2] インボイス制度は、消費税額の正確な把握を目的として導入された。導入に際しては、税を二重負担する前提で未登録事業者と取引するか否か（発注者側）、登録をおこなって納税義務を負うか、登録をせずに発注を失うリスクを負うか（受注者側）など、発注者側と受注者側のそれぞれに悩ましい選択が必要となった。　　　　〔岡本健太郎〕

**5-7 注釈**

1) インボイス制度の概要については、原口恵「インボイス制度まもなく開始！その影響と対応策」骨董通り法律事務所 HP コラム〈https://www.kottolaw.com/column/230727.html〉。

2) ただし 2029 年 9 月末までは、仕入税額相当額の一定割合を仕入税額とみなして控除できる経過措置が設けられている。

## 5-8
## 各種の保険

### 1 エンタメ・ビジネスをめぐる各種の保険

　エンタメ・ビジネスをめぐる様々な**保険**への加入、付保義務をめぐる契約交渉、そして万一の事態の際の保険金支払いや求償をめぐる交渉は、エンタテインメント法務の重要な一翼である。特に、事故の起きやすいライブイベントや撮影現場、美術品ビジネスにおいてはその重要性は極めて高い。

　関わる契約のタイプはまさに多様だが、まずは各種の「**賠償責任保険**」が挙げられる。これは被保険者が過失その他によって第三者に損害を与えてしまい賠償責任を負う場合にその支払いを補填するもので、一般に最も知られた存在は自動車賠償責任保険だろう。特に国際的なエンタメ・ビジネスでは、CGL保険（Commercial General Liability Insurance）やPublic Liability Insuranceと呼ばれる総合的な賠償責任保険の付保が日本側に義務づけられることは多い。日本のホール・劇場で普及するのは施設賠償責任保険で、劇場などの施設の瑕疵や操作上の過失により、キャスト・スタッフ・入場者などに怪我や物的損害を負わせた場合の責任を保障する。

　E＆O保険（Errors＆Omissions）と呼ばれる、身体・物的損害以外の経済損害を対象とする賠償責任保険も国際ビジネスでは頻出だ。エンタメ・ビジネスではしばしば、著作権侵害などの権利侵害の責任を保障する保険として活用される。日本文化の海外人気によってライセンス契約が増大する中、こうしたE＆O保険の付保を求められるケースは増大しているが、日本では保険の引き受け手を探すのに苦労することも多い。

　次にメジャーなタイプは「**損害保険**」で、傷害保険や生命保険が典型例だろう。これは不測の事故により怪我・死亡・物損などが生じた場合、その本人の損害を直接に保障するもので、通常は本人や関与者の過失の有無は問われない（本人以外の誰かにその損害の責任がある場合には、保険会社が**求償**を求めることはありうる）。美術品の輸送・展示の際にかけられる損害保険もこの典型で、美術品価値の正しい算定が重要になる。

やや珍しいもので、「**興行（イベント）中止保険**」と呼ばれるのは、コンサートなどのイベントが悪天候その他で中止された場合にチケット代の払い戻し（リファンド）などを保障するもので、これと一定の賠償責任保険や損害保険を組み合わせた「**イベント総合保険**」と呼ばれるものもある。残念ながら、多くのイベント中止保険は感染症の罹患を免責事由としており、2020年からのコロナ禍ではほとんど役には立たなかった。[1] また、映画制作に特有の「**完成保証保険**」と呼ばれる契約もある種の保険とは呼べるだろうが、日本ではほとんど定着していない（▶▶101頁「他の映画ファンドの態様、金商法」）。

以上と重複するが、公的な保険も極めて重要だ。著名なものは労働災害補償（**労災保険**）による休業補償・障害保障等だろう（▶▶266頁）。芸能文化関係者やフリーランス保護の文脈では、2024年にかけて対象が拡張された労災保険の特別加入制度のさらなる活用は重要である。[2] また、いうまでもなく、健康保険や雇用保険も身近で重要な保障である。

## 2 付保義務をめぐる攻防

国際契約などで特定の保険への加入を一方が義務づけられる条項はごく一般的で、そして日本側当事者はその複雑怪奇な**付保条項**を斜めにしか読まないケースも多い。同意はしておいて実際には付保しないで済ますケースさえ、まだまだ見受けられる。しかし、これでは実際に事故が起こった場合、「付保していれば保障を受けられたかもしれない保険金相当額」を賠償請求されるリスクが大きく、とうていおすすめできない。

また、契約で名指しされている保険は日本では容易に加入できない、あるいは加入にはかなり高額の保険料を要するタイプも多く、事前に加入の可能性を検討したうえで、実情に応じてしっかり交渉することが必要になる。同様に、限度額、追加の被保険者など保険内容の交渉も重要だ。

こちらが契約相手に付保を義務づける条項も、また然りである。

## 3 保険金支払いのフェイズ

むろん、最も重要なことは事故や損害を事前に防止する安全対策である。が、万一の事態において公的保険や任意保険で十分な保障を受けられるかは本人・家族にとって決定的な意味をもち、またそれは事故責任をめぐる議論

への最大限の解決策にもなりうる。特に、広い意味での「フリーランス」が多いエンタメ・ビジネスにおいて、より広い関係者のために任意保険を充実させ、また公的保険の支払いを現実に確保できるかは、どれだけ強調してもしすぎることはない。そのためには、事前の保険手配・手続はもとより、万一の事態での情報保全やスピーディな対応が求められる（▶▶265頁「ワークショップなど参加型イベントと模倣・事故」）。　　　　　　　　〔福井健策〕

### 5-8 注釈

1)　以上、イベント総合保険全般について、小林利明「イベント主催者のリスクと興行中止保険（前編・後編）」骨董通り法律事務所 HP コラム〈https://www.kottolaw.com/column/200629.html〉および〈https://www.kottolaw.com/column/200727.html〉参照。

2)　原口恵「万が一に備える！労働者以外も加入できる労災保険特別加入の基礎知識（芸能従事者・アニメ制作者編）」骨董通り法律事務所 HP コラム〈https://www.kottolaw.com/column/240626.html〉ほか参照。

## 5-9
## 各種許認可
── 建築・仮設、道路・公園使用、飲食物提供、風営法

　これもライブイベントに限らずすべてのエンタテインメント分野で、各種行政規制や許認可との関わりは切っても切れない。それは、しばしばイベントや事業の実施を決定的に不可能にするファクターだ。本節ではその概要だけを紹介しよう。

### 1　建築・建設関係

　まずは劇場・映画館・美術館などの"ハコ"に関わる規制がある。中心的なのは**建築基準法**だろう。用途地域によっては、劇場や映画館はそもそも建築することができない。建てることのできる地域でも、消防法、興行場法やバリアフリー法による各種規制とも相まって、建築仕様には実に多くの制約が伴う。ダンス教室ならいいが貸しスタジオは無理であったり、たとえば避難経路の確保一点で劇場の建設計画は容易に頓挫したりする。

　建築だけには限らないが、2024年に障害者差別解消法での事業者の「合理的配慮」が法的義務化されたことは、車いすの入場ルート確保や観覧スペースの確保・配置をはじめ、多様な点で劇場・映画館・美術館などの設計と運用に影響を与える。

　さて、建築基準法上の建築物とは「屋根＋柱または壁」と定義される（2条1項）。つまり、仮設の劇場やイベントスペースでも容易に建築物に該当し、規制の対象となる。ただし、一定の**仮設建築物**は建築基準法の厳しい規制の一部を免除される。また、膜構造建築物・テント倉庫建築物・簡易建築物など、タイプによって規制内容は異なる。他方、屋根のない仮設舞台やすぐに取り外せるテントをかぶせただけの仮設物などはそもそも建築物にあたらないだろう。

　以上から、仮設のイベントスペースを多数設営するイベント事業者などは、建設業免許の要否を検討することになる。詳細は各分野の専門書籍に譲るが、こうした規制の有無の検討やクリアも、広義のエンタテインメント法務の対象だろう。

251

## **2** 道路・公園ほかの使用許可

　路上ライブや公園・寺社境内などでのイベントには、当然ながら場所使用の許可がいる。道路であれば、道交法上の**道路使用許可**となろう。これは路上での大規模撮影などにも当てはまり、日本においては映画・番組制作上の大きな課題のひとつである。公園は、公園を管理する各自治体ごとに使用許可の手続や禁止行為が定められている場合が多い。地域活性化などを目的として、映像作品のロケ撮影が円滑におこなわれるための支援をおこなう各地の「フィルム・コミッション」が活動を活発化させており、政府もロケ誘致のさらなる活性化をコンテンツ戦略の目玉に掲げる。

　大道芸などの**ヘブンアーティスト**も、多くは道路使用許可を得ておこなっている。こうした使用許可を伴わない路上ゲリラライブやフラッシュモブ的なイベントは大変刺激的な仕掛けだが、道交法違反で規模・内容によっては過去に逮捕者も出ている。いうまでもなく、どんな場合でも一般通行者やパフォーマーの安全性には十分配慮したい。

## **3** 飲食物提供

　飲食物を調理・加工して提供するイベントや施設では、多くの場合、**食品衛生法**や自治体条例に基づく営業許可を要する。調理・加工を伴わない単純販売の場合（例：パッケージされた食品を仕入れてきてそのまま販売する）、通常は許可不要である。ただし、酒類（酒税法）のように業種や形態によっては免許を要する場合がある。

　一定の公共的行事や、地域のイベントに伴う**模擬店**の場合には、許可を不要とする例外が定められている。ただし、届出は必要とされる場合があり、要注意だ。

## **4** 風営法に基づく規制（ナイトクラブ、ライブハウス、深夜営業ほか）

　いわゆる世間的な意味での風俗営業でなくても、**風俗営業法**はライブイベントに深く関わっている。特に、かつてはいわゆる「3号営業」と呼ばれる「**ダンス規制**」が大きな社会問題になった。これはナイトクラブや時にはライブハウスさえ、広く「客にダンス及び飲食をさせる」風俗営業とみなし、厳しい立地規制、面積規制、深夜（午前0時以降）の営業禁止などの規制が

かけられていた問題である。そのため、多くのクラブは現実には違法状態での営業を余儀なくされていたが、現場と連携した有志弁護士たちの粘り強いロビイングや裁判闘争で、法改正が実現されている。

新風営法のもとでは、従来の3号規制は撤廃され、代わりに照度10ルクス以下の「低照度飲食店」が風俗営業とされ要許可となり、また深夜営業を禁止されている。

他方、10ルクスを超える飲食店は、客にダンスなどをさせても「特定遊興飲食店」とされ、風俗営業からははずされた。その結果深夜営業は可能になったが、やはり営業許可は必要であり、また比較的厳しい立地規制が問題としては残っている。ダンスなどをさせないが深夜に酒類を提供する飲食店は「深夜酒類提供飲食店」とされ、照度は20ルクス以上、許可は不要で届出対象とされる（なお、ゲームセンターと風営法につき▶▶463頁）。

5-9-1 改正前後の風営法のイメージ

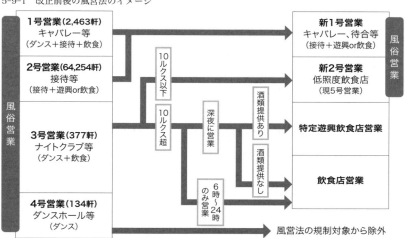

※営業所の件数は2014年末の全国の数値

（出典）警察庁概要資料より

そのほか、動物を伴う来日イベントでの検疫に至るまで、ライブを筆頭にエンタメ・ビジネスは無数の許認可クリアから成り立っている。こうした許可・届出の要否を検討し、時に当局との交渉やより現実的なルールを求めてロビイングをおこなうことも、エンタテインメント法務の守備範囲となる。

| コラム | ライブイベント支援とエンタテインメント法務：<br>コロナ禍を越えて |
|---|---|

　公演の安全な遂行と観客への責任、そして公演中止の損失という面で、ライブイベント界が史上最大級といえる試練に直面したのが、2020 年に世界を襲った**新型コロナウイルス禍**であった。同年 2 月 26 日の政府の突然の自粛要請に従い、コンサート・舞台など多くのライブイベントは公演を延期・中止し高額の損失を被った。この際には、**興行中止保険**の適用除外、観客への払い戻しや関係者への補償の要否、契約・規約のあり方、災害・感染症多発下での安全な開催ガイドラインなど、極めて多様なライブイベントの法的問題に業界全体が一斉に直面することになり、従来のビジネスと法務のありようが見直しを迫られた。

　同時に、これまでは非営利セクターに固有の問題だった、政府や民間による**文化支援**が多くの団体・個人にとっての生命線となり、支援制度をめぐる議論も百家争鳴となった[1]。

　ライブイベントや各種の芸術文化活動への（対価性を本質としない）金銭援助を担う存在には、政府、自治体、民間団体、個人の寄付などが存在する（▶▶69 頁「芸術振興・支援に関わる法制度」）。

　たとえば政府において、文化庁、経産省、外務省その他の省庁などが政策目的に応じて、時に重複・競合もありつつ様々な補助金などの制度を構築し、実際の広報・申請受付・事前および事後審査・給付などの業務は、政府の業務委託を受けた営利・非営利の団体が担うことが多い。すでに存在する制度（例：文化庁の芸術文化振興基金）などの場合には、その公募要項を研究し、情報を集めて十全な申請を準備し、無事に助成決定を得て給付を得るプロセスの中で、法律家の関与は間接的なものにとどまる。それでも、必要な法人形態の整備、条件とされる関係者との契約や権利処理（劇場での上演が中止となった場合にも補助金が不交付とならないように、代替的な措置の権利を確保しておくなど）、各種証明の発行などエンタテインメント法務の果たす重要な役割はある。

　まして、コロナ禍のように、まだ存在しない支援制度を政府に要望して実現していく際には、現場から実態のデータと具体的要望を集め、それを（時に現場とは異なる政策目的を抱いている）政府担当者や影響力のある政治家（議連や各党幹部）に説得的に伝え、共に制度設計を担い、

制度が無事に国会で成立した場合には、一部関係者だけに偏った運営にならないような意見交換を政府・事務局と続け、業界団体やインフルエンサーを通じた周知や、申請サポートに向けた情報発信を担うなど、エンタテインメント法務の役割は極めて大きいものとなる。[2]

また、前述の通り、コロナ禍での政府担当者や協力議員との協働作業を経て、日本の文化・コンテンツ振興策の課題がより浮き彫りとなり、文化芸術分野における官民連携やこれをサポートする弁護士の役割の重要性が再認識されることとなった（▶▶ 69 頁「文化芸術基本法と文化行政・文化助成」、71 頁・コラム「エンタテインメント法務と政策提言・ロビイング」）。

〔福井健策〕

#### 5-9 注釈

1) ライブイベント界の損失、再開への足取り、現場支援をめぐっては多くの団体の活動があった。国内の主要な演劇・ダンス団体 250 以上と筆者らの骨董通り法律事務所も加わった、「緊急事態舞台芸術ネットワーク」の活動は、その例だろう。同ネットワークによる緊急損失調査、政府協議を経たイベント開催ガイドライン、各種の支援制度の概要などは同ネットワーク HP〈http://www.jpasn.net/〉参照。

2) こうした新たな支援制度に向けた弁護士による支援の実例としては、注1）で前述の「緊急事態舞台芸術ネットワーク」（前述 HP）のほか、音楽系各団体の連携、文化芸術振興フォーラム、「We Need Culture」、ライブハウス支援の「Save Our Place」など様々なものが挙げられる。

## 5-10
# ライブビュー・二次利用

## **1 複雑なライブイベントの権利関係と二次利用の活発化**

　一般に、映画やテレビ番組は権利の塊だ、などという。それはその通りだが、それすらも超えて権利処理が複雑化するのが、ライブイベントの二次利用だろう。まず、関係する権利者は後述のように映画の場合よりも多いほどだ。たとえば、映画であればクラシカルオーサー（作家たち）→モダンオーサー（監督など）という、二重の権利者がいる（▶▶95頁「クラシカルオーサー・モダンオーサー」）。これがライブイベントの中継放送を念頭に置くと、劇作家などの作家たち→舞台・イベントの作り手たち→その映像化の作り手たちと、3段階となる。ディレクターにしても2種類いる。もともとの舞台の演出家と、映像のディレクターだ。

　加えて、映像の世界ほど権利者が組織化されてもいなければ、権利の集中処理が普及してもいない。たとえば、舞台脚本家の全国組織である日本劇作家協会は、会員の著作権管理業務はおこなっておらず、その意味での使用料規程ももたない（使用料についての決議はある。また、後述する EPAD 事業と連携して、2024 年には非一任型の上演許諾システムを立ち上げるなど、管理業務に向けた一歩を踏み出した）。

　またそもそもライブイベントは同時性・事件性が命であって、それをいかに数十台のカメラを駆使して素晴らしい映像として残しても、ライブイベントではない。映画をネット配信するのと同様の二次利用は原理的には不可能なのだ。そのせいもあってブロードウェイのように、権利者団体・ユニオンが発達している地域でも、従来、舞台のテレビ放送やネット配信はほとんど進んでこなかった。背景には、「無料でテレビで見せたりしたら、一体誰が高いチケットを買って劇場に足を運ぶのだ」という思いが相当にあったろう。

　だが、にもかかわらず、放送・配信・ライブビュー、さらには劇場用映画へのリメイク（ハリウッドを夢中にさせた「シカゴ」「レ・ミゼラブル」……）、タイアップした番組やイベント、何よりライブ関連の各種グッズと、いまや

舞台やコンサートの二次利用ビジネスは世界的な活況にある。音楽コンサートなどは、「コンサート産業は今やタオル産業か」と思わせるほど、各種グッズの売上は収入の大きな部分を占める。また、いかにネット配信やパブリックビューで舞台・コンサート映像を見せても、動員には悪影響はないことが現実に証明された点も大きい（みな、余計に現物を見たくなるだけだった）。

こうした世界的動向を受けて、舞台分野では2020年、緊急事態舞台芸術ネットワーク（▶▶ 255頁注1）と寺田倉庫との共催事業としてEPAD事業（後に一般社団法人化）が立ち上がり、2024年度まで3700本を超える過去・現在の貴重な舞台映像等を収集してデータベース上で検索可能化し、そのうち権利処理を済ませた約700本を配信プラットフォーム上で配信可能化、さらには大画面上映、多言語字幕発信、バリアフリー化、教育活用など、幅広く二次展開を可能にした。また、戯曲、舞台美術、公演ポスターなど貴重な舞台芸術資料のデジタルアーカイブ化と連携する活動を展開している。[1]

## **2** ライブの二次利用処理の注意点

では、ライブの二次利用権利処理は、どんな全体像をもっているか。下の一般的な権利処理の表でつかむことができる。

表の○は〈その利用には権利が及び、権利者の許諾を要すること〉、△は〈ケースバイケースでその可能性があること〉を意味する。いくつかの要素について解説しよう。

舞台公演・ライブイベントは、まずはそれを構成する戯曲・台本や音楽の著作物の上演・演奏される場であることは疑いがない。よって上演・演奏やその二次利用には当然権利者の許諾がいる。また、**舞台美術**のうち装置デザインも著作物であるケースが多いだろう。舞台衣装や照明デザインは一応論点となるが、著作物にあたるケースも少なくないと考える。

他方、それらの総体といえる舞台公演・イベントそのものは著作物だろうか。映像の世界では、全体を包含した総合芸術たる映像が映画の著作物として、個々の要素とは独立に保護される。しかし、公演総体は独立の著作物とは見ない見解が従来はおそらく有力だった[2]（あるいはそもそもほとんど議論されてこなかった）。

上記の問題とも通ずるが、舞台演出家やプロデューサー（制作者）が、舞台公演という著作物の著作者とみなされるかは微妙である。ただ少なくとも

5-10-1　ライブイベントの二次利用に関わる権利（概略）

| 利用類型 | 著作権（文芸*・戯曲・台本・舞台公演??・音楽*・舞台美術・照明?・映像） | 著作隣接権（指揮者・俳優・ダンサー・演奏家等） | 著作隣接権（レコード音源） | 主な例外 全利用について：30条の2映り込み、32条引用、46条建築物など |
|---|---|---|---|---|
| 複製(撮影・録音録画・デジタル化・グッズ化含む) | ○ | △(録音・録画に限られ、かつ映画の著作物への録音・録画許諾で消滅) | ○ | 30条私的複製、35条非営利授業での複製ほか |
| 上演・演奏・上映・口述 | ○ | × | × | 38条非営利上演・演奏 |
| 放送・有線放送 | ○ | △(映画・レコードなどへの録音・録画許諾で消滅)** | ×** | |
| ネット配信 | ○ | △(録画の許諾や映画への録音許諾で消滅) | ○ | 31条図書館アーカイブ化、35条非営利授業送信ほか |
| 現物展示 | 美術等原作品は○ | × | × | 45条所有者の展示 |
| 貸与 | ○ | ○*** | ○*** | 38条非営利貸与 |

○：権利者に禁止権あり＝許諾必要、×：禁止権なし。
*権利者団体があり、権利者を見つけやすかったり、利用ルールが存在する場合がある。
**レコードの放送については報酬請求権あり。
***発売1年経過後に報酬請求権化。

演出家は、現行法上は「実演家」としての保護を与えられる（著作権法2条1項4号で例示）。以上から、演出家も俳優やダンサーらと並んで、イベントの収録に対して拒否権は当然もつ。

　音楽も、ライブイベントでは（特にその二次利用では）複雑でリスクも多い領域だ。そもそも、映像とともに音楽を収録するなら「シンクロ」利用となるので処理は指し値など特殊化しやすい（▶▶178頁「シンクロ権」）。ミュージカル曲などを「演劇的に」演奏する権利である「グランドライツ」も欧米では歴史的に集中管理されず、JASRACなどの許諾では上演できない扱いが通常だ。そのため、二次利用でも権利処理はしばしば複雑化する。イベント用に委嘱した曲は、JASRACの信託対象からはずして「買取り」的処理を可能とする「委嘱免除」が、一定の条件で認められる。だが、二次利用は免除の射程から外れる点は注意を要する[3]（以上につき▶▶260頁「上演と音楽著作権」）。

　舞台では時には大胆におこなわれるパロディ、アレンジも、それが舞台中

継など二次利用される場合には許容されないおそれがある（そもそも舞台の時点では捕捉されにくいという事情もあるが）。

　過去の舞台映像を未来の世代に伝えるための**デジタルアーカイブ**の活動は重要だが、権利者団体の未発達や加入率の低さが影響し、権利者不明の「オーファン（孤児）作品」は多い。これも、注意が必要な分野だ。　　〔福井健策〕

**5-10 注釈**

1)　EPAD ポータルサイト〈https://epad.jp/〉、EPAD 作品データベース〈https://db.epad.jp/〉ほか参照。
2)　各論点の詳細は福井健策＝二関辰郎『ライブイベント・ビジネスの著作権〔第2版〕』（著作権情報センター・2023年）などを参照されたい。
3)　いずれも福井ほか・前掲注2) 参照。

# 5-11
## 上演と音楽著作権

　日本で上演する演劇作品を制作するに際し、音楽著作権の処理はどのようにすべきか。ストレートプレイとミュージカルの場合とで違いはあるか。既存楽曲と新規制作（委嘱）楽曲との違いはどうか。

　舞台作品に用いられる音楽（歌詞、楽曲）の著作権処理については、JASRAC 等の著作権管理団体（▶▶ 145 頁「JASRAC 等著作権の集中管理団体」）を通じた処理の要否・可否を検討する必要がある。

　特に、音楽著作権のうち**グランドライツ**（ミュージカル、オペラ、バレエなど、音楽を演劇的に演奏する権利）については、管理団体の扱いに応じた特殊な考慮が必要となりうる。

　なお、「日本発の演劇作品のために、海外の作家への委嘱により創作される楽曲等」についても同様の問題が生じうる（そのため、委嘱契約等において相応の対処が必要となりうる）。

## 1 グランドライツ

　ブロードウェイ・ミュージカルの日本版を、権利元からライセンスを受けて制作・上演する場合、歌詞および楽曲の著作権処理はどのようにすべきか。作詞家が米国 ASCAP 会員、作曲家がイギリス PRS の会員である場合はどうか。

　外国楽曲のグランドライツは、英米の主要な演奏権管理団体（米：ASCAP、BMI／英：PRS など）の管理範囲外であるため、日本においても集中管理団体（JASRAC など）を通じて利用許諾を得ることができず、権利者（音楽出版社など）との間で直接交渉・支払い・許諾取得をおこなう必要がありうる。そこで具体的には、ライセンス契約書において、上演（グランドライツ）の許諾条項を盛り込むべきことになる。

## 2 委嘱楽曲

　舞台演劇の劇伴音楽（BGM）を、JASRAC 会員の作曲家に委嘱して新規

に作曲してもらう場合、歌詞および楽曲の著作権処理はどのようにすべきか。

　原則として、JASRAC 会員である作曲家の音楽著作権は JASRAC に信託譲渡されることになり、作曲家自身は著作権者ではなくなるため、作曲家が直接（作曲委嘱契約書等において）許諾することはできず、管理団体から許諾を得なければならない。

　したがって、プロデューサーが作曲家から直接許諾を得て対価を支払ったとしても、JASRAC から別途に許諾申請および支払いを求められた場合、二重払いを強いられるリスクがある。

　ただし、JASRAC の管理委託契約約款（第 17 条 2 項）では明示的に、委嘱作品における一定範囲の利用について、JASRAC の事前承諾等の要件を満たすことにより二重払いを予防できるような規定が設けられている（▶▶ 182 頁「委嘱免除」）。そこで、プロデューサーとしては、この規定の適用を想定した委嘱契約書（委嘱免除の対象としたい利用範囲を明記したもの）を作曲家との間で締結し、直接許諾を受けることが考えられる。　　　　〔北澤尚登〕

## 5-12
# 会場での撮影・録音・録画

## 1 撮影・録音禁止に法的根拠はあるか

　会場での撮影や録音にどう対処するかは、コンサートや舞台に限らず、広くテーマパーク・美術展・原画展から書店・飲食店・ブティックなどにも及ぶ広大なテーマだ。

　まずは撮影・録音を禁止する法的根拠について、一般には三つの可能性を指摘できるだろう。

　ひとつは「**肖像権・著作権の侵害**」で、場内アナウンスなどでも最もよく使われる理由だ。これは、むろんありうる。舞台作品やコンサート、美術展などはたいてい著作物のかたまりであり、また著作隣接権が関わることも多い。そのため、基本的に無断での撮影や録音はできない。

　もっとも例外として、パブリックドメインの作品は言うに及ばず、そうでなくとも、私的複製（同30条）により個人や家庭内で楽しむための撮影・録音は自由となる。

　「肖像権」はどうだろうか。これは判例で認められてきた権利で射程はもう少し曖昧となる。「パブリシティ権」とあわせて詳細は他節に譲るが（▶▶42頁「肖像権・パブリシティ権」）、たとえば屋外の公開イベントで出演中のタレントを個人の楽しみのために撮影したとしても、法的な侵害は必ずしも成立しない場合が多いだろう。他方、一般の方やタレントでもプライベートの姿を無断で大きく写せば、マナーの問題ばかりでなく肖像権侵害となる可能性も高くなるだろう。

　では、著作権・肖像権の侵害にあたらないケースでは撮影規制に法的根拠はないかといえば、第2の候補に「**施設管理権**」がある。これは建物や敷地の所有者・管理者に認められ、たとえば施設内での迷惑行為を禁じたり、そういう利用者には出て行ってもらったりできる権利といえるだろう。場内アナウンスで「他のお客様の迷惑になり、また演出の妨げになりますので、フラッシュを用いた撮影はお控えください」などと述べるのは、この一例だ。

262

イベント・観光地に限らず料理店での料理の撮影などにも通じそうなごく身近な問題だが、この方面での文献や裁判例は驚くほど少ない。いくつかある解説ではごくシンプルに「施設管理権があるので撮影禁止の表示があれば撮影は不可」と記載するものもあるが、おそらく問題はもう少し複雑だろう。

勝手に立ち入ったような人とは違い、多くの来場者は何らかの相互の了解に基づいてそこにいるはずであり、まずはその了解内容が問われるからだ。たとえば、遊園地など撮影がかなり当たり前の施設にチケットを買って来た来場者に、あとから「施設内での撮影は一切禁止です」とアナウンスすれば、納得しない来場者も多いはずだ。

ここで、第三の候補「**契約**」が浮上する。そもそもイベント等へのチケット販売はいわば「入場・鑑賞契約」だ（▶▶ 238 頁「チケット販売契約」）。よってその合意内容が問題となる。たとえばオンラインでの購入時にチケット販売規約についてクリックなどで明瞭に同意を受けた場合、そこに「無断撮影禁止」と書いてあれば合意として有効な可能性は高いだろう。こうした規約等への明瞭な同意行為がない場合、施設の入り口などにある「撮影禁止」表示等だけで、「撮影しない合意」を確保できるかがテーマとなってくる。

撮影に関する合意が見当たらない場合、初めて「施設管理権」プロパーの問題になる。そしてこれはおそらく、ケース・バイ・ケースで考えざるをえない。

公開された場所か、入場料など対価を払ってそこにいる場合か、フラッシュ使用など撮影による周囲の迷惑、主催側の売上損失、（契約には至らないまでも）撮影禁止の表示がどの程度あったのか、個人的な楽しみのための撮影か営利目的か、などの複数のファクターで「撮影禁止」、ひいては「撮影禁止に従わない入場者には出て行ってもらう」ことの正当性が決まるだろう。

いずれにしても、この「著作権・肖像権」「施設管理権」「契約・規約」といった要素の組み合わせで、撮影や録音禁止の法的裏付けは形作られている。

## 2 撮影・録音物のその後の利用は規制されうるか

以上が撮影・録音じたいの規制だった。ではその後の SNS 公開などの利用はどうだろうか。

第 1 の著作権・肖像権は、大いに及ぶ。もっとも SNS でも限られた友人にしか見せないような環境なら、私的複製やその延長上のいわゆる「**寛容的**

利用[1]」として事実上許される場合もあろう。

第2の施設管理権は、基本的には所有権に基づく施設自体の管理権限であり、顔真卿事件（最判昭和59年1月20日）など最高裁判決に照らしても、写真の後日の利用にまで直接及ぼすのはやや厳しい。

第3の契約・規約は、内容次第である。無断撮影や、撮影物の後日の利用の禁止がはっきり合意されている場合は、その違反には違いがないので損害賠償の請求対象にはなるのだろう。もっとも、損害額の証明には苦労しそうだ。さらに、条文の書きぶりが十分明確ならば、「契約の履行請求」として公開の停止などを裁判上求められるケースもあるだろう。

では、会場で撮影者のカメラを預かったり、撮影データの消去を求める行為はどうか。著作権の場合、理論上は「侵害による作成物の廃棄請求権」はある（著作権法114条2項）。契約・規約も書きぶりで可能なケースもあろう。

ただ、いずれも原則として実力行使ができないことはいうまでもない。そこで現場では、入口の手荷物検査を拒否したり持ち込み禁止のカメラが発見されたのに無理に入場しようとする観客を押しとどめたり、迷惑行為を繰り返すのに制止してもやめない観客を強制退場させるのは、どの程度までは許されるかが問題になる。まったく無理ならば、平穏な施設・イベントの運営はとうてい難しいからだ。

## 3 どこまで規制し、どこまでオープンにするか

ただし、それらは規制したいと思う行為がある場合の法的根拠の話であって、「すべて規制すべきか」は別問題だ。近時では「撮影、SNS拡散OK」といったイベントや美術館も徐々に増えている。フラッシュなど他の観客への迷惑行為や行きすぎた営利行為は困るが、そうでない個人の撮影・発信程度であれば、むしろイベントの盛り上がりが拡散され、動員への悪影響どころか良い影響ばかりだという認識が、主催者側にも広がりつつあるのだろう。権利で守る部分とオープンに開く部分の組み合わせが重要という、「**オープン・クローズ戦略**」の現れである。　　　　　　　　　　　　　　　〔福井健策〕

---

**5-12 注釈**

1) 田村善之教授が、「日本の著作権法のリフォーム論」知的財産法政策学研究44号（2014年）25頁ほかで紹介。

## 5-13
# ワークショップなど参加型イベントと模倣・事故

## 1 ワークショップなどの模倣にどう対処するか

　**ワークショップ**をはじめ多くの**参加型イベント**においては、便乗した構成のイベントを防止したいという「フォーマットの模倣対策」は、ポピュラーな相談事項である。たとえば、そのイベントにシナリオがあったり、何か特有のイラストパネルなどアートワークを用いるならば、その脚本や美術の著作権はむろん守られる。よって、誰かが許諾なくそれを模倣してワークショップなどを開催すれば、著作権侵害によって抑制を図ることになるだろう。

　また、ワークショップなどに特徴的な名称があり、それを第三者が模倣して同種のイベントを開催すれば、登録済みならば商標権侵害、そうでなければ不正競争防止法で抑制を図れるケースもあるだろう（▶▶114頁「作品タイトルと商標・不正競争」）。その名称が、単にイベントの内容を示すものなのか、あるいは開催する特定の団体など「出所」を示すものなのかがポイントとなる。

　他方、シナリオなどが特に存在せずあるいはその点では類似せず、また出所を示すようなイベント名を摸倣してもいない中で、ワークショップの進め方・ルール・設定などだけが真似されたというケースはどうだろうか。現実の相談はこうしたケースが大半である。進め方・ルール・設定はまさに狭義の「**フォーマット**」であり、それはおそらくはアイディアとみなされるので著作権法の保護は及ばない（▶▶20頁「著作権」）。また、公開のイベントでおこなわれているなら、おそらく秘密として管理されてもいないので、不正競争防止法での営業秘密としての保護も受けられないだろう。

　つまり、模倣は何ら違法ではないことになる。

　これは知的財産権制度の趣旨に沿う事態であり、基本的にはむしろ受け入れるべき事態だ。だが、特徴的なワークショップをなりわいにする個人・団体にとっては、時に許し難い模倣もありえ、その場合には規約において対処することになる。参加者に「**参加規約**」に事前に同意署名などをしてもらい、

その規約において著作物ばかりか「本ワークショップの企画案・ノウハウ・ルール・設定などを公表したり、他のイベントにおいて流用する行為」を抑制するのである。つまり、守秘義務契約においてしばしば見られるような抑制をかける。おそらくこの約束は、（少なくとも広く知られていないノウハウ・ルールなど合理的な範囲までは）有効だろう。

## **2** 事故その他のトラブルへの対処

　参加型イベントでは、こうした参加規約でのリスク管理が重要になる。多くの参加型イベントでしばしば直面する最大のリスクは、参加者の怪我・死亡などの**事故**だろう。舞台上の事故などにもつながるが、公演・イベントの主催者には参加者・観客に対する一定の**安全配慮義務**が発生すると考えられている。

　むろん、何より重要なリスク管理は、安全マニュアルの整備・徹底などの事故防止策であることはいうまでもないが、それでも不幸にして事故が生じた場合には、主催者や各担当者がどこまでの注意義務を払っていたか、これらの者に望まれる注意義務がどういったものであるかが大きな論点となる。

　そこで主催者・担当者は、万一の事故発生時には負傷者の救出・治療や現場の安全確保に続いて、「客観情報の保全」をおこなうことが重要になる。警察の実況見分への立ち合いなど公的なものに加えて、現場写真、関係者から事情聴取した内容、連絡内容、診断書など、事故レポートを早期に作成することが望まれる。そこにおいてはできるだけ客観的な情報が保全されるべきであり、当然であるが原因不明の段階で非を認めて謝罪するメールを関係者に送付したりはすべきでない。

　そのうえで、労災や各種保険の支払いを受けられるかが、負傷者・遺族の救済にとっては重要となる（▶▶248頁「各種の保険」）。

　また、主催者らが安全管理のために十全の努力をすべきことは当然として、参加規約などにおいて参加者自らの安全管理責任、健康な状態での参加義務、万一の事故の場合の責任限度額などを定めておくことも、対処としては重要な要素となる。

〔福井健策〕

## 第 5 章　参考文献

文化法研究会『舞台芸術と法律ハンドブック—公演実務 Q & A』（芸団協出版部・2002 年）

「アーティスト・文化団体・知財の災害法律相談」骨董通り法律事務所 HP〈https://www.kottolaw.com/FAQ_disaster.html〉#15、#17〔唐津真美執筆〕

磯部涼編『踊ってはいけない国で、踊り続けるために—風営法問題と社会の変え方』（河出書房新社・2013 年）

文化科学研究所編『公立ホール・劇場職員のための制作基礎知識〔増補版〕』（一般財団法人地域創造・2021 年）

山田翰弘編『芸術経営学講座 3　演劇編』（東海大学出版会・1994 年）

山下貴司 = 宮内秀樹 = 三谷英弘『チケット不正転売禁止法がよくわかる Q & A』（第一法規・2019 年）

福井健策編／福井健策 = 二関辰郎著『ライブイベント・ビジネスの著作権〔第 2 版〕』（著作権情報センター・2023 年）

福井健策編／前田哲男 = 谷口元著『音楽ビジネスの著作権〔第 2 版〕』（著作権情報センター・2016 年）

福井健策編『新編　エンタテインメントの罠—アメリカ映画・音楽・演劇ビジネスと契約マニュアル』（すばる舎・2003 年）

第6章

インターネット

## 6-1
# インターネット・ビジネスと法実務

### **1 インターネットの利用市場**

インターネットは、①電子メール、SNS 等のコミュニケーション、②ウェブサイト、動画等の投稿・閲覧、③ショッピングその他の取引など、実に様々な場面で利用されている。インターネットは日常生活に深く入り込んでおり、インターネットのない生活は想像し難い。

日本では、2013 年の時点で、インターネットの利用率が 80% を超えており、2023 年の時点では 86.2% である[1]。また、近年は、スマートフォンが主要なインターネット利用端末であり、2017 年以降は、スマートフォン（2023 年：90.6%）がパソコン（2023 年：65.3%）を上回っている。

インターネット上で提供されるコンテンツも、映像（映画、テレビ、ゲーム等）、音声（音楽、ラジオ等）、テキスト（コミック、書籍、雑誌、新聞、データベース等）など様々である。その多くは、もともとの流通チャンネルとインターネットの双方で提供されているが、インターネット専用のコンテンツもある。

たとえば、2022 年の時点では、コンテンツの市場規模は 12 兆 4418 億円である。このうち、パソコンや携帯電話など、インターネット経由の通信系コンテンツの市場規模は 5 兆 7199 億円であり、コンテンツ市場全体の約46.0% に相当する。なかでも特に映像コンテンツの割合が高く、通信系コンテンツに占める各割合は映像（58.0%）、音声（8.9%）、テキスト（33.1%）である。映像コンテンツの中ではゲームソフトの割合が高く、通信系コンテンツ全体の 3 分の 1 以上を占めていた[2]。

### **2 主なプレーヤー**

本節では、インターネット上でのコンテンツの利用に焦点を当てる。

インターネット市場における主なプレーヤーとして、まず作り手が挙げられる。上記のように、インターネット上の主なコンテンツには、ゲームソフ

ト、映画、テレビ番組、音楽、書籍、新聞等があり、ゲーム制作会社、映画製作会社、テレビ局、番組制作会社、出版社、新聞社等が作り手となる。

これらのインターネット上のコンテンツは、インターネット以外の流通チャンネルで提供されていたもののほか、インターネット専用のコンテンツもある。また、テレビ局、新聞社等のコンテンツの作り手が、自らインターネットで配信する場合もあれば、インターネット・メディアに販売または利用許諾し、インターネット・メディアを通じてユーザーに配信される場合もある。インターネット・メディアには、独立の事業者が多いが、同業者のコンソーシアム的な事業体も存在する。

インターネット上のコンテンツは、受け手であるユーザーに配信される。インターネット上には無数のコンテンツが存在するため、ユーザーは、その中から関心のあるコンテンツを探す必要がある。コンテンツの検索方法については、インターネットの黎明期にはリンクが主な手段であったが、昨今では、グーグル等の検索エンジンのほか、リコメンド、SNS など様々だ。

## 3 インターネット・ビジネスの法実務

インターネット上で提供されるコンテンツが多岐にわたることから、インターネット市場に関連する法律実務も多岐にわたる。

まず、インターネット上で提供されるコンテンツの制作の場面においては、他のコンテンツ制作と同様に、関係者間の契約関係（雇用契約、業務委託契約等）のほか、権利関係でいえば、著作権、著作隣接権その他の権利の帰属、被写体の肖像権、パブリシティ権等への配慮が必要である。また、第三者のコンテンツを利用・配信する場面では、権利処理が必要となる。もともとインターネット配信を見越した権利処理がなされている場合もある。ただ、たとえば、テレビ放送のみを想定して権利処理された作品をインターネット配信するには、権利処理が別途必要となりうる。

コンテンツの提供者とユーザーとの関係では、利用条件の合意に際して、同一の契約条件に基づき多数の取引をおこなうために、利用規約が用いられることが多い（▶▶313頁「ソーシャルメディア／投稿サイト（メディア側の視点）」）。また、ユーザー登録や決済に際して、住所、氏名、メールアドレス等の個人情報の登録が必要となりうるうえ、コンテンツの利用状況等から各ユーザーの嗜好も把握されうる。コンテンツ提供者には、こうした個人情報

やプライバシーへの配慮も求められる。

　また、オンライン・サービスは、事業者＝個人間の取引（いわゆる **B to C**取引）のほか、シェアリング・エコノミーなど、個人がコンテンツや商品の提供者となり、かつ、その需要者も個人となる **C to C** のビジネスモデルも広がっている。従来型の法規制は、「事業者＝供給者、個人＝需要者」という図式を前提に、事業者を規制し、個人の保護を図るものであった。しかし、従来型の法規制では、個人が供給者となる場合には十分に対応できないうえ、誤発注・誤送金、不正取引等が生じた場合には、事業者ではなく、個人（供給者または需要者）がリスクを負担する事態にもなる。一般論として、事業者との比較では、個人のリスク耐性は低い一方、事業者は、個人にリスクを負わせることにより、社会的批判を受ける懸念もある。C to C ビジネスのサービス・プロバイダは、利用規約により契約関係を構築する際には、自社の責任軽減を図るだけでなく、利用者間や自社と利用者との間の公平なリスク分担を図ることも有益な視点と思われる。　　　　　　　　　　　〔岡本健太郎〕

**6-1 注釈**

1)　総務省「令和6年版　情報通信白書」第2部169頁。
2)　総務省・前掲注1) 132頁。

# 6-2
## 音楽配信・動画配信と権利処理

　インターネット上では、音楽や動画の配信サービスが数多く存在する。2020年頃からのコロナ禍の影響もあってか、音楽ライブや舞台などの動画配信も広がっている。音楽や動画を配信する際には、音楽、動画等の著作物の複製、公衆送信等について、権利者からの利用許諾、権利譲渡等の権利処理が必要となる。以下では、音楽配信や動画配信に必要な権利処理の概要を見てみよう。

## 1 音楽配信

### (1) 音楽配信サービスの概要

　有料音楽配信には、主に、ダウンロード配信と定額制音楽配信があり、現在の主流は後者である。

　**ダウンロード配信**とは、配信業者がユーザーに楽曲データを販売する形態である。ユーザーは、配信業者から楽曲データを1曲またはアルバム単位で購入し、自身のPC、スマートフォン、音楽プレイヤー等にダウンロードする。その後、ユーザーは、基本的には、購入した楽曲を期間制限なく視聴できる。

　一方、**定額制音楽配信**とは、ユーザーが配信業者に対して月額料金等の一定額を支払うことにより、契約期間中、特段の時間制限なく楽曲を再生可能な「聞き放題」サービスである。定額制音楽配信サービスは、いわゆるサブスクリプション・モデルであるが、ユーザーが好きな楽曲を選択して視聴できる**オンデマンド型サービス**と、ラジオ番組のように、事業者が楽曲を選定し、ユーザーは選定された楽曲を視聴する**ラジオ型サービス**がある。定額制音楽配信サービスにおける音楽データの配信は、ストリーミングが多いが、オフラインでの再生用にキャッシュが可能なこともある。

### (2) 権利処理

　音楽には、①作詞家、作曲家等の著作権者、②歌手、演奏者等の実演家、③レコード会社等の様々な権利者が存在する。音楽配信サービス事業者は、

これらの権利者との間で、著作権、実演家の権利、原盤権等の権利処理をおこなう必要がある。具体的には、著作権については、JASRAC、NexToneといった著作権等管理事業者が管理していることから（▶▶ 145 頁「JASRAC 等著作権の集中管理団体」）、音楽配信サービス事業者は、これらの著作権等管理事業者から「インタラクティブ配信」などの許諾を得ることとなる。上記 2 事業者との権利処理により、国内については相当数の楽曲の権利処理が可能となるだろう（JASRAC との権利処理については▶▶ 174 頁「JASRAC 処理の実際」）。

　一方、著作権と異なり、原盤権については一部の利用を除き一元的な管理事業者がいないことから、音楽配信サービス事業者は、基本的には、レコード会社等の各原盤権者から原盤権の利用許諾等を得ることとなる（日本レコード協会による集中管理については▶▶ 151 頁「JASRAC 等著作権の集中管理団体」**7**）。なお、レコード会社等の原盤権者は、原盤に固定された実演（歌手による歌唱、演奏家による演奏など）について、アーティスト印税等を対価として、歌手、演奏家などの実演家から著作隣接権の譲渡を受けることが多い（▶▶ 152 頁「原盤ビジネスと各種原盤契約」）。このため、音楽配信サービス事業者は、原盤権者との権利処理により、実演家との権利処理は不要となる場合も多い。

## （3）契約処理に関する契約

　音楽のダウンロード配信サービスには、音楽配信サービス事業者がレコード会社から委託を受けて、レコード原盤を配信する**委託販売形式**と、音楽配信サービス事業者がレコード会社から利用許諾を受けて、ユーザーに再許諾する**ライセンス形式**がある。委託販売形式が採用される場合には、レコード会社は、ユーザーに楽曲を直接販売することが想定されており、本来的には、レコード会社がユーザーに対する小売価格やその他の条件を決定できる（出版物の再販制度については▶▶ 188 頁「出版・マンガビジネスと法実務」を参照）。しかし、実務上は、レコード会社の決定権限は大きくはなく、音楽配信サービス事業者が設定した範囲内での価格調整に限られることもあるようである。

　また、定額制音楽配信サービスを提供する事業者は、レコード会社から利用許諾を受け、ユーザーに視聴させるのが典型である。非独占的な利用許諾が多く、レコード会社は、複数の配信事業者に同一の原盤を利用許諾できる。

　音楽配信サービスにおいて競合他社との差別化を図るには、価格だけでな

く、楽曲の品揃えも重要である。このため、なかには、レコード会社が保有する全楽曲について、原盤権の許諾を求める音楽配信サービス事業者も存在するようである。YouTube、TikTok といった SNS でのミュージックビデオ（MV）の公開時期もプロモーションに影響しうる。これらは、定額制音楽配信サービスに関する契約交渉事項のひとつとなろう。

　なお、上記の通り、国内楽曲の著作権については、JASRAC や NexTone を通じた一元的な権利処理も可能である。一方、外国曲については、著作権等管理事業者を通じた権利処理ができない楽曲や、音楽出版社の事前承諾が必要な楽曲もあるため、権利処理の際には要注意である[1]。

　また、上記の通り、原盤権については一部の利用を除き一元的な権利処理窓口はないが、複数の原盤権者の権利処理窓口となる事業者（**アグリゲーター**などと呼ばれる）が存在する。アグリゲーターは、レコード会社などから、原盤権を再許諾する権利や音源データを取得し、様々な配信事業者に対して再許諾する。アグリゲーターによって取り扱うレコード会社や音源は異なるが、アグリゲーターを介することにより、権利処理を一部簡略化できよう。

## 2 動画配信

### (1) 動画配信サービスの概要

　音楽配信と同様、動画配信についても、**ダウンロード型**と**ストリーミング型**がある。また、特定の動画を一定期間のみ視聴可能なレンタル方式の動画配信や、定額制で見放題の動画配信サービスもある。

　動画配信の権利処理は、音楽配信よりも複雑化しやすい。音楽配信の権利処理の対象は、作詞家・作曲家の著作権、実演家の権利、レコード会社の原盤権などにとどまるが、動画配信については、①映像作品自体の著作権のほか、②原作、③楽曲・原盤、④映像素材、⑤実演家など、より多くの権利処理が必要となりうる。動画配信のコンテンツは、劇場用映画、放送用番組、動画配信専用番組等があり、コンテンツの違いによって、必要な権利処理も異なる（▶▶86 頁「映画・テレビビジネスと法実務」）。たとえば、動画に含まれる音楽（商業用レコード）の利用についても、放送に際しては二次使用料の支払いで足りるが（著作権法 95 条・97 条）、配信に際しては権利者との権利処理まで必要となりうる。ただし、2021 年の著作権法改正により、著作権者が放送または有線放送を許諾した場合、別段の意思表示がなければ、放

送番組の同時配信やディレイ配信および1週間以内の見逃し配信についても許諾が推定されることとなった（63条5項・2条1項9号の7）。また、著作権等管理事業者による集中管理がおこなわれていないレコード、レコード実演、映像実演などにつき、通常の使用料相当額の補償金を支払うことにより、著作権者の承諾なく放送同時配信等に利用できることとなった（94条・94条の3・96条の3）。

## (2) 権利処理

劇場用映画は、もともと様々な形での二次利用が想定されていることから、製作時点で、インターネット配信を含めた様々な二次利用を前提とした権利処理がなされることも多い。動画配信サービス事業者としては、映画製作者等の映像の著作権者から動画配信の許諾を得ることにより、権利処理がほぼ済んでしまうこともある。なお、俳優等の実演家については、自身の実演を映画の著作物に録音・録画することを許諾した場合には、その後の権利行使はできないという「**ワンチャンス主義**」が採用されている（著作権法91条2項。▶▶90頁・コラム「ワンチャンス主義」）。このため、映画の著作物を動画配信する場合には、実演家との権利処理は基本的に不要である。

ただし、実務上は、放送番組については、ワンチャンス主義は適用されず、放送目的以外の録音・録画をおこなうには、別途、契約等の定めが必要である（同法93条1項・63条4項・103条）。このため、放送番組を動画配信するには、基本的には、実演家からの許諾が別途必要となる。なお、テレビ局ではなく、外部の制作会社が制作する放送番組については、同法93条1項の適用はなく、映画と同様にワンチャンス主義が適用されるという考え方がある。この考え方に基づけば、動画配信に際して実演家との権利処理は不要となろう。

実演家の権利については、映像コンテンツ権利処理機構（aRma）による集中管理・処理がおこなわれている。aRma は、番組単位で利用申請を受け付け、実演家単位で許諾を付与し、使用料を徴収・分配している。しかし、ひとつの放送番組に多数の俳優が出演することも少なくなく、俳優探しを含め、実演家との権利処理が難航する場合もある。

不明権利者探索の後も実演家の連絡先等が不明であれば、裁定制度の利用も選択肢となる。2023年の著作権法改正により、著作権等管理事業者による管理がされていない公表著作物を対象に、簡易な権利処理をおこなう新た

な裁定制度も創設された（2026年施行予定）。しかし、裁定制度の利用にも手間と費用がかかる。動画コンテンツの利用促進の観点からは、実演家と出演契約を締結する時点で、各実演家から、その後の二次利用に関する広範な利用の許諾を得ておくといった事前の手当も有益となるだろう。

### （3）音楽ライブ・舞台の配信

上記のほか、音楽ライブや舞台の動画配信については、ライブイベントとは異なる配慮も必要となる。たとえば、音楽著作権については、JASRACやNexToneなどとのインタラクティブ配信や、楽曲やその利用態様によってはビデオグラム録音の権利処理も必要となる。また、音源などの原盤権についても、ライブイベントと異なり権利処理が別途必要となる。

これらの権利処理には手間と費用もかかるため、制作段階において権利処理が容易な楽曲や音源を選定し、利用することも有益である。[2] 〔岡本健太郎〕

---

> **コラム　デジタルアーカイブ**

我々は今、多くの情報に簡単にアクセスできる恵まれた環境にある。一方で、あらゆる分野でアナログからデジタルに"進化"した現代において、美術館、博物館、図書館等の文化的活動に限らず、大学等での研究活動や市民活動、事業に至るまで様々な場面で、デジタルの情報資源の効率的、効果的な活用が重要な課題となっている。

デジタルの情報資源の活用は、公文書や文化財をデジタル化して保存することから始まり、デジタルの情報資源の保存・公開・利用に向けた活動が、各所でおこなわれている。これを広く「デジタルアーカイブ」という。

デジタルアーカイブの対象情報の多くは著作物なので、保存・公開・利用の各場面において、原則として権利者の許諾が必要となる。例外的に、パブリックドメインの利用や、権利制限規定に該当する方法での利用は無許諾で可能である。著作権法平成30（2018）年および令和3（2021）年改正では、この権利制限規定が拡充され、アーカイブの利活用が図られた。

## 1. デジタルアーカイブに関連する著作権

　デジタルアーカイブに関連する著作権の内容としては、たとえば表6-2-1のような権利がある。

　著作権者には上記のような権利が認められているため、デジタルアーカイブの際にこれらの権利と抵触する行為をすれば、権利侵害となりうる。適法にデジタルアーカイブをおこなうには著作権利の許諾が必要となるが、アーカイブをおこなう際に逐一権利者の許諾を得ることが困難な場面がある。

6-2-1　デジタルアーカイブに関連する著作権法の規定例

| 複製権(21条) | 著作物をコピーする権利。著作物のデジタル化(保存)の際に問題になる。 |
|---|---|
| 上映権(22条の2) | 著作物を公に上映する権利。上映とは、スクリーンなどに映し出す行為をいう。たとえば、美術館(同一構内)で著作物の映像をタブレットに映し出す行為は、この上映権の行使と考えられる。 |
| 公衆送信権(23条1項) | 放送、有線放送、メール、インターネットでの配信、アップロードする等の権利。 |

## 2. 権利処理が不要な場合

　もっとも、権利処理が不要な場合もある。まず、保護期間が満了した著作物（パブリックドメイン）である。

　また、権利制限規定に該当する場合も、権利処理は不要である。平成30（2018）年改正により、アーカイブに関連する権利制限規定が拡充さ

6-2-2　アーカイブに関連する著作権法上の権利制限規定

| 図書館等における複製等(31条) | 図書館、博物館、美術館等は、所蔵する稀覯本(きこうぼん)や絶版資料等の損傷・紛失を予防するために完全な複製(コピー)が可能。 |
|---|---|
| 国立国会図書館による国内外の図書館への絶版等資料の送信(31条3項) | 国立国会図書館は、同館やその他の図書館等がデジタル化した絶版資料等を、自らのおこなう図書館送信サービスにより他の図書館等に送信することが可能。平成30(2018)年改正により送信先に外国の図書館が追加された。 |
| 作品の解説・紹介のための利用(47条1項・2項) | 美術の著作物または写真の著作物の原作品を適法に展示する者は、観覧者のためにこれらの展示する著作物の解説または紹介を目的とする場合に、必要と認められる限度において、小冊子への掲載が可能。平成30(2018)年改正により、電子機器への複製・上映・公衆送信も可能になった。 |
| 展示作品の情報をインターネット上で提供するための利用(47条3項) | 平成30(2018)年改正により、美術または写真の著作物の原作品を適法に展示する者等は、これらの著作物に係る情報を提供することを目的とする場合には、必要と認められる限度において、当該著作物等の複製または公衆送信が可能になった。 |
| 所在検索サービス(47条の5第1項1号) | 平成30(2018)年改正により、Google Booksのような書籍の全文検索サービス、街中の風景映像等を検索するサービス等が可能になった。 |

れた。改正の内容を含め、アーカイブに関連する権利制限規定は、以下の表の通りである。

## 3. 平成 30（2018）年改正による権利制限規定の拡充

　改正がなされたのは、上掲の表の通り①美術館等の展示作品の解説・紹介用資料をデジタル方式で作成し、タブレット端末等で閲覧可能にすること（47 条）、②国会図書館による外国の図書館への絶版等資料の送信について、新たに権利制限の対象とした点（31 条 3 項）に加え、③国および地方公共団体等が裁定制度を利用する際、事前の補償金の供託を不要にした（67 条）という 3 点である（なお、裁定制度とは、所在不明などの理由で著作権者の許諾を得る代わりに文化庁長官の裁定を受け、通常の使用料額に相当する補償金を供託することにより、適法に利用できるようにする制度である。詳しくは文化庁が公表している「裁定の手引」を参照）。

## 4. 令和 3（2021）年改正による図書館に関連する権利制限規定の見直し

　図書館関係の権利制限規定の見直しは、従来の議論に加え、新型コロナウイルス感染症流行が後押しする形で進められた。これまで、国立国会図書館は、絶版等の理由により入手困難となった資料（絶版等資料）のデジタルデータについて、公共図書館や大学図書館等に送信することができたが、個人に対する送信は認められていなかった。令和 3 年改正は、国立国会図書館が、絶版等資料のデータを、利用者個人に対して直接送信することを可能にした。この結果、利用者は、国立国会図書館のウェブサイト上で資料を閲覧でき、自己利用のためのプリントアウトや、非営利・無料等の要件のもとでの公の伝達が可能となった。ただし、ここで利用できる絶版等資料には、3 月以内に絶版等資料該当性が否定される蓋然性が高いと認められた資料は除かれる（特定絶版等資料）。

　わが国でも、2020 年より、わが国が保有するオープンに利用可能なデジタルコンテンツを検索できるサービス「ジャパンサーチ」が公開されている。国および地方公共団体等が保有する官民データの容易な利用等を図る「官民データ活用推進基本法」の趣旨からしても、国の施策として、様々なデジタル情報資源がオープンとなり、二次利用を促進する

などして、オープンデータが広く流通することが望まれている。

　オープンソース化の波に伴い、ジャパンサーチでも活用されているクリエイティブ・コモンズ・ライセンス（CC ライセンス）や Rights Statements などの利用条件のルールについても、今後さらなる普及が期待されている。これらについては依然問題点はあるものの[3]、一定のルールに従えばデジタルデータを誰でも利用できる点で、デジタルアーカイブの利活用に大いに役立つツールだといえよう。

　今後、ビッグデータ、IoT、3D データ、人工知能（AI）などの情報資源の需要がますます高まることが予想される。新たに創出されうる技術やサービスに備えて、デジタルアーカイブがより利用しやすい形で広まることが期待される。

〔橋本阿友子〕

### 6-2 注釈

1)　JASRAC ウェブサイト〈www2.jasrac.or.jp/eJwid/info/kashiteki.html〉参照。

2)　外国曲については、著作権使用料が数十万円に及ぶ場合もある。また、音楽出版社やレコード会社の連絡先が不明である、連絡がつき難いなど、権利処理が難航する場面も少なくない。国内曲で代替可能な場合には国内曲を利用する、外国曲を利用する場合であっても音源は自作するなど、配信動画における音楽の利用に際しては、配信向けのアテレコを含め、権利処理負担の軽減策も有益である。

3)　橋本阿友子「デジタルアーカイブの権利処理〜ジャパンサーチにみる Creative Commons のススメと課題」骨董通り法律事務所 HP コラム〈https://www.kottolaw.com/column/190328.html〉。

# 6-3
## インターネット・ビジネス一般に関する著作権問題

インターネット・ビジネスには、①ショッピングモールやオークションサイトを通じた商品の売買、②コンテンツの提供・販売、③シェアリング・エコノミー、マッチング・サービス等がある。インターネット・ビジネスにおいては、契約の成立・内容、運営者の責任、広告、宣伝等の様々な法律問題が関係するところ、こうした法律問題については、経済産業省が「電子商取引及び情報財取引等に関する準則」を作成し、定期的に改訂している。[1]

インターネット上で商取引をおこなう際には、販売する商品を紹介するために、商品の写真撮影、画像等が掲載される。以下では、特に取り扱う商品の観点から、これらの行為の著作権法上の考え方について取り上げる。

## 1 商品の写真

ある商品をオンライン販売する際には、商品の特徴を紹介するため、商品の画像を掲載することが一般的である。第三者が撮影した写真を掲載するには、撮影者などの著作権者の承諾が必要である（▶▶366頁「著作物性②：写真の著作物」）。また、自ら写真撮影する場合であっても、対象商品が著作物に該当するときは、その商品の写真撮影や掲載は、著作権者との関係で複製権や公衆送信権の侵害となりうる。

もっとも、販売する商品が美術や写真の著作物である場合には、その商品を紹介する目的であれば、著作権者の承諾なく、商品の画像を複製および自動公衆送信できる（著作権法47条の2）。ただ、画像が高解像度であれば、その後、第三者によって画像が無断利用され、著作権者の利益が害される懸念がある。このため、図画の大きさ、画素数等の観点から、著作権者の利益を不当に害しないための措置が必要とされる（同法施行令7条の3、同法施行規則4条の2）（▶▶388頁「利用①：美術館等における作品の利用」）。

## 2 応用美術／表紙・ジャケット

ある商品の写真を自ら撮影して掲載したとしても、その商品が著作物でな

ければ著作権侵害とはならない。ただ、衣服や美術工芸品などの**応用美術**と呼ばれる実用品は、著作物とされる可能性もあるため（▶▶429頁「ファッションデザインは著作物か」）、写真撮影の際には、念のため、商品についての著作物性の有無を検討しておくとよいだろう。

　では、書籍の表紙やレコード・CD/DVD のジャケットはどうだろう。書籍やレコード・CD/DVD がインターネット上で販売される際には、表紙やジャケットの写真（**サムネイル画像**）が掲載されることも多い。表紙やジャケットのデザインがありふれたものであるなど、著作物性がなければ、その写真を掲載しても著作権侵害にはならない[2]。一方、デザインにオリジナリティがある、写真付きであるなど、著作物性がある表紙やジャケットの無断掲載は、著作権侵害となりうる。著作権侵害の回避策として、画像解像度の低下、掲載サイズの縮小等の措置を施し、サムネイル画像から元の画像の特徴的部分を感得できなくする対応も考えられる。

　なお、書籍やレコード・CD/DVD の購入目的の多くは、中身のコンテンツである。ただ、レコードの「ジャケ買い」のように、特にジャケットに魅せられ、またジャケット自体を目的としたレコードの購入もある。一定の書籍の表紙やレコード・CD/DVD のジャケット等については、上記の制限規定（著作権法47条の2）の適用または準用により、サムネイル画像の掲載を認める解釈もある[3]。　　　　　　　　　　　　　　　　　〔岡本健太郎〕

### 6-3 注釈

1)　業態ごとの法律問題については、岡田淳編『プラットフォームビジネスの法務〔第2版〕』（商事法務・2022年）なども参照。

2)　東京地判平成22年7月8日［入門漢方医学事件］は、正方形、縦棒、横棒からなる比較的シンプルなデザインの表紙に著作物性を認めた。このように、シンプルなデザインであっても、表紙やジャケットに著作物性が認められることもある。

3)　池村聡『著作権法コンメンタール別冊　平成21年改正解説』（勁草書房・2010年）63頁も、著作権法47条の2の要件該当性を前提に、書籍の表紙や CD/DVD のジャケットについて、同条の適用を肯定する。なお、画集、写真集などの収録作品や書籍の一部ページの掲載のほか、映画のキャプチャ画像の掲載は、「申出に供する」（譲渡や貸与のための紹介に必要な範囲内で）という同条の目的を超えるものであり、原則として同条の適用は否定されるように思われる。

# 6-4
## DRM（デジタル著作権管理）と法規制

## **1**「コピー・コントロール」と「アクセス・コントロール」の概要

　デジタル技術を利用して著作物の無断複製等を防止する手段を、**デジタル著作権管理**（DRM: Digital Rights Management）などという。DRM は、コピー・コントロール技術とアクセス・コントロール技術に大別される。自己のコンテンツ保護の観点からは、第三者によるフリーライドの防止策として、また、コンテンツ利用者の観点からは法令遵守のために、技術面に加えて法律面からも検討しておくとよいだろう。

### （1）コピー・コントロール

　**コピー・コントロール**とは、デジタル技術を用いて、著作権が及ぶ複製等の行為を防止または制限することをいい、暗号型と非暗号型（信号型とも呼ばれる）がある。**暗号型**とは、スクランブル等の方法でコンテンツを暗号化し、非正規機器による再生、複製等を制限するものである。DVD、ブルーレイ、地上デジタル放送などに用いられている。一方、**非暗号型**とは、コンテンツにコピー制御信号を付して伝送し、記録機器がこの信号を検出して複製を制限するもの（フラグ型）とコンテンツに付したエラー信号により記録機器を誤作動させて複製等を制作するもの（エラー惹起型）であり、CD、DVD などに用いられている。[1]

### （2）アクセス・コントロール

　**アクセス・コントロール**とは、著作物の閲覧、視聴等を防止または制限することをいう。著作権法上は、著作物を"見る"、"聴く"といった行為や権利は支分権として規定されておらず、著作権者の独占的権利が及ばない。このため、原則として著作権者の承諾は不要である。しかし、著作物の違法コピーやアクセスを制限するため、著作物へのアクセスを制限し、無許諾での著作物の視聴等を制限しているのである。アクセス・コントロール技術の例として、パスワード認証が挙げられる。

## **2** 違反時の責任

### （1）著作権法

　著作権法上、著作物の私的複製は許容されており（30条1項）、各個人は、著作権者の承諾がなくても、自分自身や家族などの限られた範囲内での利用目的であれば、他人の著作物を複製できる。適法な私的複製の例として、CDやDVDを購入またはレンタルし、自己のPC、再生機器、メディア等に複製することが挙げられる。しかし、コピー・コントロール付きのCDやDVDをその制限を回避して無許諾で複製した場合には著作権侵害となり、著作権者から損害賠償請求等を受ける可能性がある（同項2号）。これは刑事罰の対象外であるが、たとえば、DRMを破る機器やプログラムを製造、販売、配信等した場合には、民事責任のほか、刑事罰（3年以下の懲役・300万円以下の罰金（併科））の対象となりうる（120条の2第1号・2号）。

　上記のように、DRMには、コピー・コントロール技術とアクセス・コントロール技術があるが、著作権法上、かつてはコピー・コントロール技術のみが規制対象の「技術的保護手段」（2条1項20号）とされていた。しかし、平成30（2018）年改正により、アクセス・コントロール技術も「技術的利用制限手段」として規制対象に含まれた（2条1項21号）。このため、コピー・コントロール技術と同様、アクセス・コントロール技術を無権限で回避する行為は民事責任の対象となりうるとともに、その回避装置やプログラムの製造販売、配信等をおこなった場合には、民事責任に加えて刑事罰（法定刑は上記と同様）の対象となる（113条6項・7項、120条の2第1号・2号）。

　なお、ライセンス認証の回避による不正利用を防止するため、令和2（2020）年改正により、不正なシリアルコードの提供も規制対象に加わっている（2条1項21号・113条7項）[2]。

### （2）不正競争防止法

　不正競争防止法上は、両者の明確な区別は困難との立場から、コピー・コントロール技術とアクセス・コントロール技術の双方を「技術的制限手段」として規制対象としている（2条1項17号・18号）。平成30（2018）年改正により、不正なシリアルコードの提供などが規制対象とされるなど、著作権法より早く規制対象が拡大されることもある。著作権法と同様に配慮が必要である。　　　　　　　　　　　　　　　　　　　　　　　　　〔岡本健太郎〕

#### 6-4 注釈

1) 暗号型の具体例として、地上デジタル放送用の B-CAS、機器間伝送路用の DTCP や HDCP、記録媒体用の CSS（DVD）、AACS（ブルーレイ）などがあり、非暗号型の具体例として、CD や MD 用の SCMS、DVD 用の CGMS などがある。

2) DRM と関連して、写真画像や音楽 CD のデータに著作権者の情報を埋めこむ「電子透かし技術」がある。こうした「権利管理情報」の故意による除去、改変等のほか、権利管理情報が削除等された著作物であることを知りながらの頒布、公衆送信等も著作権侵害となりうる（著作権法 2 条 1 項 22 号・113 条 8 項各号）。

# 6-5

## 情プラ法（旧プロバイダ責任制限法）による削除請求や発信者情報開示請求

### **1** ネットでの被害の相談を受けたら？

　依頼者から、誰がやったか不明だが、「自分の作品が無断でネットに掲載された」、「ネット掲示板に名誉毀損の書き込みをされた」といった相談を受けることがある。このような場合にとりうる措置が、プロバイダを相手方とした削除請求や発信者（コンテンツ投稿者）情報開示請求である。

　インターネットは大変便利だが、他方、負の側面として、①不特定の者に対する情報発信が容易なので権利侵害情報の発信も容易、②転送等が容易で被害が拡大しやすい、③情報発信を匿名や仮名でおこなえるため加害者の特定が困難といった特質を有する。

　インターネット上の情報により被害が生じた場合、情報を媒介するプロバイダが果たせる役割は大きい。**コンテンツプロバイダ**（電子掲示板のサーバー運営者など）は、問題情報を削除できる立場にあるし、**アクセスプロバイダ**（インターネット接続サービス提供者）は利用者の課金情報を通じて発信者の特定情報を一般に保有する立場にあるためだ。とはいえ、過度な負担になるうえ投稿者や利用者の表現の自由、通信の秘密等を脅かすので、媒介情報の内容を逐一監視する義務をプロバイダに負わせることはできない。そこで、被害申告があった場合に、事後的にプロバイダに関与させる仕組みを法定したのが**情プラ法（旧プロバイダ責任制限法）**である。

　プロバイダは、不適切な削除請求に安易に応じると、投稿者に対して表現の自由等の侵害で責任を負うリスクがあり、他方、削除すべき情報を不当に放置すると、削除請求者に対し責任を負うリスクがある。このように**板挟み状態**にあるプロバイダについて、情プラ法は、どのような場合に請求に応じ、あるいは応じなくてよいかを定めている（3条）。また、同法5条以下は発信者情報開示制度について規定している。

## 2 実務的対応──削除請求

プロバイダの業界団体が定めたガイドラインがある[2]。これらガイドラインには、プロバイダに送信防止措置を要求する際の書式と参考記入例などが掲載されているので、これを参考に請求をするとよい。

## 3 実務的対応──発信者情報開示請求

発信者情報は発信者のプライバシーに関わるので、開示請求は削除請求よりも一般にハードルが高い。情プラ法でも、発信者情報開示請求をおこなうためには、削除請求にはない権利侵害の明白性が要求される（5条1項1号）。削除請求はプロバイダに裁判外で任意に応じてもらえる場合もあるが、発信者情報開示請求は、裁判手続を要する場合が多い。プロバイダ責任制限法の2021（令和3）年改正によって非訟手続が追加されたが、まず、同改正前からの裁判手続に触れたうえで、発信者情報開示制度の見直しの動きと追加された非訟手続についてそれぞれ簡単に説明する。

### （1）裁判手続

裁判手続は2段階を要する。まず、コンテンツプロバイダを相手方として、IPアドレスやタイムスタンプ（投稿日時情報）などの開示を求める。これは仮処分でおこなえる。次に、そこで得られたIPアドレスからアクセスプロバイダを特定し、そこを相手方として発信者の氏名住所等[3]の開示を求める。個人の特定につながる情報のためこれは本訴による必要がある。プロバイダはログ情報を長期間保存していないので[4]、本訴と並行してログ消去禁止の仮処分を提起する必要もある。

### （2）発信者情報開示制度の見直しに向けた動き

SNSへの書き込みによって、特定の個人に対する誹謗中傷がなされ、社会的事象に関連してデマが流布するなど、ネット上で無責任な言説が広がることがある。事態の深刻化を受けて、総務省は、2020年4月、「発信者情報開示の在り方に関する研究会」を開催した。

同年8月に同研究会が出した中間とりまとめを踏まえ、同月省令により「発信者の電話番号」が開示対象に追加された。これにより、電話番号に関する弁護士会照会をおこなえば、契約者の住所氏名等がわかる可能性がある。

同研究会が同年12月に出した最終とりまとめでは、ログイン時情報の追

加も提言された。近時、ユーザーIDやパスワード等の登録によりアカウントを作成し、同アカウントにログインした状態で様々な投稿をおこなう利用形態が増加している。**ログイン時情報**は、権利侵害を投稿する通信とは異なるが、権利侵害の投稿に関するログをコンテンツプロバイダが保有していない場合などに、補充的に発信者の特定を可能にしようとする試みである。

**(1)** で述べた通り発信者開示の裁判手続は2段階を要するが、ひとつの手続の中で開示可否を判断できる非訟手続が2021年改正によって導入された（2022年10月施行）。非訟手続は、コンテンツプロバイダが保有する権利侵害に関係する発信者情報（IPアドレスなど）を、開示請求者には伝えずに、コンテンツプロバイダから該当するアクセスプロバイダに提供し、提供を受けたアクセスプロバイダは、関連するログ情報を保存することなどを想定している。この仕組みによれば、開示請求者に対して発信者の特定につながる情報が直ちには開示されないため、発信者情報開示の要件充足の有無を判断する前に迅速にログ情報の保存が可能となるなどの特徴がある。コンテンツプロバイダによっては、この非訟手続に基づく提供に関わる裁判所の命令を速やかに履行しない場合もあるとされており、そのため、従来の仮処分（非訟事件にするか、従来の仮処分にするかは請求者が選択できる）を請求する方がよいケースもある。とはいえ、統計的には非訟事件の利用件数が増加傾向にある。[5] 発信者情報開示請求の取扱いが多い東京地方裁判所民事第9部では、開示命令等の申立てにあたっての一般的留意事項や書式を公表しており参考になる。[6]

〔二関辰郎〕

### 6-5 注釈

1) プロバイダ責任制限法（正式名称は「特定電気通信役務提供者の損害賠償責任の制限及び発信者情報の開示に関する法律」）は、2024年5月成立の法改正により、「特定電気通信による情報の流通によって発生する権利侵害等への対処に関する法律」に改名された。この改正により、一定のプラットフォーマー（大規模特定電気通信役務提供者）に対して削除申出窓口・手続の整備・公表などを義務づける条項などが追加されたことから、改正後の法律は、略称で「情報流通プラットフォーム対処法」といい、さらなる略称を「情プラ法」という。発信者情報開示の仕組み自体は、2021年の法改正によって取り入れられた非訟手続に関する規定の追加から特に変わっていない。

2) プロバイダ等の団体、著作権関係団体等、関係省庁（オブザーバー）が参加のうえ、2002年以降、順次、名誉毀損・プライバシー、著作権侵害、商標権侵害及び発信者情報開示請求に関するガイドラインがそれぞれ策定されている。「プロバイダ責任制限法　関連情報Webサイト」〈http://www.isplaw.jp/〉から入手可能。

3) 法令上、氏名、住所、メールアドレス、IPアドレス、携帯個体識別番号など。海外では支払いに関する情報なども得られる場合があり、日本のプロバイダ責任制限法により得られる

情報の範囲は広くはない。

4) プロバイダによって異なるが、一般に 3〜6 か月間といわれている。ログが削除されると特定は不可能なので、時間との勝負である。

5) 作田寛之ほか「東京地方裁判所民事第 9 部における発信者情報開示命令事件の概況等について」NBL1266 号（2024 年）4 頁。

6) 〈https://www.courts.go.jp/tokyo/saiban/minzi_section09/hassinnsya_kaiji/index.html〉。2022 年 10 月の改正法施行から 1 年強の間における開示命令事件の申立て件数の約 95％ が東京地裁本庁に申し立てられ、そのうち知的財産権に関する事件に関する約 20％（知的財産権部に分配される）を除く事件が、保全部である東京地裁民事第 9 部に分配されている（作田・前掲注 5））。

## 6-6
## オンライン海賊版

### 1 オンライン海賊版の現状と対策

#### (1) オンライン海賊版とは

**オンライン海賊版**とは、マンガやアニメ、雑誌などを著作権者の許諾なしにオンラインで閲覧できるようにしているウェブサイト、SNS、アプリの総称である。デジタル技術の発達を受けて、画質や音質の劣化しない著作物のコピーが容易に作れるようになり、ブロードバンドの普及により大量のデータを高速で送信できるようになった。こういったITの発達という生理現象に対し、オンライン海賊版の運営で収益を生み出すことができ、運営者の特定が容易ではないことから、オンライン海賊版の普及という病理現象が生じている。

オンライン海賊版は、①オンラインリーディング型(ストリーミング形式で作品を閲覧できるタイプ)、②リーチサイト型(ダウンロード可能な作品が蔵置されているオンラインストレージサイトと、そこへのリンクを提供するリーチサイトとに分岐しているタイプ)(▶▶303頁「リンク規制とリーチサイト問題」)、③トレントサイト型(ネットワークに分散蔵置されている作品を個人同士がファイル交換しあうことで高速にダウンロードできるタイプ)などに分類できる。

6-6-1 米国司法省2012年1月19日プレスリリース

(出典) 米国司法省ウェブサイトから

#### (2) オンライン海賊版の実例

たとえば、2012年に米国FBIに摘発された世界的な海賊版サイトに「メガアップロード」という名称のサイトがあった。米国司法省のプレスリリース(左はその一部)によれば、このサイトは1億7500万米ドル以上の収益を得ており、著作権者に50億米ドル以上の損害

を与えたとされている。

　主犯はキム・ドットコム（キム・シュミッツ）という香港およびニュージーランドに住居を有する当時37歳の人物で、約5000万米ドルの財産を押収された。同サイトには、1億5000万人以上の登録ユーザーがおり、1日当たり5000万人の訪問者がいたといわれていた。

　その後も、もっぱら日本向けと思われる大型のオンライン海賊版に限っても、たとえば、次のようなものが存在した。

- ・「はるか夢の址（あと）」：2008年開設。リーチサイト型。最盛期には月間訪問者数が1200万人規模ともいわれた。2017年7月に強制捜査がおこなわれてサイト閉鎖。同年10月に関係者逮捕。2019年1月に主要な運営者に実刑判決。
- ・「フリーブックス」：2016年末開設。オンラインリーディング型。最盛期には月間訪問者数1750万人規模ともいわれた。2017年5月閉鎖。閉鎖理由は不明。
- ・「漫画村」：2016年開設。オンラインリーディング型。同一人によるリピートを含む月間アクセス数は、最盛期1億回以上。2018年4月に閉鎖。2019年9月に運営者逮捕、2021年6月に運営者に懲役3年の実刑と合計7000万円超の罰金・追徴金を命じる刑事有罪判決。2024年4月に17億円超の損害賠償責任を認める民事判決（出版社3社の17作品分に関する損害額）。

## （3）どうやって収益を得ているか

　オンライン海賊版は、広告掲載や、ユーザーからの会費徴収などで**収益化**が可能である。前者は説明を要しないであろう。後者について簡単に説明すると、リーチサイト型の海賊版サイトのユーザーは、いちおう無償でも著作物のダウンロードが可能である。しかし、その場合には、広告が表示されたり、スピードが遅かったり、1日あたりにダウンロードできるファイル数に制限が課されたりする。そのため無償のままでは非常に使い勝手が悪いが、有料会員になってストレージサイトに会費を支払えば、それらの制約がなくなりスムーズに利用できるようになるという仕組みである。

　海賊版に、リーチサイトの仕組みが取り入れられている場合については、

**6-7**（▶▶ 303 頁以下）参照。

### （4）オンライン海賊版対策の難しさ

　オンライン海賊版によって著作権者等の権利者が被る損害は財産的なものだ。それゆえ、損害を被ったとしても、理論的には事後的に回復が可能である。しかし、あくまでも「理論的には」という留保がつく。損害回復のために法的措置をとるには、当然のことながら海賊版運営者を特定する必要がある。仮に特定できた場合でも、その者に十分な資力がなければ実際の支払いはできない。ただし、これらはいずれも、不法行為責任を追及する場合一般につきまとう共通問題である。そこで、ここではオンライン海賊版に特有な問題点に絞って話を進めたい。

　海賊版運営者を特定するためには、IP アドレスを手がかりとして探索するのが一般的である。しかし、オンライン海賊版は、旧共産圏などの海外にある複数のサーバーを経由する構成をとっていることが多い。そのため、海賊版運営者情報にたどり着くには、海外にあるサーバーの運営者に対して順次情報開示を求めていく必要があるのだが、国によっては情報開示の法制度が十分に整備されていないことがある（むしろ、追及を困難にすべく、そういう国にあるサーバーをあえて選択している可能性もある）。また、サーバー運営者の中には、顧客の「プライバシー保護」を「売り」にして、顧客の匿名性を守るため、情報開示に応じない業者も存在する。仮に、こういったいくつかの障害を乗り越えて違法コンテンツのアップロードに使われた ISP にたどり着けたとしよう。しかし、その時には ISP の**アクセスログ保存期限**（通常 3～6 か月程度）はすでに過ぎていて、アップロードをした発信者の特定は結局できないのが通常である。そのため、海賊版運営者の特定には非常に困難を伴う。仮に運よく特定ができたとしても、前述の通り海賊版運営者が無資力の場合に加え、資力がある場合であってもそれが海外にしかないといった場合には、執行は極めて困難である。

## **2** 総合的な対策

　では、オンライン海賊版に対してはどのような対策が考えられるか。ここでは、内閣府知財戦略本部が各省庁と連携して策定・公表している「インターネット上の海賊版に対する総合的な対策メニュー」（総合対策メニュー[1]）に沿って総合対策をリストアップしてみよう。

①海賊版に対するユーザーのアクセスを抑止するための取組み

（ⅰ）　著作権教育・意識啓発

（ⅱ）　検索サイト対策

（ⅲ）　アクセス警告方式

（ⅳ）　フィルタリング

②海賊版サイト運営者の摘発など、著作権侵害に対するエンフォースメントの取組み

（ⅰ）　被害の実態把握

（ⅱ）　国際連携・執行等の強化

（ⅲ）　発信者の特定の強化

（ⅳ）　プラットフォーム事業者における対応の迅速化・透明化

③海賊版サイト運営を可能とする民間サービス等の負のエコシステムに対する対策の取組み

（ⅰ）　海賊版サイトへの広告出稿の抑制

（ⅱ）　CDN サービス等の海賊版サイトへの悪用防止

（ⅲ）　正規版の流通促進


　ここにリストアップしたように総合対策メニューには様々な項目が挙げられているが、ここでは、次の **3** で広告規制（上記③（ⅰ）関連）、CDN 対策（上記③（ⅱ）関連）、フィルタリング（上記①（ⅳ）関連）、検索エンジン対策（上記①（ⅱ）関連）、侵害者情報の入手（上記②（ⅲ）関連）、ICANN を通じた対応（上記②（ⅱ）関連）について説明する[2]。その後、**4** ではかつて論争になった「サイトブロッキング」を取り上げよう。

　なお、文化庁では、インターネット上の海賊版による著作権侵害対策情報ポータルサイトを 2022 年 6 月に開設し、削除要請ガイドブックや国別のハンドブックなどの情報を掲載している[3]。

## **3** 各種対策とその限界

### （1）広告規制

　オンライン海賊版には、広告掲出により広告主（スポンサー）から広告掲出料を受け取ることを収益化のひとつの方法にしているものがある。それゆ

え、オンライン海賊版に広告を掲出しないよう広告規制ができれば、海賊版による収益化を防ぐことにつながる。

従来型の広告では、広告代理店が介在して、広告主の出稿条件に応じた個々の媒体に広告掲載を依頼していた。これに対し、**オンライン広告**では、アドネットワークなどを利用することで、自動的・瞬時に媒体を選択して広告を配信することが可能になった。**アドネットワーク**とは、広告枠となる多数のウェブサイトを集めた広告配信ネットワークをいう。アドネットワークを利用すると、広告主は多数のウェブサイトに一括で広告が配信できるようになり、他方、広告を掲載する媒体側も、アドネットワーク事業者に広告の受注や広告掲載のための配信等を任せることができるメリットがある。ただし、デメリットとしては、個々の媒体に掲載依頼するわけではないため、広告主の意図しない違法・不当なサイトに広告が掲載されるといったことが起こりうる。

広告関連の業界団体では、違法サイト等への広告配信停止の措置が従来とられてきたが、オンライン海賊版の広がりを受けて、そういった広告配信停止の対象にオンライン海賊版も含める動きが出てきている。そういう対策の結果、海賊版サイトへの広告出稿量を減らすことができたという報告もある（「中間まとめ（案）」55頁）。

もっとも、現在の複雑化した広告ネットワークの仕組みでは、広告出稿先を完全に制御するのは難しいとされている。また、広告規制を導入している広告関連業界団体に加盟していない企業も多数存在する。なかには、自主的に広告規制をおこなっているところもあるが、そうでないところも多いといった限界がある。その結果、現在の海賊版サイトの広告の多くは、海外のアダルト向けのものや、賭博に誘導するサイトなどである。さらに、そもそもオンライン海賊版の中には、広告を掲載していないものもある。そういった海賊版の場合には、もちろん広告規制に効果はない。

## (2) CDN 対策

**CDN**（コンテンツ・デリバリー・ネットワーク）は、ネットワークを通じて同一コンテンツを多数のユーザーに効率よく大量配信できるようにする仕組みである。各地に分散した複数のサーバー上に、あらかじめオリジナルファイルと同一コンテンツのコピー（キャッシュ）を置いておき、ユーザーからリクエストがあった場合に、オリジナルファイルを置いたサーバーではなく

ユーザーからアクセスの良いサーバーに誘導し、オリジナルファイルを置いたサーバーへのトラフィックの集中を防ぎ、オリジナルファイルと同一コンテンツの高速ダウンロードを可能にする。

このCDNサービス提供事業者は、ネットワーク社会における大量のデータ流通を可能にするもので重要な役割を果たしている。他方、自らは脆弱なサーバー環境しか用意できない海賊版運営者がCDNサービスを利用することにより、違法なコンテンツの大量配信が可能になる。CDNサービスの病理的側面の問題である。

**1**で述べた通り、運営者の特定は困難なため、運営者以外の主体への働きかけを通じた対策は重要な意義をもつ。そのため、違法なコンテンツであると承知で配信を続けるCDN事業者などを相手に法的措置をとることができないかが検討に値する。

海賊版は、海外にあるサーバーを利用している場合が多く、CDNサービスの利用は、ほとんど海外の特定のCDN事業者に集中している（執筆時）。それゆえ、海外のCDN事業者を相手とする法的措置の可否、すなわち、①海外のCDN事業者を相手方として日本で法的措置をとることができるか（日本に裁判管轄はあるか、準拠法は日本法でよいか）が、まず問題となる。①が肯定される場合、次に、②日本法において、CDN事業者に対する差止請求や損害賠償請求が認められるかが問題になる。この②が肯定される場合でも、③海外のCDN事業者に対して、判決を執行できるかという問題が残る。①と③は**6-19**（▶▶343頁以下）で説明したので、ここではポイントを絞って簡単に説明しよう。なお、ここで述べることは、CDN事業者に限らず、インターネット上の媒介サービス事業者に共通する面がある。どのようなサービスを提供しているかによって個別の考察を要する場面もあるであろうが、ひとまずCDN事業者の場合を中心に説明する。

まず、①管轄・準拠法の問題。2012年に施行された改正民事訴訟法により、**国際裁判管轄**の規定が整備された。CDNサービスが「日本における業務に関するもの」と評価できれば同法3条の3第5号により、外国でおこなわれた加害行為の結果が日本国内で発生し、その結果発生が通常予見できないものでないのであれば同法3条の3第8号により、日本の裁判管轄が認められるであろう[4]。なお、外国会社が日本において継続して取引をしようとするときは、日本における代表者（1名以上は日本に住所があることを要す

る）を定めたうえで、日本で登記をする必要がある。法務省・総務省がこの登記を要請した結果、2022年以降、複数の外国会社が日本国内に登記をするようになった。登記があれば、登記された日本における代表者の住所や国内に営業所がある場合にはその所在地を基準に国内管轄が生じる。**準拠法**については、議論はあるものの、差止請求か損害賠償請求かにより理由づけは異なるが、結論的にはいずれも日本法が適用されるといってよいであろう。

次に、②日本法において CDN 事業者に対する差止請求や損害賠償請求が認められるかという問題が生じる。前者は、幇助者に対する差止請求の可否の問題と捉えると、日本の裁判所の趨勢としては認められないことになろう。他方、CDN 事業者自体が著作権侵害の主体と評価できれば、差止請求の道も開けることになろう。後者は、幇助者であれ侵害主体であれ、CDN 事業者がいずれかと認定されれば、損害賠償責任は認められることになる。

CDN は、前述の通りデータの流通に重要な役割を果たしているし、媒介している情報の内容を知らないのが通常である。それゆえ、CDN に責任が認められるのは、いずれにせよ、権利者から個別の被害申告を受けるなどして著作権侵害に自らが関与していることを認識した時点以降になるであろう。この点は、他のインターネット上の媒介サービス事業者にも共通すると考えられる。

最後に③海外の CDN 事業者に判決を執行できるかという問題がある。CDN 事業者が判決に任意に従えばよいが、日本に財産をもたない事業者が判決を無視した場合、その執行は不可能か大変困難である。そもそも、その事業者の国なり財産所在地の裁判所が、日本の裁判所が出した判決を承認するかという問題があり、承認しなければその時点でアウトであるし、承認する場合でも、その国の裁判所で日本の判決を承認してもらう手続をとり、それに成功した場合には、その国で強制執行手続をとることになる。CDN 事業者が日本の裁判所の判断を尊重し任意に従ってくれればよい。だが、それは海賊版運営者にとってはアンハッピーな話である。海賊版運営者は、そのような CDN 事業者との契約はやめて、別の CDN 事業者との関係を築くだろう。つまり、ある CDN 事業者で対策をとっても、別の CDN 事業者に乗り換えられてしまうことを意味する。

**(3) フィルタリング**

青少年向けの**フィルタリング**については **6-17**（▶▶336頁以下）で説明す

るが、青少年向けのこれは、情報の受け手としての「青少年保護」のための仕組みである。他方、海賊版対策としてのフィルタリングは、著作権者保護を目的としており、対象として青少年だけでなく成年も入ってくる。

　フィルタリングは、あくまでも利用者（青少年フィルタリングの場合は保護者）が自ら選び取る仕組みである。ウィルスを送り込むような違法サイトであれば、利用者も訪れたくないのでフィルタリングは効果的だ。他方、利用者がコンテンツを読むために訪れたいと考えていることのある海賊版の場合、どの程度実効性があるかという限界がつきまとう。とはいえ、海賊版も一般的なフィルタリングの対象に含められているから、フィルタリング普及率を高めることができれば、海賊版対策として高い効果を期待できる。どのようにすればフィルタリングの普及率を上げられるかを、IT 業界や出版社などの民間で協議する動きも活発化している。[5]

### （4）検索エンジン対策

　インターネット上で漫画を無料で読みたいと思う者は、検索エンジンを利用して新規に海賊版サイトを探す場合も多い。したがって、海賊版を想起させるキーワードなどを用いてウェブサイト検索をしても海賊版サイトが検索結果に現れなければ、海賊版にたどり着けないことになる。出版社などの権利者は、違法に作品がアップロードされていることを発見すると、検索エンジンに対して検索結果から削除するよう申請し対応してもらっているが、その数は、ある出版社 1 社だけでも毎月数万件に及んでいる。日々新たな違法アップロードがなされている状況で、このようなウェブページ単位での削除申請では対応に限界がある。そのため、出版社大手 5 社と Google は、ウェブページ単位ではなく海賊版サイト自体が検索結果として表示されない枠組みを作り、2022 年から運用している。ただし、誤って海賊版サイトではないサイトが検索結果に表示されなくなってはいけないため、対象サイトを慎重に抽出すべく裁判所を介在させる仕組みになっている。それゆえ、出版社が新たな海賊版サイトを認知した場合に直ちにこの枠組みの対象になるわけではなく、海賊版サイトに一度たどりついた者がブックマークをして、次回からそれを利用して直接海賊版サイトにたどりつく場合には、この枠組みは役立たない。また、この枠組みの対象になった海賊版サイトが、ドメインホッピング（実質的に同一のサイトがドメインを変更し、それを頻繁に繰り返すこと）をすることで、この枠組みから逃れようとする動きや、海賊版情報の

拡散が広く SNS によっておこなわれる動きも顕在化した。

### (5) 侵害者情報の入手

　侵害者を特定するための情報を入手するにあたっては、サービスプロバイダが日本国内の場合には日本法に基づく発信者情報開示請求を利用できる。しかし、オンライン海賊版の場合には、海外にあるサービスプロバイダを利用する場合が多く、日本法に基づく請求をおこなっても応じてくれないことが多い。この点、インターネット関連では米国所在の企業が多いため、米国の法制度が利用できる場合がある。

　❶ DMCA サピーナ：　1998 年米国デジタルミレニアム著作権法（DMCA）により、削除通知の仕組み（Notice and Take Down）とともに、侵害情報を入手するための召喚状（サピーナ）の仕組みが導入された（米国著作権法 512 条(h)）。この仕組みを利用するには、著作権侵害コンテンツに関して発した削除通知の写し、発出を求める情報開示命令、目的外利用をしないことを約した宣誓陳述書を添付して、米国連邦裁判所書記官に申請をする。DMCA サピーナは本訴の提起を要しない点では比較的簡易な手続であるが、召喚状が送付された時点で侵害が生じていること、送付を受けたサービスプロバイダーが侵害データを保有している必要があり、単に送信に関与しただけでは要件として足りないなど[6]、利用できる範囲が限定的な面がある。

　❷匿名訴訟（John Doe 訴訟）：　米国には匿名訴訟という仕組みがある。被告が誰かがわからない場合でも被告名を John Doe（氏名不詳者）として訴訟提起し、その後、ディスカバリー（公判前証拠開示制度）を利用して、被告の特定につながる情報を裁判所の出す召喚状によって得ることになる。この仕組みによる場合、召喚状の送付時点で侵害が存在することや、送付先が侵害データを保有していることは必要なく、利用できる範囲は DMCA サピーナより広い。たとえば、召喚状送付先として、サービスプロバイダのほか、ドメイン登録会社、決済に関与した会社なども含まれうる。しかし、本訴を提起する必要があるため手間と費用がかかる。

　❸フォーリンサピーナ[7]：　連邦民事訴訟規則 1782 条は国際司法共助に関する規定であり、この規定を利用して侵害者情報を米国の裁判所を通じて入手する方法が考えられる。1782 条は、（ⅰ）ディスカバリーの対象者が地方裁判所の管轄内に所在していること、（ⅱ）外国の法廷ないし準司法機関での手続で利用すること、（ⅱ）申立てが外国・国際法廷または利害関係人

によってなされることなどを要件としている[8]。条文的に「裁判所は命令を出すことができる」(the district court ... may order) であって裁判所の裁量が大きいため、開示命令が得られるとは限らないが、活用の可能性がある。

## (6) ICANN を通じた対応

ICANN (The Internet Corporation for Assigned Names and Numbers) は、ドメイン名や IP アドレスといったインターネットの識別子の割り振り等を全世界的かつ一意に行うシステムの調整などを目的とする民間の非営利法人である。

海賊版サイト運営者の特定は困難なため、インターネットにおける媒介者への対策が重要な意味をもつが、その中でもドメインを管理する**レジストリ・レジストラ**[9]を通じた対策は重要な意味をもつ。レジストリとレジストラは、それぞれ ICANN との間で契約を締結して ICANN の認証を受ける必要があるため、ICANN による契約を通じたガバナンスによるコントロールの可能性がある。前述したドメインホッピングは国を跨いでおこなうことが容易であるが、各国の法制度は異なるため、司法制度を通じてそういったドメインホッピングに対応することは困難である。他方、ICANN の契約は全世界のレジストリ・レジストラに対して共通する。それゆえ、海賊版対策に有効なルールを ICANN の契約内容に含めることができれば、対策として強い期待がもてる。もっとも、ICANN の付属定款 (Bylaws) は微妙な内容になっており、ICANN はコンテンツを規制しないとされている一方、ICANN は公益的約束 (Public Interest Commitments) を含む契約を交渉、締結、執行する権限を有するとされている[10]。この公益的約束は、著作権侵害を含む違法なコンテンツに対する制限を含んでいるため、こういった条項をより充実[11]した内容に今後改訂していければ、ICANN を通じたレジストラやレジストラによる対策が重要な意義をもつことになると考えられる。

## **4** サイトブロッキングをめぐる議論

### (1) サイトブロッキングとは

**サイトブロッキング**とは、インターネット利用者がウェブサイトやコンテンツにアクセスしようとする際に、インターネットサービスプロバイダ(ISP) が、利用者による閲覧を強制的に遮断する措置をいう。

オンライン海賊版利用者は、コンテンツを読みたいと考えている。そのた

め、利用者による採用を必要とするフィルタリングについては、前述の通り実効性の限界が指摘できる。他方、ISP が強制的に閲覧を遮断するサイトブロッキングでは、その問題は生じないので、サイトブロッキングは海賊版対策の有力手段として期待されている。もっとも、後述の通り、サイトブロッキングに伴う問題点も種々指摘されており、その導入の是非、導入する場合の制度のあり方など、これまで様々な議論がなされてきた。

サイトブロッキングは、EU 域内の一部の国々やイギリス、オーストラリアなどで海賊版対策等のためすでに実施されている。日本では、2011 年 4 月から児童ポルノ流通対策において整備・運用されてきた。

サイトブロッキングの手法はいくつかあるが、児童ポルノ流通対策では、一般に **DNS ブロッキング**と呼ばれる手法がとられてきた。図 6-6-2 が DNS ブロッキングの概念図である。利用者があるウェブサイトを閲覧するには、そのサイトの URL を入力し、リンクをクリックする。その際、利用者のブラウザは、利用者が契約している ISP の DNS サーバーから回答を得て目的[12]

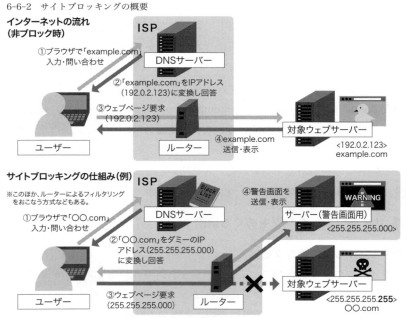

6-6-2 サイトブロッキングの概要

(出典)知的財産戦略本部検証・評価・企画委員会「インターネット上の海賊版対策に関する検討会議資料」

のウェブサイトにたどりつく。DNS ブロッキングは、利用者が要求した URL に対して真実ではない IP アドレスを回答し、利用者が本来訪れようとしたウェブサイトに行けなくする仕組みだ。

## （2）政府の緊急対策とその問題点

海賊版サイト「漫画村」では、**1（2）**（▶▶ 290 頁以下）で触れた通り、極めて多くのアクセスがあった。

海賊版サイトへのアクセス数が非常に増え、電子コミック市場の売上が激減するなど、著作権者、著作隣接権者または出版権者等の権利者に対する深刻な状況が生じていたことを踏まえ、政府は、2018 年 4 月 13 日の犯罪対策閣僚会議で、「インターネット上の海賊版サイトに対する緊急対策」（以下**「政府の緊急対策」**という）を決議した。政府の緊急対策は、①海賊版サイト対策の法制度整備がおこなわれるまで、特に悪質な海賊版サイトのブロッキングは、通信の秘密や表現の自由との関係で**緊急避難**の要件を満たす場合は違法性が阻却されるとし、②特に悪質な海賊版サイトを具体的に 3 サイト指定し、その 3 サイトおよび同様のサイトにつき、ISP による自主的取り組みとしてサイトブロッキングをおこなうことが適当との考えを示した。

政府の緊急対策に対しては、著作権侵害を緊急避難には位置づけられないのではないかという指摘のほか、様々な問題点が指摘されている。

ブロッキングの対象を、「特に悪質な海賊版サイト」に限定するとしても、その選定を何ら具体的手続の定めなしに政府がおこなうのでは、選定が適切におこなわれる保証は一切ないことになる。対象サイトの選定が不適切になされると、対象サイト運営者による**表現の自由**に対し**事前抑制**に類する効果を生じ、利用者の**知る権利**も重大な影響を受ける。サイトブロッキングは、公開して差し支えない適法な情報の流通まで遮断する、いわゆる**オーバーブロッキング**の危険性を内包している。このようにサイトブロッキングは表現の自由や知る権利という憲法上の重要な人権に対する強い制約となりうるので、法律の規定に基づかない実施には憲法違反のおそれがある。[13] 特に政府の緊急対応のように政府が対象サイトを指定すると、政府に都合の悪いサイトを恣意的にブロッキング対象に指定するおそれもある。[14]　　　〔二関辰郎〕

## 6-6 注釈

1）　総合対策メニューは、2019 年 10 月に工程表とともに公表され、2021 年 4 月と 2024 年

5 月にそれぞれ改訂されている。

2) 2024 年 5 月に改訂される前の総合対策メニューでは、リーチサイト対策やダウンロード違法化もメニューの独立した項目として挙げられていた。それぞれについて **6-7**（▶▶ 303 頁以下）および **6-8**（▶▶ 306 頁以下）で扱う。

3) 〈https://www.bunka.go.jp/seisaku/chosakuken/kaizoku/handbook.html〉

4) ただし、民事訴訟法 3 条の 9 の規定（「裁判所は、訴えについて日本の裁判所が管轄権を有することとなる場合（日本の裁判所にのみ訴えを提起することができる旨の合意に基づき訴えが提起された場合を除く。）においても、事案の性質、応訴による被告の負担の程度、証拠の所在地その他の事情を考慮して、日本の裁判所が審理及び裁判をすることが当事者間の衡平を害し、又は適正かつ迅速な審理の実現を妨げることとなる特別の事情があると認めるときは、その訴えの全部又は一部を却下することができる。」）により、個別の事案によっては日本の裁判管轄権が否定される場合もあるであろう。

5) 知的財産戦略本部インターネット上の海賊版対策に関する検討会議「中間まとめ（案）」〈https://www.kantei.go.jp/jp/singi/titeki2/tyousakai/kensho_hyoka_kikaku/2018/kaizoku/dai9/siryou1.pdf〉。

6) 全米レコード協会対ベライゾン社（RIAA v. Verizon, 351 F.3d 1229 (D.C. Cir. 2003)）。

7) 「フォーリンサピーナ」というのは、外国での法的手続に用いるという内容に着目した便宜上の名称であり、正式な手続の名称ではない。

8) その他の検討要素として、(1) ディスカバリーを求める者が外国手続の参加者か、(2) 外国の司法機関の性質、外国で進行中の手続の性質および米国連邦裁判所による司法支援への外国政府、司法機関の受容性、(3) ディスカバリーの申立てが、外国または米国の証拠収集制限その他の方針を潜脱する試みか否か、(4) ディスカバリーの申立てが過度な干渉ないし負担ではないかを連邦地方裁判所を検討することとされている（インテル v. AMD, 542 U.S. 241 (U.S. 2004)）。

9) レジストリは、「. com」、「. net」、「. org」などの分野別トップレベルドメイン（gTLD）ごとに 1 つ存在し、gTLD 用のデータベースを一元管理する機関。レジストラは、レジストリの元に複数存在し、登録者からドメイン名の登録申請を受け付け、その登録データをレジストリのデータベースに登録する。

10) ICANN の付属定款（Bylaws）〈https://www.icann.org/resources/pages/governance/bylaws-en/#article1〉1.1 条(c)項および(d)項(iv)号にそれぞれの規定がある。

11) たとえば、ICANN とレジストリ間の契約である RA（Registry Agreement、〈https://www.icann.org/en/registry-agreements/base-agreement〉から入手できる）の別紙仕様 11（Specification 11）では、著作権侵害等のウェブサイトのコンテンツに関わるルールを規定している。ただし、ドメイン登録者と（レジストラ間）の契約において、著作権侵害等を禁止する規定を含めないといけないというルールにとどまっており、ドメイン登録者が条項に違反した場合にどのような措置をとらないといけないといった具体的義務までは規定していないなど、その執行性の確保は十分ではない。

12) 文字列から構成されており、利用者にとって扱いやすいドメイン名と、個々のドメイン名に対応し、コンピューター処理に適した IP アドレスのデータを保有しており、利用者がドメイン名を入力すると、それに対応した IP アドレスを利用者に回答するサーバー。

13) 法律に基づく場合でも憲法違反のおそれがあるという指摘もある。

14) 政府の総合対策メニューでも、「ブロッキングに係る法制度整備については、他の取組の効果や被害状況等を見ながら検討」という注記が置かれている。なお、前述したドメインホッピングが多発する中で、ブロッキングの実効性がどこまであるのかという問題も生じうるであろう。

## 6-7
# リンク規制とリーチサイト問題

## 1 リンクと著作権侵害

　**リンク**（ハイパーリンク）は、周知の通り、ウェブページ内に表示された文字列や画像をクリックすると、別のページやサイトに移動できる仕組みである。このリンクを張る行為は、著作権侵害を構成するか、という議論がある。リンク自体は著作物ではなく、コンテンツをアップしているのは他者であって、リンク元はリンク先アドレスを紹介しているにすぎない。このように、リンクをした者は、自ら著作物の複製や送信行為をおこなっているわけではないので、リンク元のコンテンツの内容にかかわらず著作権侵害を否定するのが従来の一般的考え方であった（リンクについては **6-11** の **2**（▶▶315頁以下）参照）。

　膨大な情報が得られるという特質をもつインターネットにおいて、意見や情報交換のためにリンクは重要な役割を果たしている。もし、リンク行為が著作権侵害になりうるとすれば、リンク先が著作権を侵害するのか否かをとりわけ個人が判断するのは困難で、リンクを張る行為自体を萎縮させることにもなりかねない。したがって、リンク行為は著作権侵害にならないとの結論は、**表現の自由**や**知る権利**を守る観点からも重要な意義をもつ。

　ただし、この結論をどのような場合でも維持してよいかという問題を投げかけるのが、次に述べるリーチサイト問題だ。

## 2 リーチサイトとは

　**リーチサイト**とは、自らのウェブサイトにはコンテンツを掲載せず、他のウェブサイトに蔵置された著作権侵害コンテンツへのリンク情報を提供し、ユーザーを侵害コンテンツに誘導するウェブサイトをいう。著作権侵害コンテンツをアップロードして他者によるダウンロードを可能にすれば即アウト（著作権侵害）だが、リンクだけのサイトと、コンテンツを蔵置するだけのサイト（蔵置サイト）に分解した点がミソだ。しかも、少なくとも表向きは、

これらのサイト運営者の同一性もわからない。

## 3 リーチサイト規制

リーチサイトを放置すべきではないという方向性については、特に異論はないであろう。しかし、前述の通り、リンクが果たす表現の自由等に関する意義に照らし、リーチサイト規制をどのようにおこなうかは難しい問題である。この点について、文化審議会著作権分科会法制・基本問題小委員会は、2019 年 2 月に報告書をとりまとめている。[1]

同報告書では、正当な表現行為の萎縮が生じないよう、個人が一般的な言論活動をおこなう目的で開設している SNS での表現中に、侵害コンテンツへのリンク情報が単発的に含まれているような場合は法的措置の対象としないとしている。そのうえで、差止請求の対象とするべき「場・手段」は、類型的に侵害コンテンツの拡散を助長する蓋然性が高い悪質なものに限定している。報告書では、そのような基本的視点を踏まえて、リーチサイト側の要件（侵害コンテンツへの誘導の直接性、誘導の方法など）、蔵置サイト側の要件（有償著作物に限定するか否か、デッドコピー等に限定するか否かなど）などについて、様々な検討を加えている。

この報告書を踏まえた法案が策定され、2019 年の通常国会の際には、同時提出予定の違法ダウンロード刑罰化に強い批判が出されたため、いったんは法制化が見送られたが、その後 2020 年の通常国会で成立した。

内容をごく簡単に説明すると、公衆を侵害コンテンツに殊更に誘導するものと認められるウェブサイト・アプリや、主として公衆による侵害コンテンツの利用のために用いられるものと認められるウェブサイト・アプリを「リーチサイト・リーチアプリ」と定義し（著作権法 113 条 2 項 1 号・2 号）、リンク提供者、サイト運営者、アプリ提供者に対して刑事罰を課し、リンク提供者に対する差止請求・損害賠償請求を可能としている（同法 113 条 2 項等）。前年に法案化が試みられたときからの違いとして、サイト運営者、アプリ提供者に対する刑事罰は「非親告罪」ではなく「親告罪」とされ（同法 123 条）、自ら直接サイト運営・アプリ提供をおこなっていないプラットフォームには、基本的に今回の規制が及ばないことを条文に明記した（同法 119 条 2 項 4 号・5 号）。

## 4 実務上のポイント

　一定のリーチサイトを違法化する法律が成立したので、施行日である2020年10月1日以降は、依頼者からネット上の著作権侵害の相談を受けた場合、問題となるウェブサイトがいわゆるリーチサイトの場合、改正法によって違法化された場合に該当するか否かの判断が重要になってくる。「殊更に誘導」の評価が難しい場合があるかもしれないが、侵害コンテンツへのリンクの「利用を促す文言」の有無、表示方法等におけるリンクの強調の有無などのほか、表示されているリンクの数、総リンク中の侵害コンテンツへのリンク数の割合、リンクの分類や整理方法（たとえばシリーズ物のマンガの場合に、次の巻を見つけやすいようになっているか）といった事情（著作権法113条2項1号）を検討することになる。違法コンテンツとしては、デッドコピーはもちろん含まれるが、翻訳がなされているだけの場合（たとえば、マンガのセリフ部分が外国語に変えられている場合）も含まれる。[2]　　〔二関辰郎〕

**6-7 注釈**

1)　「文化審議会著作権分科会法制・基本問題小委員会報告書」（2019年2月）。
2)　文科省「説明資料」〈https://www.mext.go.jp/content/20200306-mxt_hourei-000005016_02.pdf〉。

## 6-8
# ダウンロード違法化

## 1 録音・録画の違法ダウンロードに関する現行法

**6-6**の**2**（▶▶292頁以下）で触れた通り、海賊版サイトへの総合対策のメニューのひとつに静止画ダウンロード違法化の検討があった。政府は、この法制化を試みたが、多くの反対にあい、当初予定していた2019年通常国会では法案提出を断念した。その後、違法化の範囲を変更したうえで、2020年の通常国会で一定の静止画ダウンロードを違法とする著作権法の改正法が成立した。この点は後述する。

静止画とは異なり、違法にアップロードされた音楽や映画のダウンロードは、先行して法律上違法とされている。まず、平成21（2009）年著作権法改正で、「著作権を侵害する自動公衆送信……を受信して行うデジタル方式の録音又は録画」を、その事実を知りながら行う場合が私的使用に関する権利制限規定（著作権法30条1項）の対象から除外された。次に、平成24（2012）年著作権法改正（議員修正）により、有償著作物のダウンロードに限って刑事罰の対象とされた（同法119条3項）。

## 2 静止画の違法ダウンロードに関する議論

現行法のダウンロード違法化の制度を静止画やテキスト等に広げるのが妥当かを検討するには、音楽や映画との比較で、**静止画やテキストの特性**は何かを考察するのがよい。この点、審議会報告書では[1]、静止画等の特性として、大略、①創作やアップロードの容易性から多様な場所に違法ファイルが掲載されている可能性、②ダウンロード目的の多様性（あとで読むために内容を吟味せず保存することがよくある）、③ダウンロード対象の一部に違法著作物が含まれることがある（たとえば著作権法32条の要件を満たさない引用）、④ファイル容量が小さくダウンロードが容易、⑤知的生産活動のための資料収集として重要、⑥権利者が有償販売を意図していない著作物も多い、⑦関係する権利者が多数に及び権利行使が抑制的におこなわれてきた従来とは異なる

可能性がある、といった整理をしている。

　静止画ダウンロード違法化の制度設計にあたり、このような静止画等の特性をどう評価するか、また、著作権法30条1項の趣旨をどう見るか[2]が関係してくる。文化庁が当初作成した法案では、現行法を単純に静止画等に広げようとしたが、静止画等の特性を重視する立場からは、音楽や映画の違法ダウンロードの場合よりも違法とする範囲を限定すべきで、ダウンロードの対象コンテンツを「原作のまま」のものとし、ダウンロードが「権利者の利益を不当に害する場合」に限定すべきといった見解が出された[3]。

## **3** 刑罰化

　すでに刑罰化されている音楽や映画の違法ダウンロードについて、摘発例はこれまでひとつもない。その点につき、刑事罰と位置づけることでメッセージ効果を狙う立場がある一方、処罰範囲が文言上広いのに実際の適用があまり想定されない処罰規定を設けると、かえって国民の刑罰に対する信頼を失いメッセージ効果が低下するとの指摘がある[4]。また、現行法の「その事実を知りながら」という主観面につき、政府側の説明にあるような「違法であることを知りながら行った場合に限定する」という結論を導ける文言になっていないのではないかという指摘もある[5]。

## **4** 令和2（2020）年著作権法改正

　2019年に法案化がいったん断念された結果、文化庁で見直しがおこなわれ、様々なセーフガードが盛り込まれた。たとえばマンガの1コマや数コマなど「軽微なもの」は除くことになり、スクリーンショットは許容されうるし、スクリーンショットによる写り込みも、別の改正である30条の2で一定の場合に許容される。次に、二次創作・パロディも対象から除かれるため、たとえば、二次創作物の創作者がアップした同創作物をダウンロードする行為も違法とはならない。さらに、「著作権者の利益を不当に害しないと認められる特別な事情がある場合」も対象外になった。たとえば、詐欺集団の作成した詐欺マニュアルを防犯目的でダウンロードする行為などが典型例であると説明されている。

　侵害物と知りながらダウンロードすることが対象なので、勘違いや重過失によりダウンロードした場合も違法とはならない。また、刑事罰が課される

のは、有償著作物に限定され、ダウンロード行為を反復・継続しておこなった者に限定されている。

　市民への萎縮効果を防止する観点から、様々なセーフガードが盛り込まれたために条文は複雑になっているので、具体的にどのような場合が違法になるのかを正確に把握することが重要だ。

　なお、仮に違法ダウンロードの事実を突き止めた場合でも、相手が個人であることから、実際に法的措置をとるか否かは、行為の悪質性や反復性などに照らして慎重に検討する必要があろう[6]。　　　　　　　　　　〔二関辰郎〕

### 6-8 注釈

1)　文化審議会著作権分科会法制・基本問題小委員会「文化審議会著作権分科会報告書」（2019年2月）65頁。
2)　著作権者の利益を不当に害しない零細な複製を許容した制度（消極的側面）と指摘する捉え方と、それに加え、個人の私的な領域における活動の自由を保障する必要性を確保した制度（積極的側面）を指摘する捉え方がある。
3)　高倉成男＝中山信弘＝金子敏哉「ダウンロード違法化の対象範囲の見直しについての意見（詳細版）」（2019年2月25日、同3月2日一部修正）。
4)　文化審議会著作権分科会法制・基本問題小委員会第8回（2019年1月25日）深町委員発言。
5)　同前。
6)　文科省「説明資料」〈https://www.mext.go.jp/content/20200306-mxt_hourei-000005016_02.pdf〉。

## 6-9
# キュレーション・メディア

## 1 概　要

　インターネット上には、ウェブサイト上のコンテンツをまとめ、自己のウェブサイト上で提供しているサイトがあり、**まとめサイト**、**キュレーション・メディア**などと呼ばれる。SNS上での口コミ、拡散による広告収入等を目的として、人目を惹く画像、動画、文章等を利用して多くのアクセスを誘う**バイラル・メディア**も存在する。

　キュレーション・メディアの中には、情報の提供元との契約に基づきコンテンツを掲載しているものもある。しかし、インターネット上のコンテンツを無許諾で収集および配信しているサイトも少なくない。また、バイラル・メディアの中には、独自ニュースを作成および提供しているサイトもある一方、インターネット上に存在する第三者のコンテンツを無許諾で利用しているサイトも多い。特に、他人のコンテンツを無許諾で利用する場合には、著作権侵害等の問題が生じやすい。

## 2 著作権侵害

　人が創作した記事や写真は、創作性があれば著作物となる。著作物の創作者は、著作権者としてその著作物について複製、翻案、公衆送信等をおこなう権利を占有するほか、著作者人格権（同一性保持権、氏名表示権など）を保有する。このため、上記の各メディアは、他人が創作した記事や写真を無断でウェブサイトに掲載した場合には、著作権や著作者人格権の侵害となりうる。

　一方で、上記の各メディアが著作権侵害を免れうる事情として、①引用、②情プラ法（旧プロバイダ責任制限法）上の免責などがある。その概要は以下の通りである。

### （1）引　用

　各メディアの運営者は、他人が創作した記事や写真の利用が「引用」（著

作権法 32 条 1 項）に該当する場合には、著作権侵害とはならない。

　引用についておさらいしておくと、従来的な判断枠組みでは、①引用される側の著作物と、引用する側の著作物等が明瞭に区別できるか否か（**明瞭区別性**）、②引用する側が主であり、引用される側の著作物が従であるといった関係があるか否か（**主従関係**）などが重視されていた。しかし、近年では、これらの要素も加味しつつ、③公正な慣行に合致するか否か、④報道、批評、研究その他の引用の目的上正当な範囲か否かといった、条文の文言により忠実な総合考慮がなされる傾向がある（▶▶ 25 頁・コラム「引用」）。

　なお、第三者が作成した画像を自己のウェブサイトに掲載するには、主に、①元の画像を自己のウェブサイトにコピー＆ペーストする、②元の画像にリンクを設定し、自己のウェブサイトにおいて、元の画像を表示させるといった方法がある。

　利用者は、**コピー＆ペースト**の際には、元の画像を複製、公衆送信等していることから、著作権侵害とされうる一方、**リンク**を設定する際には、元の画像の複製や公衆送信がないことから著作権侵害とはならないとする見解が一般的である（▶▶ 303 頁以下「リンクと著作権侵害」）。しかし、画像の掲載に際して、トリミング処理等により、元の画像の見え方が異なり、また、元の画像上の氏名表示が見えなくなるような場合には、その程度や態様によっては著作者人格権侵害となりうる（▶▶ 315 頁「ソーシャルメディア／投稿サイト（ユーザー側の視点）」）。

## (2) 情プラ法（旧プロバイダ責任制限法）

　情報流通プラットフォーム対処法（情プラ法、旧プロバイダ責任制限法）上、ウェブサイトや電子掲示板の運営者は、他人の違法コンテンツ（例：著作権侵害となるコンテンツ）が自己のウェブサイトや電子掲示板に掲載された場合であっても、概要、①不特定者に対する違法コンテンツの送信の防止措置が可能であり、②当該他人による権利侵害について知り、または、③当該他人による権利侵害を知ることができたと認めるに足る相当の理由があるときでなければ、コンテンツの権利者に対する損害賠償責任は負わない（3 条 1 項各号）（▶▶ 328 頁「プロバイダ・モールの責任」）（情プラ法については▶▶ 286 頁以下「情プラ法（旧プロバイダ責任制限法）による削除請求や発信者情報開示請求」）。

　このため、キュレーション・メディアやバイラル・メディアの運営者は、

運営するメディアにおいて、著作権侵害の疑いがある記事が掲載されたとしても、上記の要件を欠く場合には、プロバイダ責任制限法による免責の対象となる。しかし、なかには、自らコンテンツを作成している運営者や、外部者に指示してコンテンツを作成させている運営者もある。運営者が違法コンテンツの発信者である場合には、同法による免責の対象外である（3条1項ただし書）。

## **3** 過去の事例

2016年には、DeNAとその関連会社が運営するキュレーション・メディアによる著作権侵害等が問題視され、結果としてキュレーション事業を停止した。読者投稿型のまとめサイトである「NAVERまとめ」も、新聞社、通信社などの写真34万件が無断掲載されていたなどとして、無断掲載写真の削除や再発防止策をおこなった後、2020年に終了した。2023年にはニュースサービス「News Picks」が、日本新聞協会から指摘を受けて、写真などの無断利用を認めて謝罪するとともに記事や写真の利用に際して利用許諾を受ける方針に転換した。

このように、キュレーション・メディアは、著作権侵害などの指摘を受け、厳しい対応を余儀なくされた。

## **4** 情報の信頼性

キュレーション・メディアには、専門的な話題について、様々な情報源から情報を収集し、わかりやすく再編集するといったプラスの側面がある。しかし、なかには、一見してわかりやすい記事にする目的のため、断定的な表現や不正確な表現が用いられることもある。さらには、記事の作成者に専門性が欠け、また、誤解や先入観が入ることにより、不正確な情報が作成および掲載されることもある。薬機法、医療法、健康増進法等には、誇大広告や虚偽広告を禁止する規定があるほか、広告可能な事項や利用可能な広告表現について制限もある。また、景表法も、誇大広告や虚偽広告を制限しており、場合によっては、キュレーション・メディアの記事が、これらの法令に違反する可能性もある。

AIを利用したキュレーション・メディアも考えられるところであり、キュレーション・メディアを提供する際には、情報の正確性や法令遵守のほか

新聞社などのソースメディアとの権利処理を含めた関係性についても検討が必要となるだろう。

〔岡本健太郎〕

### 6-9 注釈

1)　株式会社ディー・エヌ・エー「第三者委員会調査報告書の全文開示公表のお知らせ」〈www.daisanshaiinkai.com/cms/wp-content/uploads/2016/12/170313_daisansha2432-2.pdf〉。

# 6-10
# ソーシャルメディア／投稿サイト（メディア側の視点）

## 1 利用規約

　インターネット上のビジネスは、個人・法人を含め、多数のユーザーによる利用が想定される。日本では、LINE、フェイスブック／インスタグラム、X（旧ツイッター）、YouTube、TikTok など様々な SNS が利用されており、日本のソーシャルメディア利用者数は 2023 年では 1 億 580 万人とされている。[1]

　ソーシャルメディアの運営者は、各ユーザーとの利用条件を定める際、条件の異なる契約書を締結することは事実上困難であるため、各ユーザーに一律に適用される**利用規約**等を定めることが多い。民法上、利用規約などの定型約款の個別条項が契約条件となる要件は、①定型約款を契約の内容とする旨の合意があること、または②定型約款を契約の内容とする旨をあらかじめ明確に表示していたことなどと規定されている（548 条の 2 第 1 項）。経済産業省の「電子商取引及び情報財取引等に関する準則」[2]は、具体例として以下を挙げている。

- ・事前に利用規約を端末上に表示させるとともに、その末尾に「この利用規約を契約の内容とすることに同意する」との文章とチェックボックスを用意し、チェックボックスにチェックしなければ、契約の申込手続ができない場合。
- ・申込ボタンや購入ボタンのすぐ近くに、利用規約を契約内容とする旨を表示している場合。

## 2 利用規約の内容

　上記の手順を踏み、利用規約が契約内容とされても、一部、効力が否定されることもある。相手方の権利の制限または義務の加重となる条項で、信義則に反して相手方の利益を一方的に害するもの（**不当条項／不意打ち条項**）は、

合意の対象外となる（民法 548 条の 2 第 2 項）。また特に、事業者と個人ユーザー（消費者）との契約（いわゆる B to C）の場合には、概要、以下のような強行法規に抵触すれば、その範囲で当該条項の効力が否定される。

①事業者の消費者に対する債務不履行や不法行為による損害賠償責任を全面的に免責する条項（消費者契約法 8 条 1 項 1 号・3 号[3]）。

②事業者の故意・重過失による消費者への損害賠償責任について上限を設定するなど、その責任を一部免除する条項（同項 2 号・4 号）。

③債務不履行による消費者の解除権を制限する条項（同法 8 条の 2）。

④平均的な損害額を超える損害を消費者に負わせる条項など、消費者に対する過大な損害賠償額の予定を定める条項（同法 9 条 1 項 1 号）。

　上記①から③については、事業者に責任の有無や限度、解除権の有無等の決定権限を付与する条項も含まれる。また、上記のような具体的な法規に違反しない場合でも、公序良俗に反して消費者の利益を一方的に害する契約条項も無効とされうる（同法 10 条）。事業者は、利用規約を作成する際には、自己の免責規定を盛り込むだけでなく、無効リスクのある条項も確認しておくとよいだろう。

　上記のほか、事業者は、ソーシャルメディアや投稿サイトの利用規約を作成する場合には、権利の取扱いにも要注意である。サービスの目的に沿って、ユーザーからコンテンツの利用方法、地域等について許諾を得ておくほか、ユーザーが提供したコンテンツの第三者提供やプロバイダ側での編集の余地があれば、第三者提供、編集その他の翻案、派生物の利用等について許諾を得ておく必要があるだろう。　　　　　　　　　　　　　　　　〔岡本健太郎〕

### 6-10 注釈

1)　総務省「令和 6 年版情報通信白書」第 2 部 152 頁。

2)　経済産業省「電子商取引及び情報財取引等に関する準則」（令和 4 年 4 月）23 頁。

3)　東京高判令和 2 年 11 月 5 日［モバゲー会員規約事件］は、会員規約における会員資格の取消事由として「他の会員に不当に迷惑をかけたと当社が〔合理的に〕判断した場合」、「その他、会員として不適切であると当社が〔合理的に〕判断した場合」（〔　〕は、原判決後に追加されたもの）などと規定したうえ、上記措置に伴う会員の損害についての免責を規定していた事案において、各措置が「合理的な判断」に基づくか否かの判断は著しく困難であるなどとして、上記各取消事由の消費者契約法 8 条 1 項 1 号・3 号の該当性を肯定した。

# 6-11
## ソーシャルメディア／投稿サイト（ユーザー側の視点）

　SNS は、Social Networking Service（ソーシャル・ネットワーキング・サービス）の略であり、社会的なネットワーキングを提供するサービスの総称である。正式な区分ではなく、機能の重複もあるが、SNS は、フェイスブック、X（旧ツイッター）などの「交流系 SNS」、インスタグラム、YouTube、TikTok などの「投稿系 SNS」、LINE などの「メッセージ系 SNS」などに大別されよう。そのほかにも、情報投稿サイトとして、価格 . com、食べログ、クックパッドなどの情報・レビュー共有サイト、2 ちゃんねる等の掲示板も挙げられる。

　日本人の全体的な傾向として、投稿はせず、他人の投稿を閲覧するにとどまるユーザーの方が、投稿するユーザーよりも多いようである。[1] ユーザーは、正規に投稿された動画、写真、コメントその他のコンテンツを、当該サイト上で閲覧するにとどまる場合には、権利侵害の問題は生じない。一方、ユーザーは、動画、写真、コメント等を投稿する場合には、権利侵害への注意が必要となる。

### 1 第三者による二次利用

　利用規約の規定次第では、ユーザーは、ID の作成やコンテンツの投稿により、当該コンテンツの第三者提供、編集その他の翻案、派生物の利用等について許諾したと扱われる。なかには、そのコンテンツの独占的利用許諾や著作権譲渡をしている利用規約もある。

　一般的に利用規約は長く複雑であるため、内容の精査なく同意しているユーザーも少なくない。しかし、利用規約への同意の結果、想定以上に自己のコンテンツが第三者に利用され、また自己の権利が制約される可能性もある。サービスを利用する際には、利用規約を事前確認しておくことが望ましい。

### 2 他者のコンテンツの利用

　SNS 等にコメントや画像を掲載する際、コピー＆ペーストをおこなうな

ど、技術的には、第三者のコメントや画像の転用は比較的容易である。しかし、そのコメントや画像が著作物に該当する場合には、著作権者の複製権、公衆送信権等を侵害するおそれがある。また、人物の画像や、商品や企業のロゴマークが写っている画像をSNSに無断投稿することにより、肖像権・パブリシティ権、商標権等の侵害ともなりうる（肖像権およびパブリシティ権については▶▶381頁「素材①：肖像権」、383頁「素材②：パブリシティ権」）。

第三者のコンテンツの利用方法に、**リンク**がある。その主なものとして、リンク先のコンテンツを表示する際に、ユーザーが、リンク元のテキストや画像をクリックする必要がある場合があるが、これは**通常の方式によるリンク**などといわれる。これに対して、リンク元のウェブページが表示される際に、リンク先のコンテンツが自動表示されるように設定された場合は、**インラインリンク**などといわれる(リンクについては▶▶303頁以下「リンクと著作権侵害」も参照)。

6-11-1　リンクの概要

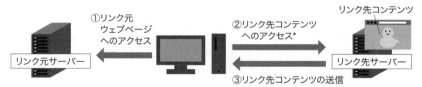

※「通常の方式によるリンク」の場合には、リンク元のウェブページ上でクリックが必要。
「インラインリンク」の場合は、リンク元のウェブページ上でクリックは不要。

リンクの設定自体は、一般的には、著作権侵害にはならないと考えられている。「通常の方式によるリンク」については、ユーザーが、リンク元のウェブページ上で、リンク先のURLが設定されたテキストや画像をクリックして"リンク先のコンテンツ"を表示する際、そのデータはリンク先サーバーからユーザーのコンピュータに直接送信されるため、リンク元は、"リンク先のコンテンツ"を自ら送信、複製等していないからである。また、「インラインリンク」についても、リンク元のウェブページが表示された際に"リンク先のコンテンツ"が自動的に表示されるが、「通常の方式によるリンク」と同様に、そのデータはユーザーのコンピュータに直接送信され、リンク元のサーバーへの送信や蓄積はおこなわれない。

X（旧ツイッター）上のリポスト（リツイート）行為は、インラインリンクの一種であり、X上では当然に予定された行為でもある。しかし、ツイッタ

一上に無断投稿された画像をリツイートし、その際に、ツイッターの仕様により画像の一部が切除されるなどのトリミングが施され、その結果として、リツイート画面上では元の画像上の氏名表示が非表示となった事案において、最高裁は、リツイート行為者に著作者人格権（氏名表示権）侵害を認めた。[3]

また、あるウェブサイトに無断投稿された写真がインラインリンクにより「まとめサイト」に掲載された事案において、裁判所は、無断投稿者が当該写真の著作権（公衆送信権）侵害となることを前提に、まとめサイトへの掲載者は、まとめサイトを通じて、不特定多数者による当該写真の閲覧を容易にし、無断投稿者による公衆送信権侵害を幇助したなどとして、無断投稿者とともに著作権侵害を肯定した。[4][5]

上記はいずれも発信者情報開示請求訴訟における裁判所の判断であり、リポスト（リツイート）行為者やまとめサイトへの投稿者に対する著作権侵害を理由とする請求が認容されたわけではない。しかし、インラインリンクは常に安全ではなく、無断投稿画像へのインラインリンクは著作者人格権等の侵害となりうることを示唆している。また、発信者情報開示請求を通じて、著作権者に氏名・名称、住所、電話番号、メールアドレス、IPアドレス等の個人情報が開示され、著作権者から損害賠償請求等を受けるリスクもある（発信者情報開示請求については▶▶286頁以下「情プラ法（旧プロバイダ責任制限法）による削除請求や発信者情報開示請求」）。無断投稿画像の疑いがあれば、インラインリンクの設定を差し控えるなど、慎重な対応が必要となるだろう。

〔岡本健太郎〕


**6-11 注釈**

1) 数年前の資料であるが、総務省「平成30年版情報通信白書」159頁。
2) 経済産業省「電子商取引及び情報財取引等に関する準則」（令和4年4月）162頁にも、インラインリンクの定義がある。
3) 知財高判平成30年4月25日は、同一性保持権、氏名表示権等の侵害を認め、最判令和2年7月21日は、氏名表示権の侵害のみを認めた（リツイート事件）。ツイッター側の同一性保持権侵害を否定する主張については、上告受理決定の際に排除されたようである。
4) 札幌地判平成30年6月1日。大阪地判平成25年6月20日［ロケットニュース24事件］も、無断アップロードされた他人の著作物へのリンクの設定について、公衆送信権侵害の幇助の可能性を示唆した。なお、発信者情報開示請求事件において、無断投稿された画像へのリンクの設定について、札幌地判平成29年6月14日［ペンギンパレード事件］は著作権侵害（直接侵害）を認め、札幌地判平成30年6月15日は著作権侵害幇助とした。
5) 他のコンテンツを参照する際に、リンクのほかにスクリーンショットも利用されるが、知財高判令和5年4月13日は、原審（東京地判令和3年12月10日）と異なり、ツイートのスクリーンショットをツイッターに投稿したことにつき、引用の成立を認めた。

## 6-12
## 「歌ってみた」と包括契約

　YouTube やニコニコ動画などでは、ユーザーが作成したコンテンツが投稿されている。こうしたユーザーが作成した投稿コンテンツは、**UGC**（User Generated Contents）などと呼ばれる。投稿コンテンツは、動画、音楽、イラスト、ゲームなど多岐にわたるが、第三者の既存作品を利用した二次創作も多い。二次創作となる投稿コンテンツは、第三者の既存作品の複製権や翻案権の侵害となりうる。

　たとえば、投稿コンテンツには、投稿者が自身の歌唱を撮影した「歌ってみた」のほか、踊りを撮影した「踊ってみた」、楽器演奏を撮影した「弾いてみた」等がある。これらは、既存楽曲を歌唱、BGM、演奏等の形で利用しており、著作権者の承諾がなければ、楽曲や歌詞の演奏権や公衆送信権の侵害となりうる。

　しかし、たとえば JASRAC は、YouTube、ニコニコ動画等の投稿サイトの運営者と楽曲利用に関する**包括契約**を締結しており、個人ユーザーがこうした投稿サイト上で管理楽曲を使用しても著作権侵害にはならない。包括契約を締結している運営者は、JASRAC のウェブサイト（「利用許諾契約を締結している UGC サービスの一覧」[1]）に掲載されている。NexTone も同様に複数の事業者と包括契約を締結している[2]。

　なお、楽曲や歌詞の改変を伴う場合は、包括契約の対象外である。このため、楽曲や歌詞をアレンジするには、その態様次第では、著作者等の承諾が別途必要となる。また、JASRAC の管理楽曲については、作曲家や作詞家は、その楽曲を自身で使う場合でも、原則として使用料の支払いが必要となる。ただ、同楽曲の他の作曲家、作詞家、音楽出版社などの同意があれば、プロモーション目的での一定の範囲内での自己使用的な配信については、使用料免除もありうる。

　さらに、包括契約は、著作権等管理事業者が管理している「著作権」が対象であり、「著作隣接権」は対象外である。つまりは、仮に投稿サイトがJASRAC の包括契約の対象であっても、その効果はレコード原盤等の著作

隣接権には及ばない。このため、「歌ってみた」、「踊ってみた」等の際に既存の音源を流すには、レコード会社などの著作隣接権者の承諾が必要となる。また、振付に著作物性がある場合には、その著作権者の承諾を得るのが厳密な対応である。

　なお、ニコニコ動画では、様々なレコード会社との間で原盤利用契約を締結し、ウェブサイトに公開している[3]。YouTube でも、オーディオライブラリに無償の音源が提供されている。各サービス上、これらの音源については、個別の権利処理をすることなく利用できる。ただ、レーベル全体ではなく楽曲や音源ごとの対応となるため、音源の利用を希望する楽曲が無償利用の対象であるか、事前に確認しておくとよいだろう。　　　　　　　　　〔岡本健太郎〕

## 6-12 注釈

1)　JASRAC「利用許諾契約を締結している UGC サービスの一覧」〈https://www.jasrac.or.jp/information/topics/20/ugc.html〉。なお、動画投稿サイトだけでなく、ブログサイトも掲載されている。
2)　NexTone の FAQ〈https://www.nex-tone.co.jp/copyright/faq.html〉。
3)　許諾楽曲検索〈https://license-search.nicovideo.jp/〉。

# 6-13
## デジタル技術を介した「実演」

　「**実演**」とは、演技、演奏、歌唱、舞踏等の芸能的な行為をいい（著作権法2条1項3号）、人間が直接おこなうことが想定される。デジタル技術の発展に伴い、様々な「実演」が登場していることから、これらの著作権法上の位置づけ等についてみてみよう。

### 1　ボーカロイドその他の合成音源

#### (1)　概　要

　デジタルで音楽制作をする際には、声優、歌手等の人間の音声のサンプリング音源が組込まれた音楽制作ソフトウェアが利用されることがある。代表例が**ボーカロイド**（ボカロ）だ。シンセサイザーには、ピアノ、ギター、ドラム等のデジタル音源が含まれている。ユーザーは、これらのデジタル音源と同様に、ソフトウェア上でメロディや歌詞を入力することにより、人間が歌っているかのようなデジタル音源を制作できる[1]。

　音声のソース（ボイスバンクといわれる）の代表例に「初音ミク」があるが、実在する著名歌手のソースも存在する。あるユーザーが、ボーカロイドを利用して、著名歌手が所属するバンドの楽曲のオリジナル音源を制作し、YouTube に投稿したところ、レコード会社のレコード音源を使用していると疑われ、YouTube 動画の削除要請を受けたこともあった（YouTube 上での著作物の利用については▶▶318頁「『歌ってみた』と包括契約」）。

#### (2)　著作権法上の問題

　著作権法上、実演をした実演家やレコード原盤を製作したレコード会社は、その実演やレコード原盤について著作隣接権を有する。では、オリジナル楽曲を作詞・作曲し、声優Aの声がサンプリングされたB社のソフトウェアを利用して音源を制作した場合、音源データの作成や利用に際して、声優AやB社の承諾は必要だろうか。

　レコード製作者は、自身が製作したレコード原盤について、著作隣接権を有する（著作権法2条1項6号・96条以下）。著作権法上、「レコード」とは、

音が物に固定されたものをいい（同項5号）、その音が著作物である必要はない（「レコード」等の詳細については▶▶152頁「原盤権とは」）。このため、ソフトウェア制作会社B社は、ソフトウェアの組込み音源について著作隣接権を有するだろう。

　また、「実演」には、著作物の演技、舞踏、演奏、歌唱、口演、朗詠のほか、その他の芸能的な性質を有する行為も含まれる（著作権法2条1項3号）。ソフトウェアの組込み音源を制作する際には、声優や歌手の行為には、単なる五十音の発声だけでなく、抑揚付け、フレーズの歌唱などの芸能的な要素があるように思われる。このため、実際の制作方法によっては、ソフトウェアの組込み音源に声優Aの実演が含まれ、声優Aにも著作隣接権が生じる可能性があるだろう。

　ただ、上記のソフトウェアは、いわばシンセサイザーの音源であり、音源の制作、演奏、再生等の利用が想定されている。声優Aやソフトウェア制作会社B社にも同様の想定があるはずであり、正規ユーザーに対しては、少なくとも著作隣接権の黙示の利用許諾が認められるだろう。実際にも、ボーカロイドの利用規約には、「お客様は生成した合成音声を商用／非商用を問わず使用することができます」などと規定されている。

## 2 アバター

　「アバター」とは、デジタル空間においてユーザーを示すキャラクターである。オンラインゲーム、メタバースその他の仮想現実（VR）などで利用され、ユーザーの存在を表すとともに、他のユーザーとの交流を可能にする。アバターには、自身または他のキャラクターをモデルにしたものも多い。メタバースなどにおいては、アバターを通じた会話、歌唱、ダンス等もおこなわれる。

　なお、VTuberとは、バーチャルYouTuberの略称ないし通称である。YouTuberは、オリジナル動画を制作し、YouTubeなどの動画共有サービスに投稿する。出演者の多くは生身の人間であるが、デジタルキャラクター（アバター）の場合もある。

### （1）著作権／肖像権／パブリシティ権

　現実世界の人物は肖像権の対象となり、タレントなどの有名人はパブリシティ権の対象ともなる。このため、アバターに他人の肖像を利用した場合に

は、当該他人の肖像権やパブリシティ権の侵害となりうるほか、アニメのキャラクターなど、アバターに他人のキャラクターの画像を利用した場合には、当該キャラクターの著作権侵害となりうる。

また、オリジナルで作成したアバターの画像は、著作物となる可能性があり、この場合の著作権は、制作者に帰属するのが原則である。アバターの制作を制作会社に委託した場合には、制作会社に著作権が帰属し、制作会社との利用規約その他の契約条件によっては、発注者によるアバターの利用が制限される事態にもなりうる。利用規約等において、誹謗中傷その他の迷惑行為の禁止など、アバターの利用条件に制約を課す制作会社も存在する。

その他、デジタル空間の運営者がアバターを用意するほか、運営者が用意した顔のパーツ、髪型、服装などを組み合わせてアバターを作成または調整することもある。現状では、オンラインゲーム、メタバースなどの各サービス間の相互運用性は限られているが、アバターの権利がユーザー以外に帰属していると、技術面だけでなく権利面からも、サービスを跨いだアバターの利用が制限される可能性もある。[2)]

## （2）アバターによる実演

アバターによる歌唱、ダンス、トークショーなどの著作物等の伝達行為は、著作隣接権によって保護される可能性がある。著作権法上、「実演」は、著作物を、演劇、舞踏、演奏、歌唱、口演、朗詠その他の方法で演ずることのほか、著作物を演じない芸能的な性質を有する行為（例：奇術、曲芸、腹話術、物真似）を含む（同法2条1項3号）。

アニメやゲームに登場する声優の音声は、実演家の権利（著作隣接権）の対象となりうる。これと同様に、たとえば、メタバース上でのアバターを介した歌唱やシナリオの朗読など、音声による伝達行為も「実演」に該当し、アバターの操作者に、実演家の権利（著作隣接権）が認められうる。

一方、ダンスなどの身体的な伝達行為については、プログラムに組み込まれた比較的単純な動きなど、「演じる」といえるほどの芸能的性質がないものも少なくない。ただ、あらかじめ演出的な設定がなされたキャラクターの台詞、ポーズなどを実施することも、場合によっては「実演」となりうるうえ、モーションキャプチャーなどを利用した複雑な動きもありうる。こうした場合には、その操作者が実演家となりうる。

なお、アバターの動作は、操作者の動作がキャプチャーされたものだけで

なく、プログラミング等によって生成されるものもある。こうした動作についても、実演的要素があれば、プログラミングの作成者に著作隣接権を認める考え方があるが、実演と捉える時点（例：プログラミング・データの保存時点、アバターの動きが映像に投映された時点）についても議論がある。[3]

また、アバターによる実演に限ったことではないが、著作物の①非営利での実演については、②観客から料金を徴収せず、③出演者にも出演料などの支払いを行わない場合には、著作権者の承諾は不要である（著作権法 38 条 1 項。権利制作限定については▶▶ 22 頁）。その典型は文化祭などであり、企業によるチャリティコンサートは、仮に、無料であり（上記②）、出演者に出演料が払われない場合であっても、企業の広告宣伝などの目的があるため、非営利とは解されない（上記①）。

一方、この非営利上演は、上演、演奏、上映または口述が対象であり、公衆送信は対象外である。このため、現実世界では非営利上演となりうるイベントであっても、配信などの公衆送信をおこなうに際しては、著作権者の承諾が必要となりうる。[4] メタバースその他のデジタル空間上でのイベントも、遠隔の公衆に対する送信となれば、同様の取扱いとなるだろう。〔岡本健太郎〕

---

### コラム　　デジタル空間における新しいハラスメント

「ハラスメント」とは、人に対する「嫌がらせ」や「いじめ」などの迷惑行為を指し、その態様や当事者の関係によって、セクハラや、マタハラ、パワハラ、アカハラなどと称されている。そして、昨今では、デジタル技術の普及により、このハラスメントに新様式が登場している。以下では、そのうちの 1 つ、メタハラについて概観する（もう 1 つの態様として、▶▶ 352 頁・コラム「ディープフェイクの悪用」）。

### 1．メタバースハラスメント

メタバースハラスメント（通称：メタハラ）とは、文字通り、メタバース空間内で起きるハラスメントのことである。現在、メタバース空間内では、アバターをまとったユーザーが、他のユーザーと会話やゲームを楽しむことができるサービスが提供されている。一方、2022 年のメタバースユーザーに向けたアンケート調査によると、メタバース空間内

で悪口を言われたり、ストーカー行為を受けるなどの被害が報告されている（下図6-13-1参照）[5]。

6-13-1　メタバース空間におけるハラスメントのアンケート調査

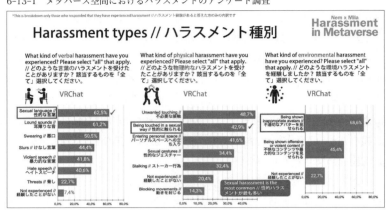

（出典）レポート「メタバースでのハラスメント（Nem x Mila）」20頁

では、このメタハラは、法律上、どのように整理されるだろうか。以下では、メタハラの態様を、①言葉のハラスメント、②物理的なハラスメント、③環境ハラスメントに分類したうえで、それぞれ検討してみる。

**(1) 言葉のハラスメント**

言葉のハラスメントの典型例は、ユーザーに対する誹謗中傷である。それによる権利侵害としては、名誉毀損や名誉感情侵害が挙げられる。なお、前者の名誉毀損が成立するには、同定可能性（その言葉から対象者を特定できること）が必要とされている。

そこで問題となるのは、匿名のユーザーがアバターや仮名のみを用いている場合の誹謗中傷である。たとえば、「甲野一郎」という人物が、「乙野次郎」という仮名を使用し、自分の容姿と異なるアバターをまとっている状況において、「乙野次郎は万引きをしている」などと虚偽の情報が流布された場合、一般の方は、「甲野一郎」が対象であると特定できないため、甲野一郎の社会的名誉は特に害されないと評価される可能性がある。類似の事案を扱った裁判例では、アバターの「中の人」を知っている人がいた事情が考慮されて、名誉毀損の成立が認められている。それゆえ、名誉毀損の成否は、アバターや仮名の使用者本人がどの程度知られているかが重要となりうる。もっとも、同定可能性が肯定さ

れるために、必ず本名や素顔まで特定できる必要はないと思われる。そうでなければ、たとえば、デーモン小暮のように、明らかに社会的に認知されている人物まで名誉毀損が成立しないこととなり、相当でないからである。

　では、アバターに関する同定可能性の判断基準はどこにあるだろうか。まだ議論は流動的ではあるものの、私見では、対象アバターが特定の人物固有の象徴として認知されていることがポイントではないかと思う。たとえば、対象アバターを他人も自由に使用できる場合や、そもそも「中の人」があまり対象アバターを使用していない場合、一般の方は対象アバターを「中の人」の象徴として認識することは難しい。他方で、対象アバターにコピープロテクトが施されている場合（それによって、他者に使用される可能性が低く、仮に似たアバターを制作してもまったく同じ容姿にはできない状況）で、かつ特定の人物だけが実際に当該アバターを使用し続けているならば、対象アバターの使用者は、「中の人」しか想定できなくなる。ここまでくると状況は、デーモン小暮の場合と近似してこないだろうか。今後、裁判例などを通じたさらなる判断基準の明確化に期待する。

　なお、名誉感情侵害の場合、同定可能性は成立要件ではない。それゆえ、本人にとって、誹謗中傷の対象が自分であることを認識することができ、かつ、それが社会通念上許容される限度を超える場合には、名誉感情侵害が成立しうる。

### （2）物理的ハラスメント

　物理的ハラスメントの例としては、アバターに対する痴漢、つきまとい、セキュリティの緩いルートを経由してプライベートな空間をのぞき見する行為などが挙げられる。仮に現実世界で同じことが起きた場合には、強制わいせつ罪、ストーカー規制法違反、住居侵入罪などが成立しえよう。一方、これらの罪が、メタバース空間内で起きた場合にまで成立するかというと、素直には肯定し難い。あくまで触ったり立ち入ったりしているように見えるだけで、現実の肉体や財産には、物理的な影響が生じていないからである。ただ、アバターでは、現実世界で実際に接触していなくても、接触しているような感覚が生じる現象（ファントムセンス）が確認されている。それゆえ、甚だしい場合には現行法でも一

般不法行為などが認定されたり、あるいは今後、メタバース空間がより身近になった場合には、現実世界に準じたルールができるかもしれない。

## （3）環境ハラスメント

たとえば、わいせつなアバターを見せたり、暴力的なコンテンツを見せられるなど、メタバース空間内での表現によるハラスメントが、環境ハラスメントに含まれる。上記アンケートの整理では、いずれの行為も、結果はユーザーの視覚を通じて生じるため、基本的には、わいせつ犯その他の現行法が適用されると考えられる。内閣府知的財産戦略本部が開催した有識者会議においても同様の整理がされている。[6]

## （4）対応の方向性

上記の通り、メタハラの中には、現行法を適用し難いケースも存在する。そうした事態への解決策として、現在、メタバースプラットフォームによる技術的な制限（たとえば、他者のアバターが接触できないセーフティーゾーンを設ける）や利用規約による取り締まり、ユーザーの自主規制などによって対処することが期待されている。

もっとも、今後、アバターがより身近な存在になることで、「肉体としての身体」のみならず、「仮想的な身体」の保護の必要性がより高まるかもしれない（たとえば「アバターこそが本当の私！」、と思う人のアバターの肖像権など）。そんな未来では、アバターをどこまでユーザーと同一視することができるのだろうか。さらなる議論が必要となりそうである。

## 2．ハラスメントとガバナンス

冒頭で述べたように、新しいハラスメントには、デジタル技術が様々な形で介在しており、政府による法規制や執行のみでは追いつかない時代になっている。

そのため、今後は新しい技術を踏まえたガバナンスの在り方を検討することが重要になってくる。その際には、前述の通り、政府のみならず、プラットフォームその他の関連事業者、ユーザー、法律家などが知見を継続的に共有し、対策の検討と検証を進めつつ、適宜、見直しを行うことが求められるのだろう。

〔出井　甫〕

## 6-13 注釈

1) 米津玄師氏や YOASOBI の Ayase 氏もボーカロイドを利用してデジタル音源を制作していた。

2) アバター以外の権利問題については、岡本健太郎「メタバースにおける現実の再現とその権利問題」アドスタディーズ 2022 年秋号。

3) メタバース上のコンテンツ等をめぐる新たな法的課題への対応に関する官民連携会議「メタバース上のコンテンツ等をめぐる新たな法的課題等に関する論点の整理」(2023 年 5 月) 48 頁。

4) 初等中等教育においては、文化祭も「授業」(著作権法 35 条 1 項) にあたるとして、オンライン文化祭における著作物等の利用に際して、著作権者の承諾は不要となりうる。しかし、大学の文化祭は「授業」には該当しないことから、仮に現実世界で非営利上演とされたとしても、オンラインでの学祭に際しては、著作権者の承諾が必要となりうる (著作物の教育利用に関する関係者フォーラム「改正著作権法第 35 条運用指針 (令和 3 年度版)」、追補版「【初等中等教育】著作物を利用した特別活動における音楽・映像等のインターネット等での配信について」(令和 3 年 11 月 9 日)。

5) バーチャル美少女ねむ「メタバースにおけるハラスメントのユーザー調査が無償公開　6 割近くが経験、女性アバターで物理男性も被害に」(2022 年 11 月 8 日)〈https://panora.tokyo/archives/56655〉。

6) 内閣府知的財産戦略本部「メタバース上のコンテンツ等をめぐる新たな法的課題等に関する論点の整理」(2023 年 5 月)〈https://www.kantei.go.jp/jp/singi/titeki2/metaverse/pdf/ronten_seiri.pdf〉55 頁参照。

# 6-14
## プロバイダ・モールの責任

## 1 責任の一般論

インターネットで違法行為をしている当事者を特定することは難しい場合が多々ある。そのため、違法行為者本人ではなく、情報の流通に介在したプロバイダ等の責任を追及できないかが問題になる。しかし、**6-5**（▶▶286頁以下）で論じたように、プロバイダは、情報媒介者としてインターネットで重要な役割を果たしている。それゆえ、一般論として、媒介している情報の内容を知らないプロバイダに責任を負わせるのは妥当ではなく、個別の被害申告を受けるなどして、プロバイダが自分の媒介している情報によって権利侵害がおこなわれていることを具体的に認識した時点以降に、初めて責任が生じる場合もあると考えられる。

このような基本的視点は、楽天市場やアマゾンなどのインターネット・ショッピングモール運営者にも基本的に当てはまると考えられる。モール運営者は、一般に場の提供をしているだけで、どのような商品を取り扱うかは個々の出店者が判断している。モール運営者に、著作権侵害や商標権侵害の商品の有無を一般的に監視する義務を負わせるのは現実的でなく、個別の被害申告を受けて権利侵害の具体的認識をもった場合に、初めて責任が生じうると考えるのが妥当だろう。

## 2 個別の事例において責任を認めた裁判例

上記 **1** は一般論で、そもそもプロバイダが自ら問題となるコンテンツを発信した場合や、モール運営者が取扱い商品を自ら選択している場合には、プロバイダやモール運営者に**侵害主体性**が認められる。

実務上押さえておくとよい重要な裁判例として、個別の被害申告を受けた場合の事後的責任を認めた次のような判決がある。

### （1）2ちゃんねる小学館事件控訴審判決（東京高判平成17年3月3日）

匿名での書き込みが可能な「2ちゃんねる」での書き込みにつき、裁判所

は、サイト運営者は著作権侵害となる書き込みをしないよう事前に呼びかけるだけでなく、「著作権侵害となる書き込みがあった際には、これに対し適切な是正措置を速やかにとる態勢で臨むべき義務がある。掲示板運営者は、少なくとも、著作権者等から著作権侵害の事実の指摘を受けた場合には、可能ならば発言者に対してその点に関する照会をし、さらには、著作権侵害であることが極めて明白なときには当該発言を直ちに削除するなど、速やかにこれに対処すべきものである」と判示した。

## （2）楽天モール事件（知財高判平成 24 年 2 月 14 日）

　Chupa Chups の商標権を侵害する商品が楽天モールで出品されていた事例について、裁判所は、ウェブページの運営者が、単に出店者によるウェブページの開設のための環境整備をするだけでなく、運営システムの提供、出店者からの出店申込みの許否などの関与をし、出店者からの基本出店料やシステム利用料などの利益を受けている場合、その者が出店者による商標権侵害があることを知ったときまたは知ることができたと認めるに足りる相当の理由がある場合には、その後の合理的期間内に侵害内容がウェブページから削除されない限り、上記期間経過後から商標権者による差止請求や損害賠償請求を受けうるという一般論を述べた。

　２ちゃんねる小学館事件の場合には、匿名性が維持されており、発信者自身への責任追及が困難であった。他方、モール運営者の事案では、出品者に対する責任追及は可能であったから、裁判所のようにこれらを同列に論じたのが妥当であったかという議論もある。 〔二関辰郎〕

#### 6-14 注釈

1) そのような場合には、情プラ法上も損害賠償責任の制限規定の適用を受けられない（同法 3 条 1 項柱書の但書）。
2) そのうえでサイト運営者に対する差止請求と損害賠償請求を認めた。
3) ただし、その事例では、8 日以内にモール運営者が是正したことを合理的期間内での対応と評価したうえで、モール運営者に対する請求は棄却した。

## 6-15
# オープンソース化／パブリックライセンス

　著作権は、第三者による著作物の無断利用を制限して、著作権者に著作物の独占的な利用権を認める制度である。その反面、著作権者以外の第三者は、著作権者の承諾がなければ、著作物を利用できないのが原則である。しかし、自己の著作物について、第三者による無断利用を制限するのではなく、むしろ多くの人に広まり、利用されることを期待している著作権者も存在する。

　著作権法では、後者の期待に十分に応えられないことから、その対応として、オープンソース化、パブリックライセンス等が登場した。

## 1 オープンソース化

　ソフトウェア開発は、許諾を受けた正規ライセンシーによることが一般的である一方、商用・非商用を問わず、ソースコードを公開し、広く開発を認めることもある。このような**オープンソース化**により、利用者は、ソフトウェアを低額または無償で利用、改変、配布等できる一方、ソフトウェアの権利者も、多くの開発者や利用者を獲得して市場シェアの拡大を期待できるほか、ソフトウェアの問題点の発見や修正につながるといったメリットも期待できる。

　オープンソース化されたソフトウェア（OSS[1]）として、LINUX、Android等がよく知られている。また、OSS のライセンスとして、GPL (GNU General Public License)、LGPL (GNU Lesser General Public License) 等がある。端的にいえば、OSS ライセンスとは「ライセンサーは、ライセンサーが設定した条件を遵守しているライセンシーに対して、OSS に関する著作権、特許権等を行使しない」といったライセンスである。

　一部の OSS ライセンスでは、**コピーレフト**の考え方が採用されている。利用の自由を確保するため、著作物の利用条件として、ソフトウェアの著作権は保有したまま、利用者に著作物を複製、改変、頒布等の権利を与え、二次的著作物の作成者にも同様の条件を要求する考え方である。ただ、OSSライセンスにおけるコピーレフトの態様は一様ではなく、派生物への適用範

囲等の点において、様々な類型がある。OSS ライセンスの中には、ライセンシーによる権利行使を制限するものもあるため、OSS の利用や選択に際して、具体的なライセンス条件を確認しておくとよいだろう。[2]

## 2 パブリックライセンス

### (1) 概　要

上記のように、コンテンツの創作者のなかには、利用料を無償とし、自己の作品が世の中で広く利用されることを期待する者も存在する。これに対応するひとつの制度として**パブリックライセンス**があり、これは、原作品の著作権者が、広く一般に対して、一定のルールの範囲内において、自己の著作物を利用許諾する意思表示をおこなう仕組みである。

パブリックライセンスには、初音ミクの利用に関する「ピアプロキャラクターライセンス」、文化庁が作成した「自由利用マーク」、世界的に最も普及したクリエイティブ・コモンズによる「CC ライセンス」などがある。たとえば、原作品の著作権者は、CC ライセンスの利用により、著作権を保持したまま作品を流通させることができる。一方、利用者は、ライセンス条件の範囲内であれば自由に再配布等が可能となるうえ、利用条件が定型的に示され、遵守事項が明確であるため、比較的安心して著作物を利用できる。

### (2) CC ライセンス

**CC ライセンス**は、基本的には、①表示（著作者名や作品名を表示する）、②非営利（非営利目的で利用する）、③改変禁止（元の作品を改変しない）、④継承（元の作品と同じライセンス条件を付して公開する）の四つのマークで構成される。

6-15-1　CC ライセンスの条件

表示

非営利

改変禁止

継承

（出典）クリエイティブ・コモンズ・ジャパンのウェブサイト

上記四つのマークの組合せにより、図 6-15-2 のような六種類のライセンスがある。著作権者は、著作物の流通方法を検討し、希望に最も近いライセンスを選択することとなる。[3]

6-15-2 CCライセンスの種類

表示

表示-継承

表示-改変禁止

表示-非営利

表示-非営利-継承

表示-非営利-改変禁止

（出典）クリエイティブ・コモンズ・ジャパンのウェブサイト

　CCライセンスは、簡便に著作物の流通を図る制度であるが、万能ではない。たとえば、CCライセンスは、著作権者本人が設定する想定であるが、技術的には著作権者以外も設定可能である。第三者が著作権者の意思に反してCCライセンスを設定した場合には、利用者は、仮にCCライセンスに従って著作物を利用しても、著作権者との関係では著作権侵害となりうる。

　また、CCライセンスは、著作物に関するライセンスであり、肖像権やパブリシティ権は対象外である。このため、たとえば、CCライセンス付きの人物写真を利用する場合には、肖像権やパブリシティ権の権利処理も別途必要となりうる[4]。さらには、CCライセンスは、著作物の無償利用を想定しており、利用者からロイヤルティを徴収し難い。CCライセンス等のパブリックライセンスを利用する際には、その特性を知っておくとよいだろう。

　加えて、実務上の問題として、CCライセンス付きのコンテンツを利用する際には、CCライセンスの表示漏れ、誤記など、厳密にはCCライセンス違反となる事例もある。必要なライセンス表示は、バージョンによっても異なりうる。CCライセンス付きのコンテンツを利用する際には、その都度必要なライセンス表示を確認する必要もある。　　　　　　　　　　〔岡本健太郎〕


### 6-15 注釈

1) OSSの定義については、Open Source Initiative の定義〈https://opensource.org/docs/osd〉を参照。日本語版は〈http://www.opensource.jp/osd/osd-japanese.html〉など。
2) OSSに関する法律問題については、上田理＝岩井久美子『OSSライセンスの教科書』（技術評論社・2018年）、山本飛翔『スタートアップの知財戦略―事業成長のための知財の活用と戦略法務』（勁草書房・2020年）189頁以下も参照。
3) CCライセンスの詳細については、クリエイティブ・コモンズ・ジャパンのウェブサイト〈https://creativecommons.jp〉を参照。
4) ただし、CCライセンスを付与した本人は、肖像権やパブリシティ権を主張できない（クリエイティブ・コモンズ・ジャパンのFAQ 14）。

## 6-16
# プラットフォームと独禁法規制

## 1 プラットフォーマーと利用規約

　**プラットフォーム**は、複数の企業、消費者等の間で、商品や情報の交換を円滑にする「場」である。プラットフォームの運営者である**プラットフォーマー**は、多数者がアクセス可能なネットワークを構築するとともに、ユーザー間の交流や取引を促すコミュニティや仕組みを提供する。ユーザーが増え、投稿される情報が増えれば、プラットフォーム上で提供される情報の総量が増加するとともに、魅力的な情報が提供される期待も高まる。商品取引についても同様である。このように、ユーザー間の交流や取引の円滑化や活性化が各プラットフォームの価値であり、交流や取引の活性化がさらなるユーザーを呼び込むという循環構造にある。

　プラットフォーマーは、利用条件を利用規約等の形で規定している。利用規約は契約書の一類型だが、多くのユーザーが一律に従っていることから、一国の法律よりも大きな影響がありうる。たとえば、日本国内では、ヤフーやグーグルの月間利用者が全人口の半数を超えている[1]。また、GAFA を代表例として、海外の有力プラットフォーマーが、日本での事業を通じて重要な地位を占めることもある。こうした場合には、海外で作成された利用規約が日本の消費者や事業者にも広く適用されることとなる。

　利用規約に、準拠法を当該プラットフォーマーの本店所在地法とする旨の規定があれば、多くの場合、契約準拠法はその規定に従うこととなる（法の適用に関する通則法 7 条）。利用規約の内容も、日本法と異なる解釈が採用されるなど、日本の利用者に不利益が生じる懸念もある。日本の強行法規に違反する規定などについては有効性を争う余地もあり、特に消費者については、一定の保護も図られる（▶▶313 頁「ソーシャルメディア／投稿サイト（メディア側の視点）」）。しかし、利用規約は基本的には当事者間の合意に基づくものであり、利用者側が無効性についての主張・立証責任を負う場合もあるだろう。利用者は、利用規約の締結に際して、権利の帰属、免責／損害賠償等の

主要項目のほか、準拠法や紛争解決条項にも目を通し、利用条件の概要を把握しておくとよいだろう。

## 2 プラットフォーマーに関する法令

プラットフォーマーは、営利企業であるため、利用規約を自己に有利に作成・運用するインセンティブがある。大手プラットフォーマーは、自由競争や技術革新の結果、多数の利用者がいるなど、取引相手よりも有利な立場となりやすく、強大な影響力があるため、利用規約の作成・運用に伴い、公正競争を歪め、独占禁止法等の違反となる懸念もある。

プラットフォーマーは、①プラットフォームを利用せざるをえない事業者等に不当な不利益を与えている、②競争事業者を不当に排除している、③事業者の事業活動を不当に制限している、④取引上の優越的な地位を背景に、事業者等に不当な不利益を与え、公正競争に悪影響を及ぼしているといった事情があれば、独占禁止法等に違反することとなる。

2021 年 2 月には、「特定デジタルプラットフォームの透明性及び公正性の向上に関する法律」が施行された。この法令では、一定規模以上の大手プラットフォーマーを対象に、法律上の義務を必要最小限としつつ[2]、規制対象者がステークホルダーとの継続的な対応、自主的な取組みなどを通じて課題に対処する「共同規制」のアプローチが採用されている。2024 年 2 月の時点では、Google、Amazon、Meta、Apple／iTunes のほか、LINE ヤフーおよび楽天の各プラットフォームが対象となっている。プラットフォーマーの主な義務は、①プラットフォームの提供を拒絶する場合の判断基準、利用事業者に指定商品の購入や有償役務の利用を要請する場合の内容・理由、ランキング表示をする際の考慮要素などの情報開示義務（消費者などの一般利用者への提供・開示が求められる事項もある）、②取引の公正さを確保し、利用事業者との相互理解を促進するための体制整備義務、③モニタリングのための報告書を経済産業大臣に毎年提出する義務である[3]。

同法の指定対象外のプラットフォーム事業者にとっても、上記①および②などを参考に、利用者に配慮した事業運営をおこなうことも有益な視点と思われる。

## 3 プラットフォーマーと独占禁止法

　ヤフコメなどのニュースポータルサイトと報道機関などの個別のニュースソースの関係について、公正取引委員会は、2022年に、報道機関が、他の報道機関と共同で、①ニュースポータルサイト事業者に対して、記事提供契約の履行状況を確認するためにデータの開示を要請すること、②同事業者に対して、見出し等の利用に関する契約を締結するよう要請すること（契約の交渉や締結は、報道機関が個社ごとにおこなう）および③ニュース記事等の提供契約のひな型を作成することは、独占禁止法上、問題とならない旨を回答した。[4] このように、プラットフォーマーのあり方は、コンテンツ分野においても見直しが進んでいる。

　欧米などでもプラットフォーマー規制の強化が進んでいるが、プラットフォーマーとの契約交渉は、様々なエンタテインメント分野でも頻出である。プラットフォーマーとの交渉戦術も重要となるため、時には、上記のような独占禁止法上の疑念を指摘し、集団交渉的な方策も駆使しつつ、「プラットフォームとの共存・共栄」を図ることも法務担当者の役割と思われる。

〔岡本健太郎〕

### 6-16 注釈

1)　ニールセン「TOPS OF 2023: DIGITAL IN JAPAN」〈https://www.netratings.co.jp/news_release/2023/12/Newsrelease20231220.html〉。

2)　「特定デジタルプラットフォームの透明性及び公正性の向上に関する法律第4条第1項の事業の区分及び規模を定める政令」において、総合物販オンラインモール（年度売上3000億円以上）、アプリストア（年度売上2000億円以上）、デジタル広告（メディア一体型：年度売上1000億円以上）およびデジタル広告（広告仲介型：年度売上500億円以上）が対象とされている。また、スマートフォンで利用されるOS、アプリストア、ブラウザ、検索エンジンを提供する一定規模以上の事業者による競争制限行為を禁止する「スマートフォンにおいて利用される特定ソフトウェアに係る競争の促進に関する法律」が2025年末までに全面施行される予定である。

3)　そのほか、「取引デジタルプラットフォームを利用する消費者の利益の保護に関する法律」（取引DPT消費者保護法などと略称される）では、オンライン取引をおこなうプラットフォームに対して、通信販売取引の適正化および紛争解決を促進する義務を課している。

4)　公正取引委員会「独占禁止法に関する相談事例集（令和3年度）」の「報道機関によるニュースポータルサイト事業者に対する共同行為」。

## 6-17
# 青少年保護・フィルタリング

## 1 インターネットにおける青少年保護

　「子どもは大人が思っているほど子どもではない。大人は子どもが思っているほど大人ではない」。これは確か E・ケストナーの言葉だ。深い言葉でその通りと思うが、一方で、「子どもは、身体的・精神的に未熟なため、その出生の前後において、適切な法的保護を含めた特別な保護とケアを必要とする[1]」のも確かだ。成長過程にある子どもを単に保護の客体ととらえず権利主体性も認めること、年齢や個人に応じてその比重も変化すること——これらを考慮することが、青少年保護を考えるうえでは重要だ。

　インターネットでは、あらゆる種類の情報に簡単に接することができる。このことは、**子どもの権利条約**が子どもの権利や自由として定める「あらゆる種類の情報及び考えを求め、受け及び伝える自由」（同条約 13 条 1 項）に資する一方、病理的側面ももつ。インターネットには、子どもが閲覧するには望ましくないと考えられる情報も多く存在するからだ。利用者の低年齢化も進んでおり、児童買春や児童ポルノをはじめとするコミュニティサイトに起因する事件に被害者として巻き込まれるケースも増えている。

## 2 フィルタリング

　そういったインターネットにおける青少年保護の有力な手段のひとつが**フィルタリング**だ。フィルタリングは、インターネット上の情報を一定の基準で選別し、閲覧を制限する仕組みである。スマートフォンの端末に特定サイトの閲覧ブロックや特定アプリの起動制限処理を施す手法や、携帯電話事業者のネットワークにフィルタリングをかける手法などがある。いずれにしても、情報の発信そのものを規制するのではなく、受信者サイドに制限をかける仕組みだ。フィルタリングを利用するか否かは利用者の意思による（利用者が未成年者の場合には保護者の意思による）。この点で、強制的に接続を遮断する**サイトブロッキング**とは異なる。

2023 年度のフィルタリング等利用率は 44.2％（子どもがスマートフォンでインターネットを利用していると回答した青少年の保護者をベースに集計した統計値）といわれている[2]。

　青少年のフィルタリングに関する法律として、**青少年インターネット環境整備法**という法律がある[3]。同法では、18 歳未満の者を青少年と定義し、青少年がフィルタリングの利用によって性的画像など「青少年有害情報」を閲覧する機会を減少させることを狙いとしている。同法は、携帯 ISP と契約代理店に対して、新規の携帯電話回線契約時や機種変更等の際に、青少年有害情報を閲覧するおそれの説明や、フィルタリングの必要性・内容に関する保護者または青少年への説明を義務づけている。また、契約とセットで販売される携帯電話端末等の販売時におけるフィルタリングソフトウェアや OS の設定等を義務づけるなどしている。

　具体的にどのサイトをフィルタリング対象にするかは個々のフィルタリングソフト会社等に委ねられている。「いかなる情報が青少年有害情報であるかは、民間が判断すべきであって、その判断に国の行政機関等は干渉してはならない」と考えられている[4]。　　　　　　　　　　　　　　〔二関辰郎〕


**6-17 注釈**

1)　「子どもの権利条約」（1989 年の国連総会で採択され 1990 年に発効。日本は 1994 年に批准）前文が引用する 1959 年国連総会で採択された児童の権利に関する宣言中の表現。
2)　こども家庭庁「令和 5 年度青少年のインターネット利用環境実態調査」。
3)　正式名称は「青少年が安全に安心してインターネットを利用できる環境の整備に関する法律」（平成 20 年法律第 79 号）。平成 29（2017）年の法改正で、携帯電話会社や販売店等に対し、①使用者が青少年かどうかを確認する義務を課し、②フィルタリング利用の必要性等についての説明義務を課し、③フィルタリング有効化措置を講じる義務（青少年の保護者がフィルタリング有効化措置を講ずることを希望しない旨の申出をした場合を除く）を課すなど、フィルタリング利用率を上昇させるための変更がなされた。
4)　青少年インターネット環境の整備等に関する検討会「青少年インターネット環境の整備等に関する検討会報告書」（令和 6 年 6 月 7 日）〈https://www.cfa.go.jp/assets/contents/node/basic_page/field_ref_resources/7ce4fa4b-f167-4913-970e-d2fb48108e32/e2d5ea2b/20240614_councils_internet-kaigi_17.pdf〉。

## 6-18
# 名誉毀損・プライバシー侵害・忘れられる権利

## 1 名誉毀損

「公然と事実を摘示し、人の名誉を毀損した者は、その事実の有無にかかわらず、3年以下の懲役若しくは禁錮又は50万円以下の罰金に処する」。これは刑法の名誉毀損罪（230条1項）の規定だが、名誉毀損は民法では不法行為となる。この条文では「事実の有無にかかわらず」とあるが、表現の自由を守る観点から、公共性・公益性のある表現が真実に合致する場合は違法性が阻却される。真実の証明がなくても、表現者において真実であると考える相当の理由があれば責任が阻却され、やはり名誉毀損は成立しない。

実務上、名誉毀損で訴訟提起をする場合、ある記事や番組が原告の名誉を毀損するといった概括的主張では足りず、具体的にどの表現のために原告の社会的評価が低下されたのかを主張する必要がある。

## 2 プライバシーの権利とは

インターネット関連のプライバシー問題はふたつに大別でき、ひとつはネット利用者の個人情報が事業者に収集・利用される問題で、もうひとつは私生活がネット上で暴かれる等伝統的意味でのプライバシー侵害の問題である。前者は **6-20**（▶▶346頁以下）で扱い、ここでは後者を扱う。

**伝統的プライバシー権**は、「私生活をみだりに公開されない法的保証ないし権利」と言い換えられる。プライバシー侵害として法的保護を受けるには、公開された内容が、①私生活上の事実または私生活上の事実らしく受け取られるおそれのある事柄であること、②一般人の感受性を基準にして当該私人の立場に立った場合公開を欲しないであろうと認められる事柄であること、③一般の人々にいまだ知られていない事柄であること、の**3要件**を満たす必要があると伝統的に考えられてきた（東京地判昭和39年9月28日[『宴のあと』事件]）。

ネット上でプライバシー侵害がおこなわれた場合、そもそも発言者を特定

できない場合もあるが、発信者情報開示制度を利用するなどして発言者を特定できれば、訴訟において原告（プライバシー侵害の被害者）は、上記3要件該当性を主張する。

それに対する被告側の防御について、名誉毀損訴訟の場合ほど確立した定式があるわけではない。[1]しかし、プライバシー保護と表現の自由との比較考量の結果、後者が優先すれば、被告側が勝訴すると考えられている。より具体的には、被告としては、その事実を公表する意義（公益性）、情報入手手段の適法性・相当性（盗聴等の違法手段でないこと）、表現内容の正確性、人物の特定方法（匿名を用いた等）、表現方法の相当性（侮蔑的表現を用いていないこと等）、情報の種類・内容（すでにある程度知られている事実であること等）、原告の社会的地位・影響力が大きいこと、公表により原告が実際に受けた不利益の態様・程度が多くないこと等を主張することになる（東京高判平成13年7月18日［「あしながおじさん」公益法人常勤理事事件］参照）。

## 3 GDPRの「忘れられる権利」

インターネットにいったん掲載された情報は拡散し、いつまでも残りうる。この点に関連して、EUのGDPR（▶▶341頁・コラム「個人情報保護／GDPR」）では、削除権（いわゆる「**忘れられる権利**」）を認めた（17条）。これにより、個人は自己に関する情報の消去をデータ処理者に対して求められる場合が生じる。GDPR前文（65）項は、子どもの時に掲載に同意した情報について特に指摘している。子どもの時に安易にSNSに載せた情報を、将来にわたって他者に見つけられ、いつまでも「若気の至り」ゆえに不利益を受ける事態を防ぐことにつながる。

一方、この権利をむやみに認めると、政治家が自己に不都合な情報を削除して過去を恣意的に変えること等を可能にし、知る権利を制約しかねない。GDPRも、表現の自由や情報伝達の自由、科学や歴史研究等のためにデータ処理が必要な場合、忘れられる権利は制限されるとする（17条3項）。

## 4 日本ではどうか

日本では、検索エンジン事業者に対する検索結果の削除請求という形で、いわゆる「忘れられる権利」が争われた裁判例がある。住所の県名と自分の氏名を入力してインターネット検索した場合に、3年以上前の児童買春の逮

捕歴等を報じた記事が検索結果として表示された者が、検察エンジン事業者に対し検索結果の削除を求めた。一審のさいたま地裁は「忘れられる権利」に言及して削除請求を認めたが（さいたま地決平成27年12月22日（保全異議審））、最高裁は、これを否定した（最決平成29年1月31日）。

　この最高裁決定は、一般論として、検索エンジンはインターネット上の膨大な量の情報の中から必要な情報の入手を支援するもので、インターネット上の情報流通基盤として大きな役割を果たしていることを指摘した。

　そのうえで、プライバシーに属する事実を含む記事等が掲載されたURL等の情報を検索結果として提供する行為が違法となるか否かは、「①当該事実の性質および内容、②当該URL等情報が提供されることによってその者のプライバシーに属する事実が伝達される範囲とその者が被る具体的被害の程度、③その者の社会的地位や影響力、④上記記事等の目的や意義、⑤上記記事等が掲載された時の社会的状況とその後の変化、⑥上記記事等において当該事実を記載する必要性など、当該事実を公表されない法的利益と当該URL等情報を検索結果として提供する理由に関する諸事情を比較衡量して判断すべきもので、その結果、当該事実を公表されない法的利益が優越することが明らかな場合には、検索事業者に対し、当該URL等情報を検索結果から削除することを求めることができる」と判示した（①から⑥の番号は筆者が追加）。

　この最高裁決定は、「公表されない法的利益が優越することが明らかな場合」という基準（**明らか要件**）を採用した。これは、削除請求の認められる範囲を限定し、表現の自由を優先させているととらえることができる。

　その後、この最高裁決定の「明らか要件」を採用しない最高裁判決があらわれた（最判令和4年6月24日）。ツイッター（現X）に自己の氏名を入力して検索した場合に、約8年前の建造物侵入による自身の逮捕の事実を伝えたツイートを表示されていた者が、ツイッター社に対してツイートの削除を求めた事案である。この事案の控訴審判決は、上記最高裁決定を踏襲して「明らか要件」を必要としていた。しかし最高裁は、ツイッター社がその利用者に提供しているサービスの内容や利用の実態等を考慮しても「明らか要件」を必要とすることはできないとして、プライバシーの権利とSNSが利用者に対して情報発信の場や必要な情報を入手する手段を提供する行為を等価値的な比較衡量によって判断し、この事例においてプライバシーの権利を

優越させ、ツイートの削除を認めた。この最高裁判決は、ツイッターに付加されている検索機能は検索事業者が提供する検索機能とは役割や性質が相当に異なること等を考慮したもので、各種 SNS 上の投稿の削除について、検索事業者が提供する検索結果の削除と異なり、一律に「明らか要件」を必要とするものではないことを示した意義があると解説されている。[2] この点からいえば、ツイッター事件最高裁判決は、検索エンジンに関する前記最高裁決定の判示事項を変更するものではない。

〔二関辰郎〕

---

> ### コラム　　個人情報保護／GDPR

　　情報化社会の進展は著しく、コンピュータを利用した膨大な量の個人情報の収集・加工・利用等がおこなわれている。国家や企業による個人情報の利用がプライバシーにとっての脅威と認識され、各国で個人情報保護法制が整備されるようになった。個人情報保護法制は、行政機関や事業者による個人情報の取得・利用・提供といった各場面における適正な取扱いのルールを定めたもので、「自己情報コントロール権」の現れとして自己情報の開示・訂正・利用停止請求権などの本人関与の権利を定めている。

　　個人情報保護法制の最も先進的な取り組みが、2018 年 5 月 25 日に施行された EU の GDPR（General Data Protection Regulation・一般データ保護規則）である。保護対象がクッキーや IP アドレスなどを含む広いものであるほか、忘れられる権利、プロファイリング規制、データポータビリティの権利を定め、執行機関が高額の罰金を課す権限を有しているといった特徴を有する（忘れられる権利については **6-18** の 3（▶▶ 339 頁）、プロファイリングについては **6-20** の 3（▶▶ 347 頁）を参照）。EU では、EU の憲法に相当する EU 基本権憲章や EU 機能条約が、個人データを保護する権利を、プライバシーの権利と並べて基本的人権として規定している。個人データを利用してユダヤ人を抽出し大量虐殺をおこなったナチスドイツの経験がその背景にある。2019 年 1 月、日本は民間部門について GDPR の十分性認定（同規則 45 条）を受けた。これにより、日本企業が EU 域内の個人データの移転をスムーズに受けることができ、日本企業が EU 域内で経済活動をおこなううえでメリット

を享受している。

　しかし、日本の個人情報保護法による個人データ保護の水準は、GDPR による保護の水準とは大きく乖離しているのが実態である。もっとも、十分性認定が得られることによるメリットが大きいことも確かであり、今後目指すべき方向としては、乖離を少しでも減らすべく、日本における個人データ保護の水準を上げることが必要である。そのためには、個人データ保護を個人の尊重（憲法 13 条）の主要な内容として位置づけ、積極的に個人データ保護を充実・発展させるとともに、個人情報保護委員会の独立性・専門性を高め、権限を強化するなどの法改正をすることが考えられよう。　　　　　　　　　　　　　　　〔二関辰郎〕

### 6-18 注釈

1)　名誉毀損訴訟の場合には、①公共性、②公益性および③真実性または相当性という、いわば抗弁の定式が存在する。

2)　船所寛生（最高裁調査官）「判解」法曹時報 76 巻 2 号（2024 年）305 頁。

## 6-19
### 国際裁判管轄・準拠法

## 1 管轄と準拠法

　**国際裁判管轄**は、国際的要素のある民事事件について、どの国の裁判所が裁判をおこなうかという問題である。国際法上、民事裁判権があるためには、事件との一定の法的関連性が必要とされている。その国と事件との間に国籍、住所、法人の設立準拠法、人または物の所在、営業、行為、結果の発生など何らかの関連性が求められる。インターネットの場合、世界のどこからでも情報へのアクセスが可能なので、どの国で裁判を起こせるか問題になりやすい。**準拠法**は、どこの国の法律を適用するかという問題である。日本の裁判所が外国法を適用する場合もあるので、国際裁判管轄が日本にあるからといって直ちに適用法が日本法になるわけではない。

## 2 契約がない場合

　海外のウェブサイトに日本の著作物が無断でアップロードされている場合などに、日本の権利者が、アップロードした者あるいはウェブサイト管理者を相手として日本の裁判所に訴訟を提起できるかという問題がある（アップロードした者については、そもそもその者を特定できるかという問題があるが、その点については **6-5** の **3**（▶▶287 頁「実務的対応——発信者情報開示請求」）、**6-6** の **1**（**4**）（▶▶292 頁「オンライン海賊版対策の難しさ」）で説明した）。

　国際裁判管轄については、2012 年に施行された改正民事訴訟法により規定が整備された。簡単に結論的なところを述べると、被告によるインターネット上の行為が「日本における業務に関するもの」と評価できれば同法 3 条の 3 第 5 号により、外国でおこなわれた加害行為の結果が日本国内で発生し、その結果発生が通常予見できないものでなければ同法 3 条の 3 第 8 号により日本の裁判管轄が認められる可能性がある。それゆえ、たとえば、日本人が見ても通常読めない外国語に翻訳した小説をアップしているとか、技術的に日本からのアクセスを受け付けないといった事情でもあれば「通常

予見できない」といえるが、そうでなければ日本での管轄が認められる可能性がある。もっとも、民事訴訟法3条の9により、事案の性質、応訴による被告の負担、証拠の所在地等の事情を考慮して、日本の裁判所が審理および裁判をすることが当事者間の衡平を害し、または適正かつ迅速な審理の実現を妨げる特別の事情があるときは、裁判所は訴えを却下できる。

準拠法については議論もあるが、上記のような事案の場合、著作権侵害に基づく差止請求についてはベルヌ条約の規定する保護国法の規定により、損害賠償請求については「法の適用に関する通則法」の適用により、いずれも日本法が適用されることになるといってよいであろう。

なお、日本の裁判所で勝訴判決が得られた場合でも、その判決を外国（被告所在地）で執行できるかという問題がある（この点は**3**で説明する）。それゆえ、訴え提起の段階で、勝訴判決を得た場合に外国で執行できるかを見据えて、訴訟提起をする国を選択する必要がある。

## **3** 契約による管轄と準拠法の定め

海外の法人や個人と契約を締結する場合、どの国で紛争解決をおこなうか、準拠法をどうするかを合意するのが一般的である。海外の相手方が用意して提示してくるドラフトには、ほぼ例外なく、その相手方所在国の管轄（または仲裁合意）や準拠法を定めた条項が含まれている。

変更を求めてもなかなか応じてもらえないし、実際に裁判になることは多くないので、譲歩してよいと考えている日本企業は結構多い印象を受ける。しかし、相手方が譲らないのは、それだけ重要だからである。確かに、実際に裁判になることは多くはないかもしれない。しかし、外国で訴訟をしなければならないとなると訴訟回避のインセンティブが強く働き、それ以前の交渉段階でも不利な立場に置かれることになる。実際に訴訟になる可能性が低いことを理由として、管轄・準拠法条項に安易に妥協することはおすすめできない。

契約によって紛争解決手段を決める場合、まず、裁判によるか、**仲裁**によるかを決める必要がある。それぞれメリット・デメリットがあるが、考慮要素のひとつとして大きいのが執行可能性である。裁判は一国の主権的作用のため、日本の裁判所が出した判決をそのまま外国で執行することはできず、外国の裁判所で承認してもらう必要がある。その際、日本の裁判を承認して

くれることがあらかじめわかっている国は案外少ない[2]。つまり、裁判による場合、日本で勝訴判決を得ても、相手方所在国によっては外国で執行できない可能性を考慮する必要がある。これに対し、仲裁の場合には、世界のかなりの国が加盟している、いわゆる**ニューヨーク仲裁条約**[3]があるため、仲裁で得られた判断は、相手国で執行できるのが通常である。また、仲裁は手続が非公開で上訴がない。この点をメリットとみるか（秘密裡に進められ迅速に解決できる）、あるいはデメリットとみるか（不透明で妥当ではない判断の場合に争えない）は、事案や立場にもよるであろう。

では、相手国の管轄（または仲裁合意）・準拠法を指定したドラフトを提示されたら、どう交渉すればよいか。一般的なのは、双方に公平なルールの提案である。たとえば、いずれが提訴する場合でも、相手側の国の裁判所を管轄裁判所とする仕組み（被告地主義[4]）や、第三国を指定する方法である。後者の場合、その国の裁判所が事件を受け付けてくれるとは限らないが、仲裁であれば、第三国でも受け付けてもらえる。

準拠法については、上記管轄条項によって決まる法廷地（裁判所や仲裁機関の所在国）を指定するのがひとつの方法だ。冒頭説明したように管轄と準拠法は別概念なので、ある国の裁判所や仲裁機関が別の国の法律を適用することもありうる。しかし、裁判所や仲裁機関は外国の法律に精通していないので、外国法を準拠法とする仕組みにすると、手続が重たくなるという双方にとっての不合理が生じるので、それを回避する趣旨である。もっとも、管轄を被告地主義にしたうえで準拠法を法廷地とすると、実際に法的手続になるまで準拠法が事前に確定しないことになる。不安定な感じはあるかもしれないが、上記の不合理を回避できる意味はある。　　　　　〔二関辰郎〕

## 6-19 注釈

1) 岡本健太郎「侮るなかれ　国際契約における紛争解決条項」骨董通り法律事務所 HP コラム〈https://www.kottolaw.com/column/001427.html〉。
2) 米国は州によって対応が異なる。その他、中国、タイ、インドネシア、マレーシア、インドのほか、ベルギー、ロシア等でも、日本の裁判所の判決の強制執行は認められていない（岡本・前掲注 1）参照）。
3) 外国仲裁判断の承認及び執行に関する条約。締約国は執筆時点（2024 年 11 月）で 172。
4) 逆の仕組み（原告の裁判所）を管轄裁判所とする仕組みは、先に提訴した方が有利になり、提訴を誘発することになるのと執行可能性が不透明になることからおすすめしない。

# 6-20
## ビッグデータ

### 1 ビッグデータとは

　**ビッグデータ**という言葉に確たる定義はないが、一言でいえば、過去の膨大なデータを意味する。スマートフォンやタブレット、SNS などの普及に伴い、世界中で生成・蓄積されているデータ量は急増している。データの種類も多様化し、テキストデータのみならず、ネット上の行動履歴、IoT（モノのインターネット）、監視カメラからの各種データや位置情報、音声、動画など様々だ。これらデータを解析し、レコメンドや行動ターゲティング広告、交通渋滞予測、与信管理、人事採用など様々な分野で利用されている。

　エンタテインメントの分野では、たとえば、音楽配信や動画配信サービスにおいて、ユーザーがそれまでに選択・視聴した作品から嗜好を分析し、好みに合いそうな作品をレコメンドする、さらにはその人のための新たな作品を作り出すことなどが考えられる。

### 2 ビッグデータとプライバシー

　たとえば、店舗で音楽 CD を現金で購入する。その際、その作品を購入したのが誰かという情報が業者に残ることは基本的にない。他方、昨今普及している音楽配信サービスだと、いつ、だれがどの楽曲を聴いたかが業者のもとに正確に残る。これと同様のことが、ネット通販をはじめとして、双方向サービスや情報通信など生活の様々な場面に広がっている。趣味の分野でレコメンドがおこなわれている限り、ユーザーにとっても便利で結構かもしれない。しかし、ビッグデータ解析の特徴は、AI を用いて人間が思いもつかない事柄の相関関係や行動パターン予測などを導く点にある。たとえば「属性 A や属性 B をもつ者は、○○商品を気に入る可能性が高い」といった関係性だ。[1] 解析対象となるデータの量や種類は多ければ多いほどよいため、本来レコメンド目的で収集されたデータが、他の目的に利用されるリスクもある。少なくとも企業側には、そのような利用のインセンティブが働く。

AIを利用したビッグデータ解析では、たとえば、「何歳の」「女性で」「既婚で」「○○の趣味がある」といったセグメント（共通の属性を持った集団）に属する人物は△△の傾向があるといったパターンを見出す。あくまでもセグメント単位の傾向・確率評価のため、個別には例外もある。そうなると、誤った行動予測がなされ、人生の重要な場面で不当な待遇を受けることも生じうる。人間には思いつかないパターンを見出す過程でAIのアルゴリズムが関わるが、そのプロセスは外部からは見えずブラックボックス化する。

こういった事情から、ビッグデータ解析のプロセスに法規制を及ぼさなくてよいかが問題となる。これに対応したのがEUの**GDPR**（一般データ保護規則）である（▶▶341頁・コラム「個人情報保護／GDPR」）。GDPRでは、個人データの自動処理により、その個人の業務遂行能力、経済状態、健康、個人的嗜好、興味関心、信頼性、行動、位置および移動を分析または予測すること（**プロファイリング**）を規制する。

たとえば、GDPRでは、プロファイリングに対する異議の権利を設けた。個人から異議があると、データ管理者は、個人の権利や自由よりも優先されるやむをえない正当な根拠を示せなければ取扱いをやめないといけない（ダイレクトマーケティング目的では正当化根拠とは認められない）（GDPR 21条）。また、法的効果を生じるような重要な決定をするにあたり、人が実質的に関与しない自動処理だけに基づく決定を受けない権利を定めた（GDPR 22条）。さらに、個人データ取得時には、プロファイリングを含む自動処理による意思決定をおこなう場合、少なくとも、関連するロジック、その取扱いの個人への重要性、想定される結果を個人に提供しなければならない（GDPR 13条2項(f)（直接収集の場合）・14条2項(g)（間接収集の場合））。個人は、同様の情報の開示請求権を有するが、データ管理者は、企業秘密を理由にその請求を拒むことはできない（GDPR 15条1項(h)・前文(63)項、「自動処理による個人に対する意思決定とプロファイリングに関するガイドライン」IIID2）。

## 3 ビッグデータ解析のための著作権の適用除外

ビッグデータ解析の負の側面を説明したが、もちろん、ビッグデータ解析には正の側面がある。上記GDPRのガイドラインも、プロファイリングと自動的な意思決定は個人や組織にとって、効率性の増加、資源の節約といった便益をもたらす可能性があり、医療、教育、ヘルスケア、運輸などの分野

で個人の需要にあったサービスや製品を生み出すなど、多くの商業利用の可能性があると指摘している（同ガイドラインI）。

　ビッグデータ解析のためには、大量のデータを蓄積（複製）する必要がある。データの中にはテキスト、動画、写真などの著作物も含まれるから、それが著作権侵害になるとビッグデータの利活用が進まない。そこで、平成30（2018）年著作権法改正では、30条の4を新設し、著作物に表現された思想または感情の享受を目的としない利用は、必要と認められる限度で、著作権者の利益を不当に害する場合を除き、著作権侵害とはならないとされるなど柔軟な権利制限規定が整備された。30条の4では「いずれの方法によるかを問わず」利用が可能であり、たとえば、ビッグデータ解析のためにバックエンドで利用する場合、複数の事業者が共通で取り扱うこともできる。

　また、解析結果を表示する場合について、同改正による著作権法47条の5は、新たな知見・情報を創出する電子計算機による情報処理の結果提供に付随する**軽微利用**等は著作権侵害にならないと規定している。[2] **スニペット**（「断片」の意味で、検索結果表示などでヒットした対象ウェブページの概要などを伝える短い文章などをいう）や**サムネイル**（画像などを縮小させた見本）の表示にとどまれば軽微利用といえるが、それを超えてコンテンツを提供していると認められる場合には、軽微利用というのは難しい。もっとも、ビッグデータ解析の結果表示は軽微利用である必要があるが（著作権法47条の5第1項柱書）、その準備行為としての複製、公衆送信などについては軽微利用の制限はかからない（同条2項）。[3] 〔二関辰郎〕

## 6-20 注釈

1)　たとえば、有名なエピソードのひとつに、米国で小売業を営むターゲット社が、妊娠初期の女性が特定のサプリメントや無香料のローションを買いだめする傾向があるというパターンを発見し、妊娠が予測された女性に対し、ベビー用品のクーポン券を送っていた事案がある。送り先の女性がまだ高校生だったため、父親がターゲット社に抗議したところ、実際に娘が妊娠していたことが判明したという（Charles Duhigg, "How Companies Learn Your Secret" *New York Times Magazine,* 2 Feb. 2012〈https://www.nytimes.com/2012/02/19/magazine/shopping-habits.html?pagewanted=1&_r=1&hp〉）。
2)　文化庁著作権課「解説　著作権法の一部を改正する法律（平成30年改正）について」コピライト692号（2018年）22頁。
3)　文化庁著作権課「デジタル化・ネットワーク化の進展に対応した柔軟な権利制限規定に関する基本的な考え方（著作権法第30条の4、第47条の4及び第47条の5関係）」（令和元年10月24日）〈https://www.bunka.go.jp/seisaku/chosakuken/hokaisei/h30_hokaisei/pdf/r1406693_17.pdf〉。

# 6-21
## 人工知能と著作権

### 1 人工知能の概要

　コンピュータの処理能力の向上、インターネットの普及に伴う利用可能な
データの増大等により、人工知能（AI）の開発が容易となり、様々な分野で
AI の利用が広がっている。AI 技術の中には、利用者の指示に基づき、テキ
スト、画像、動画等の様々なコンテンツを生成する生成 AI がある。2023
年ころから、画像生成 AI（例：Stable Diffusion、Dalle-E）、テキスト生成 AI
（例：ChatGPT）、複数種のデータを取り扱うマルチモーダル AI（例：CoPilot、
Gemini）など、様々な生成 AI が利用されている。

　生成 AI には、機能などに応じて、①大規模言語モデル（LLM：Large Lan-
guage Models）、②拡散モデル（Diffusion Model）、③変分オートエンコーダ
（VAE）、④敵対的生成ネットワーク（GAN）などのモデルが利用される。こ
のうち、LLM とは、大量のテキストデータなどを利用して構築された、自
然言語処理モデルである。場合によっては、こうした学習済みモデルを別の
データセットを用いて再学習させる「ファインチューニング」という手法な
ども用いて、AI を、テキストの分類、分析、要約、質問対応といった様々
な自然言語処理に適応させる。また、拡散モデルとは、与えた画像にノイズ
を付加し、元の画像を復元するプロセスを繰り返すことで、AI に画像生成
をおこなう仕組みを学習させたモデルである。

　AI は、①生成物が著作物となるか否か、② AI の学習・開発における他人
の著作物の利用が著作権侵害になるか否か、③ AI による生成物が第三者の
著作権を侵害するか、など様々な点で著作権と関連する。

### 2 AI 生成物の著作物性

　コンピュータによる創作物は、従来から、(a) 人間がコンピュータを利
用して、自己の表現物として成果物を作成すること（創作意図）、(b) 人間
が成果物の作成に関して創作的寄与をおこなったこと（創作的寄与）、(c)

著作物に準じた創作性がある場合には、著作物となる。[1] AI 生成物の著作物性も、概ね同様の考え方である。

AI に対する指示については、創作的表現といえるような具体的かつ詳細な指示には、創作的寄与があると判断されうる一方、単に長いだけで、アイデアを示すにすぎない指示は、創作的寄与とは判断され難い。また、単に試行回数が多いことや生成物の単なる選択行為は、創作的寄与の判断に影響しない一方、生成物を確認し、指示や入力を修正しつつ試行を繰返したような場合には、創作的寄与があったとされうる。[2]

また、人間が、AI 生成物に、創作的表現といえる加筆・修正を加えた部分については、著作物性が認められうる。

## 3 AI の学習・開発における他人の著作物の利用

生成 AI に関して著作物が利用される主な場面は、開発・学習段階と生成・利用段階に分けられる。「開発・学習段階」とは、①大量の文字、写真、イラストなどの生データを収集して学習用データセットを生成したうえ、②学習用プログラム（AI プログラム）に入力し、深層学習をおこなわせることで学習済みモデルを構築する段階をいう。一方、「生成・利用段階」とは、①開発された AI の学習済みモデルに、データ、指示等を入力し、AI 生成物を生成し、②その生成物を利用する段階をいう。

開発・学習段階は、情報解析の一場面であるが、著作物に表現された思想または感情を自ら享受しまたは他人に享受させることを目的としない場合（いわゆる非享受利用）には、著作物の利用に際して、著作権者の承諾は不要である（著作権法 30 条の 4）。「非享受」とは、著作物等の視聴等を通じて、視聴者等の知的・精神的欲求を満たすといった効用がないような場合をいう。主たる目的が享受ではなくても、享受の目的も併存する場合には、同条の適用はない。

生成 AI に、特定の作家の作品のみを追加学習させることで、当該各作品の影響を強く受けた生成物の生成が可能となりうる。当該各作品の創作的な表現部分の出力を目的としていれば、享受目的は否定し難い。このため、概念上は、学習が作風の模倣に向けたものにとどまる場合には、著作権侵害にはなりにくい一方、特定の作品の創作的表現の再現を目的とする場合には、著作権侵害になりうる。

## 4 AI 生成物による第三者の著作権侵害

　生成・利用段階では、利用する AI 生成物に、既存の著作物との類似性と依拠性がある場合には、著作権侵害となりうる。AI 生成物を利用する際の類似性の考え方は、生成 AI 以外の場面と同様である。

　一方、依拠性については、従来は、既存の著作物を認識し、それを自己の作品に利用するといった主観面が考慮されることも多く、既存の著作物に接する機会があった、既存の著作物との類似性が高いなどの事情がある場合に、経験則に基づき、当該既存の著作物への依拠性が推認されてきた。

　生成 AI については、ある画像（著作物）を画像生成 AI に入力する場合など、AI 利用者が既存の著作物（表現内容）を認識し、生成 AI を利用して当該著作物の創作的表現を有するものを生成させた場合は、依拠性が認められる。これに加えて、生成 AI の開発・学習段階で当該著作物を学習していたといった客観的な利用関係がある場合には、生成・利用段階において生成物に反映されないための技術的措置が担保されていなければ、AI 利用者に既存の著作物（表現内容）の認識がなくても、当該既存の著作物への依拠性が認められうる。[3]

　利用者の主観面を重視する世界観では、ある作品の制作者が参考にした既存の著作物をリストアップし、当該作品と既存の著作物との類似性の有無や程度を検証することで、著作権侵害のリスクを一定程度スクリーニング可能であった。しかし、AI 生成物については、その制作者の認識にかかわらず、開発・学習段階で利用された著作物についても依拠性が認められる可能性があり、AI 生成物が当該著作物と類似していた場合には、著作権侵害となりうる。実務上、AI 生成物を利用する際には、著作権侵害に関するスクリーニングの範囲を著作物全般に広げることも必要となりうる。

　このように、AI 生成物については、権利性（著作物性）が問題となりうるうえ、既存の著作物の認識がない状態であっても、当該既存の著作物との関係で著作権侵害とされるリスクを含む。こうしたこともあり、著作権の譲渡契約や利用許諾契約においては、表明保証条項として、「対象となる著作物が AI 生成物でないこと」を規定する例もある。

## 5 著作権以外の権利

　生成 AI に他人の登録商標や登録意匠を入力したとしても、それだけでは商標権や意匠権の侵害にはならない。これと同様に、生成 AI に他人の肖像写真や著名人の肖像写真を入力したとしても、それだけではおそらく肖像権やパブリシティ権の侵害とはならない。ただし、その結果生成された AI 生成物の内容や利用態様によっては、商標権、意匠権、肖像権、パブリシティ権等の侵害となりうる。[4]

　また、生成 AI に、企業の秘密情報を入力した場合には、その態様や目的によっては、秘密保持義務違反や不正競争（営業秘密・限定提供データ規制：不正競争防止法 2 条 1 項 7 号・14 号など）となりうる。個人情報、プライバシー情報等の入力は、個人情報保護法違反、プライバシー権侵害等となるリスクもある。[5]

　生成 AI の利用が広がっているが、こうした権利の帰属や侵害に関する事項のほか、AI 生成物の正確性や適法性など、生成 AI の利用に際して様々な留意点がある。留意点を整理する観点からも、企業などの組織においては、生成 AI の利用ガイドラインなどを定め、AI 技術の進展、利用状況などに応じて適宜更新していくと有益である。

〔岡本健太郎〕

---

> ### コラム　ディープフェイクの悪用

### 1. ディープフェイクによる被害や懸念

　「ディープフェイク」の定義は、一義的に確立されていない。ただ、多くは、AI 技術を用いて、真実（の人物、声、事物等）であるかのように表示される、操作または合成されたコンテンツを生成する技術としてこの言葉が使用されているように思われる。

　ディープフェイクそれ自体は、単にある種のコンテンツまたはその制作ツールの総称であるため、違法とは言い難い。もっとも、それを悪用するケースが散見されている。たとえば、本人の承諾を得ずに、芸能人の肖像を合成して、わいせつな姿や政治的言動をさせる動画や、声優の音声を AI に学習させて歌わせる動画・音楽（AI カバー）などが、問題視されている。

また、米国のセキュリティ団体の調査によると、2023年にオンライン上で確認されたディープフェイク映像は、9万5820件に上っているおり、2019年時に比べて550%増加している。[6]我々が目にする情報の多くが、虚偽である可能性が高まっているのである。

では、ディープフェイクの悪用による被害を防止し、または救済するためには、どのような対策が考えられるだろうか。

## 2. 現行法の適用関係

以下にディープフェイクによる被害と、考えられる法律構成を整理してみた（下表）。

6-21-1　ディープフェイクによる被害と被侵害利益

| 想定される被害 | 被侵害利益 |
| --- | --- |
| 肖像を使用される | 肖像権（場合によっては名誉感情侵害） |
| 肖像等を商用利用される<br>（サイン、声などの本人識別情報） | パブリシティ権 |
| 著作物を利用される | 著作権・著作者人格権 |
| 虚偽の事実を生成される | 名誉毀損 |
| 本人と偽ってなりすまされる | 氏名権、アイデンティティ権など |

「肖像」や「著作物」を使用することによるディープフェイク特有の法的論点は、今のところ生じていないように思われる。一方、「声」に関しては、その保護範囲が問題となる。パブリシティ権が保護する「肖像等」には、声が含まれると考えられているため、[7]商用目的で使用された場合には、取り締まることができそうである（パブリシティ権については、**7-8**（▶▶383頁「素材②：パブリシティ権」））。もっとも、人の声は、商売道具という側面にとどまらず、自身の人格を構成しうる重要な要素とも思える。現に、海外に目を向けると、たとえば、カナダ・ケベック州民法36条は、人の声をプライバシー権の一環として保護していたり、中国では、民法1023条2項において、人の声の保護について肖像権と同様の保護を受けうることが示されている。今後、声を用いたディープフェイクの悪用に備えて、日本においても、パブリシティ権以外の保護の可能性についても議論されてよいように思う。

「虚偽の事実」の生成に関しては、アイドルのヌード合成写真を募集

するサイトの運営者が、名誉毀損の共同正犯にあたるとして、有罪判決を下した裁判例が存在する（東京地判平成18年4月21日［アイコラ画像名誉毀損事件］）。もっとも、名誉毀損が成立するためには、「社会的評価が低下する」事実の摘示が必要である。そうすると、理論的には、ディープフェイクであることが明らかな画像等は、本人に関する事実摘示がないとして、名誉毀損の成否が左右される可能性がある点には留意すべきである（現に、裁判例ではそのような反論が被告人側からされていた）。

「なりすまし」の場合は、氏名の無断使用による氏名権侵害や、アイデンティティ権侵害などが選択肢として挙げられる。

### 3. 国内外の対応動向

ディープフェイクに関連する国内外の取組状況について概観すると、たとえば、日本では、2023年から2024年にかけて、内閣府知的財産戦略本部が「AI時代における知的財産権検討会」を開催し、ディープフェイクに関する知的財産法の観点から課題整理をおこなった[8]。また、政府によるインターネット上の偽・誤情報に注意する公報ページにおいて、ディープフェイクへの言及が見受けられるようになった。

一方、海外では、ディープフェイクによる選挙介入やポルノを規制する法律や、ディープフェイクを使用する場合にその旨を表示する義務を課す規制が導入されつつある。たとえば、前者については、米国における州法のほか、国防授権法やIOGAN法（2020年）が挙げられる。後者については、2024年5月に成立したEUのAI法（50条4項、施行は2026年8月2日）や、中国の生成型人工知能サービス管理に関する暫定措置（17条・18条）で規制されている。今後、こうした規制の実効行性がどこまであるかを注視したい。　　　　　　　　　　〔出井　甫〕

### 6-21 注釈

1) 著作権審議会第2小委員会（コンピュータ関係）報告書（1973年）、著作権審議会第9小委員会（コンピュータ創作物関係）報告書（1993年）、文化審議会著作権分科会法制度小委員会「AIと著作権に関する考え方について」など。なお、本節の記載は、この「考え方について」を参考にしている。
2) 創作的寄与については、上野達弘＝奥邨弘司編『AIと著作権』（勁草書房・2024年）150頁以下も参照。
3) 依拠性については、上野＝奥邨編・前掲注2）116頁以下も参照。

4) AI生成物が公知意匠となったような場合には、新規性や創作非容易性の判断に影響が及び、意匠登録が認められ難くなる可能性もある。

5) 内閣府知的財産戦略本部「AI時代の知的財産権検討会　中間とりまとめ」も参照。

6) NHK「もし、あなたの卒業アルバムが裸にされたら」（2024年9月14日）〈https://www3.nhk.or.jp/news/html/20240914/k10014580201000.html〉。

7) 中島基至「最高裁判所判例解説 民事篇」（平成24年度）18頁（一般財団法人法曹会）

8) 内閣府知的財産戦略本部「AI時代の知的財産権検討会 中間とりまとめ」（2024年5月）〈https://www.kantei.go.jp/jp/singi/titeki2/chitekizaisan2024/0528_ai.pdf〉61-65頁。

―――――― **第6章　参考文献** ――――――

福井健策編／池村聡＝杉本誠司＝増田雅史著『インターネットビジネスの著作権とルール〔第2版〕』（著作権情報センター・2020年）

東京弁護士会インターネット法律研究部『Q＆Aインターネットの法的論点と実務対応―ネットトラブルからAI・仮想通貨・裁判手続のIT化まで〔第3版〕』（ぎょうせい・2019年）

田島正広監修・編集代表『インターネット新時代の法律実務Q＆A〔第3版〕』（日本加除出版・2017年）

安藤和宏『よくわかる音楽著作権ビジネス　基礎編〔6th Edition〕』（リットーミュージック・2021年）

安藤和宏『よくわかる音楽著作権ビジネス　実践編〔6th Edition〕』（リットーミュージック・2021年）

清水陽平『サイト別　ネット中傷・炎上対応マニュアル〔第4版〕』（弘文堂・2022年）

伊藤真＝前田哲男「サイトブロッキングと通信の秘密」コピライト690号（2018年）28頁

二関辰郎「報告　海賊版サイト対策―海外関連の法的措置について」コピライト712号（2020年）2頁

岡田淳＝中野玲也＝古市啓＝羽深宏樹『プラットフォームビジネスの法務〔第2版〕』（商事法務・2022年）

山本龍彦編『AIと憲法』（日本経済新聞出版・2018年）

小塚荘一郎『AIの時代と法』（岩波新書・2019年）

福岡真之介編『AIの法律と論点』（商事法務・2018年）

齋藤浩貴＝上村哲史＝岡田淳『AI・IoT・ビッグデータの法務最前線』（中央経済社・2019年）

宍戸常寿＝大屋雄裕＝小塚荘一郎＝佐藤一郎編『AIと社会と法：パラダイムシフトは起きるか？』（有斐閣・2020年）

齊藤友紀＝内田誠＝尾城亮輔＝松下外『ガイドブック AI・データビジネスの契約実務』（商事法務・2020年）

第7章

# 美術・写真

# 7-1
## アート・ビジネスと法実務

### 1 アート市場

　アートは、売買の対象であるとともに、鑑賞やイベントの対象でもある。2017年には、レオナルド・ダ・ヴィンチ作とされる絵画（「サルバトール・ムンディ」）が史上最高額の約4億5000万ドル（当時の為替レートで約510億円）で落札された。また、日本では、話題になった展覧会には50〜60万人以上が足を運んでおり[1]、近年では、各地で芸術祭や国際展も開催されている。

　まず、日本のアート市場の規模から見てみよう。2021年における市場規模は約2781億円であり、その内訳は、①美術品市場（絵画、彫刻、写真、映像作品、陶芸等の売買）が約2186億円、②美術関連品市場（絵画のポスター・ポストカード、図録・カタログ、関連グッズ）が約240億円、③サービス市場（美術館、博物館、アートプロジェクトへの訪問）が約355億円である[2]。

　ちなみに、日本の音楽市場は、販売（CD、レコード、ビデオ等の売上および音楽配信）が約3372億円（2023年）[3]、ライブイベントが約5652億円（2022年）である[4]。

　世界のアート市場に目を向けてみると、米国、中国およびイギリスの3か国で8割以上のシェアを占めており、日本の市場占有率は数％にすぎない[5]。欧州では、美術館の年間入場者がテーマパークの入場者を上回り、ニューヨークでは、アート産業の経済波及効果はブロードウェイのミュージカルを上回るなど[6]、アートは一大産業である。日本のアート市場にもさらなる拡大の余地がありそうだ。

### 2 主なプレーヤー

　アート市場における主なプレーヤーの関係図は、概要、図7-1-1の通りである。この関係図は、流通面に着目したものだ。

　アート市場における主なプレーヤーとして、まず、作り手であるアーティ

7-1-1　アート市場の概念図

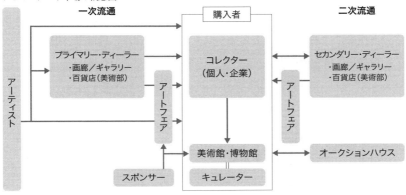

ストが挙げられる。アーティストは、作品を制作し、その作品の展示、販売等をおこなう。

　アート作品の一次流通は、たとえば、画廊・ギャラリー、百貨店美術部などがアーティストからアート作品を仕入れ、コレクター（個人・企業）や美術館・博物館に販売する形でおこなわれる（あえて「仕入れ」と記載したが、その態様については後述する）。画廊・ギャラリーは、アーティストのマネジメント的な役割を果たす場合もある。一次流通の場として、近年ではアートフェアも話題であり、画廊・ギャラリーは、アート作品の展示、広告、販売等を目的として参加している。また、コレクターや美術館・博物館は、購入したアート作品を売却することもあり、こうした二次流通の主体や場として、画廊・ギャラリーのほか、オークションハウスも挙げられる。画廊・ギャラリー間の売買もある。

　美術館や博物館は、アート作品を展示する主な主体や場であり、アート作品の収蔵や展覧会を通じて、アート作品の評価軸を構築する役割も担っている。また、美術館や博物館が展覧会を開催する際には、キュレーター（学芸員）の活動が重要となる。キュレーターには、美術館や博物館に所属する者のほか、美術館や博物館などの組織に所属しない者も存在する。キュレーターは、展覧会に際して、テーマ設定や企画立案をおこない、参加アーティストやアート作品の選択、展示プランの作成等のほか、カタログや図録の作成にも関与する。

　また、大規模な展覧会の開催に伴い、資金が必要となる場合には、スポン

サーの存在が重要となろう。その他、周辺領域のプレーヤーとして、アート作品を保管および輸送する倉庫業者や輸送業者、保険業者なども挙げられる。アート作品は、高額なものも少なくなく、保管、輸送、保険等の場面において、特別な配慮や専門的な知識や技術が求められる。

## コラム　アート・オークション

　美術品の流通経路としては、画家・画商からの購入、アートフェアでの購入、オークションでの購入などがある。オークションを除けば、美術品の取引条件はケースバイケースであり、統一契約書式のようなものは存在していないが、一般に、特に高額な美術品取引にあたっては、真贋保証、所有者による所有権等の保証、保管・輸送責任、危険負担・所有権の移転時期等が検討事項といえよう。なお、ヨーロッパなどで比較的広く認められている「追及権」（転売利益の一部が画家に還元される権利）（▶▶401頁）は、日本国内の取引において目にすることはほとんどない。

　オークションの場合、オークションハウスが手続（参加登録、入札方法、決済方法等）を定めており、それに従って手続が進む。その内容は、通常、オークションハウスのウェブサイトやその発行するオークションカタログに記載されている。出品・落札にあたっては、オークションハウスが定める取引価額に応じた手数料を支払う。概ね落札額の10〜20％程度だが、落札金額に応じ手数料率が異なる場合も多い。入札はオンラインや電話での参加も可能であることが多い。

　出品・入札は、通常、各オークションハウスが用意する定型的な売買条件書に従いおこなわれる。たとえば著名オークションハウスであるクリスティーズでいえば、原則として売買は出品者と落札者が当事者となるとされ、落札者は入札前に対象美術品は現状有姿で販売されること、入札手続、「リザーブ」と呼ばれる最低売買成立価格（非公開であるのが通常）が設定される出品があること、危険負担の移転時期、オークションハウスへの落札手数料率と出品手数料、支払いと所有権移転時期、落札品の運送、輸出許可、不払い時の対応、オークションハウスの責任限定、一定年限の贋作ではないことの保証と万一贋作であることが判明し

た場合の手続、準拠法・管轄等の記載が売買条件書に盛り込まれている（概要やオークション用語については〈https://www.sothebys.com/en/buy-sell#buying-basics〉も参照）。なお、家財としての絵画は、動産総合保険の対象とされることもあるようだ。

　アート・オークションについては、本章末尾の「参考文献」に後掲の石坂泰章『巨大アートビジネスの裏側―誰がムンクの「叫び」を96億円で落札したのか』や小山登美夫『現代アートビジネス』を、また、専門的参考書としては Ralph E. Lerner ほか『Art Law: The Guide for Collectors, Investors, Dealers & Artists（Fifth Edition）』（Practising Law Institute, 2020）も参照されたい。　　　　　　　　〔小林利明〕

## **3** アート・ビジネスの法実務

　アート市場に関連する業務は、プレーヤーによっても異なる。

　たとえば、作品を制作するアーティストにとっては、著作権侵害、肖像権侵害などの権利侵害のリスク軽減策が必要となろう。できあがったアート作品に著作権侵害や肖像権侵害の疑いがあれば、展示や販売の差止め、アート作品の廃棄、損害賠償等の請求を受けるリスクがあり、展示や販売にも支障が及ぶためである。特に写真や映像作品については、被写体となる人物についての肖像権の処理も重要となろう。一方で、自己の作品を模倣されたアーティストは、模倣したアーティスト等に対して展示や販売の差止め、アート作品の廃棄、損害賠償等を請求することもある。

　アート作品の売買や制作委託（いわゆるコミッションワークの制作を委託する場合）の際には、売買、制作委託等の契約が成立する。契約条件の中では価格に注目が集まりやすいが、その他の契約条件も重要である。特に、アート作品の点数が限られ、また、高額であるような場合には、アート作品の所有権の移転時期、保管・輸送の責任、アート作品が毀損・滅失等した際の危険負担（リスク負担者）の取扱いなども重要となる。

　さらに、特に二次流通においては、贋作や盗品でないことの確認も重要となる。アート作品の購入者は、高額なアート作品を購入する際には、販売者との売買契約に贋作や盗品に備えた救済策を規定しておくことも考えられる。たとえば、「アート作品が真作であり、かつ、盗品でないこと」や所有権の帰属等についての表明保証条項や、同条項に違反した場合の取扱い（代金の

減額、補償等）などである。[7]

　また、画廊・ギャラリー、百貨店美術部などがアーティストや作品の所有者からアート作品を仕入れる際には、「買取」や「委託販売」など、契約の性質も問題となる。**買取**の場合には、通常、アーティストや所有者が画廊・ギャラリーと売買契約を締結した時点、その後に対価を支払った時点等において、アート作品の所有権が画廊・ギャラリーに移転する。一方、**委託販売**の場合には、アート作品の所有権は、画廊・ギャラリーとの契約締結時点では移転せず、アート作品が販売された際に、原所有者から購入者に移転するのが通常である。画廊・ギャラリーは、買取の場合にはアート作品の売残のリスクを負う一方、委託販売の場合にはそのリスクは回避されやすい。実務上、契約の性質や画廊・ギャラリーとの関係（専属の範囲など）が争いになる場合もあるため（東京地判平成 28 年 5 月 25 日、東京地判令和元年 9 月 27 日など）、契約書の作成やその規定内容は重要である。[8]

　さらには、アート作品を展示する際には、主催者、作品の所有者、会場等の契約交渉などが必要となる（▶▶ 391 頁「利用②：展覧会契約」）。

〔岡本健太郎〕

## 7-1 注釈

1)　美術手帖ウェブサイト 〈https://bijutsutecho.com/magazine/insight/28204〉。
2)　一般社団法人アート東京「日本のアート産業に関する市場レポート 2021」。なお、同レポートは 2022 年版から方式が変更された。
3)　一般社団法人日本レコード協会「生産実績・音楽配信売上実績」〈https://www.riaj.or.jp/f/data/annual/msdg_all.html〉。
4)　一般社団法人コンサートプロモーターズ協会「ライブ市場調査」〈http://www.acpc.or.jp/marketing/kiso.php〉。
5)　Art Basel & UBS「The Art Market 2023」、一般社団法人アート東京「日本のアート産業に関する市場レポート 2022」。
6)　石坂泰章『巨大アートビジネスの裏側―誰がムンクの「叫び」を 96 億円で落札したのか』（文藝春秋・2016 年）第 7 章。
7)　契約違反（目的物の不適合）のほかに、契約締結前の説明義務違反、消費者契約法、詐欺、錯誤などによる契約取消などの主張もありうる（島田真琴『アート・ロー入門』（慶應義塾大学出版会・2021 年）63 頁）。
8)　東京地判令和元年 9 月 27 日では、「甲（アーティスト）が制作した作品は価格の安定と上昇を図るため、乙（ギャラリー）を経由して販売することを、甲乙合意する。ただし、甲の諸事情により、第三者に直接納品しなければならない作品が発生した場合は例外とする」との契約条項の解釈が問題となった。裁判所は、上記規定につき、アーティストは、但書を除いた限度で当該ギャラリーに対して専属的制作販売義務を負っているとしたうえ、但書を限定的に解して、アーティスト側に約 2 億 3460 万円の損害賠償責任を認めた。なお、高裁では和解が成立したようである。

# 7-2
## 著作物性①：美術の著作物

### 1 現代美術

　**美術の著作物**とは、形状、色彩、線、明暗等で思想・感情を表現した著作物をいう。空間や物の形状、模様または色彩の全部または一部を創出または利用することによって、人の視覚を通じて、美的価値を表現する技術または活動などと定義されることもある（東京地判平成12年3月31日［テレフォンカード磁気テープ事件］）。著作権法上、美術の著作物として、絵画、版画および彫刻が例示されており、美術工芸品も含まれる（2条2項・10条1項4号）。「美術の著作物」の範囲は広く、上記のほかに、マンガの絵、劇画、生け花、舞台装置、書なども含まれる。

　著作物といえるには、人の思想・感情が表現されるだけでなく、それが創作的である必要がある（▶▶20頁「対象となる法領域②：各種の権利問題」）。一般論として、絵画、版画、彫刻などの従来から存在するジャンルの作品については、著作物性の有無は大きな問題にはなり難い一方、現代美術の中には、著作物性の有無が問題となるものもある。

　たとえば、**現代美術**の先駆けともいわれる作品のひとつに、マルセル・デュシャンの「泉」がある。これは、既製品であるセラミック製の男性用小便器に「R. Mutt」という署名と年号を書いたものである。また、現代美術には、デザイン文字や単純な図形からなる作品など、装飾的・説明的な部分を極力削ぎ落とし、シンプルな形や色で表現された作品などもある。

　著作物性の範囲等が争われた現代美術もある。問題となった2作品は、電話ボックス様の水槽に50〜150匹の赤色の金魚を泳がせる状況で、公衆電話機の受話器がハンガー部から外されて水中に浮かんだ状態で固定され、気泡を発生している点などが共通する。原審（奈良地判令和元年7月

7-2-1　マルセル・デュシャン「泉」

（出典）Philadelphia Museum of Art

7-2-2 金魚電話ボックス事件の各作品

原告側の作品　　　　被告側の作品

（出典）朝日新聞デジタル（2021年1月14日）

11日）は、上記の点をアイディアと捉えて著作物性の範囲を限定的に解釈し、著作権侵害を否定した。一方、控訴審（大阪高判令和3年1月14日）は、上記の点に創作性を認め、著作権侵害も肯定した（金魚電話ボックス事件）。現代美術に関する著作物性の判断の難しさを示す一例である[1]。

応用美術の著作物性については、**8-5**（▶▶429頁以下）を参照。

## 2 著作物性の有無と作品の保護

著作物性の有無は、たとえば、作品の模倣者に対して著作権侵害を主張する場合などに問題となる。作品を模倣されたアーティストは、模倣者に対して、著作権（複製権、翻案権等）侵害を理由に、作品の展示や販売の差止め、廃棄、損害賠償等を請求することがある。こうした著作権に基づく権利主張をおこなうには、自己の作品の著作物性が前提となる。

上記の通り、絵画、版画、彫刻等の従来型の作品については、著作物性の有無は比較的問題となり難い一方、たとえば、シンプルな表現を用いた一部の現代美術については、仮にこれらがアート作品であったとしても、著作物性の有無が問題となりうる。著作物性の有無が問題となれば、模倣されたアーティストなどの権利侵害を主張する側が、自己の作品の著作物性を主張・立証する必要がある。その際には、素材の選択、描画、色彩等の作品の表現上の特徴を分析・検討し、独自の工夫、他作品との相違点等を主張・立証することが方策のひとつとなろう。上記裁判例のようにアイディアと表現の峻別も必要となる。なお、著作物性の根拠として「著名なアーティストの作品である」、「美術展で受賞した」等の主張もありうるが、こうした主張のみでは不十分と思われる[2][3][4]。

また、創作性が乏しい場合には、自己の作品に著作物性が認められたとしても、著作権による保護の範囲は狭く、デッドコピー等に限定されうる（薄

い著作権）。その結果、ある程度相違する作品に対しては、著作権に基づく差止請求や損害賠償請求は制限されよう。

〔岡本健太郎〕

### 7-2 注釈

1) そのほか、アイデアと表現の境界線について岡本健太郎「現代アートの見方・捉え方—『アイデア』と『表現』の境界線」骨董通り法律事務所 HP コラム〈https://www.kottolaw.com/column/210227.html〉。

2) 大阪地判平成 15 年 10 月 30 日［グルニエ・ダイン事件］、大阪高判平成 16 年 9 月 29 日［同事件・控訴審］は、グッドデザイン賞を受賞したモデルハウスの「建築の著作物」の該当性を否定した。

3) 小島立「現代アートと法—知的財産法及び文化政策の観点から」知的財産法政策学研究 36 号（2011 年）では、現代アートにおいて思想または感情をいかなる文脈または方法で表出したのかを考慮しうると指摘する。

4) 高林龍『標準 著作権法〔第 5 版〕』（有斐閣・2022 年）93 頁は、生け草での草木の選択配列、造園などの樹木や植物の選択配列は、編集著作行為といってよいとしている。

## 7-3
## 著作物性②：写真の著作物

### １ 写真の著作物性

写真は、他の著作物と比較して短時間でも作成可能であるうえ、出来栄えは、カメラ、レンズなどの機材にも依存する。写真には、こうした特徴があるものの、「美術の著作物」などと並び、著作物のひとつとされている（著作権法10条1項8号）。写真の著作物の保護期間は、かつては他の著作物よりも短く設定されていたが、現行の著作権法では、保護期間に違いはない。

なお、従来、「写真の著作物」として、フィルム写真が想定されていた。しかし、著作権法上、「写真の製作方法に類似する方法を用いて表現される著作物」も写真の著作物に含まれるため（2条4項）、デジタル写真も写真の著作物である。

写真は、①被写体の選択・組合せ、②撮影時季、時刻などを含めたシャッターチャンスの捕捉、③シャッタースピード・絞り、④被写体と光線の関係（順光、逆光、斜光等）、⑤アングル、⑥陰影、⑦ライティング、⑧構図、⑨トリミング、⑩色彩の配合、⑪特定部分の強調・省略等のほか、⑫機材（レンズ、カメラ、フィルム等）の選択などの点に工夫が可能である。こうした被写体を二次元に写し撮る工夫に創作性があれば、著作物性が認められる。

芸術写真については、比較的容易に著作物性が認められよう。また、自然の風景や動物の生態の写真については、シャッターチャンスが重要な要素のひとつであるが、構図などの要素に工夫があれば、著作物性が認められるだろう[1]。そのほかにも様々な種類の写真があり、著作物性の有無や程度が異なる。

### （1）機械で自動撮影される写真

**固定式監視カメラの写真、自動証明写真**等が挙げられる。著作権法上、著作物と認められるには、人による創作的活動が必要である。一方、機械で自動的に撮影される写真は、人による創作的寄与が乏しいことから、著作物性が否定されやすい。なお、**プリクラ写真**については、人による創作的寄与が

あれば、著作物性が肯定されうる。

## (2) 記録写真

絵画の**記録写真**が一例である。被写体を忠実に撮影するには技術が必要であるが、撮影技術自体は創作性を基礎づけない。また、平面的な作品を撮影する際には、正面から撮影する以外に撮影位置の選択の余地も乏しい。このため、被写体の選択、構図の設定、被写体と光線との関係等の写真の表現に関わる要素は限定的であり、撮影者の個性が反映され難いことから、創作性も認められ難い（東京地判平成10年11月30日［版画写真事件］[2]）。

また、顕微鏡を用いて撮影した**拡大写真**、空中の一点から地表その他の物体を撮影した**航空写真**など、技術的な要素が強い写真もある。これらも、誰が撮影しても同じような写真であれば、著作物性は否定されるだろう[3]。

## (3) 肖像写真

スナップ写真、ブロマイド写真、報道写真等がある。

**スナップ写真**は、日常的かつ頻繁に撮影され、素人が撮影することも多いが、それだけでは著作物性は否定されない。主題の決定、被写体、構図、カメラアングル、光量、シャッターチャンス等について創作性があれば、著作物性が認められる（知財高判平成19年5月31日［スナップ写真事件］など）。近年は、スマートフォンでの写真撮影も多いが、こうした写真についても著作物性が肯定されている（東京地判平成27年6月25日［イベント写真事件］、東京地判平成31年2月28日［自撮素足写真事件］など）。

また、**ブロマイド写真**は、被写体の資質や魅力を引き出すため、スナップ写真に関する各要素に加えて、衣装、ポーズ、背景、照明、光の印影等が工夫される場合もある（東京地判昭和62年7月10日［真田広之ブロマイド事件］、東京地判平成15年2月26日［創価学会肖像写真事件］など）。**報道写真**についても、上記のような要素に創作性があれば、著作物性が認められよう。

## (4) カタログ写真

商品の**カタログ写真**は、単に商品の形状、色彩を忠実に写したものであれば、上記**(2)**と同様に著作物性は否定されやすい。ただ、撮影方法等によって、写真から受ける商品の質感、高級感、存在感、柄の印象等は異なる。また、商品の並べ方、角度、構図、照明や陰影、背景等の工夫により、商品を印象深くすることも可能である。こうした要素に創作性があれば、著作物性は肯定される（大阪地判平成7年3月28日［カーテン用商品カタログ写真事

件］、知財高決平成 18 年 3 月 29 日［スメルゲット事件］、東京地判平成 27 年 1 月 29 日［IKEA 事件］、東京地判令和元年 9 月 18 日［音楽雑貨写真事件］など）。

## 2 被写体の位置づけ

　被写体に関して、写真の著作物は、（a）被写体がもともと存在しており、撮影者が被写体の制作に関与していない場合と、（b）撮影者が被写体を制作する場合に大別できる。

　被写体がもともと存在する場合（上記（a））の例として、**風景写真**が挙げられる。撮影者は、風景写真を撮影する際には、撮影の場所、季節等を考慮するが、既存の被写体のある一面を選択したにすぎない。著作権法上、その選択自体はアイディアなどとされ、主に撮影時の創意工夫が創作性として考慮される。その結果、同じ被写体を同じ場所で撮影しても、上記 **1** の各要素が異なれば、必ずしも著作権侵害にはならない[4]（知財高判平成 23 年 5 月 10 日［廃墟写真事件］）。

　一方、撮影者が被写体を制作する場合（上記（b））の例として、**モデル写真、静物写真**などが挙げられる。モデル写真には、モデルの選定・組合せ、ポーズ、表情、衣装、背景等の様々な創作的要素がある。また、静物写真についても、対象物の並べ方や組合せ、配置、背景等に様々な創作的要素がある。こうした人為的に作り出された被写体には、撮影者の個性が発揮される[5]。すなわち、上記 **1** の各要素、たとえば、撮影時刻、露光、陰影の付け方、レンズの選択、シャッター速度の設定、現像の手法等が類似する場合だけでなく、被写体の決定自体における創作的な表現部分が類似する場合にも、著作権侵害とされうる（東京高判平成 13 年 6 月 21 日［みずみずしい西瓜事件］）。

## 3 権利処理の要否

　他人が撮影した写真をウェブサイトや出版物に掲載する、自己の作品に利用するといった場合には、著作権者の承諾などの権利処理が必要となりうる。権利処理の要否を判断するうえでは、まずは、当該写真の著作物性の有無を検討する必要がある。写真の著作物性は肯定されやすい傾向がある一方、上記 **1** のように、写真の種類によって著作物性の有無や程度が異なることから、その写真の種類や撮影方法を判断（推測）することが第一歩となろう。

　ただ、証明写真や忠実な記録写真などは、写真から種類や撮影方法を比較

的想像しやすい一方、そうでない写真も多い。このため、著作物性を明確に否定できない他人の写真を利用する場合には、著作物性がある前提で対応を検討する方が無難ではあろう。

〔岡本健太郎〕

---

> ### コラム　権利処理

　実務上、コンテンツの利用に際して、第三者の著作権、商標権、プライバシー権、肖像権、パブリシティ権などの様々な**権利処理**が問題となることがある。権利処理とは、平たくいえば、権利者からの同意や権利の取得である。裁定制度も権利処理の一手段である。

　権利処理の際には、対象となる権利や権利者の洗出しが第一歩である。たとえば、音楽については、歌詞と楽曲について著作権者が異なる場合も多く、実演や音源についても別途検討が必要である。また、人物の写真や映像など、ひとつのコンテンツの利用に際して、肖像権、パブリシティ権、著作権などの複数の権利が問題となる場合もある。実務上は、洗出した各権利について、（1）権利侵害の有無を検討したうえ、権利侵害の可能性があれば、（2）権利処理の要否、（3）権利処理の方法などを検討していく。以下、各ステップについて見ていこう。

　なお、検討の項目や順序は画一ではなく、事案に応じた臨機応変な対応が必要である。

### 1. 権利侵害の有無

　権利侵害の有無を検討する際には、各権利のポイントを押さえるとよいだろう。たとえば、実務上、著作権侵害として頻出の翻案権侵害については、著作物性、依拠性・類似性、保護期間、権利制限規定等が検討事項となりやすく、商標権については、商標登録の有無、商標や指定商品・役務の同一性・類似性、商標的使用の該当性、先使用の有無や範囲等が検討事項となりやすい。また、肖像権侵害については、人物の判別可能性や、最高裁判決が挙げた考慮要素が主な検討事項となろう（▶▶381 頁「素材①：肖像権」）。

　ただ、これらの権利侵害の有無は様々な要素の総合考慮となるため、断定はできず、可能性の判断にとどまることも少なくない。もっとも、

369

個人のプライバシーについては、第三者が公開することにより本人の人格が著しく毀損されうるうえ、インターネット上で保存または拡散されるなど、完全な削除が困難な場合もある。より慎重な判断も求められよう（▶▶ 338 頁「名誉毀損・プライバシー侵害・忘れられる権利」）。

### 2. 権利処理の要否

上記 1. の検討の結果、**権利侵害の可能性**が高ければ、権利処理の必要性も高くなり、その可能性が低ければ、権利処理の必要性も低くなる。そのほかの考慮要素としては、①権利者の方針、②利用態様、③事後対応の容易性などが挙げられる。

企業、個人を問わず、第三者による権利侵害を積極的に排除している権利者もいる。権利侵害が明確でなくても権利侵害について指摘してくる権利者も存在する。こうした権利者との関係では、権利処理についての慎重な判断も必要となる（上記①）。また、企業や個人の方針や属性のほかに、権利者からの指摘を誘発しやすい事情として、たとえば、風刺的な利用、プライバシー権侵害などの権利者のイメージや尊厳を害する場合、利用者が権利侵害行為により経済的な利益を得ている場合などが挙げられる。

さらに、実務上は、映画やテレビ、出版物、インターネットなど、多数者による対象コンテンツの閲覧が想定される状況であれば、より慎重な判断が求められやすい（上記②）。一方、他の考慮要素次第でもあるが、近親者のみが招待される展覧会など、対象コンテンツの鑑賞者が限られていれば、相対的に権利処理の必要性は低いといえよう。ただ近年は、ファンなどによる報告、SNS への投稿などが契機となり、炎上に発展することもある。

また、写真や動画などのコンテンツをウェブサイトに掲載した場合には、仮に権利者から権利侵害の指摘を受けたとしても、ウェブサイトからの対象コンテンツの削除や差替えなどで侵害状態が是正されることもある。特に権利侵害の可能性が低い状況であれば、事前の権利処理はしないといった選択肢も浮上しやすい（ただし、実際に権利侵害となれば、事後対応のみでは免責されず、損害賠償等が別途必要となりうる。また、上記のように、インターネット上から完全に削除できないこともある）。一方、

販売停止や改訂のリスクがある出版物、DVD、ブルーレイなど、事後
対応が容易でない場合には、念のため権利処理をしておくなど、より慎
重な対応も選択肢となろう。

## 3. 権利処理の方法

　上記のような検討の結果、権利処理が望ましいと判断した場合には、
権利者との権利処理を図ることとなる。ただ、この場合も、権利処理の
方法などは検討事項である。

　権利処理の方法のひとつに口頭での承諾があるが、簡便である一方、
事後的にその有無や内容が争いになりやすい。このため、一般論として
は、やはり書面等による記録化が推奨される。ただ、電子メールや
LINE などの簡易なものから、同意書や契約書などの正式なものなど、
態様は様々である。記載内容も含め、その適否は事案によっても異なる
であろう。

　また、一般論としては、権利処理をおこなうのであれば、撮影時、応
募時など、コンテンツの利用前がよいだろう。一般的には、その方が、
権利者の抵抗感も少ない。ただ、コンテンツの利用後に権利処理の必要
性を認識した場合など、必然的に事後対応となる場合もある。

　なお、上記は、権利者や連絡先が判明している場合を想定している。
権利者や連絡先が不明の場合には権利処理が難航するが、上述の裁定制
度の利用も検討事項となろう。　　　　　　　　　　　　〔岡本健太郎〕


**7-3 注釈**

1)　東京地判平成 11 年 3 月 26 日［イルカ写真事件］は、野性イルカの写真に著作物性を肯
　　定した。
2)　東京地判平成 30 年 6 月 19 日［久保田一竹事件］は、着物の染色工程や美術館の全景等
　　の写真について著作物性を否定するなど、写真の著作物性に関する他の裁判例よりも、著作
　　物性を厳格に判断した。
3)　東京高判平成 15 年 2 月 26 日［スカイダイビング事件］は、ヘルメットに固定したカメ
　　ラでスカイダイビング中に撮影した写真に著作物性を肯定した。
4)　知財高判平成 23 年 5 月 10 日［廃墟写真事件］は、撮影時季も表現手法のひとつに挙げ
　　ている。
5)　被写体の創作に関与した者にも著作者性が肯定される余地がある。否定例であるが、東京
　　地判平成 27 年 12 月 9 日［ヘアドレッサー写真事件］も参照。

## 7-4
## 著作物性③：文字デザイン

### 1 文字デザインと著作権

　商品ラベル、ポスターなどの商業デザインに限らず、フォント、装飾文字、ロゴ等のデザイン文字を利用する場面がある。これまでの判例上、デザイン文字の著作物性は限定的に解されている。

　以下では、著作権に焦点を当てるが、そのほかに、商標法、意匠法、不正競争防止法等のほか、特にフォント（タイプフェイス）については、利用規約についても配慮が必要である。

### （1）フォント（タイプフェイス）

7-4-1　ゴナU書体

　最高裁（最判平成12年9月7日［ゴナ書体事件]）は、印刷用書体に著作物性が認められるには、①従来の印刷用書体に比して顕著な特徴を有するといった独創性と、②それ自体が美術鑑賞の対象となりうる美的特性が必要とした。

　その理由として、①ある印刷用書体に広く著作物性を認めてしまうと、その書体を用いた小説、論文等の出版に書体の著作権者等の許諾が必要となること、②印刷用書体は、文字をベースとするため形態に一定の制約があり、著作物として保護した場合には、わずかに異なる無数の印刷用書体に著作権が成立するため、権利関係が複雑となること等が挙げられている。

　裁判所は、その後の事例（東京地判平成31年2月28日［インターセプター

7-4-2　INTERCEPTER-KATAKANA

（出典）裁判所ウェブサイト

事件]）でも同様の判断枠組みを採用したうえ、著作権侵害の判断に際しては、フォント全体ではなく、現に利用された文字の著作物性の有無について判断すべきとした。そのうえで、図7-4-2のうち現に無断で利用された文字についてのみ著作物性を判断し、①顕

著な特徴を有するといった独創性や②美術鑑賞の対象となりうる「美的特性」を否定し、著作物性を否定した。[1]

### (2) 装飾書体

広告デザインの一部に利用された「書」風の装飾文字につき、裁判所（大阪地判平成11年9月21日［装飾文字「趣」事件］）は、文字を素材とした表現物に著作物性を認める要件として、①平均的一般人の審美感を満足させる程度の美的創作性があり、か

7-4-3　装飾文字「趣」・「華」

（出典）裁判所ウェブサイト

つ、②著作権による保護を与えても、人間社会の情報伝達手段として自由な利用に供されるべき文字の本質を害しないことを挙げた。

そのうえで、書家の書に限らず、書と評価できるような創作的な表現も「美術の著作物」にあたるなどとして、著作物性を肯定した（ただし、同じ文字であれば字形の類似は当然であるなどとして、複製権侵害の成立場面を複写や極めて類似している場合に限定するなどして、複製権および翻案権の侵害は否定した）。

### (3) ロゴマーク（デザイン書体）

ロゴマークにつき、裁判所（東京高判平成8年1月25日［「Asahi」ロゴマーク事件］）は、著作物性を認めうる場合があるとしても、書体のデザイン的要素が美術の著作物と同視しうるような美的創作性を感得できる場合に限られるとした。そのうえで、図7-4-4のロゴマークにつき、手法がありふれている、デザイン的な工夫はあるものの美的創作性は感得できないなどとして、著作物性を否定した。[2]

7-4-4　アサヒビール株式会社のロゴマーク

（出典）裁判所ウェブサイト

## 2 エンブレム問題

デザイン文字に関する上記の各判例も参考に、東京2020オリンピック・パラリンピックのエンブレム問題を振り返りつつ、デザインのパクリ炎上や

7-4-5 リエージュ劇場のマーク（左）と旧エンブレム（中、右）

（出典）リエージュ劇場のウェブサイト（左）、ITmedia のウェブサイト（中、右）

対処法について考えてみよう。その後、新エンブレムが採用されたが、旧エンブレムには、ベルギーのリエージュ劇場から著作権侵害等の疑いがかけられた。図 7-4-5 のうち左がリエージュ劇場のマークであり、右ふたつが東京 2020 オリンピック・パラリンピックの旧エンブレムである。

旧エンブレムがリエージュ劇場のマークの著作権（翻案権）侵害となるには、概要、①同マークの**著作物性**、②旧エンブレムが同マークに依拠して作成されたこと（**依拠性**）および③旧エンブレムから同マークの本質的特徴を感得できること（**類似性**）を充たす必要がある（最判平成 13 年 6 月 28 日［江差追分事件］）。

同マークは、Théâtre の「T」と Liège の「L」がベースであり、「T」の右上部を反転させつつ、「T」と「L」をシンプルなデザインで表現した点に工夫がある。ただ、上記 **1** のように、文字デザインの著作物性は限定的に解釈されやすく、著作物性が肯定されても保護範囲は限定的であろう（上記①）。一方、旧エンブレムは、同マークと異なり色彩が施され、右上部に赤丸もある。また、中心の縦線と左上部および右下部の各円状線との接触の有無も異なる。両者は一見似ているが、分析的に見れば類似点は限定的といえよう（上記③）。さらに、旧エンブレムの作者が同マークを見ていたか否かは、事実関係次第である（上記②）。

こうした事情にもかかわらず、作者の他の疑惑も取り沙汰されるなどの炎上騒ぎとなり、旧エンブレムは取下げに追い込まれた。適切な炎上対策の重要性を示す一事例でもある。

## **3** 炎上対策

「炎上」の該当性はさておき、SNS 等において著作権侵害などの指摘を受けた事案は数多く存在する。性別、人種、文化などを題材とした表現が炎上の原因となることもある。著作権侵害に関するものでは、たとえば、①マンガ家の藤子・F・不二雄氏風のイラスト（音楽バンドの CD ジャケット）、②マ

ンガ「ベルサイユのばら」風のイラスト（地方公共団体の広報誌）、③アーティスト村上隆氏の作品風のイラスト（地方公共団体の商店街ロゴ）、④ Noritake 氏風のイラスト（政党ポスター）、⑤アーティストのモチーフ（テプラ）を利用した店舗イメージ広告、⑥ボクシングアートを利用した映画広告などが挙げられる。これらの中には、SNS 等での指摘が発端となり、利用停止となったものもある。一方で、著作権侵害の疑いが指摘されたものの、実は、著作権侵害にはなり難かった事案もある。

　炎上は、ファンや一般消費者など、直接の利害関係者以外が SNS 上で疑念を指摘し、これが拡散して発生することが少なくない。炎上対策に唯一の正解はないが、まずは事実関係の確認が重要となる。そのうえで、権利侵害がなければそれを否定する一方、権利侵害があればそれを認めて謝罪や事実関係を説明するなど、適切かつスピード感のある対応が炎上の未然防止や火消対策となる。場合によっては、全容解明の前に、判明した事実関係の説明が必要となる場面や、内容には触れず、対応状況のみを開示する場面、再発防止策や関係者の処分が必要な場面などもある。こうした場合にも、憶測や過大な対応は避けるべきだろう。著作権その他の権利侵害が疑われる事情があれば、あらかじめその有無を調査・確認し、対応について関係各部署とも事前に連携しておくことも有益である。

　なお、炎上の原因となったコンテンツを削除すると、自身の非を認めたことにもなりうるうえ、事実関係の把握が困難になることもある。コンテンツを削除するとしても、その時期や理由についての検討が必要であろう。

〔岡本健太郎〕

**7-4 注釈**

1) 大阪高判平成 26 年 9 月 26 日〔テレビ放送用フォント事件〕は、有償ライセンスされていたフォントの使用に関連して、フォントなどのデザインが、著作権法、意匠法、不正競争防止法等の保護対象とならない場合には、その利用行為は、特段の事情がない限り不法行為を構成しないとしつつ、特段の事情として、他人の行為が、自由競争の範囲を逸脱し、営業の自由を濫用したといえるような場合を挙げている。

2) 東京地判平成 12 年 9 月 28 日〔ロゴ・タイプフェイス事件〕は、住友建機株式会社のロゴマークの著作物性を否定した。また、知財高判令和 4 年 9 月 27 日〔ANOWA 事件〕は、「ANOWA」などのロゴマークの著作物性を否定した。

第7章 美術・写真

7-5 制作上の問題①：作品制作と著作権

# 7-5
## 制作上の問題①：作品制作と著作権

## 1 作品制作の手法

　アーティストは、他の作品を一切参考にせず、完全なオリジナル作品を生み出す場合もありうる。しかし、職業柄、他の作品に触れる機会も多く、他の作品からインスピレーションを得るなど、他の作品との関わりを通じて、作品が生み出される場合も多いように思われる。他の作品との関わり方には、たとえば以下がある。[1] なお、以下は一例であり、一義的な定義ではない。

7-5-1　他の作品との関わり方

| ①他の作品が創作の契機となる場合 | (a)インスパイア | 他の作品から、感化、啓発、ひらめきその他の刺激を受けること。特に、尊敬する作家や作品に触発された、同一テーマの作品の創作をいうこともある。 |
|---|---|---|
| | (b)モチーフ | 他の作品の主要な思想・題材を動機として創作活動をおこなうこと。芸術作品を構成する基本的な単位や作因をいうこともある。 |
| ②他の作品を一部変更して利用する場合 | (a)オマージュ | 尊敬する作家や作品に影響を受けて、類似する作品を創作すること。 |
| | (b)パロディ | 揶揄、風刺、批判等の目的で他の作品を模倣または利用すること。 |
| | (c)デフォルメ | 忠実な模倣を離れ、対象・素材の形態を意識的に変形させて、強調して表現すること。 |
| ③他の作品を再現する場合 | (a)模写 | 作品を忠実に再現すること。なお、芸術家自身が自分の作品を写し取った場合は「異作」、「レプリカ」などといわれる。 |
| | (b)トレース | 絵、写真などを別の紙などの表現媒体に写し取ること。 |
| ④自己の作品に他の作品を取り込む場合 | (a)コラージュ | 様々な平面素材(新聞の切抜き、壁紙、書類、雑多な物体など)を組み合わせ、壁画などの造形作品を構成すること。なお、複数の映像の断片を組合せてひとつの連続したシーンを創作することは「モンタージュ」といわれる。 |
| | (b)アサンブラージュ | 様々な立体素材(日用品、工業生産品、廃棄物など)を組み合わせ、新たな立体作品を構成すること。 |

376

## 2 著作権法との関係

### (1)「複製」と「翻案」

他人の著作物を複製または翻案した場合には、原則として著作権侵害となる。複製と翻案は本書では頻出であるが、ざっとおさらいしておこう。

**複製**とは、印刷、写真、複写、録音、録画その他の方法による有形的な再製をいう（著作権法2条1項15号）。「再製」とは、基本的には、同一のものを作成することをいうが、表現形式が異なる場合も含まれる。原作品への創作的な付加がないなど、原作品と実質的に同一であれば複製となる。

**翻案**とは、二次的著作物を創作することをいい（同法2条1項11号参照）、判例上、既存の著作物に依拠し、その表現上の本質的な特徴の同一性を維持しつつ、具体的な表現形式を変更して新たに思想・感情を創作的に表現して、既存の著作物の表現上の本質的な特徴を直接感得できる別の著作物を創作する行為などとされている（最判平成13年6月28日［江差追分事件］）。端的にいえば、既存の著作物を参考に、その表現上の本質的な特徴を感得できる別の著作物を創作する行為である。

なお、仮にある著作物を参考にしても、当該著作物の表現上の本質的な特徴を感得できなければ、複製でも翻案でもなく、著作権侵害とはならない。

### (2) 各手法の検討

上記1の各手法は、著作権法上の区分ではなく、複製や翻案の考え方を参考にしたグループ分けである。ある類型に該当しても、直ちに著作権侵害が肯定または否定されるわけではない。パロディやコラージュを含め、このグループ分けは概念的な一般論であり、実際の法務対応は様々である。

まず、**①他の作品が創作の契機となる場合（インスパイア、モチーフ）**については、他の作品から着想を得ているものの、その作品の表現上の本質的な要素が感得されなければ、複製権や翻案権の侵害にはなり難い。

一方、**②他の作品を一部変更して利用する場合（オマージュ、パロディ、デフォルメ）**については、本節の定義に従えば、自己の作品から元の作品の表現上の本質的特徴を感得できることが必要であるため、必然的に、複製権や翻案権の侵害となりやすい（最判昭和55年3月28日［パロディ・モンタージュ事件］）。ただ、たとえば、デフォルメの程度が著しいような場合には、複製権や翻案権の侵害は否定されよう（▶▶38頁「パロディ・二次創作」も参

照)。

　また、③他の作品を再現する場合（模写、トレース）についても、元の作品をそのまま利用することが想定されるため、複製権や翻案権の侵害となりやすい（東京地判平成20年3月13日［八坂神社写真事件］、大阪地判平成28年7月19日［舞妓写真・日本画事件］）。ただ、特にトレースについては、すべての作品が著作権侵害となるわけではなく、大きさ、構図、配色等が変更されるなど、トレース後の作品から元の作品の表現上の本質的な特徴を感得できなければ、著作権侵害は否定される（東京地判平成30年3月29日［小説同人誌裏表紙事件］）。なお、イラストやマンガの制作の際には、トレース作業が介在することもある。しかし、複製権侵害や翻案権侵害の疑いがあれば、原作品の著作権者から差止請求を受け、その結果として作品の利用が制限される懸念もある。場合によっては、大きさ、構図、配色等の変更なども有益となろう。

　最後に、④自己の作品に他の作品を取り込む場合（コラージュ、アサンブラージュ）については、他の作品を利用していることから、特にコピーなどの複製行為が介在している場合には複製権侵害等になりやすい（東京地判平成26年5月27日［猫写真コラージュ事件］）。ただ、たとえば、英字新聞をデザインとして利用し、文章の内容は利用していないコラージュは、翻案権侵害が否定される場合もあるだろう。　　　　　　　　　　　　　　〔岡本健太郎〕

**7-5 注釈**

1) コトバンク、アートワード等を参考にした。
2) パロディについては、引用（著作権法32条1項）で解釈する説もある。パロディについては、文化審議会著作権分科会法制問題小委員会「パロディワーキングチーム報告書」（2013年）も参照。

# 7-6
## 制作上の問題②：写真の加工

### 1 写真の加工方法

　写真は、撮影後に加工を施される場合も少なくない。写真の加工方法には、トリミング、レタッチなどがある。

　**トリミング**とは、画像の周囲や映像の前後を切り取って、必要な部分だけを抜き出すことをいう。たとえば、背景に不要なものが含まれている場合や、フレーミングを補正する場合の加工方法である。また、**レタッチ**とは、画像の色の補正や汚れの除去、合成といった画像の修整や加工作業をいう。明確な定義はなく、肌の色の修正やほくろの除去といった細かい修正だけでなく、画像の回転や色の補正、文字の書込みなどを含む場合もある。

　フィルム写真については、プリントの際の一部切り取り（**クロッピング**ともいわれる）、現像した写真の切り取りなど、加工方法が限定的であり、高度な技術も要求された。しかし、デジタル写真については、加工ソフトがあれば、比較的容易に写真を加工できる。代表的な加工ソフトに Photoshop があるが、近年では、スマートフォンなどにも加工ソフトが付属している。

### 2 著作権に関わる問題

　写真の加工に関しては、①元の写真の著作権侵害、②加工自体の創作性などが問題となりうる。

#### (1) 著作権侵害

　他人が撮影した写真を無断でトリミングやレタッチをした場合には、著作権侵害となりうる。写真の撮影者等は、写真について著作権を有しており、その写真の変更には、原則として複製権（著作権法 21 条）や翻案権（同法 27 条）の承諾だけでなく、同一性保持権（同法 20 条 1 項）の不行使に関する同意が必要となろう。

　翻案権については **7-5**（▶▶ 376 頁以下）で前述したが、同一性保持権は、著作物やその題号について、著作者の意思に反した変更、切除その他の改変

を禁止する権利である。判例上、真にやむをえない改変に限って許容するなど、わずかな改変について同一性保持権侵害を認めた事例もある（表記方法等に関するものであるが、東京高判平成3年12月19日［法政大学懸賞論文事件］、東京高判平成10年5月28日［浅間山荘短歌事件］、大阪地判令和2年10月6日［フェイスブック記事転載事件］など）。

　なお、X（旧ツイッター）の仕様上、X（旧ツイッター）への投稿写真については、タイムラインと呼ばれる表示画面上で、自動的に写真の一部を切除するトリミング処理がなされる。このトリミング処理は、見え方の問題であり、タイムライン上で写真をクリックすることにより、トリミング処理がない状態で、写真全体を表示できる。しかし、あるユーザーが無断で投稿した他人の写真を別のユーザーがリツイート（自身のタイムライン上で紹介すること。現在はリポスト）し、トリミング処理の結果、写真上の氏名表示が非表示となった事案で、知財高裁は、リツイート行為者に同一性保持権侵害と氏名表示権侵害を認め、最高裁も、氏名表示権侵害を肯定した（知財高判平成30年4月25日、最判令和2年7月21日［リツイート事件］）。

## （2）著作物性

　ある写真にトリミングやレタッチを施した場合、その加工の程度がわずかであれば、加工部分の創作性は限定的であろう。ただ、写真の加工も様々であり、単なるフレーミングの変更や、不要部分の除去だけでなく、別の写真との組み合わせといった加工処理もある。

　撮影者と加工者が異なる加工写真については、加工の程度によっては、撮影者と加工者にそれぞれ写真部分と加工部分の著作権が帰属する可能性もあり、権利処理として、撮影者だけでなく加工者の承諾も必要となりうる[1]。次善策として、権利処理の相手方から、「当該写真について、他に著作権者がいないこと」、「当該写真の利用が、第三者の著作権その他の権利を侵害しないこと」といった表明保証を得ておくことも考えられよう。　　〔岡本健太郎〕

---

**7-6 注釈**

1)　家屋の写真から不要なものを消去したうえ、玄関先、バルコニー、テラスなどに樹木を配し、建物周辺にも敷石や樹木を配するなどのCG処理を施した事案で、創作性を基礎づける一要素として、撮影後のCG処理を挙げた裁判例もある（大阪地判平成15年10月30日［グルニエ・ダイン事件］）。

## 7-7
# 素材①：肖像権

## 1 判例の考え方

　絵画、写真、動画などの被写体に人物が含まれる場合には、その人物の肖像権について配慮が必要である。肖像権の侵害に伴い、作品の利用停止などの差止請求や、慰謝料その他の損害賠償請求を受ける危険がある。

　**肖像権**は、みだりに自己の容貌や姿態を撮影されない権利などとされている（最判平成17年11月10日［法廷内撮影訴訟事件］、最判平成24年2月2日［ピンク・レディー事件］）。肖像権は、著作権などと異なり判例で認められた権利であり、権利の具体的な内容や範囲は法令に規定されていない。

　最高裁（前掲・最判平成17年11月10日）は、人物の容貌等を無断で撮影することも正当行為として許される場合もあるとした一方、①被撮影者の社会的地位、②撮影された被撮影者の活動内容、③撮影の場所、④撮影の目的、⑤撮影の態様、⑥撮影の必要性等を総合考慮して、被撮影者の人格的利益の侵害が社会生活上の受忍限度を超える場合には、肖像権侵害となるとした。また、人の容貌等の撮影が違法である場合には、その写真の公表は、被撮影者の人格的利益を侵害するとした。

　上記の判断により考慮要素は明確化されたものの、各考慮要素の具体例や位置づけが不明であるなど、依然として、実際の事案における肖像権侵害の判断は容易でない。デジタルアーカイブ学会の肖像権ガイドラインは、その判断枠組のひとつとして、次頁の表7-7-1のように、各考慮要素を加点・減点方式で検討するものである。（＋は肖像権侵害を肯定する要素、－は肖像権侵害を否定する要素）。

　なお、被撮影者の判別の可否は大きな要素であり、被撮影者の画像が小さい、低解像度である、後ろ向きであるなど、被撮影者の判別が困難であれば、肖像権侵害のリスクは相当程度減少する。

　また、人物の肖像は、写真だけでなく、イラストとして利用する場合がある。人物の写真は、撮影者が、被写体の一瞬の動静をレンズでとらえたもの

7-7-1 肖像権に関する考慮要素

| ①被撮影者の社会的地位 | 一般市民、未成年　＋<br>政治家、芸能人、スポーツ選手等の公的人物　− |
| --- | --- |
| ②撮影された被撮影者の活動内容 | 私的活動、被災時、負傷時、病気療養時等　＋<br>公的活動　− |
| ③撮影の場所 | 私的空間（家庭内、病院内等）　＋<br>公的空間（道路等）　− |
| ④撮影の目的 | 私的好奇心、商用　＋<br>公共目的（報道、研究、教育等）　− |
| ⑤撮影の態様 | 隠し撮り的（壁越し、望遠レンズの使用等）　＋<br>黙示の同意　− |

であり、鑑賞者は、被撮影者の容貌等をありのまま示したものと受け取ることが多い。一方、人物のイラストについては、作者の主観や技術が反映されやすく、鑑賞者は、作者の主観や技術が反映されていると受け取ることが多い。人物のイラストの利用も肖像権侵害となりうるが、違法性の判断に際しては、こうしたイラストの特質が考慮される（前掲・最判平成 17 年 11 月 10 日）。

## 2 死者の肖像権

実務上、死者が被写体の写真やイラストが利用されることもある。利用時点で物故となっている場合もあれば、利用後に物故となる場合もある。死者に肖像権があれば、利用態様によっては権利処理が必要となる。

肖像権は、一身専属的な人格的権利であるなどとして、当該人物の死亡により消滅する解釈が一般的とされるが[1]、死者の肖像権を肯定する解釈もある。また、死者の肖像権が否定されたとしても、遺族は、死者の名誉が毀損され、遺族自身の死者に対する敬愛追慕の情を侵害された場合には、自己の人格権侵害を根拠に救済を請求する余地がある（大阪地判平成元年 12 月 27 日）。特に死後間もない場合などには、肖像の利用態様によっては、死者の肖像権にも配慮しておくとよいだろう。　　　　　　　　　　　　　　　〔岡本健太郎〕

### 7-7 注釈
1)　佃克彦『プライバシー権・肖像権の法律実務〔第 3 版〕』（弘文堂・2020 年）271 頁。

# 7-8
## 素材②：パブリシティ権

## **1** 判例の考え方

　肖像権は、人物の肖像等のプライバシー的な側面に着目した権利である一方、**パブリシティ権**は、人物の肖像等の商業的な側面に着目した権利である。

　たとえば、芸能人、スポーツ選手などの著名人の氏名や肖像は、商品の販売等を促進する顧客吸引力を有する場合がある。パブリシティ権とは、このような氏名や肖像に関する顧客吸引力を排他的に利用する権利である。声、サインなどもパブリシティ権の対象となりうる。肖像権と同様に、人格権に由来する権利とされている。

　著名人は、社会の注目を集めるため、第三者によって氏名や肖像が報道、論説などの表現活動に利用されることもある。著名人に限らず、顧客誘引力をもつ氏名や肖像の利用について、一定の範囲では、正当な表現行為として受忍すべき場合もある。最高裁は、パブリシティ権侵害となる専ら肖像等の有する顧客吸引力の利用を目的とする場合として、以下の3類型を示した（最判平成24年2月2日［ピンク・レディー事件］）。

　① 肖像等それ自体を独立して鑑賞の対象となる商品等として使用する場合
　② 商品等の差別化を図る目的で肖像等を商品等に付す場合
　③ 肖像等を商品等の広告として使用する場合

　なお、世の中には著名な物、動物なども多く存在しており、商業活動において、こうした「モノ」の名称、影像などの顧客吸引力を利用する場合もある。しかし、最高裁は、パブリシティ権は人格的な権利であるなどとして、「モノ」のパブリシティ権を否定した（最判平成16年2月13日［ギャロップレーサー事件］）。

## 2 死者のパブリシティ権

パブリシティ権の始期には様々な考え方がある。人格的権利であることを重視し、人格の発生とともに発生する考え方や、肖像の顧客吸引力を重視し、顧客吸引力が具備された時点で発生する考え方などである。

またパブリシティ権の終期に関連して、米国では、パブリシティ権自体を法令に規定し、死後の存続期間や相続可能性を定める州もある[2]。しかし、日本では、パブリシティ権は法令上の権利ではなく、死後の存続期間についての明文規定もないため、解釈に委ねられることになる。

パブリシティ権は、顧客吸引力といった人格的権利の経済的な側面に着目した権利である。同じ人格権である著作者人格権や実演家人格権が、著作者や実演家の死後の人格的利益の保護に関する規定を有していることからしても（著作権法60条・101条の3・116条）、遺族は、対象者の死亡後も一定期間、死者のパブリシティ権に基づく主張ができる可能性もあるだろう。

## 3 パブリシティ権の譲渡

パブリシティ権の譲渡に関する考え方は分かれている。過去の裁判例においては、パブリシティ権が人格権に基づく権利であることを重視して、譲渡を否定したものがある[3]。また、パブリシティ権の譲渡や相続は否定しつつ、独占的利用許諾を受けた者による肖像等の無断利用者に対する損害賠償請求を肯定したものもある[4]。

一方、パブリシティ権が有する財産的利益に着目し、譲渡の余地は認めつつ、パブリシティ権の譲渡の合意は、①譲受者の利益を保護する必要性の程度、②譲渡者の不利益の程度、③代償措置の有無といった事情を考慮して、合理的な範囲を超えて譲渡者の利益を制約する場合には、公序良俗違反となり得るとしたものもある[5][6]。

このように、パブリシティ権の譲渡に関する考え方が定まっていない状況においては、譲渡の可否についていずれの帰結もありうることを想定しつつ、契約、商標登録その他の実務対応をおこなっておくとよいだろう。

## 4 権利処理に関する実務上の対応

実務上、パブリシティ権が問題となる事案では、「対象者が著名人である

など、顧客吸引力があるか否か」、換言すれば、「対象者がパブリシティ権の主体か否か」などが問題となることもある。しかし、こうした点に争いがない人物が対象であり、利用態様が最高裁のいう3類型に該当するのであれば、パブリシティ権の権利処理をおこなうのが無難であろう。なお、3類型以外の利用態様もパブリシティ権侵害となる可能性もある。　　〔岡本健太郎〕

### 7-8 注釈

1)　モノの形態は、意匠法、立体商標、不正競争防止法（2条1項1号から3号）等で保護される場合もある。
2)　内藤篤＝田代貞之『パブリシティ権概説〔第3版〕』（木鐸社・2014年）336頁。奥邨弘司「米国におけるパブリシティ権の譲渡可能性と相続可能性—カリフォルニア州とニューヨーク州を題材に」著作権研究47号20頁（2021年）20頁。
3)　東京高決令和2年7月10日［FEST VAINQUEUR事件］
4)　大阪高判平成29年11月16日［Ritmix事件］
5)　東京地判令和4年12月8日［愛内里菜事件］
6)　中島基至「人声権（Right of Human Voice）の生成と展開」Law & Technology 106号（2025年）1頁は、パブリシティ権について人格権に由来するものとすることが、本人の死亡によってパブリシティ権が消滅することを必ずしも法的に意味しないとし、また、相続性と同様に譲渡性についても議論の余地があるとする。

## 7-9
# 素材③：神社仏閣

## 1 神社仏閣での撮影

　神社や仏閣での撮影に際して、敷地や施設への立入りが必要となることもある。一方、敷地や施設の管理者には、所有権に由来する**施設管理権**があり、当該敷地や施設に立入り可能な人物、態様等を決定できる。このため、施設管理者の意思に反して当該敷地や施設に立ち入った場合には、施設管理権の侵害となりうる。

　たとえば、入口が柵や門で閉じられている場合には、立入りを拒む意思表示とも解釈されうる一方、特に多数者の立入りが想定される施設や敷地において、入口が開いている場合には、立入りが黙示的に同意されたとも解釈されよう。

　ただ、この場合であっても、敷地内での撮影は当然には認められない。入口などに「撮影禁止」と掲示している神社仏閣もある。建物や作品の保存の観点から撮影制限が必要な場合もあれば、撮影機材の持込みや撮影は、他者の参拝の妨げにもなる。撮影禁止措置にも一定の合理性があるため、禁止事項を知りつつ入場した者は、施設の入場および利用に関する合意内容のひとつとして、その禁止事項に拘束されうる。一方、撮影禁止の掲示がない、あるいは入場時に目につき難いといった場合には、その拘束力は限定されよう。

## 2 神社仏閣での撮影物の利用

　撮影した写真や映像の編集、再放送などの再利用について、施設管理者の許諾は必要だろうか。神社仏閣の建物や作品は、仮に当初は著作物性があったとしても、保護期間が満了している場合も多いだろう。こうした歴史のある神社仏閣の施設管理者は、映像の利用制限の根拠として建物や作品の著作権を主張することは困難と思われる。他方、神社仏閣の施設管理者から許諾を得る際に、映像の編集や用途の制限について約束していた映像制作者等は、その約束の遵守が求められよう。

もっとも、神社仏閣の映像の利用者は、撮影者から利用許諾を受けたにとどまり、神社仏閣の施設管理者とは直接の接触や合意がない場合もある。こうした場合には、神社仏閣の建物や作品に著作権がなければ、本来的には、映像の利用者は、神社仏閣の許諾は不要と思える。しかし、実務上は、将来の撮影の際に神社仏閣の協力が得られ難くなる懸念などから、映像の再利用の都度、神社仏閣の承諾を得ておくこともある。神社仏閣とのあつれきを回避する観点からは、特に著名な神社仏閣については、ウェブサイト等において撮影や映像利用などのルール、注意事項がないか、あらかじめ確認しておくことも有益となろう。[1] 〔岡本健太郎〕

**7-9 注釈**

1)　社外のカメラマンが撮影した平等院鳳凰堂の写真を利用したジグソーパズルを製造・販売していたパズルメーカーが、平等院から販売停止などを求められた事案で、同パズルメーカーは、2020 年、和解において、違法行為はないとしつつ、同パズルの製造・販売の停止に同意した。なお、在庫の廃棄費用は平等院側の負担のようである。

# 7-10
## 利用①：美術館等における作品の利用

　美術館では、作品の展示のほか、チラシやポスター、作品一覧、図録、関連グッズなど、様々な場面で作品が利用される。著作権法上、これらの利用の一部について権利制限規定が適用される場合があり、権利処理は不要となりうる。（▶▶20頁「対象となる法領域②：各種の権利問題」）。以下では、アート作品との関連性が深い権利制限規定を紹介する。

### 1 作品の展示

　美術の著作物および未発行の写真の著作物の著作者は、「原作品」により公に展示する権利を専有する（著作権法25条）。しかし、美術の著作物や写真の著作物の「原作品」の所有者およびその同意を得た者は、著作権者の承諾なくその原作品を公に展示できる（同法45条1項）。版画、鋳造彫刻等については、原作品として制作されたオリジナル・コピーも原作品に含まれ、写真については、著作者が制作したネガから作成されたポジが原作品とされる。

　この規定により、原作品を所有している美術館、コレクター等は、アーティストの同意なく、自ら原作品を美術館、オフィス等で展示できる。また、所有者である美術館やコレクターの同意があれば、その貸出を受けて、美術館、オフィス等での展示も可能である。ただし、壁画やストリートアートなど、街路、公園その他一般公衆に開放されている屋外、建物の外壁等での展示には、著作権者の承諾が必要である（同条2項）。

### 2 小冊子・図録

　美術や写真の展覧会には、解説や紹介用の**小冊子**（カタログ、目録）を作成し、展示物を掲載することが多い。こうした小冊子に関連して、美術・写真の著作物の原作品を公に展示する者は、著作物の解説・紹介を目的とする小冊子に掲載できる（著作権法47条1項）。平成30（2018）年の著作権法改正により、紙媒体に限らず、観覧者への展示著作物の解説・紹介を目的とし

て、上映や自動公衆送信（例：タブレットへの掲載）も可能となったほか、展示著作物の所在情報の公衆への提供を目的とする、インターネットへの掲載も可能となった（同条2項・3項）。

もっとも、著作権者の承諾なく著作物の掲載が可能な「小冊子」とは、比較的簡易なものに限られる。著作物の解説や紹介が目的であるから、その構成上も、解説が主体である、資料的要素が多いといった実態が必要であろう。展覧会における展示作品等をまとめた図録も、態様によっては小冊子に含まれる。ただ、作品の写真が大きく、鑑賞用の画集や写真集と同視されるなど、解説や紹介の目的を超えて鑑賞が目的となるものや、書籍として市場価値を有するものは対象外であり、著作権者の承諾が必要となる（東京地判平成元年10月6日［レオナール・フジタ・カタログ事件］、東京地判平成9年9月5日［ダリ事件］、東京地判平成10年2月20日［バーンズ・コレクション事件］）。

また、上記の各利用に際しては、その利用が「必要と認められる限度」であり、かつ、「著作権者の利益を不当に害すること」がないことが前提となる。その範囲に関連して、美術関連の諸団体により、「美術の著作物等の展示に伴う複製等に関する著作権法第47条ガイドライン」が策定されている。[1]

## 3 グッズ（絵葉書、カレンダー等）

屋外に恒常的に設置されている美術の著作物の原作品や建築の著作物については、①彫刻の増製・その増製物の譲渡による公衆への提供、②建築物の建築による複製・その複製物の譲渡による公衆への提供、③屋外の場所に恒常的に設置するための複製または④専ら美術の著作物の複製物の販売を目的とする複製・その複製物の販売といった例外にあたらない限り、著作権者の承諾なく利用できる[2]（著作権法46条各号）。

逆にいえば、美術館のグッズとして販売される作品の絵葉書、カレンダー等は、多くの場合には上記④に該当し、保護期間満了などの例外的な事情がなければ、著作権者の承諾が必要となろう。また、マグカップ、クリアファイルなどに作品を表示することも、典型的な商品化の場面であり、上記のような例外的な事情がなければ、著作権者の承諾が必要と思われる。

## 4 撮影・SNS での利用

美術館の展示作品を写真撮影し、SNS に投稿することは、複製権や公衆

送信権の侵害となる可能性がある。また、展示作品の撮影を禁止している美術館における写真撮影は、同美術館の規約違反や施設管理権侵害ともなろう。日本国内の美術館は、写真撮影や写真の投稿に消極的であったが、集客や宣伝効果を期待してか、写真撮影や SNS への投稿も許容する例も増えている。[3]

　美術館での展示作品の撮影自体は、美術館が禁止しなければ、**私的複製**（著作権法 30 条 1 項）として可能となりうる。しかし、撮影後の SNS への投稿は、私的複製の範囲を超える。美術館としては、SNS への投稿を認める場合には、保護期間満了などの例外的な事情がなければ、アーティスト、相続人等の著作権者から承諾を得る必要があるだろう。特に、複数アーティストの作品展などについては、美術館は、各著作権者から承諾を取得する一方で、承諾を得られず、撮影不可の作品については監視を徹底するといった配慮も必要となりうる。

## 5 販売の際の紹介

　その他、美術館での展示の場面とは異なるが、オークション、EC サイト等をはじめ、美術品や写真（原作品または複製物）を販売または貸与する際には、著作権者の利益を不当に害しないための政令上の措置を講じることを条件に、作品の紹介等のために必要な範囲内で著作物を複製・自動公衆送信できる（著作権法 47 条の 2）。

　政令上の措置には、著作物の表示に関する大きさや精度の基準があり、対象となる著作物について、①図画としての複製（例：カタログ本への掲載）は $50 \mathrm{cm}^2$ 以下（名刺サイズ程度）、②デジタル複製は $32,400$ 画素以下、③デジタルでの公衆送信は $32,400$ 画素以下（コピープロテクトなし）／$90,000$ 画素以下（コピープロテクトあり）、などとされている（著作権法施行令 7 条の 3、同法施行規則 4 条の 2）。　　　　　　　　　　　　　〔岡本健太郎〕

**7-10 注釈**

1)　「美術の著作物等の展示に伴う複製等に関する著作権法第 47 条ガイドライン」（2019 年 1 月 22 日）〈https://www.j-muse.or.jp/02program/pdf/chyosakuken47guide.pdf〉。
2)　美術の著作物と評価できる建築物で、屋外に恒常的に設置されているものには、上記④の適用もある（田村善之『著作権法概説〔第 2 版〕』（有斐閣・2001 年）211 頁）。
3)　洞田貫晋一朗『シェアする美術・森美術館の SNS マーケティング戦略』（翔泳社・2019 年）。

# 7-11
## 利用②：展覧会契約

## 1 展覧会契約の類型

　アート作品の**展覧会**は、主催者、会場、規模、期間などの点で様々である。作品や会場の保有関係に着目すると、①美術館等の作品の所有者が自己の会場で所有作品を展示する、②主催者がアーティスト、ギャラリー、コレクター等の作品保有者から貸与を受けて自己の会場で貸与作品を展示する、③アーティストやギャラリーが展示会場の貸与を受けて自己の保有作品を展示するなどの形態があり、これらの混合もある。展覧会に際して、図録、関連グッズなどの物販が伴うことも多い。

　上記①（作品・会場とも保有）の場合には、展覧会の開催に際して会場や作品の貸借は不要であろう。一方、上記②（会場のみ保有）については作品の貸借が、上記③（作品のみ保有）については会場の貸借がそれぞれ必要となり、作品や会場の貸借契約の締結が必要となる。以下では、上記②のように、主催者が、アーティスト等から保有作品の貸与を受け、当該アーティストの展覧会を開催する場合を想定し、便宜上、主に主催者側の視点から、主催者とアーティストとの展覧会契約の主たる条項について記載する。

　なお、展覧会の関係者は様々であり、契約書の記載事項も定型化していない。以下は一例であり、事案ごとに加除や調整が必要である。また、実務的には、アーティストのサポートなどの点で、ギャラリーの役割も重要となる。

## 2 展覧会の開催

　展覧会契約の記載項目として、たとえば、①展覧会の概要、②各当事者の役割分担・費用負担、③対価、④入場者の区分・入場料、⑤広告宣伝、⑥アーティストの来場、⑦スポンサー、⑧クレジット、⑨責任・損害賠償、⑩保険[1]、⑪巡回展などが挙げられる。以下では、展覧会契約に特徴的ないくつかの項目に言及する。

## (1) 展覧会の概要

　展覧会の開催期間、会場等を規定する。開催期間、会場等に変更の可能性があれば、主催者は、「主催者の変更権」を付記し、変更に含みをもたせるとよいだろう。

## (2) 当事者の役割分担・費用負担

　主催者、アーティスト等の契約当事者の担当業務を規定するとともに、費用負担が発生する場合には、費用負担者やその範囲も規定する。

　各当事者の担当業務として、たとえば、①企画（会場・展示プランの作成、展示作品の選定）、②準備（展示会場の設計・施工、展示会場の警備・運営スタッフの手配、作品の搬入・搬出）、③広告宣伝（ポスター・チラシ・入場券の制作、メディア展開その他の広告宣伝）、④運営（警備・運営スタッフの管理監督、売上の管理）などが挙げられる。

　特に、主催者の立場から、アーティストにも一定の担当業務を要求する場合には、展覧会ごとに必要な業務を洗い出し、担当業務やその費用負担を定めておくとよいだろう。

## (3) 対　価

　アーティストが展覧会の企画立案に関与する、保有作品を貸与するといった場合には、名目は様々であるが、アーティストへの対価が発生しうる。アーティストに支払う対価は、①固定額、②ロイヤルティ（例：チケット売上の一定割合）等の変動額、③固定額と変動額の組合せ等があり、③「固定額と変動額の組合せ」については、変動額が固定額に充当されない場合、固定額に充当される場合（Minimum Guarantee）などがある。

　チケット売上の一定割合を変動額として支払う場合には、対価の計算において、チケット売上から控除可能な経費（例：クレジットカード手数料、代理店手数料等のチケット販売に伴う諸経費、消費税、無償チケット分）を定めておくことがある。主催者は、控除可能な費目や割合を広げておくことにより、アーティストに対する支払額を抑えることが期待できる。

## (4) アーティストの来場

　アーティストの来場が予定されている場合には、アーティストの交通費、宿泊費、日当等の負担の有無、金額、支払いの時期・方法等について規定しておくとよいだろう。海外アーティストについてはなおさらである。航空券や宿泊先の決定は、主催者とアーティストとの力関係によっても異なる。航

空券の席種（エコノミー／ビジネス／ファースト）、直行便／経由便、スケジュール等の決定権を要求するアーティストもいる。

　なお、主催者がアーティストに渡航費や宿泊費を支払う場合には、これらも源泉税の対象となりうる（▶▶235頁「国際契約における頻出条項」）。源泉税を軽減する観点からは、①主催者が航空券や宿泊先を手配する、②アーティストが予約した場合には、主催者が航空会社、旅行代理店、宿泊先等に直接払うといった対応が考えられる。

### (5) アーティストのイベント協力

　近年、アーティストによるトークショー、会場での作品制作等がおこなわれる展覧会も少なくない。アーティストにイベントへの参加を求めるのであれば、「イベントへの参加」をアーティストの義務として明記するとともに、スケジュールの決定方法、対価の有無や金額、決定方法等もあわせて規定しておくとよいだろう。

　さらに、二次利用の一環として、イベントでの写真・動画撮影の可否、制作作品の帰属、取扱い等を規定しておくこともある。

### (6) クレジット

　作家名や「©○○」など、展覧会のポスター、ウェブサイト、図録等に記載するアーティストのクレジット等の記載事項について規定する。記載事項だけでなく、記載する媒体、位置、フォント、サイズ等について規定しておくこともある。ちなみに「©○○」は著作権表示であって、厳密にはアーティストのクレジット（著作者の表示）とは異なる。

　なお、展覧会の関係者のクレジットは、「主催」、「後援」、「協賛」、「協力」、「企画」など様々であり、関与の程度や内容によって異なる。記載の順序や位置も含め、実務的には配慮が必要な事項である。

### (7) 巡回展

　展覧会は、ある会場で開催された後、他の会場でも開催される場合もある。こうした巡回展が予定されている場合には、あらかじめ巡回展の会場、時期等を記載しておくとよいだろう。特に、巡回展について、アーティスト側に追加の対価が発生するのであれば、その旨や条件の明記も考えられる。

## 3　物　販

　展覧会において、図録、関連グッズなどが販売される場合には、主催者と

アーティストとの契約において、物販に関する契約条件を規定しておくことがある。特に近年では、図録、ポストカード、クリアファイルなどのほかに、ピンバッジ、Tシャツ、トートバッグ、マグカップ、ファブリック、複製画など、物販が充実している展覧会も少なくない。

主催者とアーティストとの物販契約においては、たとえば、①対象商品（図録を含む）の選定・制作の担当者、②クリエイティブ・コントロール（デザイン等の決定権者、監修手続等）、③ロイヤリティ（料率、支払時期・方法）などを規定しておくことが考えられる。主催者は、自らが対象商品を企画・製造できれば、物販の準備に資する。しかし、アーティストとしては、イメージの維持・統一などのため、クリエイティブ・コントロールの一環として、商品の企画、開発、製造販売等の各段階での事前確認を要求することもある。主催者は、これに応じるとしても、アーティストによる確認期間を限定しておくほか、アーティストが承諾を拒否する場合には、その理由の説明を求めるなど、物販の準備への支障を抑える手当が考えられる。

なお、想定事例からは離れるが、物販の担当が主催者ではなく、会場の保有者などの第三者である場合には、物販に関連して、当該第三者との関係において、①販売責任（販売委託／買取）、②所有権の移転時期、③会計帳簿の記録・閲覧等を規定しておくこともある。　　　　　　　　　　　〔岡本健太郎〕

**7-11 注釈**

1) 美術品の損害補償については、主催者が損害保険をかけるほか、一定の場合には、国による美術品損害補償制度も利用可能である。同制度の概要については、美術品損害補償法研究会編『逐条解説 美術品損害補償法―政府の美術品補償制度の解説』（ぎょうせい・2011年）も参照。

## 7-12
## 利用③：作品の応募

アーティストには、美術展やフォトコンテストなど、自己の作品を応募する機会がある。応募者であるアーティストと主催者の各視点から、その際の主な留意点をまとめてみよう。

### 1 応募者の視点

美術展やフォトコンテストでは、多くの場合、主催者によって募集要項が作成される。アーティストが作品を応募することにより、募集要項に従った法的効力が生じることが想定される。応募者の立場からは、「権利の帰属」（著作権譲渡の有無やアーティストの利用制限）と「主催者による利用」について、特に留意が必要であろう。

アーティストは、たとえば、募集要項に「応募作品の著作権は、主催者に帰属します」などと規定している美術展に作品を応募することにより、作品の著作権が主催者に譲渡され、自己の利用が制限される事態にもなる。著作権がアーティストに残る場合であっても、規定によっては、公表、他目的での利用など、アーティストによる利用が制限されることもある。また、アーティストにとっては、自己の応募作品が主催者のウェブサイト、パンフレット等に掲載されることは想定の範囲内とも思われる。ただ、「主催者は、ウェブサイト、パンフレットその他利用方法を問わず、応募者の承諾なく、作品を無償で公表、複製、展示、翻案等する独占的権利を有します」など、その範囲を超えて、主催者に著作権譲渡や幅広い独占的利用権を認める規定もある。

アーティストは、作品の応募後にこうした不利益に気付いたとしても、事後対応が困難なこともある。作品を応募する際には、事前に募集要項に目を通し、応募に伴う利益・不利益を確認しておくとよいだろう。

### 2 主催者の視点

主催者は、募集要項を作成する際には、ウェブサイトやパンフレットに受

賞作品を掲載することなど、主催者にとって当然必要な利用方法については、漏れなく記載しておくとよいだろう。また、実務上、応募要項を十分に理解していないアーティストもいるため、作品をウェブサイトやパンフレットに掲載する際には、対象となるアーティストに対して、事前かつ個別に通知しておくこともある。さらには、主催者による作品の利用をウェブサイトやパンフレットへの掲載にとどめ、商品化その他の二次利用は控えるなど、必要な範囲に限定しておくことも考えられる。

なお、一部の主催者は、募集要項に、著作権が応募者から主催者に譲渡される旨を規定することもあるが、アーティストが応募を躊躇する事態も懸念されるうえ、著作権譲渡の必要性が乏しい場合などには炎上のリスクもある。主催者は、著作権譲渡を受ける必要がなければ、利用許諾等にとどめるのが無難である。

その他、主催者が配慮すべき事態として、第三者による冒用的な応募、盗作、第三者の著作権侵害などが挙げられる。受賞作品などにこうした事態が露見すれば、主催者による作品の利用や関連イベントの開催が制限されるほか、主催者やイベントのイメージ毀損にもなりかねない。主催者は、未然の防止策として、募集要項に「応募作品が自身のオリジナル作品であって、第三者の著作権その他の権利を侵害しないこと」などの応募者の表明保証を規定しておくほか、応募画面等にも同じ内容を記載するなどして、応募者への注意喚起を図る対応もあるだろう。

〔岡本健太郎〕

# 7-13
## その他①：著作権管理

## 1 著作権管理の実際

　オリジナルの売買・展示貸与以外の**美術の著作物の二次利用**には、販売・展示用の複製画などのレプリカ製造のほか、展覧会や各種広告宣伝のために制作するチラシ、ポスターやチケット、作品集・図録、グッズ（絵葉書や文具）、カレンダー制作、書籍・雑誌やテレビ番組での紹介やコンサートなどイベントでの映写・上映などがあり、その利用用途は多様である。

　これらの多くは著作物の利用として、権利者の許諾を要する行為であり、クリエイターや遺族、財団などの収入源になりうる。「日本のアート産業に関する市場調査2021[1]」によると、アート産業の市場規模のうち、著名な絵画・彫刻等をモチーフとしたグッズ、絵画のポスター・ポストカードや展覧会の図録などに絞った「美術関連品市場」の売上だけでコロナ禍直前では年491億円（2019年）と推計されている。著作物の利用料を仮に販売価格の10%とすると、この市場だけで約49億円の著作権収入と考えることができるが、上記には複製画販売やメディア利用などが含まれておらず、実際の二次利用市場はそれよりかなり大きいと考えられる。

　なお、実際の利用料率は対象によってまちまちではあるが、文化庁登録事業者[2]などが公表している使用料規程や弊所のサポートする案件では、物販などの場合、販売価格に対する5%〜15%の料率は標準的といえそうだ。得られた収益は、クリエイターであれば新たな制作費に充てることができるであろうし、遺族や財団などは、作品の維持保管費に充てることも期待される。

　それでは、著作権管理は実際どのようにおこなわれているのであろうか。

　各作品の著作権者は、国内では、日本美術著作権協会（JASPAR）や日本美術家連盟（JAA）などの団体に著作権処理の手続を委託することもできる。他方、著作権者やその委託・信託を受けた者が自己管理する場合は、利用の申請受付や利用料の算定などが能率化・客観化できる申請・許諾の**業務フロー**や**フォーム**、**利用料規程**を定めて運用することが望ましい。

利用料の定め方としては、下記のような**面積比例型**、**販売価格料率型**、**期間対応型**などがありうる（金額・料率は、あくまで一例）。これらは、著作物1点あたり1回の利用につき定められるのが一般的だ。

## 2 面積比例型

利用したい作品の掲載紙面に対する利用面積と制作部数に応じて料金区分を設定する方法である。展覧会の広告宣伝に利用するチラシや告知ポスター、新聞掲載、図録などの制作で見られる。

7-13-1　入場券・チラシ・リーフレット・パンフレット等の利用料の例（単位：円）

| 面積　　　　部数 | ～6,000部 | ～15,000部 | ～30,000部 |
|---|---|---|---|
| 3/4頁以上 | 5,000 | 6,500 | 8,500 |
| 1/2頁以上 | 3,000 | 3,900 | 5,100 |
| 1/4頁以上 | 2,500 | 3,300 | 4,200 |
| 1/4頁未満 | 2,000 | 2,600 | 3,400 |

※制作部数が30,000部を超える場合は、5,000部ごとに800円が加算される。
※白黒使用については、上記使用料の70％とする。

（出典）株式会社東京美術倶楽部　使用料規程

また、チラシや図録の制作申請の際には、作品の申請と併せて、作家の肖像写真を掲載したいのだが、という相談もある。この場合、写真の著作権者の許諾が原則必要である。権利の帰属が明確でない写真の場合は、遺族や作家の代理人が他者に利用許諾するのにはリスクがある。「作家の肖像権だけを許可するので、写真の著作権処理はそちらでどうぞ」という前提で許諾することも可能ではあるが、写真の著作権処理を確認できるものだけを許諾するかなど、ルールを決めて整理しておくとよい。

## 3 販売価格料率型

販売価格に料率を掛け合わせて算定する方式である。絵葉書や一筆箋、クリアファイルなどの商品化で見られる。利用料の算定根拠が販売価格に基づくため、申請者にとっては利用料の見通しが立てやすいためか、申請から許諾までスムーズに処理が進む印象がある。

7-13-2　クリアファイル・一筆箋・レターセット・ポチ袋およびこれらに類するものの利用料の例

> 販売価格（正価）× 制作部数 × 5〜8%

※著作物1点につき、最低保証利用料を5,000円とする。

（出典）株式会社東京美術倶楽部　使用料規程

## 4 期間対応型

　告知宣伝のためにホームページや SNS などに作品を掲載する場合や、コンサートなどイベントで映写・上映する場合、テレビ放送での映像をアーカイブ化する場合などで、このタイプが見られる。

　平成 30 (2018) 年の著作権法改正に伴い、原作品展示者などは、作品のサムネイル画像（32,400 画素以下の画像など[3]）をウェブサイトやメールマガジンに掲載することなど（著作権法 47 条 3 項）が可能になった（▶▶ 388 頁「利用①：美術館等における作品の利用」）。このように、例外規定で許容される場合には、利用申請対象にはならない。

7-13-3　コンピュータ・ネットワークにおける利用料（単位：円）

| 業態＼期間 | 〜1か月 | 2か月〜 |
|---|---|---|
| 美術関係 | 7,500 | 2か月目以降は左記利用料の50% |
| 美術関係以外 | 10,000 | 2か月目以降は左記利用料の50% |

※使用料は1か月単位とする。以後1か月ごとに加算。
※美術関係は、美術館、美術研究機関、美術出版、美術商等、美術品の展示、研究、印刷出版、売買等を専門におこなう業態とし、美術関係以外はそれ以外の業態とする。明確に区分できない場合は別途協議するものとする。

（出典）株式会社東京美術倶楽部　使用料規程

　こうした利用料を念頭に、利用申請書と許諾書の書式を用意する。申請書の項目としては、作品名・利用目的・利用内容（方法）・利用料などが考えられ、また権利者側が定める**統一的な許諾条件**に同意して申請する形態が望ましい。条件には、申請以外の目的外利用を禁止する項目はもちろんだが、承諾のない作品の編集・改変を禁止できる項目も一般的だろう。特にグッズ制作や広報・広告などについては、デザイン案を事前に提出のうえ権利者の了承を得るよう条件づけるケースもある。また、申請に基づいて口頭または文書での利用許諾がおこなわれた場合でも、所定の利用料が支払われるまでは許諾は発効しない旨の記載や、所蔵者など第三者の了解が必要な場合には、申請者にて対処する旨の条件などが考えられる。

　とはいえ、実際の申請・許諾では個別の様々な相談があり、利用料率の扱いでも、許諾条件の面でも頭を悩ますことは多い。最もポピュラーな相談はいうまでもなく「予算がないので安くしてほしい」である。特に予算的に限られた非営利での利用や、逆にメディアほかでの大規模な利用で計算上利用料が跳ね上がる場合に悩ましい。一方においては、利用料収入は権利者にと

って貴重な収入源である場合があり、また利用者ごとに差別的な取扱いも避けるべきだろう。他方、原則通りの利用料では予算を超え、意義ある公益的な利用やパブリシティになるような大規模利用が断念される事態も避けたい。利用料規程をどう設計すれば収益の確保と作品の広がりを両立できるか、といった視点が、著作権管理において大事となる。　　〔福井健策＝浅見杏佳子〕

**7-13 注釈**

1)　エートーキョー株式会社＝一般社団法人芸術と創造「日本のアート産業に関する市場調査2021」〈https://artmarket.report/〉。
2)　文化庁・著作権等管理事業者〈https://pf.bunka.go.jp/chosaku/ejigyou/script/ipitakuframe.asp〉。
3)　「美術の著作物等の展示に伴う複製等に関する著作権法第 47 条ガイドライン」(2019 年 1 月 22 日)〈https://www.j-muse.or.jp/02program/pdf/chyosakuken47guide.pdf〉。

# 7-14
## その他②：追及権

### 1 追及権の考え方

　追及権。日本ではあまり耳慣れない言葉かもしれない。**追及権**（resale right）とは、1920年にフランスで誕生した権利とされ、作品が第三者に転売される際に、著作者が取引額の一部の支払いを受けられる制度である。

　小説家、音楽家、劇作家等は、著作権の存続期間中であれば、作品の出版、演奏、上演等に伴い継続的にロイヤルティ収入等を獲得できる。一方、画家は、作品の二次利用等がなければ、多くの場合、収益獲得は作品の売却時に限られる。画家は、制作した絵画を売却した際に対価を受け取るが、その後、作品の評価が上がって高額で転売されても、転売価格の一部を受け取るわけではない。転売時に絵画の価格が値上がりしていれば、「自身の他の作品の価値が高まる」といった期待はある。しかし、転売された作品からの直接の経済的恩恵は乏しいのが実情である。

　生前、ゴッホの作品はほとんど評価されず、存命中に購入された作品は1点のみといわれている。ゴッホの作品は、死後に価格が高騰し、「ひまわり」は、1987年に53億円で落札され、より高額で落札された作品も存在する。しかし、画家本人や遺族は、作品の転売価格の一部を得ていないと思われる。ミレーについては、当初1000フランで売却した「晩鐘」が、30年後に売値が800倍の80万フランになったものの、本人や遺族には恩恵がなく、孫は花売り娘をしていたとの逸話もある。

　追及権は、こうした不利益の解消を図る制度である。追及権の導入により、一定期間にわたり、作品の転売の都度、画家や遺族に収益がもたらされる。

### 2 追及権の概要と導入状況

　追及権は、EUなどを中心に、80か国以上で導入済みとする資料もある。EUでは、詳細は各国によって異なるが、基本設計は欧州指令（2001/84/EC）に規定されており、その原則形の概要は以下の通りである。

401

・「美術の原作品」が転売されるたびに、取引額に応じて、その一部（0.25〜4％）が徴収される（4条）。

・「美術の原作品」には、①アーティストが制作した絵画、版画、彫刻、陶芸、ガラス作品、写真などの様々な視覚芸術・造形美術のほか、②アーティスト自身またはその承諾のもとに数量限定で作成された複製物が含まれる（2条）。

・プロの仲介者（販売会社、ギャラリー、ディーラーなど）を介した「美術の原作品」のすべての転売に適用される（1条）。

・徴収額は、販売者が負担し、アーティスト本人または相続人に支払われる（1条・6条）。事前であっても放棄できない（1条）。

・アーティストの生存中および死後70年にわたって存続する（6条・8条）。

・少額取引は除外される。また、追及権に基づく徴収額の上限は、1万2500ユーロ（約200万円）である（3条・4条）。

追及権は、アーティストにはメリットとなる一方、①追及権に基づく徴収額分、アート作品の価格が値上がりする、②徴収額の支払いを回避するため、追及権のない国に作品の取引が移動するといった懸念も指摘されている。日本でも、著作権協会国際連合（CISAC）、日本美術著作権協会（JASPAR）などの著作権管理団体が追及権の導入を求めているが、オークションハウスなどは導入に消極的である。

ただ、ブロックチェーン技術を利用することにより、作品の転売に際してアーティストに一定のロイヤリティを支払うといった追及権的な仕組みも導入可能である（▶▶403頁「その他③：デジタル技術とアート作品」）。

〔岡本健太郎〕

**7-14 注釈**

1) 1ユーロ160円の場合

## 7-15
### その他③：デジタル技術とアート作品

## 1 3D プリンタ

**3D プリンタ**とは、コンピュータ上で作成された 3D データを利用して、立体を造形する機器をいう。3D プリンタは、1980 年代から存在していたが、当時は非常に高価であった。しかし、近年、技術の進歩や低価格化が進み、製造業を中心に建築・医療・教育・航空宇宙・先端研究など幅広い分野で普及している。趣味などの個人用途でも使用されており、公共施設での設置も広がっている。

3D プリンタの利用方法としては、① CAD ソフトや CG ソフトを利用してデータを作成した後、3D プリンタを利用して立体物を造形する（データ先行型）、②造形した立体物をスキャニングして 3D データ化する（モノ先行型）などがある。後者の一例として、アート作品の 3D データを作成し、そのデータの 3D プリンティングによりアート作品を再現することも想定される。[1]

3D プリンタについては、作成された 3D データの法的な位置づけが問題となる。3D データを作成し、3D プリンタを利用して立体物を造形する場合（データ先行型）には、3D データは、それ自体が創作性のある表現であれば著作物となりうる。また、ある作品をスキャナ等で 3D データ化する場合（モノ先行型）には、その作品が著作物に該当すれば、その 3D データも著作物となりうる。いずれにせよ、3D データが著作物となる場合には、その後のデータの保存、コード変換、3D プリンタでの造形等には、当該著作物の複製または翻案として著作権者の承諾が必要となりうる。また、3D データの修正等により、結果的に造形物が改変された場合には、翻案権や同一性保持権の侵害ともなるだろう。

一方、上記②（モノ先行型）において、対象作品に著作物性がなければ、その 3D データも著作物になり難いように思われる。その結果、仮に 3D データがインターネット等に無断アップロードされても、著作権侵害を理由と

した請求は困難だろう。[2)3)]

なお、著作権法のほか、3Dデータを利用した造形物の再現、営業秘密や限定提供データに該当する3Dデータは、不正競争防止法で保護される場合もある（同法2条1項3号、4号以下、11号以下）。その他、立体物に関して商標権や意匠権が登録されている、立体物の利用（実施）が特許権侵害となるといった場合もあるため、造形物の利用に際して注意しておくとよいだろう。

## **2** ブロックチェーン

ブロックチェーンとは、ネットワーク上にある複数の端末（ノード）を接続し、取引の記録を分散的に処理および記録するデータベースである。データをブロックの単位で管理し、それを鎖（チェーン）のように連結して保管することが名前の由来である。ブロックチェーンは、記録されたデータが公開される、データの改ざんが困難である等の特性があり、こうした特性を活かし、仮想通貨（暗号資産）、不動産、排出権などのほか、アート作品その他のコンテンツの取引にも用いられる。

### （1）NFT

ブロックチェーンを利用した技術の1つにNFTがある。NFT（Non-Fungible Token）は、「代替不能なトークン」などと訳され、ブロックチェーンを利用して、デジタルコンテンツを、代替性のない固有の価値を有するものとして流通させる技術である。デジタルコンテンツは、コピーが簡単であるうえ、そのコピーは元のデジタルコンテンツとの区別がつき難い。NFTは、デジタルデータに「オリジナル」、「限定モノ」といった証明をおこなうことにより、それに伴う価値付けをおこなう技術である。

NFTの購入者は、必ずしも対象作品の著作権を取得するわけではなく、対象作品の著作権は、NFTの購入後も、発行者に残ることが通常である。このため、NFTの購入者であっても、対象作品を無断で利用すると著作権侵害となりうる。ただ、NFTによっては、購入者に対して、対象作品の著作権の利用許諾や譲渡をおこなうものもある。

また、NFTの発行（mint）は、トークンと呼ばれるブロックチェーンのデータにID、保有者アドレス、トークンURI（メタデータの所在地）等を記録する行為である。このため、こうした情報を記録するという意味において、

NFT の発行自体は必ずしも著作権侵害にはならない。ただ、実際に NFT の発行や流通をおこなうに際しては、NFT を発行するプラットフォームなどにコンテンツをアップロード等する必要がある。このため、無断でこうした行為を行うと、複製権や公衆送信権（送信可能化権）の侵害となりうる。

## (2) ブロックチェーン技術の様々な用途

　NFT などのトークンは、コンテンツ関連分野だけでも、①対象作品の取引に利用するだけでなく、②ゲーム、メタバース空間などにおいて対象作品を利用する、③対象作品を利用したグッズ、映像などの制作といった二次利用をおこなう、④現実またはメタバース空間におけるイベントのチケットとして利用する、⑤現物作品（RWA：Real World Asset）と紐付け、現物作品の鑑定書のように用いるなど、様々な用途に利用されている。対象コンテンツを日本国内だけでなく、海外に販売する際の技術としても期待される。

　NFT は、たとえば、保有者に収益分配がなされると、みなし有価証券などとして、金融商品取引法の規制が及びうるほか（同法 2 条 2 項 5 号など）、暗号資産のように決済に利用されると、資金決済法の規制が及びうる（同法 2 条 14 項）。また、NFT を、リビール（ガチャのように購入後に対象コンテンツが判明する方式）などの偶然性が介在する方式で販売すると、賭博罪の対象となりうる（刑法 185 条・186 条）。

　ただ、保有者への支払を収益分配以外の方式でおこなう、製作委員会スキーム[4]とするといった対応により、金融商品取引法の規制の対象外となる可能性がある。また、販売価格や発行数量、表示などの観点から、非決済用であることが明らかであれば、暗号資産には該当しないうえ[5]、賭博罪の該当リスクを軽減するための民間団体によるガイドラインもある[6]。

　そのほか、上記 (1) のように、ブロックチェーンを利用したコンテンツ取引に際しては、様々な権利情報が関連するうえ、権利情報の記載の有無、記載する場合の場所、方法等も様々である。トークンを利用したデジタルコンテンツの流通促進等を目的として、ブロックチェーン（トークン）に記載する情報の標準化も進められている[7]。　　　　　　　　　　〔岡本健太郎〕

### 7-15 注釈

1) 　美術手帖 2018 年 12 月号は、同様の未来を描いている。
2) 　稀とも思われるが、3D データが設計図に該当し、図形の著作物（著作権法 10 条 1 項 6 号）といえるのであれば、その旨の主張はありえよう。

3) 「次世代知財システム検討委員会報告書」（2016 年 8 月）33 頁は、3D データの作成過程で生じる付加価値を知的財産として保護することの必要性について、検討が必要だとしている。

4) 金融庁「コンテンツ事業に関する Q ＆ A」（2017 年 5 月 31 日）。

5) 金融庁「事務ガイドライン（第三分冊：金融会社関係）」（16 暗号資産交換業者関係）およびこれに関する「コメントの概要及びコメントに対する金融庁の考え方」（2023 年 3 月 24 日）。

6) 一般社団法人 Japan Contents Blockchain Initiative ほか「NFT のランダム型販売に関するガイドライン」（2022 年 10 月 12 日）。

7) 経済産業省サービス標準化 WG 中間取りまとめ（2024 年 2 月）。

## 第7章　参考文献

石坂泰章『巨大アートビジネスの裏側―誰がムンクの「叫び」を96億円で落札したのか』（文藝春秋・2016年）

小山登美夫『現代アートビジネス』（アスキー新書・2008年）

洞田貫晋一朗『シェアする美術―森美術館のSNSマーケティング戦略』（翔泳社・2019年）

徳光健治『教養としてのアート　投資としてのアート』（クロスメディア・パブリッシング・2019年）

公益社団法人日本写真家協会著作権委員会『写真著作権〔第2版〕』（太田出版・2016年）

アサヒカメラ編集部編『写真好きのための　法律＆マナー』（朝日新聞出版・2018年）

内藤篤＝田代貞之『パブリシティ権概説〔第3版〕』（木鐸社・2014年）

升田　純『写真の撮影・利用をめぐる紛争と法理―肖像権、著作権、著作者人格権、パブリシティ、プライバシー、名誉毀損等の判例』（民事法研究会・2020年）

佃　克彦『プライバシー権・肖像権の法律実務〔第3版〕』（弘文堂・2020年）

大家重夫『肖像権〔改訂新版〕』（太田出版・2011年）

小川明子『文化のための追及権―日本人の知らない著作権』（集英社・2011年）

福王寺一彦＝大家重夫『美術作家の著作権―その現状と展望』（里文出版・2014年）

甲野正道『現場で使える美術著作権ガイド　2019』（美術出版社・2019年）

小笠原正仁『著作権入門ノート「アートと法」―表現の自由・自主規制・キャラクター』（阿吽社・2015年）

プリマヴェラ・デ・フィリッピ＝アーロン・ライト（片桐直人編訳）『ブロックチェーンと法―〈暗　号　の　法〉<sub>レックス・クリプトグラフィカ</sub>がもたらすコードの支配』（弘文堂・2020年）

公益社団法人日本写真家協会『Q&Aに学ぶ写真著作権』（太田出版・2020年）

山口　桂『美意識の値段』（集英社・2020年）

ジョアン・シェフ・バーンスタイン『芸術の売り方―劇場を満員にするマーケティング』（英治出版・2007年）

Ralph Levner, Judith Bresler, and Drana Wierbicki, *Art Law: The Guide for Collectors, Investors, Dealers & Artists,* Fifth Edition (Practising Law Institute, 2020)

島田真琴『アート・ロー入門　美術品にかかわる法律の知識』（慶應義塾大学出版会・2021年）

島田真琴『アート・ローの事件簿　美術品取引と権利のドラマ篇／盗品・贋作と「芸術の本質」篇』（慶應義塾大学出版会・2023年）

第8章

ファッション

# 8-1
## ファッションビジネスと法実務

### 1 Fashion Law とは

　ファッション・ローとは何か。一言でいえば、ファッションビジネスに関連する法分野全般を指している。本書が「エンタテインメント法実務」というタイトルでエンタテインメント業界にまつわる法律を幅広く取り扱うことに挑んでいるように、ファッション・ローとは、ファッションビジネスを切り口として、分野横断的に法の一場面を切り取ろうとする試みといえよう。

### 2 ファッションビジネスの概要と主なプレーヤー

　たとえば、図 8-1-1 を見てほしい。これはブランドの立ち上げから商品の販売までのファッションビジネスの大まかなフローを（ごく一例として[1]）概略化し、それぞれの場面ごとに関連する法律問題を右側に併記したものだ。まず第 1 に、ブランドを立ち上げる際、ブランドネーム[2]・ブランドロゴや会社の商号（会社の設立を伴う場合も少なくない）を決定することになる。これはファッションビジネスを始めるうえで重要な第一歩となるが、その際には、すでに他社が登録している商標（▶▶ 36 頁「商標権・意匠権・不正競争」）とのバッティングがないかなど、商標登録の可否について調査を行い、問題がなければ商標出願・登録によりこれを確保することが欠かせない（欧米への早期展開を視野に入れている場合は、日本のみならず EU や米国での商標調査・出願も必要となる。また、中国での**冒認商標**（他社のブランド名を勝手に登録しようと先に出願された商標）の出願・登録の悪質な現状に照らせば、中国での調査・出願も当初から検討せざるをえない）。

　また、具体的な商品デザインを企画・開発する際には、他社の知的財産権を侵害しないことに注意を払いつつ（デザインの法的保護については **8-3** 以下で解説する）、自社のデザインについてどのように保護を図っていくか、戦略的に検討することが求められる。また、**人種や性差別などの人権問題**（▶▶ 509 頁「スポーツとマイノリティ」）、「**文化の盗用**」、**サステナビリティ／環**

8-1-1 ファッションビジネスのフロー（概要）と関連する法律問題の例

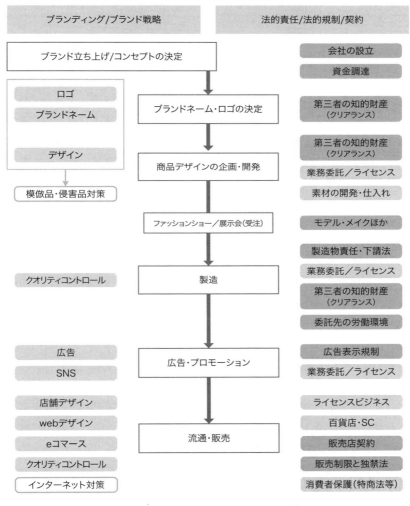

境への配慮といった、知的財産法の範疇にとどまらない社会的な課題についても目配りが欠かせない（この検討・配慮が不足すると、社会的な批判・非難に直面し（いわゆる「炎上」。▶▶374頁「炎上対策」）、商品の販売中止等に伴う損害のみならず、ブランドの社会的な信用、レピュテーションを毀損してしまうリスクがある）。さらに、素材の仕入れやサンプルの製造など、他社との取引が必要となる場面も数多く生じる。契約により、知的財産権の帰属や第三者

の権利侵害に関する免責の有無、目的物の契約不適合責任など様々な取り決めをおこなう必要がある。

次に、商品デザインの企画が決まり、展示用のサンプルが完成すると、ファッションショーや展示会を開催し、主に販売店向けに受注をおこなう。また、モデルを起用し、プロモーション用のビジュアル（宣材写真・映像）を制作することも多い。これらの場合、モデルやスタイリスト、フォトグラファー、ヘアメイクアーティスト、メイクアップアーティストなどとの契約が重要となる。ここでも、成果物の権利帰属や、許諾される利用の範囲（利用態様・期間・地域など）を取り決めておく必要がある。モデルの肖像写真の**パブリシティ権**（パブリシティ権につき▶▶42頁「肖像権・パブリシティ権」）や、ファッションフォトにおける著作権の主体（スタイリングやメイク、ヘアメイクの担当者が共同著作者となるか等。写真の著作権につき▶▶366頁「著作物性②：写真の著作物」[3]）については法的に線引きがはっきりとしない部分も多いことから、将来の無用なトラブルを回避するためにも契約をきちんと交わすことが望ましい。また、モデルのウェルビーイングや人権問題という視点から、フランスを中心として、18歳未満のモデルや（モデルの健康状態への配慮から）「痩せすぎ」モデルの起用を法的に制限し、または自主的に控える動きもある。

そして、受注した後は実際に商品を生産（量産）する工程に入る。ここでも、社外の生産業者に委託し（商社を通すことが多い）、協力し合って進めるケースがほとんどで、生産業者との契約において、納期や代金、不具合があった場合の対応などを合意しておくことがポイントとなる。また、下請法（業態は異なるが、映画業界における下請法について▶▶99頁「リスクマネー論と下請法」）やフリーランス法（▶▶61頁「フリーランスの役務提供に関する契約」）の遵守も必要となるほか、人権デュー・ディリジェンスの実施などを通じて、直接の取引先に限らず、サプライチェーン全体における人権侵害の抑止（▶▶60頁「ビジネスと人権」）に取り組むことが求められるようになっていることにも注意を払う必要がある[4]。

そうしてできあがった商品を流通に乗せて販売するにあたっては、広告やイベントをはじめとするプロモーション活動が欠かせない。そのチャネルとして従来より重要な位置づけを占めるのは広告を含む雑誌掲載だが、近年ではインスタグラムをはじめとするSNS（ソーシャル・ネットワーキング・サー

ビス）も、その重要性を日に日に増している。しかし、この分野でも各国ごとに異なる**広告表示規制**に直面することになる。ファッション・ローの分野での代表例は、SNS で非常に多くのフォロワーを有し、業界動向や売上に強い影響力をもつ「インフルエンサー」と呼ばれる人々（多くの場合、モデルや歌手など）を通じてプロモーションを行う「**インフルエンサーマーケティング**」に関する規制だ。広告であることが SNS のユーザーにはわかりにくいインフルエンサーマーケティングについては、欧米諸国では早くから違法性が明確にされ、規制当局がガイドライン等により積極的に手を打っていた。対照的に、日本では対応が遅れていたものの、広告であることを隠した広告（いわゆるステルスマーケティング）の問題として議論され、2023 年 10 月 1 日より、ブランドによる広告であることを消費者が判別することが困難な広告や SNS の投稿などは、景表法の不当表示として規制されるに至った。その結果、ブランドがその投稿内容の決定に関与している場合には、「＃広告」とハッシュタグを目立つ位置に付す方法や、ブランドから商品の提供を受けて投稿していることを明記する方法などにより、広告であることを消費者が容易に判別可能とすることが求められている。[5]

　また、サステナビリティをブランディングに取り込む動きが増える中、あたかも実際の商品よりも環境保全に配慮されたサステナブルな商品であるかのように包装や広告などに表示して消費者を欺く「グリーンウォッシュ」をめぐる法規制の動きも各国で活発化している（日本でも景表法の優良誤認表示となりうるが、消費者庁の処分事例はまだ少ない）。変わったところでは、フランスの「Photoshop 法」のような独特な広告規制も存在する（フランスでは、過度なダイエットによる拒食症（摂食障害）が 10 代の死亡原因の上位に上がってしまうことなどを背景に、若者が「痩せすぎ」モデルに憧れて極端なダイエットに走らないよう、広告において、Photoshop などの画像処理ソフトにより被写体モデルのシルエットを細くまたは太く加工した場合、広告内に「Photographie Retouchée」（「加工された写真」の意）と記載することが義務づけられている）。

　そしていよいよ、商品を販売するフェーズに入る。ここでも流通経路には様々なバリエーションがあり、またその中で、取引形態に応じた契約上の問題や消費者保護などに関する法的トピックに直面する。そして特に近年では、ブランドイメージの保護を目的とした販売方法の制限（特にインターネット販売規制）と独占禁止法の問題も検討する必要が生じうる。実際に EU では、

ファッションブランドの GUESS による正規販売店に対する販売方法規制が EU 競争法に違反したとして、欧州委員会より GUESS に対し、50 億円以上の制裁金が課された例もある（独占禁止法につき▶▶68 頁「競争法」）。

このように、「ファッション・ロー」とひとまとめにしたが、その内実を見てみると、実に多様な法分野が絡み合っていることがおわかりいただけるだろう。それだけ奥が深く、非常に面白い分野である。しかし、本書の性質上、これらを網羅的に取り上げることはできないので[6]、以下では、ファッション・ローの中核を担う、ファッションデザインの法的保護について概説しよう[7]。

〔中川隆太郎〕

### 8-1 注釈

1) 特に日本のファッション業界・アパレル業界はプレーヤーが非常に多いうえ、時代とともに流通のあり方そのものも変化を続けている。いうまでもなく、とうてい一括りに表すことのできるものではない。ここでの例はあくまで一例にすぎないことをご了承いただきたい。

2) 以前はデザイナーの氏名をブランドネームにすると商標法 4 条 1 項 8 号の厳格な運用により商標登録が事実上困難となるという大きな問題があったが、2023 年商標法改正（2024 年 4 月 1 日施行）により、この問題は解消されるものと期待されている。改正の内容や改正後の運用について、特許庁商標課「他人の氏名を含む商標の登録要件が緩和されます」〈https://www.jpo.go.jp/system/trademark/gaiyo/seidogaiyo/shimei.html〉参照。また、改正に至る経緯等について、中川隆太郎「氏名商標の登録要件の緩和」ジュリスト 1590 号（2023 年）16 頁参照。

3) 桑野雄一郎「ファッション写真の著作権」骨董通り法律事務所 HP コラム〈https://www.kottolaw.com/column/000464.html〉や小泉直樹ほか編『著作権判例百選〔第 6 版〕』（有斐閣・2019 年）40 頁〔谷川和幸〕参照。

4) あらゆる企業がおこなうべき取り組みに関する政府のガイドラインとして「責任あるサプライチェーン等における人権尊重のためのガイドライン」〈https://www.meti.go.jp/press/2022/09/20220913003/20220913003-a.pdf〉が公表されているほか、ファッションの領域に特化したものとして、日本繊維産業連盟の策定した「繊維産業における責任ある企業行動ガイドライン」も参考となる。

5) 景表法とステマ規制に関する消費者庁の運用については、「一般消費者が事業者の表示であることを判別することが困難である表示」の運用基準（令和 5 年 3 月 28 日決定）参照。

6) 本節で触れたトピックをはじめとして、ファッション・ローの基礎知識やチェックポイントを幅広くまとめた資料として、筆者（中川）も委員として参加した経済産業省ファッション未来研究会ファッションロー WG『FASHION LAW GUIDEBOOK 2023』参照。

7) ファッションデザインの知的財産法による保護について多角的かつ詳細に分析・検討するものとして、田村善之＝青木博通＝青木大也＝関真也＝中川隆太郎＝平澤卓人＝山本真祐子（以下、本章において「田村善之＝青木博通ほか」と略記）「連載／ファッション・ローと知的財産」（有斐閣 Online）がある。

## 8-2
# ファッションデザインの法的保護とトレンドの存在

　ファッションデザインの法的保護の各論に入る前に、他の産業デザインやプロダクトデザインと比べた場合の、ファッションデザイン（とその模倣）の置かれた状況の特殊性について、少し触れておこう。

　ファッションデザインについて語るうえで、**トレンド（流行）**はやはり避けては通れない。「ファッションは時代の映し鏡」ともいわれるように、ファッションデザインには、その時代の社会の「空気感」が色濃く反映される。そして、トレンドセッターとなるような影響力のあるデザイナーを擁するブランドがパリコレクションなどのファッションウィークで新しいデザインを発表すると、そういったデザインがある程度のグループとなってそのシーズンのトレンドを生み出し、それに続く多くのブランドが、そのトレンドを取り入れたデザインの商品を展開する（もちろん、トレンドに左右されないものづくりを続ける一部のブランドも存在する）。つまり、同じトレンドの中で多くのブランドがしのぎを削ることになるのである。

　そうである以上、多かれ少なかれお互いにある程度デザインが似てくることは、やむをえない面がある。実際に、ファッションビジネスの世界でも、トレンドの重要性の裏返しとして、その枠内で似通ったデザインの商品が市場に流通することは避け難い、ある程度似てしまうことはやむをえないという認識が主流となっているように思われる（より寛容的な立場に立つ著名デザイナーのトム・フォードは「自分のデザインのコピーを見るほど嬉しいことはない」とまで述べる）。いわば、他の産業と比べ、相対的には、模倣に寛容な業界という側面があることは事実である（とはいえ、そこには当然、デザイナーの信念やブランドの立ち位置などにより、考え方の大きな相違、温度差がある）。

　しかしながら、注意しなければならないことが三つある。

　第1に、上記のような特殊性は、必ずしも、「そっくりそのまま」模倣する、いわゆる**デッド・コピー**までも許容するものではない点である。トレンドを踏まえ、それに**インスピレーション**を受けて自分なりにデザインをすることは許容範囲内であっても、単なるフリーライドのデッドコピーまで業界

415

全体として広く認められているわけではない点には、注意が必要である。

第2に、上記のような業界全体としての認識は、テクノロジーの進化を背景とする**ファストファッション**の台頭とともに変わってきていることである。昔は、模倣のスピードが遅く、その再現度も低かった（パリコレクションなどの会場に腕利きの絵描きを送り込み、デザインを目に焼き付けた彼らがショーの終了後に懸命にデッサン画に起こして本国に郵送していた時代を想像してほしい）。これに対して近年では、急速なテクノロジーの進化（情報通信の高速化や生産体制の効率化など）を背景として、以前とは比べ物にならないほどファッションデザインの模倣のスピードが上がり（コレクションで発表されたデザインが店頭に並ぶよりも前に、模倣品の方が先に市場に出ることも珍しくない）、生産コスト・商品価格も著しく下がり、さらに、その見た目上の再現の精度も以前より上がってきている（ただし、ラグジュアリーブランドの商品のような高い品質まで「模倣」することは、もちろんできていない）。

その最たる例が2000年代から急激に台頭したファストファッションの存在である。以前ほど若い世代が衣服にお金を使わない傾向にあることも相まって、ファストファッションの市場規模はラグジュアリーブランドにとってもとうてい看過できないところまで来てしまった（インディテックス社（ZARAグループ）の年間売上高（2024年1月期）は約359億4700万ユーロ（約5兆9491億円）、H&Mグループの年間売上高（2023年11月期）は約2360億3500万クローナ（約3兆3545億円）、そしてSHEINの年間売上高は2022年度で約227億USドル（約3兆4888億円）であり、今ではそこからさらに大きく伸ばしているともいわれる）。その結果として、以前ほど牧歌的に「トレンドがあるから似てしまうのもしょうがない」と許容されるような状況ではなくなっていることにも、注意が必要であろう。

そして第3に、すべてのブランドにとって上記のような背景が当てはまるわけではない点である。中には、トレンドに左右されることなく、独自の普遍的なデザイン・ものづくりを続けるブランドも存在する。そのようなブランドにとっては、「トレンドがあるのだから似てしまっても仕方ない」という価値観は、受け容れられるものではないだろう。

では、このような背景を頭に入れたうえで、いよいよファッションデザインの保護の各論に入っていこう。

〔中川隆太郎〕

# 8-3
## まずはデザインが「模倣」されているかを確認しよう

### **1** もしあなたが自社デザインとよく似た商品を見つけたら

あなたの立ち上げたブランドのコートとよく似たデザインのコートを他社が販売しているのを発見してしまったとしよう。あなたがとりうる選択肢はなんだろうか？　実際にはまず弁護士に相談することをおすすめするが、ここではあなたのファッションデザインを模倣から守り、他社にその類似商品の製造や販売をやめさせるための選択肢を紹介していこう。

あなたのコートが日本で販売されたばかりの新しい商品だったとしよう（新しいデザインが真似されることも、ファッションビジネスの世界ではとても多い）。あなたにとって最も典型的な武器となるのは、**不正競争防止法2条1項3号**だ[1]。健全な競争の範囲を逸脱した「不正競争行為」の一覧をメニューのようにずらりと並べる不正競争防止法の中で、この3号は、新たに日本で販売された商品全体のデザイン（法的には「**商品の形態**」）を「**模倣**」した商品を他社が販売・輸入などする行為を規制対象としている。せっかくお金や時間をかけて新しいデザインの商品を世に出したのに、他社がすぐにフリーライドし、模倣しても「お咎めなし」となってしまうようでは、真っ当なブランドがコストをかけて新たなデザインを生み出すインセンティブが大きく損なわれてしまうためだ。この3号の大きな利点は、**販売から3年以内のファッションデザイン**であれば、登録も目立った販売実績も一切必要とせず、ほぼ自動的に保護対象となりうる点である[2]。

では、どこまで似ていると「模倣」となるのか。法は、既存のデザインに基づいて（これを「**依拠**」という）、元のデザインと「**実質的に同一**」の商品を作り出すことを「模倣」と定義している（2条5項）。「では、デザインが『実質的に同一』であるとは？」と次の疑問が湧いてくるが、法はこれ以上「答え」を用意していないため、ここから先は裁判例を見る必要がある。

## 2 「実質的に同一」のファッションデザイン

多くの裁判例では、双方のデザインを比較して共通点や相違点をまず確認している。そのうえで、たとえばリラクスとZARAがミリタリーコートのデザインをめぐって争った東京地判平成30年8月30日［ZARA］のように、相違点がほとんどない場合や、相違点があったとしても些細なものにすぎない場合には、「実質的に同一」だと認められている。

8-3-1 リラクス（左）とZARA（右）のミリタリーコート

（出典）裁判所ウェブサイト

しかし実は、「これを満たせば『実質的に同一』といえます」という具体的な基準や要件を明確に示した裁判例は、残念ながら見当たらない。それでも、ファッションデザインの「模倣」が争われたこれまでの裁判例の蓄積を見ていくと、次のような四つの傾向を見て取ることができる。[3]

### (1) 傾向①：相違点が色や柄だけであれば実質的同一性を肯定する傾向

まず一つ目に、相違しているポイントが色や柄だけである場合には、「実質的に同一」であると判断される傾向にある。たとえば東京地判平成14年

8-3-2 原告（左）と被告（右）のロングスカート

（出典）裁判所ウェブサイト

8-3-3 原告（左）と被告（右）のワンピース

（出典）裁判所ウェブサイト

11月27日［Ryu Ryu］[4]は、図8-3-2のようなスカート（白黒だとわかりにくいが、左の原告商品は山吹色、右の被告商品は黒）について、色以外に大きな相違点がないことを理由に、実質的同一性を肯定している。

また、この点についてもう一歩踏み込むのが知財高判平成31年2月14日［アイランド］だ。この判決は、女性服は多くの場合に色違いの商品が展開されていることを理由に、例外的なケースを除き、色の違いは女性服のデザインの実質的同一性の判断に強い影響を与えないと整理し、結論としても図8-3-3のワンピースのデザイン（左の被告商品はネイビー、右の原告商品は黒だが、それ以外はほとんど同一）について、実質的同一性を認めている[5]。

### (2) 傾向②：需要者に異なる印象を与えると実質的同一性を否定する傾向

次に、デザインの相違点によって、両者が需要者に異なる印象を与える場合には、たとえ両者に共通点があったとしても、実質的同一性が否定される場合が多い。知財高判平成17年11月10日［C'est La Vie］では、図8-3-4のふたつのドレスのデザイン（左が原告商品、右が被告商品）について、実質的同一性が否定されている。

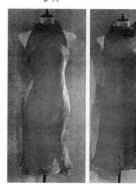

8-3-4 原告（左）と被告（右）のドレス

上記の通り、これらのドレスのデザインには袖のない細身の赤いドレスである点など、共通点も多く見受けられる。しかし裁判所は、袖ぐり（原告商品は肩が大きく出るデザインだが、被告商品は肩が隠れるデザイン）やシルエット（原告商品はマーメイドライン、被告商品はAライン）の相違によって、着用時の全体的な印象が大きく左右されるとして、実質的同一性を認めなかった。

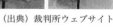

(出典) 裁判所ウェブサイト

### (3) 傾向③：相違点が同業者にとって容易な変更である場合は実質的同一性を肯定する傾向

また、一部の裁判例に見られる傾向として、両デザインに相違点があったとしても、その相違を生み出すような変更が同業者（ここではファッションブランドやデザイナー）にとって容易であれば実質的同一性が認められる、というものがある。簡単なデザイン変更で法の網の目をくぐり抜けられるようではよろしくない、ということだろう。たとえば、腕時計のデザインの実

質的同一性が争われた東京地判平成11年6月29日［シチズン］では、腕時計の針や竜頭の形状、文字盤の色、数字の字体、日付表示の有無などが被告から相違点として主張された。しかし、裁判所は、それらの点の改変について着想が困難であるとはいえないなどとして、実質的同一性を認めた。ただし、この傾向は他の傾向を上回るほど強いものではない。たとえば、デザイン上の目立つポイントが変更され、その結果、需要者の印象が大きく異なる場合にまで、変更が容易であることだけを理由に実質的同一性が認められる可能性は、比較的低いだろう。

**(4) 傾向④：創作的な要素がそのまま利用されている場合は実質的同一性を肯定する傾向**

そして四つ目に、これも一部の裁判例に見られる傾向として、元のファッションデザインの創作的要素がそのまま被告商品でも利用されている場合は、相違点にもかかわらず実質的同一性が認められる傾向がある。たとえば、東京地判平成19年7月17日［Apuweiser-riche］では、長袖カーディガンの胴回り下部に幅広のレースを付するという特徴は創作的なデザインだとし、両デザインの様々な相違点（着用時のサイズのゆとりやレースの幅、糸の染め、袖口のリブ編みの有無など）はいずれも、上記のような原告商品の特徴とは関わりがなく、需要者に異なる印象を与えないとして、実質的同一性を認めた。ただし、あまり特徴を「抽象化」しすぎる形で3号によって保護してしまうことは、アイディアの独占にもつながりかねず、保護範囲が不当に広くなるおそれがある。あくまでここで述べているのは、資本を投下して生み出した具体的なデザインの創作的な特徴がそのまま利用されているようなケースについてである。

8-3-5　原告（左）と被告（右）のカーディガン

（出典）裁判所ウェブサイト

## 3 「3号」の弱点

先ほど、販売から3年以内のファッションデザインであれば、登録なども必要とせずほぼ自動的に保護対象となりうることが、この不正競争防止法

2条1項3号の大きな利点であると述べた。そのため、自らのブランドの商品デザインとよく似た商品を他社に販売されてしまったあなたにとって、最初に検討すべき有力な武器となるポテンシャルを秘めていることも、すでに述べた通りだ。しかし、そんな3号にも様々な弱点がある。

まず、最も「ありがち」な落とし穴は、販売開始から3年が経過してしまった、というケースだ。前記のような立法趣旨に照らし、その新デザインを開発するために投じた資本を回収するために十分な期間として、3号の保護期間は当該商品の販売開始から3年で終了する（不正競争防止法19条1項6号イ）。「残念ながら真似されたのは、販売から3年以上経過した商品のデザインだ」というケースでは、3号以外の選択肢を模索する必要がある。

また、これまで見てきた通り、3号を武器とするには「模倣」、すなわち、こちらのデザインと相手方のデザインとが「実質的に同一」であることまで主張・立証する必要があり、その保護の幅は限定されている。特に、需要者の印象に大きな影響を与えるような相違点がある場合、3号での勝負の雲行きは怪しくなる。

さらに、これまでに触れていない大きなポイントとして、3号は「商品全体の形態」を保護の基本とする、という点が挙げられる。したがって、あなたのデザインと相手方の商品とを見比べた際に、ある一部分だけを見比べれば酷似しているが、全体の形状としては大きく異なるようなケースでは、3号は選択肢から外れてしまう可能性が高い。

同様に、商品の色や柄、さらには光沢や質感も、商品形態の「一部」としては保護の対象に含まれうるものの、商品形態から独立して、色や柄・模様単体で3号の保護を求めることはできない（不正競争防止法2条4項）。そのため、あなたのデザインと相手方の商品とで、「模様のデザインはそっくりだが、商品自体の物理的な形状は大きく異なる」という場合、やはり3号は選択肢から外れることになる。

なお、ここまではリアルな商品（有体物）の模倣について述べてきたが、令和5（2023）年不正競争防止法改正により、リアルとデジタルをまたいだ模倣も3号の対象となった（リアルからデジタルへの模倣だけでなく、デジタルからリアルの模倣も、デジタルファッション同士の模倣も含まれる）。もっとも、実質的同一性の範囲には変更はない。そのため、リアルの商品形態をイラストとして平面化したような事例は対象とならず、3号の出番は、リアルの商

品の形態をデジタルで立体的に模倣したうえで、それをメタバース内のアイテムなどの「商品」として販売する場合などに限られる[8]。

さて、あなたのブランドのコートのデザインは、他社の類似のコートとの関係で、無事に3号の保護を受けられそうだろうか？　もし3号を武器として戦えそうであれば、幸運（逆にいえば、それほど相手が悪質）だといえるかもしれない。他方で、残念ながらこれらのポイントで引っかかってしまう場合、次の選択肢を検討する必要が出てくる。その場合、次に検討すべきはあなたのコート（のデザイン）の認知度・知名度である。あなたのコートのデザインがあなたのブランドの「アイコン」「顔」のひとつとなっているか、という角度から確認・検討する必要がある。

〔中川隆太郎〕

### 8-3 注釈

1)　田村善之＝青木博通ほか「不正競争防止法2条1項3号によるファッションデザイン保護(1)〜(4・完)」(有斐閣Online) 参照。

2)　技術的・実用的な機能の確保のために必要不可欠な形態である場合（3号括弧書）や、過去の古いデザインと同一である（つまり新しいデザインではない）場合にはこの3号でも保護されないが、前者はファッションデザインの場合、かなり例外的なケースであろうし、後者は当然の帰結といえよう。

3)　このほか注目すべき傾向分析として、①柄や模様などの装飾的形態が存在する衣服においては装飾的形態に有意な違いがあるかどうか（共通性の有無）が重視されるのに対し、②装飾的形態が存在しない衣服の場合には、機能によるデザイン上の制約の多いシルエット等の機能的形態等の全体的な形態の共通性が検討されている、との整理も参考となる（山本真祐子「デッドコピー規制による現代衣服デザインの法的保護の現状と在り方」日本工業所有権法学会年報47号（2024年）4頁）。

4)　その後、控訴審である東京高判平成15年5月28日もこの判断を支持した。

5)　なお、大阪地判令和5年10月31日［hue DAY TO EVENING］は、生地の違いに起因する光沢や質感の相違のみを理由に女性服の実質的同一性を否定したが、このような判断は従来の裁判例の基本的な傾向と異なるものであるとの批判的な指摘もある（山本真祐子「判批」パテント77巻3号（2024年）88頁）。

6)　その後、控訴審である知財高判平成20年1月17日も当該判断を支持した。

7)　ただし、不正競争防止法2条1項3号の保護は、その商品の実際の販売より前の展示会などの時点で開始されうる。なぜなら、同号の保護期間の始期は「商品の形態が模倣される状態になったとき、すなわち、開発、商品化を完了し、販売を可能とする段階に至ったことが外見的に明らかになった時」とされているからである（経済産業省知的財産政策室編『逐条解説不正競争防止法（令和6年4月1日施行版）』254頁および知財高判平成28年11月30日参照）。日本で最初に販売した時は、保護期間の終了時の起算点に過ぎず、保護期間の始期とは直接には関係しない。

8)　経済産業省知的財産政策室編・前掲注7) 45頁注6参照。

## 8-4
# 広く知られたファッションデザインの保護

　**8-3**で検討したように、不正競争防止法2条1項3号によって「模倣」
だとして対策がとれない場合、次に確認すべきは、あなたのコートのデザイ
ンが広く知られたものかどうか、ということになる。ここでは、「**識別力**」
という言葉がキーポイントとなるので、まずはその説明から始めよう。

## ❶ 商品の外観はそもそも何のためにデザインされているのか？

　ショッピング中に店頭でバッグを手に取った際、どのブランドのものか確
認しようとする場合、やはりバッグに付されたブランドロゴをまず見るとい
う人が多いだろう。このように、「それを見た人が、どこのブランドなのか
がわかる（少なくとも、それがブランドを示すためのものであることがわかる）」
ことを「**識別力**」がある（あるいは「**出所表示機能**」を有する）と表現する。
ブランドロゴやブランドネームには、識別力が備えられていることが多い
（そもそも識別力がなければブランドロゴやブランドネームとして機能しないだけ
でなく、商標として登録することも認められない。▶▶36頁「商標権・意匠権・
不正競争」）。

　では、ブランドロゴではなく、ファッションデザインの立体的形状そのも
のに識別力はあるだろうか？　ほとんどの場合、その答えは NO だ。消費
者が（ロゴを見ずに）形だけでブランドまで認識できる場面は、そう多くは
ない。

　通常、デザイナーは、商品のデザインを創り出すにあたり、商品の見た目
を美しく（あるいはかわいく／かっこよく）することや、商品を使いやすくす
ることを考えていることが多い。つまり、商品のデザインは、本来的には、
商品の美観や機能性を高めることを目的としてデザインされている。そのた
め、商品のデザインだけを見ても、それがどのブランドの商品なのかはわか
らない、つまり識別力を備えていないことがほとんどなのである。では、例
外的に保護されるのはどのような場合だろうか。

## **2** 商品のデザインと不正競争防止法2条1項1号・2号

　模倣を規制する不正競争防止法2条1項3号と異なり、同法2条1項1号は、そのブランドを表示するものとして広く知られた「サイン」（不正競争防止法では「**商品等表示**」という）と同一または類似したものを無断で商品やサービスに使用して商品を販売等することによって、需要者に対して誤認混同を生じさせるおそれのある行為は不正競争だと規定している。ここでは、商品等表示が識別力を有することを前提に、周知性や類似性、そして**誤認混同のおそれ**を要件として不正競争行為性が判断される。

　そして、ここまで見てきたように、商品のデザイン（形態）は原則として識別力をもたないため、この1号では基本的に保護されない。もっとも、例外として、「①商品の形態が客観的に他の同種商品とは異なる顕著な特徴を有しており（**特別顕著性**）、かつ、②その形態が特定の事業者によって長期間独占的に使用され、又は宣伝広告や販売実績等により、需要者においてその形態を有する商品が特定の事業者の出所を表示するものとして周知になっている（**周知性**）場合」には、商品の形態自体が1号の「商品等表示」として保護される、というのが裁判例において概ね確立された基準である。なお、「このデザインといえばあのブランド」と広く知られている（上記②の周知性を満たす）と認められた裁判例では、ほとんどの場合、特別顕著性も認められている。ここでの主戦場は②の周知性であり、ごくありふれたデザインでない限り、①特別顕著性はクリアできることが多いだろう。

　また、商品等表示として「広く知られている」というレベルを超えて**著名**（大まかにいえば、「大半の人が知っている」状態）である場合は、相手方がそれと同一または類似のデザインを商品に無断で使用するだけで、誤認混同のおそれがなくとも不正競争行為となる（不正競争防止法2条1項2号）。

## **3** 不正競争防止法2条1項1号・2号とファッションデザインの保護[1]

　ファッションデザイン（形態）について、この不正競争防止法2条1項1号・2号で保護された裁判例をいくつか見てみよう。知財高判令和5年11月9日［ドクターマーチン］では、アッパーとウェルトを縫合する明るい黄色の糸によるウェルトステッチがアッパーや黒のウェルトとのコントラストによりはっきり視認できる点や、ソールエッジやヒールループの形状など8

つの特徴で特定されるドクターマーチンの8ホールの1460シリーズの商品デザイン全体について1号での保護が認められた。また、東京地判平成16年7月28日［パネライ］では、一連の腕時計のデザインに共通する①リューズプロテクターの形状と②ケースおよびベゼルの形状とケースが大型であることにおいて形態上の特徴があるとされ、1号の保護が認められた。なお、ファッションデザインの形態について2号で保護された珍しい例として、エルメスのバーキンのデザインが保護された一連の裁判例（東京地判平成26年5月21日［バーキンI］や知財高判令和2年12月17日［バーキンII］）がある。

8-4-1　ドクターマーチンの革靴

（出典）裁判所ウェブサイト

## 4　立体商標によるファッションデザインの保護

広く知られたファッションデザインの保護手段としては、もうひとつ、その立体的なデザイン（形状）そのものを商標として登録する、**立体商標**も押さえておく必要がある。登録が必要となる点や全国での周知性が求められる点が不正競争防止法による保護と大きく異なる点だが、登録さえ認められれば強力な権利となる。

商標法は、商品やサービスのブランドを示すサインを保護する法律であり、識別力をもたないものは登録を認めていない（3条1項各号）。すでに見たように、ファッションデザインは原則として識別力をもたないため、立体商標として出願しても、商標法3条1項3号の「商品の……形状……を普通に用いられる方法で表示する標章のみからなる商標」として、原則的に登録を拒絶される。そして、この3号のハードルは、裁判例によって高く設定されており、商品の機能や美観を目的とする形状は特段の事情がない限り3号に該当することはもちろん、機能や美観上の理由から選択されたと予測しうる範囲の形状であれば、特徴的な形状でも同号に該当すると整理されている。たとえば、知財高判平成23年4月21日［JEAN PAUL GAULTIER CLASSIQUE］では、ジャン＝ポール・ゴルチエによる女性の身体をモチーフとした図8-4-2の特徴的な香水瓶の形状さえ、3号に該当すると判断されている。

もっとも、ここでも不正競争防止法2条1項1号・2号と同様に例外はあり、そのデザインを使用することにより二次的に識別力を獲得した場合

8-4-2 立体的なデザインの商標登録例

左：ジャン=ポール・ゴルチエの香水瓶の立体商標（国際登録 600167 号）　右：エルメスのバーキンの立体商標（第 5438059 号）
(出典) 左：裁判所ウェブサイト　右：特許庁ウェブサイト

8-4-3　パネライの位置商標

商標登録第 6080187 号
(出典) 特許庁ウェブサイト

（使用の結果、「あのデザインといえばこのブランド」と知られるようになった場合）は「敗者復活」で登録が認められる（同法 3 条 2 項）。実際に、上記判決の香水瓶のほか、エルメスのバーキンやケリー、CASIO の G-SHOCK の形状などについても、商標登録が認められている。

また、商品全体ではなく一部の立体的形状について、その付する位置まで特定する「位置商標」として出願をすることも可能である。立体商標と同様に、原則として 3 条 1 項 3 号により登録を拒絶されるが、使用による識別力の獲得が認められれば 3 条 2 項により登録が認められる。ファッションデザイン（形態）としては、パネライのリューズプロテクターの形状の位置商標登録が認められている。

## 5 広く知られた模様、テキスタイルデザイン、色

また、商品形態そのものではなく、その表面の図柄、模様、テキスタイルデザインについても、不正競争防止法および商標法の保護の現状は、大枠としては上記と共通する。

まず不正競争防止法の商品等表示については、当該デザイン（ここでは、図柄や模様など二次元のデザイン）がブランドを示すものとして広く知られるに至っている場合には、商品等表示としての保護が認められている（ことさらに特別顕著性を問う裁判例はない）。たとえば、東京高判平成 13 年 12 月 26 日［LEVI'S］は、LEVI'S のバックポケットのステッチ模様について 1 号での保護を認めた（もっとも、図 8-4-4 中央の EDWIN のデニムデザインについては類似・誤認混同のおそれを認め不正競争行為にあたると判断したが、図 8-4-4 右のアシンメトリーなデザインについては類似性を否定し、不正競争行為に該当しないと判断した）。

また、商標については、商標審査基準において、商標が「模様的に連続反復する図形等により構成されているため、単なる地模様として認識される場合」は原則として商標法3条1項6号により登録が拒絶される（ただし、地模様と認識される場合でも「構成において特徴的な形態が見いだされる等の事情」は考慮される）。他方で、立体商標と同様に、使用の結果識別力を獲得した模様等については、同号に該当せず、例外的に登録が認められる。

8-4-4　LEVI'S（左）とEDWIN（中央・右）のバックポケットのデザイン

左：LEVI'S　中央・右：EDWIN
（出典）裁判所ウェブサイト

従前は、この使用による識別力の獲得について特許庁も裁判所も非常に厳しく判断していたが、東京高判平成12年8月10日［Louis Vuittonエピ］を転機として、高い売上や広告その他の雑誌掲載、さらには需要者アンケートなどによって識別力の獲得を立証できた場合には、商標としての登録が認められるようになっている。たとえば、図8-4-5のような図柄、模様が商標として登録されている。

8-4-5　模様などのデザインの商標登録例

左から：Louis Vuittonのエピ商標（第4459738号）、Diorのカナージュ模様商標（第5799675号）、クリスチャン・ルブタンの色彩商標（商願2015-29921）
（出典）特許庁ウェブサイト

他方、より抽象度の高い色の独占については、保護のハードルもさらに高いのが現状である。まず、東京地判令和4年3月11日［クリスチャン・ルブタン不競法］では、女性用ハイヒールの靴底にPANTONE 18-1663TPGの赤色を付すという商品デザインの特徴だけでは1号の商品等表示として保護されないと判断された（控訴審判決（知財高判令和4年12月26日）では、被告商品との混同のおそれがないとして控訴が棄却された）。また、ルブタンは当該赤色を色彩のみからなる商標（女性用ハイヒールの靴底という位置を特定）としても出願したが、知財高判令和5年1月31日［クリスチャン・ルブタン色彩商標］は、単一の色彩のみからなる商標を3条2項により登録するには「特定人による当該商標の独占使用を認めることが公益性の例外として認められる程度の高度の自他商品識別力等を獲得していること（独占適応性）を

要する」とし、ルブタンのレッドソールについて「一定の需要者には、本願商標が使用された女性用ハイヒール靴は原告ブランドを指すものと認識されている」が「高度の自他商品識別力を獲得している（独占適応性がある）と認めることができないものであることは明らか」として商標登録を認めなかった。

## **6** まとめ

さて、あなたのコートのデザインは、「このデザインといえばあなたのブランド」ということを示す「サイン」として広く知られているだろうか？立体商標のハードルに照らし、実務上は立体商標として登録することはできていない場合がほとんどであろうから、まずは不正競争防止法2条1項1号の保護の可能性を探ることになる。国内での売上や雑誌掲載、広告宣伝費などを材料に、商品等表示性（特に周知性）の主張がどの程度通りそうか（最終的には裁判所でも認められそうか）、検討する必要がある。また、相手方のデザインがこちらのデザインと完全に一致（あるいはそれに近いほど類似）とまではいえない場合、類似性や誤認混同のおそれについても立証の見通しを検討する必要があるだろう。　　　　　　　　　　　　　　　〔中川隆太郎〕

### 8-4 注釈

1) 田村善之＝青木博通ほか「不正競争防止法2条1項1号・2号によるファッションデザイン保護（1）〜（5）」（有斐閣 Online）参照。
2) そのほか、ファッションデザイン（形態）について不正競争防止法2条1項1号の保護が認められたケースとして、東京地判平成18年7月26日［ロレックス］、東京地判令和元年6月18日［BAO BAO ISSEY MIYAKE］などがある。
3) 商標審査基準［改訂16版］第1の八の7.。
4) 商標審査基準［改訂16版］第1の八の12.。

# 8-5
## ファッションデザインは著作物か

　ここまで検討してきたあなたは、コートのデザインの美しさを見て、ふと「ファッションデザインも著作権で保護されないのだろうか？」と思うかもしれない。しかし、本書の他の章では「主役」級の扱いである著作権は、残念ながらファッションデザインとの関係では活用しにくいのが日本の現状である。

### 1 応用美術の著作権保護の現状

　日本の著作権法には、実用品のデザイン（**応用美術**）の著作物性に関する明文の定めはなく、この点に関する最高裁判決もない。しかし、日本の下級審裁判例は、ごく一部の例外を除いて、一貫して応用美術の著作権による保護につき冷淡な態度を貫いている。

　以前の裁判例のほとんどは、実用品のデザインのうち、絵画や彫刻などの純粋美術と同視しうるようなデザインに限り著作物として保護するとの考え方に立っていた。その背景には、実用品のデザインの保護は原則として意匠法に委ねるべきとの考えがあった。その流れのひとつの到達点となった知財高判平成 26 年 8 月 28 日［ファッションショー］は、応用美術のうち、「**実用目的に必要な構成と分離して、美的鑑賞の対象となる美的特性を備えている部分を把握できるもの**」に限り著作権で保護されるが、そうでないものは著作権で保護されないとの判断基準（「**分離可能性説**」といわれる）を示した。

8-5-1　TRIPP TRAPP

（出典）裁判所ウェブサイト

　これに対し、それまでの裁判例の潮流と異なる新判断を示して大きな議論を呼んだのが、知財高判平成 27 年 4 月 14 日［TRIPP TRAPP］である。この判決は、実用品のデザインと通常の美術の著作物とで取り扱いを区別することなく、デザイナーの個性が発揮されているデザインであれば著作権で保護されるという考え方（「**非区別説**」といわれる）を採用

した。そして実際に、TRIPP TRAPP という子ども用の椅子のデザイン（図8-5-1）に著作物性を認めた。

もっとも、その後の約9年の間の下級新裁判例を見ると、TRIPP TRAPP 判決のように非区別説を採用した裁判例は見当たらない。著作権法2条1項1号の「美術……の範囲」との要件や意匠法との棲み分けなどを理由として、（判断基準の表現・文言にはバリエーションがあるものの）ほとんどの裁判例が分離可能性説を採用しており[1]、議論の中心も「どのような場合に分離可能性が認められるか」に移りつつある[2]。

## 2 ファッションデザインの著作権保護に厳しい日本

では、このような裁判例の大きな流れをふまえたうえで、改めてファッションデザインの著作権保護についてどのように考えるべきだろうか[3]。

ひとつの考え方として、実用的機能による制約を重視する立場に立つと、ファッションデザインの中でも、テキスタイルやファブリック、柄といった平面のデザインは、その表現上、衣服などの実用品のもつ技術的機能・実用面からの制約を受けにくいため保護を比較的広く認めてもよいとの判断につながりやすい一方（Tシャツのイラストにつき著作物性を認めた裁判例として、東京地判昭和56年4月20日および東京地判令和5年9月29日がある）、衣服全体のデザイン、あるいは鞄や靴などの立体的なデザインについては、保護に慎重な立場となるだろう[4]。

8-5-2　裁判例で著作物性を否定されたファッションデザインの例

（出典）裁判所ウェブサイト

他方、「美的鑑賞の対象」という側面を強く重視すると、このような整理とは異なり、オートクチュールなど芸術性の高いファッションデザインは別として、多くのファッションデザインは著作権の保護の埒外とする判断につながりやすい。実際に、これまでの日本の裁判例では、実用的な機能とはほぼ無縁とも思える着物の帯の図柄のデザイン

（図8-5-2上・京都地判平成元年6月15日［佐賀錦袋帯］）や、衣服の花柄刺繍のデザイン（図8-5-2下・前掲［Chamois］）といった平面的なファッションデザインについても、美的鑑賞の対象となりうるとは認められないとして、保護を否定してきた。

しかし、これらのような考え方は、今まで以上にデザインの社会的重要性が増すとされるこれからの日本社会において（参考：経済産業省・特許庁「デザイン経営宣言」）、果たして妥当だろうか。そもそも、著作権法2条1項1号の「文芸、学術、美術又は音楽の範囲」は、同法の保護対象とすべき「文化的な所産」であることを確認するためのフィルターなのだとしたら、日本文化の一翼を担っていることは明らかであるファッションデザインについても、これまでのように門戸を固く閉ざすのではなく、もう少し柔軟な検討をおこなうことが、本来求められているようにも思われる。

海外に目を向けると、米国でも欧州でも、変化が見られる。まず、米国は以前より、機能の保護との関係から（さらには米国著作権法101条の文言の解釈として）実用面からの分離可能性を要件として、ファッションデザインについて、平面的なファブリックデザインは広く保護しつつ、立体的なデザインは保護しないという線引きをはっきりとさせてきた。しかし、その米国も、2017年3月の**チアリーディングユニフォーム事件連邦最高裁判決**（Star Athletica v. Varsity Brands, 580 U. S. 405 (2017)）を契機として、著作権保護の範囲を拡大させている（その象徴的な例が、図8-5-3のスニーカーのアッパー部分のデザインの「二次元または三次元的な特徴」や「二次元のアートワークおよび彫刻的特徴」について著作物性を認めた2019年5月8日付著作権局審判部決定［Yeezy Boost事件］だろう）。また、応用美術についての保護の基準が統一されておらず、ファッションデザインについて広く著作権で保護するフランスと、日本のように美術的価値などを厳しく求めるイタリアやポルトガルなどとが長年対立してきたEUでも、2019年9月に、

8-5-3　ファッションデザインの著作物性をめぐる欧米の動き

左：Yeezy Boost 350 Vrsion 1
右：G-Star Rawの立体裁断デニム

（出典）左：米国著作権局ウェブサイト
　　　　右：G-Star Rawウェブサイト

EU 全域において「デザインでも創作者の個性が発揮されたオリジナリティのある表現であれば著作物として保護する」との解釈（いわばフランス型）で統一するとの EU 司法裁判所判決が出ている状況である（Cofemel, C-683/17）。

　この点について、日本でも、実用品のデザイン（応用美術）の保護について、解釈論のみならず立法論のレベルで検討の必要性を説く声もいよいよ出始めている[7]。確かに、立法的な解決であれば、意匠法との棲み分けも、より柔軟かつ適切におこなうことも可能となる。また、応用美術の著作権保護への慎重論の背後に、実用品のデザインに著作物性を広く認めた場合の弊害への懸念があるとしても、立法論のレベルであれば、権利制限規定（たとえば、建築の著作物については著作権法46条2号や20条2項2号が存在する）や保護期間（ベルヌ条約上も、応用美術について製作から25年までは短縮することが許容されている）を含めて制度設計することにより、そうした懸念を払拭しつつ、保護と利用のバランスを実現することも可能であろう。　　　〔中川隆太郎〕


**8-5 注釈**

1)　以前は多く見られた「純粋美術と同視しうるか」という基準を採用する裁判例も激減し、ほとんど見られなくなっている。

2)　奥邨弘司「応用美術の著作物性〜分離可能性説の深化に向けた一考察〜」L & T 96号（2022年）1頁参照。

3)　田村善之＝青木博通ほか「著作権法によるプロダクト・デザインの保護の可能性（1）〜（4・完）」（有斐閣 Online）、中川隆太郎「ファッションデザインの著作物性」著作権研究45号（2018年）191頁、同「『ファッションロー』と著作権法」コピライト2020年10月号27頁、関真也「ファッションデザインの『美的特性』と『表現上の本質的な特徴』の探究」感性工学17巻2号（2019年）1頁参照。

4)　田村善之「意匠登録がない商品デザインの保護の可能性」コピライト2017年8月号2頁、大阪地判平成29年1月19日［Chamois］、前掲［BAO BAO ISSEY MIYAKE］、東京地判令和3年10月29日［バニーガール衣装］等参照。

5)　奥邨弘司「判批」IP ジャーナル3号（2017年）73頁、関真也「判批」A. I. P. P. I. 62巻9号（2017年）838頁参照。

6)　小泉直樹「判批」慶應法学47号（2022年）45頁、山本真祐子「判批」知財管理71巻12号（2021年）1678頁参照。

7)　上野達弘「著作権法50年の歩みと展望」論究ジュリスト34号（2020年）36頁、横山久芳「応用美術と著作権法」同55頁、小泉直樹ほか編『著作権判例百選〔第6版〕』（有斐閣・2019年）17頁〔中川隆太郎〕参照。

# 8-6
## ファッションデザインと意匠権の相性の悪さ[1]

　本来、プロダクトデザインの法的保護の「王道」ともいえるのが**意匠権**（▶▶ 36 頁「商標権・意匠権・不正競争」）である。物品（プロダクト）のデザインを新たに創作した場合に、特許庁に出願し、登録することで、当該デザインの製造や販売などについて法的に独占することができる。

　8-5（▶▶ 429 頁以下）で見たように、デザインの著作権保護に関する裁判例のほとんどが、応用美術の著作権による保護範囲を限定しているが、その理由づけとして最も多く掲げられるのが、著作権法と意匠法との棲み分けである。しかし、かねてより指摘され続けている通り、（従来と比べ大きく改善はされているものの、今なお）意匠法はファッションビジネスとの相性が悪い。ここでは手続面に絞って、その主な理由を紹介しよう。

### 1 出願・登録に要するコスト

　ファッションビジネスでは、1 シーズンあたりのデザインのバリエーションや商品数が非常に多いため、全件意匠登録を目指して出願手続をおこなうことは、出願・登録費用の面や出願に要する労力（煩雑さ）との関係で過度な負担となり、現実的ではない。この点、令和元（2019）年意匠法改正により多意匠一出願が解禁されることとなったが（2021 年 4 月 1 日施行）、審査手続は意匠ごとに進むほか、出願・登録費用も従来通り意匠ごとに発生するため、大きなコスト減には直結しない。

　他方、売れる商品のデザイン（≒真似されるデザイン）については意匠登録のインセンティブも高い（有効性という観点でも、資本の集中投下という面でも）。しかし、「どの商品がヒットするか？」「どの商品について、偽物や類似品が多く出そうか？」ということを事前に的確に予測することは困難なのが、実務の現状である。

### 2 時間のズレ

　また、アパレル商品の販売期間は 3 か月前後であることが多いのに対し

（短ければ1〜2か月、長くても6か月前後）、現在の審査実務では、出願から特許庁による最初の応答（ファーストアクションとも呼ばれる）までの段階ですでに6か月前後の期間を要する。さらにその後の意匠登録までに要する期間を考慮すると「出願しても、タイムリーに活用できないのでは？」と二の足を踏むことになりやすい。また、ファッションデザインはショーでの発表直前まで確定しないことも少なくないうえ、新商品のデザインの発表のタイミングがあらかじめ固定化されている（基本的に年2回だが、女性服と男性服でコレクションの時期が異なるため、どちらも発表する場合は年4回）。そのため、デザイナーをはじめとするデザイン担当チームはタイトなスケジュールの中でデザインを進めざるをえず、準備を前倒しして意匠出願の準備の時間を確保できるほど時間的な余裕をもってデザインを確定させることも、反対に、準備状況に合わせて発表を延期することも、いずれもそう簡単ではないのが実状である。

## 3 新規性喪失とグレースピリオド

前記の通り、どの商品がヒットするかを事前に予測することは難しい。そこで、ブランドとしては、実際に販売を開始して売上等で市場・需要者の反応を見たうえで、その後の意匠戦略を決定できることが望ましい。

しかし、意匠法は原則として、出願前に公開されていないデザインしか登録を認めておらず（意匠法3条1項。この要件を「**新規性**」という）、例外として、ある意匠が出願前に「意匠登録を受ける権利を有する者の行為に起因」して公知（同項1号または2号）となった場合であっても、その公知となった日から1年以内（この期間を「**グレースピリオド**」という。なお、2018年改正以前は「6月以内」とされていた）に自ら出願した意匠の新規性や創作非容易性の判断においては、先行意匠は公知となっていなかったものとみなされることとされている（同法4条2項）。

この点、意匠法4条2項が意匠を受ける権利を有する者自らの公開についてグレースピリオド[2]を設けている趣旨は、販売等して市場の反応・需要の有無をテストし、売れ行きがよいなど強い需要や高い評価を得たデザインに限って意匠出願をおこなう（これを「**市場テスト**」という）、という機会を付与することにあると理解されている。これに対し、ファッションビジネスにおいては、店頭販売よりも約6か月前後（約3か月から最大9か月ほど）前

におこなわれるファッションショーや展示会においてデザインを発表することが多い（つまり、デザイン発表から実際に店頭に並ぶまでの時点ですでに6か月前後の時間を要している）ため、従来のグレースピリオド（6か月）では、アパレル商品について市場テストの結果を踏まえて意匠出願をおこなうか決定することは難しかった。

したがって平成30（2018）年意匠法改正でグレースピリオドが6か月から1年に延長されたことは、市場テストの機会を確保できるという意味で、とりわけファッション業界にとって、大きな意味をもつ改正であったといえる。

また、新規性喪失の例外の適用を受けるにあたり、以前は出願前の自らの公開をすべて特定して申請する必要があった。出願前に自らいくつかのバリエーションのデザインの商品を販売していたり、自社ウェブサイトやSNSなどで多数ビジュアルを掲載していた場合も、そのすべてをもれなく特定する必要があり、もし特定していないものが1つでもあれば（その1つについては例外の適用がないため）やはり新規性が喪失されたものとして扱われていた。

もっとも、このような実務上の負担を軽減するために令和5（2023）年意匠法改正がなされ、現在では、自らおこなった出願前の公開のうち、最先のものを特定すれば足りる。

〔中川隆太郎〕

## 8-6 注釈

1) ファッションデザインと意匠法の相性の悪さについて、中川隆太郎「ファッションデザインと意匠法の『距離』」日本工業所有権法学会年報43号（2020年）99頁参照。
2) 意匠法における新規性喪失の例外の適用とそれに伴う問題について、茶園成樹ほか編『商標・意匠・不正競争判例百選〔第2版〕』（有斐閣・2020年）54事件〔中川隆太郎〕参照。

# 8-7
## ファッションブランドと商標パロディ

　ここまで、ファッションデザインの法的保護の各論を見てきたが、単純な模倣品・類似品とは異なる場面として、COACH のパロディ財布「高知」や、フランクミュラーのパロディである「フランク三浦」など、商標の**パロディ**[1]（▶▶38頁「パロディ・二次創作」）が問題となることも少なくない。

　商標パロディについて検討する際にまず気をつけなければならないのは、切り口が大きくふたつに分けられることである。すなわち、①パロディ商標を付した商品の販売が商標権侵害になるかどうかという場面と、②パロディ商標の出願・登録に拒絶・無効理由があるかどうかという場面である。たとえば、フランク三浦が知財高裁判決（知財高判平成 28 年 4 月 12 日）でフランクミュラー側に勝訴した際、フランク三浦のパロディ商品が適法であると判断した判決であるとの誤解が広まった。しかし、実際にはこの知財高裁判決は、あくまで「フランク三浦」という手書き文字の商標について、無効事由（フランクミュラー側の商標との混同のおそれなど）は認められないと判断したにとどまり、フランク三浦のパロディ商品のデザインが商標権侵害や不正競争行為に該当しないと判断されたものではない（むしろ上記デザインについて不正競争防止法で争われた場合、不正競争行為に該当する可能性も十分にあるだろう）。

　このように、商標パロディについて検討する際には、それが①パロディ商品の適法性の問題なのか、それとも②パロディ商標の登録の可否・有効性の問題なのか、きちんと峻別することが不可欠である。この点、欧米諸国の裁判例では①の事例が多いのに対し[2]、日本の裁判例や審決例では、先ほどのフランク三浦のほか、OCOSITE のパロディ商標の登録を取り消した異議決定

8-7-1　商標パロディの例

左から：「高知」、フランクミュラー、フランク三浦
(出典)　左：ブランド「高知」ウェブサイト
　　　　中：フランクミュラーウェブサイト
　　　　右：フランク三浦ウェブサイト

（異議 2020-900312）や Lambormini のパロディ商標を無効とした知財高判平成 24 年 5 月 31 日など、②の事例が顕著に多い。そのうえで、ブランド側としては、パロディ商品について販売差止め等を求めていくのか、パロディ商標の登録を無効（審査段階であれば拒絶）とすべく動くのか、検討することとなる。そしてこの時、法的な分析に加えてブランドマネジメントの観点からは、①守るべきブランドの重要性、②市場における競合のリスクの有無・程度、③ブランドイメージの毀損・低下・汚染のおそれの有無・程度、④デザインの類似性の高低／誤認混同のおそれの有無・高低、⑤パロディ商品・商標の社会的な認知度・人気／パロディ商品の販売開始からの経過期間、⑥ビジネス利用かアート作品か、⑦パロディ商品の独自の視点・世界観の有無・程度、⑧パロディ主体の従来の知名度・事業の大きさなどを総合的に考慮して、判断することになる。

　なお、商標法はパロディについて正面から定める規定をもたないため、登録の有効性と侵害の有無のいずれにおいても、ほとんどのケースでは類否や誤認混同のおそれなどの判断の中で、ひとつの要素として考慮されているにとどまる。そのため、結局は「社会的に正当なパロディとして認められうるか」という点ではなく、商標パロディについての**誤認混同のおそれ**の有無が重要なキーポイントとなっている。すなわち、パロディとして成功しているケースの多くのように誤認混同のおそれが認められなければ登録は認められやすく、侵害の場面でも責任を否定されやすい。他方、パロディとはいえ誤認混同のおそれがある場合、登録は拒絶され（あるいは無効とされ）、侵害責任も肯定されやすい。不正競争防止法 2 条 1 項 1 号と商標パロディをめぐる議論状況についても、概ね同様といってよい。

　他方、同項 2 号については、著名性のハードルが高く設定されている分、誤認混同のおそれは不要とされている。そのため、著名商標のパロディの場合、類似性および出所表示としての使用さえ認められれば、たとえ誤認混同のおそれがなくとも不正競争に該当する可能性が高まるだろう。[3] もっとも、表現の自由とのバランスから、そのような場合でもなお一定の範囲で適法とする解釈の余地についても、議論されている。[4]

〔中川隆太郎〕


## 8-7 注釈

1)　ファッションデザインと商標パロディについて、田村善之＝青木博通ほか「ファッション

と商標パロディ（1）～（4・完）」（有斐閣 Online）参照。

2) ジャック・ダニエルズ事件連邦最高裁判決（Jack Daniel's Properties v. VIP Products, 599 U. S. 140（2023））など。同判決につき前掲注 1）参照。

3) 2号につき混同のおそれが不要であることを確認的に明示した例として、知財高判平成 30 年 10 月 23 日［ルイ・ヴィトンカスタム］参照。

4) 田村善之「『白い恋人』vs.『面白い恋人』事件」Westlaw 判例コラム第 2 号〈https://www.westlawjapan.com/column-law/2013/130415/〉、上野達弘「商標パロディ」パテント 62 巻 4 号（2009 年）187 頁など参照。

## 第 8 章　参考文献

経済産業省ファッション未来研究会ファッションロー WG『FASHION LAW
　　　GUIDEBOOK 2023』

田村善之＝青木博通＝青木大也＝関真也＝中川隆太郎＝平澤卓人＝山本真祐子
　　　「連載／ファッション・ローと知的財産」（有斐閣 Online）

角田政芳＝関真也＝内田剛『ファッション・ロー〔第 2 版〕』（勁草書房・2023
　　　年）

特集「コピーと戦うファッション・ロー」広告 414 号（2020 年）165 頁

金井倫之「ファッション・ロー概論―ファッション・ビジネスと法的保護」IP マ
　　　ネジメントレビュー 15 号（2014 年）25 頁

関　真也「ニューフロンティアとしてのファッションロー」法学セミナー 778 号
　　　（2019 年）40 頁

海老澤美幸「オリジナリティの始まりとは？」BRUTUS 2021 年 4 月 1 日号 104
　　　頁

海老澤美幸「ファッションデザインを保護する法システム」コピライト 2023 年 7
　　　月号 2 頁

田村善之「意匠登録がない商品デザインの保護の可能性―著作権法・不正競争防
　　　止法の交錯」コピライト 2017 年 8 月号 2 頁

関　真也「アパレルデザインの不正競争防止法 2 条 1 項 3 号による保護―『流行』
　　　の生成プロセスから見た商品形態の実質的同一性の捉え方の検討」特
　　　許研究 68 号（2019 年）51 頁

山本真祐子「デッドコピー規制における実質的同一性判断―衣服デザインに関す
　　　る事例分析を通じて―」知的財産法政策学研究 58 号（2021 年）67 頁

山本真祐子「デッドコピー規制による現代衣服デザインの法的保護の現状と在り
　　　方」日本工業所有権法学会年報 47 号（2024 年）4 頁

中川隆太郎「ファッションデザインの著作物性―Chamois 事件［大阪地裁平成
　　　29. 1. 19 判決］」著作権研究 45 号（2018 年）191 頁

中川隆太郎「ファッションデザインと意匠法の『距離』」日本工業所有権法学会年
　　　報 43 号（2020 年）99 頁

中川隆太郎「『ファッションロー』と著作権法」コピライト 2020 年 10 月号 27 頁

第9章

ゲーム

## 9-1
# ゲーム業界と法実務

## 1 ゲーム市場

### (1) ゲームとは

　**ゲーム**とは何か。国語辞典で引くと、「勝負を争う遊びごと」などと記載されている。ゲームと聞くと、ついコンピューターゲーム（コンピュータを使用するゲームの総称）をイメージしそうだが、ゲームの範囲はこれに限られず、チェスや将棋、ボードゲームやパーティーゲームなども含まれる。

　ゲームのプレイ形式に着目してゲームを分類すると、たとえば、カードゲーム、ボードゲーム、アーケードゲーム、家庭用テレビゲーム、携帯ゲーム等に分けられる。なお、コンピューターゲームと区別して、コンピュータを使用しないゲームを電源不要ゲームと呼ぶこともある。

　ゲームのジャンルも様々である。代表的なものとして以下が挙げられる（下表）。各ジャンルによって、求められる開発技術やノウハウが異なり、ゲーム会社は、同一ジャンルを開発することでその開発技術やノウハウを蓄積している。なお、ゲームによっては複数のジャンルにまたがるものもある。

9-1-1　主なゲームジャンルの区分

| ジャンル | 内容 |
|---|---|
| ロールプレイングゲーム(RPG) | 参加者にそれぞれ割り当てられたキャラクターを操作し、与えられた試練を乗り越えていくゲーム |
| アドベンチャーゲーム | 主人公たちが様々な情報を集め、謎解きや冒険を繰り広げるゲーム |
| シミュレーションゲーム | 現実の事象・体験を仮想的に再現するゲーム |
| アクションゲーム | キャラクターの動作を直接制御し、勝敗や得点などを競うゲーム |
| シューティングゲーム | 主として弾丸やレーザーなどの飛び道具を用いて敵を撃つゲーム |
| レースゲーム | 主として乗り物を操縦して競走するゲーム |
| 格闘ゲーム | コンピュータあるいは参加者同士が操作するキャラクターが格闘技で戦う対戦ゲーム |
| スポーツゲーム | スポーツを題材としたゲーム |

　近時は、パッケージ販売を主体とする**コンシューマーゲーム**[1]よりも、**オンラインゲーム**が注目されている。たとえば、「RPG」では、「MMORPG」[2]が

人気のゲームジャンルとなっている。MMORPGとは、多人数同時参加型オンラインRPGとも訳され、数百人から数千人規模のプレイヤーが同時にひとつのサーバーに接続してプレイするネットワークゲームであり、他ジャンルと比べて、他のプレイヤーとのコミュニケーションを楽しむ要素が強い。

**(2) ゲームの市場動向**

「ファミ通ゲーム白書2023」によれば、2022年、世界のゲームコンテンツ市場は26兆8005億円と推計されている。本書の旧版で紹介した2019年の市場規模15兆6869億円に比べれば、いずれも元データ（米ドル）に該当年の平均レートを乗じて円換算したものであるが、この間の為替変動を考慮しても大幅に成長していることがわかる。

国内のゲーム市場規模は、2兆316億円であり、こちらも本書旧版で紹介した2019年の市場規模1兆7300億円を大きく上回っている。その中でも変わらず成長率が高いのは、ゲームアプリやPC向けオンラインゲームなどのオンラインプラットフォームにおけるゲームコンテンツ市場である。2022年には、1兆6568億円を記録し、国内ゲームコンテンツ市場全体の75％以上を占めている（下図）。

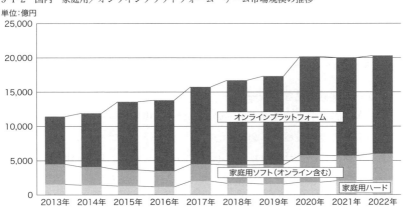

9-1-2 国内　家庭用／オンラインプラットフォーム　ゲーム市場規模の推移
（出典）ファミ通ゲーム白書2023

新たなゲームの利活用による市場規模も拡大している。その代表例が、仮想空間でゲームをプレイする**VRゲーム**である。市場調査会社Research Nesterによると、世界のVRゲーム市場は、2022年に約82億米ドル（約9766億円）と評価され、2035年末までに約580億米ドル（約69兆円）の

世界収益を達成すると予測されている[3]。VRゲームについては、**9-7**（▶▶466頁以下）で詳述する。

近年は、PCゲーム等でゲームの技能を競うeスポーツの規模も急速に拡大している。ドイツの調査会社Statistaによると、世界のeスポーツの観戦者数は、2020年に4億3570万人、2022年には5億3210万人と増加し、2025年には6億4080万人に達すると予測された[4]。また、日本eスポーツ連合（JeSU）の報告では、国内のeスポーツ市場規模は、2022年は前年に比べ1.5倍の125億円、2025年には217億円に上ると予測された（下図）[5]。eスポーツについては、**9-8**（▶▶470頁以下）で詳述する。

9-1-3　日本eスポーツ市場規模

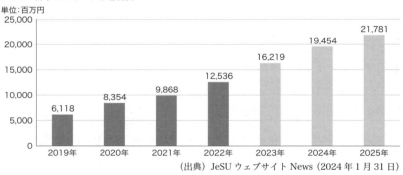

（出典）JeSU ウェブサイト News（2024年1月31日）

## 2 主なプレーヤー

### (1) ゲーム業界の主なプレーヤー

ゲーム業界で中心的役割を担うのが、ゲーム専用のハードを作る**ハード会社**である。代表的なハード会社としては、任天堂、ソニー・コンピュータエンタテインメント、マイクロソフトなどが挙げられる。現在の世界のゲームプラットフォーム（ゲームを提供する媒体や場）は、彼らが牽引している。

次に、ハード会社のゲームを開発・販売する**ゲーム会社**である。代表的なゲーム会社として、セガサミー、バンダイナムコ、コナミ、スクウェア・エニックス、カプコンが挙げられる。なお、ゲーム会社のうち、スマートフォンやPC、タブレット等をハードとし、当該ハードを用いたSNS（ソーシャル・ネットワーキング・サービス）上で動作するゲームアプリを、自社タイトルで開発・提供しているものを**ソーシャルアプリプロバイダ（SAP）**という。

ゲーム会社を機能別に区分し、販売・広告をおこなうゲーム会社を**パブリッシャー（販売会社）**、企画・開発をおこなうゲーム会社を**デベロッパー（開発会社）**と呼ぶことがある。パブリッシャーは、ゲームのマーケティングや広告等の販売戦略を担当し、自社のブランドで販売している。

　もっとも、大手パブリッシャーの多くは、デベロッパーとしての機能も有している。すなわち自社でもゲームを開発しつつ、それと並行して外部のデベロッパーが開発したゲームを自社ブランドで販売している。

　ゲーム会社（デベロッパー）は、自社でゲームの開発を完結させずに**受託開発会社**に委託することがある。また、ゲームから分離して利用できるコンテンツ（イラスト、音楽など）については、その道のプロである外注先（フリーランスを含む）に委託することもある。

　家庭用ゲーム機やパッケージゲームの流通は、**卸売店・小売店**が担当している。これに対し、スマートフォン向けゲームアプリ等の流通は、**通信キャリア**や、ゲームアプリのダウンロード手段（Google Play、Apple Store など）を提供するグーグルやアップルなどの**配信ストア**が担当している。

## （2）ゲームの流通経路

　ゲームが完成すると、ゲーム会社（パブリッシャー）は、ハード会社にハードの使用許諾を得るためにライセンス料などを支払い、ゲームの製造を委託する。なお、この「使用許諾」は、必ずしもプログラム等の知的財産権の許諾を意味するわけではない。たとえば、知的財産権の許諾はなくともゲーム自体は作成できるが、ハード会社が認めないと、ハード専用の販売プラットフォームなどに参加できないといった場合も存在する。そのため、この「使用許諾」は、時にハード専用のゲームを販売市場に参加することへの許可という意味にもなりうる。販売経路については、そのままハード会社に販売委託をおこなう場合とゲーム会社（パブリッシャー）が直接小売店に販売する場合が存在する。

　ゲームの出荷本数は、問屋や小売店の発注数によって決まるが、その際には、ゲーム会社（パブリッシャー）の過去の販売実績やメディアやゲーム雑誌による作品の評価、インターネットでの評判などが考慮される。

　ゲームの仕入価格は、上代の 75％ 程度が相場といわれているが、インターネットによる通販との競争から、小売価格も 1 割程度値引きされる。そのため、小売店にとって新作ゲームは、利益を出しづらい商材となっており、

現在（執筆時）は、大量仕入れをおこない、仕入価格を下げることのできる家電量販店やアマゾン等のインターネット通販が主な小売店として台頭している。

販売方法については、近年、インターネット端末の普及に伴い、ゲームソフトのパッケージ販売よりも、インターネットを経由したダウンロード販売が進みつつある（下図）。また、ダウンロード後も、アイテム等の追加ダウンロードによる販売、オンライン対戦や交流機能などの追加サービスの販売、月額定額による販売等の多様化が進んでいる。

こうしたゲームの流通経路を把握しておくことは、ゲームビジネスの法実務を俯瞰する際に役立つ。たとえば、昨今のゲームビジネスは、①開発、②提供、③利活用の3ステップに分類することができ、各ステップによって重視すべき法令や知見が異なってくる。①では、前述したゲームに含まれる

9-1-4 ゲームの流通経路

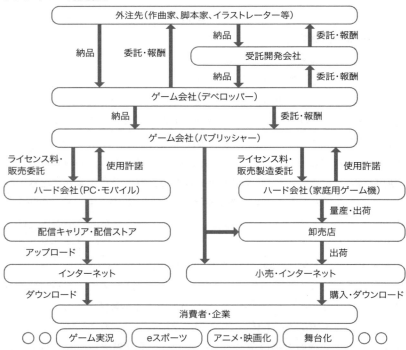

（出典）経済産業省資料「日本の2大コンテンツ・ゲームとアニメの制作企業の実像を比較する」等を参考に筆者作成

コンテンツに関する著作権の扱いのほか、資金調達に伴う金商法上の規制の確認（▶▶104 頁「他の映画ファンドへの態様、金商法」参照）、②では、ユーザーに対する利用規約や宣伝広告に関する規制の確認（民法上の定型約款の該当性や、景表法、特商法上の表示規制など）、③では、完成したゲームの利用（本書で扱う e スポーツなど）に関する実務対応が求められうる。

図 9-1-4 では、①と②を示しているが、③も視野に入れる場合は、さらにこの図が広がっていく。こうした俯瞰図を用いながら、現在、進めているゲームビジネスが、どのステップにあるかを知っていくと、チェックすべき法令等の漏れの予防に資するだろう。

## 3 ゲームビジネスの法実務

### （1） ゲームの権利関係

ゲームに含まれるコンテンツに関する著作権は、原則、そのコンテンツを創作した者に生じる（なお、従業者が使用者の事業のために創作している場合は一定の要件で使用者に生じる（著作権法 15 条））。

ゲーム業界において、通常、これらの権利は、開発・制作を担当する受託開発会社や外注先に帰属し、ゲーム会社（デベロッパー）が、彼らと契約を締結して、一括譲渡を受けている。もっとも、開発・制作以前から存在している原作の権利（アニメ、マンガなど）やプログラムに関する権利については譲渡を受けずに、ライセンス契約のみで対応することが多い。

なお、契約当事者間の力格差などにより、開発・制作業務の対価が不当に低廉なケースが見受けられる。このような、発注者と下請業者との不当な取引を防止するため、下請法が制定されており、さらに 2024 年 11 月からはフリーランス法が施行された（▶▶68 頁「競争法」、62 頁）。

完成したゲームに関わる著作権は、ハード会社に譲渡されることが多い。もっとも、近年は、ゲーム会社（パブリッシャー）が著作権を保持し、ハード会社からハードウェアのみ使用許諾を受けているケースもある（「使用許諾」の意味については **2**（**2**）で述べた内容と同じである）。そうすることで、ハード会社はハードのみを管理し、ゲームソフト等の基本的な管理運用をゲーム会社に委ねることができる。また、ゲーム会社は、自社で権利を利活用することで収益の拡大を図ることができる。

447

## (2) ゲームの音楽と JASRAC

ゲームに含まれる著作物のうち、音楽については、従来、ゲーム用の音楽の作曲を、JASRAC に信託している作曲家に依頼すると、依頼料金に加えて JASRAC に音楽使用料を払う必要があった。そのため、ゲーム会社は、JASRAC に信託していない者に作曲を依頼し、著作権を自己管理するケースが多かった。また、作曲家の中には、ゲーム会社から仕事を得るために信託を避ける者もいた。このような状況を受け、JASRAC は著作権信託契約約款を改訂し、一般の音楽とは異なる扱いをしている[6]。なお、JASRAC による著作権管理については **3-3** の **4**（▶▶ 146 頁以下）、手続については **3-8**（▶▶ 174 頁以下）も参照されたい。

たとえば、映像（動画）を伴うゲーム、またはゲームセンター等での利用を目的とした業務用ゲームに、JASRAC が管理する楽曲を利用する場合は、あらかじめ楽曲ごとに委託者（著作者または音楽出版社等）に利用の可否を確認し、その著作物使用料（ゲームの製作にかかる使用料）を決める方法（**指し値**）が採用されている。そのうえで、JASRAC は、当該使用料を徴収し、手数料を控除した金額を権利者に分配する。なお、**特定ゲーム**（多曲を利用したゲームで、楽曲を入れ替えてもゲームの目的が変わらないもの）の配信で、国内楽曲を利用する場合は当該手続が不要とされている。

また上記にかかわらず、ゲーム製作者から依頼を受けて創作された楽曲（**ゲーム用委嘱作品**）を利用する場合、同製作者と著作者との間で合意した範囲内の利用（ゲームソフトへの録音、ゲームソフトの CM 利用など）であれば、あらかじめ JASRAC の承諾を得て、JASRAC 経由の音楽使用料を免除することができる。そうすることで、実質、製作者と著作者で対価を決めることが可能となっている（▶▶ 182 頁「委嘱楽曲における JASRAC による特別な扱い」）。

さらに、上記ルールにかかわらず、特定ゲーム以外のゲームで利用する楽曲すべてがゲーム用嘱託作品で、かつ JASRAC の管理楽曲を 1 曲以上利用するものについては、特例措置が適用され、ゲーム配信に伴う使用料が通常よりも割安となっている。　　　　　　　　　　　　　　　　　〔出井　甫〕

**9-1 注釈**

1)　市販の家庭用ゲーム機でのプレイを前提として作られるコンピューターゲーム。

2) Massively Multiplayer Online Role Playing Game の略称。

3) Research Nester「PR TIMES ゲーム用仮想現実の市場（Virtual Reality in Gaming Market）に関する調査は、2022 年のランドスケープを理解するために実施されました。」（2023 年 1 月 12 日）〈https://prtimes.jp/main/html/rd/p/000003183.000059861.html〉。

4) Statista「eSports market size worldwide in 2022, with a forecast for 2023 and 2030」。

5) 前掲注 4）一般社団法人日本 e スポーツ連合。

6) JASRAC「Music Users ゲームの製作」〈https://www.jasrac.or.jp/users/game/〉。

# 9-2
## ゲームに含まれる著作物

　ゲームでは、脚本、映像、音楽、キャラクター、プログラムなど様々なコンテンツが一体となっていることも多い。そのため、ゲームを制作するにあたっては、いかなるコンテンツの著作物が含まれているかを把握しておくことが重要となる。著作権法は、著作物の例として九つを挙げているが（10条1項）、上記は例示であり、創作物が著作物の定義に該当すれば保護の対象となりうる。以下、いくつか概観する。

### 1 ゲームのルール

　まず、ゲームの根幹を成す「**ルール**」には著作権が生じないと考えられている。ゲームのルールは一般にアイディアに属し、著作権法が守るものは「表現」であって、「アイディア」ではないからだ（▶▶21頁「著作物性」）。
　もっとも、ルールがなんらかの表現の形をとれば、話は変わってくる。たとえば、ルールの解説書は言語の著作物として保護されうる（ゲートボール競技規則の著作物性を肯定したものとして、東京地判昭和59年2月10日［ゲートボール競技規則事件］）。

### 2 イラスト・キャラクター等のデザイン

9-2-1　プロ野球ドリームナイン事件（左：原告　右：被告）

（出典）裁判所ウェブサイト

　ゲームに現れるイラストやキャラクター等のデザインは、著作物として保護されうる。もっとも、保護の対象は創作的な表現にとどまる点に注意を要する。たとえば、スマートフォンゲームに登場する、図9-2-1の野球選手のカードの類似性が問題となった事

案において、裁判所は、両者のカードの表現（選手のポーズ、構図、背景、配色等）を検討し、中島選手およびダルビッシュ選手の選手カードについては類似性を肯定したが、坂本選手および今江選手の各選手カードについては、表現上の本質的特徴が一致にしているとまではいえないとして類似性を否定した。

## **3** ゲームソフトの影像

ゲームソフトに含まれているプログラムが著作物に該当しうることに異論はない。また、ゲームソフトによって表示される個別の画像に創作性が認められるならば、その画像も著作物として保護されうる。そのため、実務上は、ゲームの画像に著作権法上の保護が及ぶと考えて対応するケースが多い。

他方、ゲームの影像については、その全体が、「映画の著作物」として保護されるかが従来議論されてきた。仮に、「映画の著作物」に該当する場合には、プログラムや美術の著作物とは異なる規定が適用されうる（たとえば、16条・26条・29条・54条など）。

この論点に関して、最高裁（最判平成14年4月25日［中古ゲームソフト事件］）は、ゲームソフト「鉄拳3」などについて、全体が動きのある連続的な影像となって創作的に表現されたものであるとして、「映画の著作物」にあたると判断している。他方、影像が連続的なリアルな動きをもっておらず、静止画像が多いことを理由に、ゲームが「映画の著作物」に該当しないと判断した裁判例（東京高判平成11年3月18日［三國志III事件］）もある。

## **4** 各画像の組合せ・配列により表現される画像の変化

仮にゲームが「映画の著作物」に該当しないとしても、ゲームによっては、複数の画像が遷移する形で構成されているものがある。そして、その構成、機能、画面配置等の組合せには、複数の選択肢が存在する。こうした事情を踏まえ、裁判所（知財高判令和3年9月29日［放置少女事件］）は、複数の画像が、プレイヤーの操作・選択や、あらかじめ設定されたプログラムに基づいて、連続的に展開されている場合には、各画像自体のみならず、その組合せ・配列により表現される画像の変化も、著作権法によって保護されうるという見解を示した。一方で、裁判所は、そうした組合せ・配列は、閲覧の容易性、操作の利便性などの機能的な制約を受けるため、著作物性を肯定しう

るのは、他の同種ゲームとの比較の見地等からして、特徴的であり独自性があると認められる場合に限られると述べている。

　もともと、ゲームを構成する各画像の変化は、アイデアに近いものといえる。そのため、裁判例の通り、仮にそれが著作物として保護される余地があるとしても、その範囲は、限定的と考えられる。　　　　　　　　　　〔出井　甫〕

---

## コラム　　棋譜の著作物性

　棋譜（きふ）とは、囲碁・将棋・チェスなどのボードゲームにおいて、対局者がおこなった手を順番に記入した記録をいう。棋譜があれば、過去の対局を再現することができる。ただ、もしこれが「著作物」に該当するならば、棋譜を再現してインターネット等で公表する際に著作権侵害のリスクが生じうる。では、棋譜は「著作物」なのだろうか。

　従前より、棋譜は対局するふたりの共同著作物であるという見解が存在する[1]。その背景には、棋士は、とりうる無数の手のうちのひとつを選んで将棋盤に駒を打っていることが挙げられよう。ただし、たとえ勝利のためのルートは複数あるとしても、それを表現するには、駒を将棋盤に打つという方法しか存在しない。また、棋士は、他人に見せるために対局をしているわけではなく、自身の勝利を追求しているため、スポーツの試合スコアと同様、事実の経過であり、創作的表現とは言い難いようにも思える。

　そんな中、この論点を考えるうえで参考となる判決が出た（大阪地判令和 6 年 1 月 16 日［棋譜配信動画事件］）。事案は、被告が配信する将棋の実況中継をもとに、原告自らが用意した将棋盤面に各対局者の指し手を表示するなどして視聴者とコミュニケーションをおこなう動画を、YouTube に投稿したところ、被告が著作権侵害を理由に削除申請をした行為が、虚偽の信用毀損行為（不正競争防止法 2 条 1 項 21 号）に該当するとして損害賠償等を求めたというものである。

　この事件では、原告の動画が棋譜に関する著作権を侵害するか否かは争点にならなかった。もっとも、原告の動画が棋譜情報をフリーライドしているとして不法行為を構成するか否かを判断する際、裁判所は判決にて、「棋譜等の情報は、被告が実況中継した対局における対局者の指

し手及び挙動（考慮中かどうか）であって、有償で配信されたものとはいえ、公表された客観的事実であり、原則として自由利用の範疇に属する情報であると解される」と述べたのだ。この記述によれば、裁判所は、棋譜が「著作物」に該当しないと考えていることがうかがわれる。

　なお、仮に棋譜に著作権が生じなくとも、法律上保護されるべき利益がある場合には責任を問える余地はあるが（民法709条）、従来の裁判例（最判平成23年12月8日［北朝鮮映画著作権侵害事件］）の傾向からすると、ややハードルが高いとも考えられる。

　ちなみに、2019年9月、日本将棋連盟は、同連盟と各社が主催する棋戦で作られる棋譜は両者の「共通の財産」であると説明し、私的利用の範囲を超えて当該棋譜を使用する場合は事前申請するよう求めていた。[2] その後、2022年9月、同連盟は、棋譜利用のガイドラインを公表し、以後、対局シリーズごとにガイドラインを定めている。[3] たとえば、「竜王戦・棋譜等利用ガイドライン」では、目的および有償・無償を問わず、棋譜等を利用して竜王戦対局の指し手順を再現するには、利用許諾が必要とする一方、盤面図を利用せず、かつ、1対局につき合計10手以内の範囲において当該対局の指し手に言及する場合などにおいては、許諾を不要としている。

　上記の通り、同連盟は、棋譜が「著作物」に該当するとは明言していないが、棋譜に関する財産上の権利利益を有していると主張しているようである。そのため、棋戦の棋譜を利用する者は、棋譜に関する裁判例のほか、同連盟によるガイドラインの運用状況にも配慮するかどうかを検討することになろう。　　　　　　　　　　　　　　　　　〔出井　甫〕

**9-2 注釈**

1)　加戸守行『著作権法逐条講義〔七訂新版〕』（著作権情報センター・2021年）126頁。
2)　日本将棋連盟「棋譜利用に関するお願い」（2019年9月13日）〈https://www.shogi.or.jp/news/2019/09/post_1824.html〉。
3)　日本将棋連盟「棋譜利用のガイドライン」〈https://www.shogi.or.jp/kifuguideline/terms.html〉。

## 9-3
## オンラインゲーム

### 1 オンラインゲームとアイテム課金

　人々の生活にインターネットが広く浸透し、インターネットに端末機器（コンピュータ、スマートフォン等）を接続してプレイする「**オンラインゲーム**」が普及した。オンラインゲームの課金方式には、パッケージ販売、月額課金、従量課金等が存在するが、近年は、ゲームをプレイすること自体は無料とし（基本無料）、ゲーム内でのみ利用できるアイテム等の追加コンテンツを販売して課金する方式（**アイテム課金**）が多く見受けられる。アイテム課金の支払方法では、現金や電子マネー等である程度の額をいったん支払い、ゲーム内でのみ使用できる「**ゲーム内通貨**」（ゲーム内ではコインやルビーなどと称されている）を購入させ、それをゲーム内で支払うことでアイテム等の追加コンテンツを取得させる方式が登場した。

### 2 ゲーム内通貨と前払式支払手段の該当性

　ゲーム内通貨は、ゲームに限ってではあるが、貨幣類似の性質をもつ。そのため、資金決済法上の「**前払式支払手段**」に該当する可能性がある。
　「前払式支払手段」とは、①金額または数量が記載・記録されていること、②対価を得て発行されること、③発行者もしくはその指定された者（加盟店等）の商品・サービスの代価の弁済等に使用されることの要件を満たすものをいう（資金決済法3条1項）。なお、「暗号資産」（ビットコイン等）も決済手段として使用されるが（同法2条5項）、ふたつは性質を異にする。たとえば、③の要件に関して、暗号資産は、不特定の者との間で使用することができるが、前払式支払手段は、発行者またはその指定者との間でのみ使用される。「ポイント」については、ギフトやおまけとして無償で発行される場合は、②の要件を満たさず、前払式支払手段には該当しない。他方、有償で発行される場合は、これに該当しうる。
　一般に、ゲーム内通貨は、①購入した金額がサーバーに記録され、②現金

などを支払うことで発行される。そして、③当該通貨を使用することで、ゲーム内の追加コンテンツを取得することができる。そのため、ゲーム内通貨は基本的に「前払式支払手段」に該当する。当該ゲーム内通貨の発行者は、一般に「自家型前払式支払手段」（資金決済法3条4項）の発行者と位置づけられ、原則、基準日の前払式支払手段の未使用残高が1000万円を超える場合は財務局に届出をし、その2分の1に相当する保証金を供託する必要がある（同法14条）。なお、前払式支払手段の有効期限が、発行日から6か月以内のものは同法の適用が除外される（同法4条2号、同法施行令4条2項）。[2]

## 3 追加コンテンツと前払式支払手段の該当性

ゲーム内で利用できるアイテム等の追加コンテンツは、一般に、①財産的価値がゲーム内で記録され、②当該ゲーム内通貨が対価として発行される。ただ、③の要件については検討を要する。追加コンテンツは多種多様である。考え方によっては、その取得をもってサービスの提供が終了したのか、あるいは取得後の使用によって対価としてのサービスが提供されているのか、いずれにも評価できる場合があるからだ（たとえば、キャラクターの攻撃力を高める武器を購入した場合、攻撃力を高めるというサービスは完了したと思える。他方、キャラクターは、それを装備して以前より容易に敵を撃退できることから、武器にかかるサービスは、取得後の使用によって提供されているとも評価しうる）。この点に関し、2017年9月に金融庁は、追加コンテンツについて、明らかに前払式支払手段に該当するものを除き、ユーザーに対し、その取得をもってこれにかかる商品・サービスが提供され、前払式支払手段に該当しない旨を周知・同意させる仕組みを設ければ、前払式支払手段とは扱わない方針を示した。[3]

〔出井　甫〕

---

**9-3 注釈**

1)　「対価」は、現金である必要はなく、財産的価値があればこれに含まれる。
2)　現在、IOS や Android のアプリ開発規約上、ゲーム内通貨に有効期限をつけることが禁止されているため、当該アプリではこの例外が使えない。
3)　金融庁監督局総務課金融会社室長「金融庁における法令適用事前確認手続（回答書）」（平成29年9月15日）〈https://www.fsa.go.jp/common/noact/kaitou/027/027_05b.pdf〉。

# 9-4
# ガチャに関する規制

## 1 コンプガチャ規制

「**コンプガチャ**」とは、「完成させる」といった意味をもつ「コンプリート（complete）」と「ガチャ」の語を組み合わせた造語である。コンプガチャは、一般に、ガチャによって、特定の数種類のアイテムなどを全部揃えると、オンラインゲーム上で使用することができる別のアイテムなどを新たに入手できる仕組みである。景表法上、「二以上の種類の文字、絵、符号等を表示した符票のうち、異なる種類の符票の特定の組合せを提示させる方法を用いた懸賞による景品類の提供」（たとえば、ある事業者が菓子のパッケージの中に絵柄の異なる任意のカードを1枚入れたうえで消費者からはどの絵柄のカードが入っているかがわからない状態で販売し、異なる絵柄のカードのうち特定の2以上の異なる絵柄のカードをそろえた消費者に対して、景品を提供するような場合）は、「**カード合わせ**」と呼ばれており、全面的に禁止されている（懸賞景品制限告示第5項）。その理由として、景品類の取得に関する欺瞞性が強いことや、子どもの射幸心をあおる度合いが強いことが挙げられる。有料のガチャを通じたコンプガチャにおいても、必要なアイテムが集まるにつれて残りの

9-4-1 コンプガチャの該当例

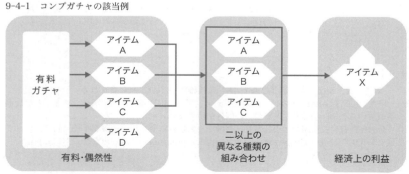

（出典）日本オンラインゲーム協会（JOGA）「オンラインゲームにおけるビジネスモデルの企画設計および運用ガイドライン」19頁

アイテムが出る確率は低くなるにもかかわらず、（特に子どもは）そのような認識をもたずに、あと少しでコンプリートできると感じて課金を繰り返してしまうおそれがある。このような事情を踏まえ、2012年に消費者庁は、コンプガチャがカード合わせに該当する旨の見解を公表した。ゲーム業界でも、ガイドラインでコンプガチャに該当する例などが解説されている。

## **2** 確率表記の問題

現在、ガチャの確率を明記すること自体は法律上の義務ではない。もっとも、景表法上、「商品又は役務の……取引条件について」「実際のもの……よりも……著しく有利であると一般消費者に誤認される表示」は禁止されている（5条2号、有利誤認表示）。同規定の違反事例として、アワ・パーム・カンパニー・リミテッドが提供するゲーム「THE KING OF FIGHTERS'98 ULTIMATE MATCH Online」のガチャが挙げられる。ガチャについて説明されたゲームの画面上では、「クーラ」というキャラクターが3%の確率で出現すると表示されていたが、実際の出現率は0.333%だったのだ。そのため、2018年、消費者庁は同社に是正命令を出している。

確率表記の問題は、出現率に関する説明文でも生じうる。スクウェア・エニックスが提供するゲーム「星のドラゴンクエスト」内のガチャでは、期間限定で11種類のレア度の高い「★5」のアイテム（ピックアップそうび）が画面上に列挙され、同画面下には「★5そうびは、上記のそうびの他にも排出される場合があります。」と表示されていた（下図）。ユーザーたちはこの記載について、ピックアップそうびは他の★5のアイテムよりも優先的に出現するような表示であるにもかかわらず実際はそれよりも低い確率であったとして、集団訴訟を提起した。裁判所は、この記載について、ピックアップそうびの出現率が「他の★5そうびよりも高い旨表示していると認識されるものとはいえない」として請求を棄却している（東京高判平成31年2月21日［星のドラゴンクエスト事件］）。

9-4-2　問題となった★5のアイテムに関する表示

（出典）ねとらぼ〈http://nlab.itmedia.co.jp/nl/articles/1801/26/news113.html〉

## 3 ガチャ等のオンラインゲームによる依存症問題と世界的動向

　ガチャユーザーの中には、レアアイテムを得た快楽から逃れられず、仕事や学業など日常生活に支障をきたす人が存在する。また、オンラインゲームにおいては、スマートフォンを通じて容易にアイテム課金ができるため、年少者によるガチャ等の課金が繰り返され、後に高額の請求を受けるといったケースも見受けられる。このような状況のもと、世界保健機関（WHO）は、2019年5月25日、新たな国際疾病分類「ICD-11」において、オンラインゲームなどに没頭して健康や生活に深刻な支障が出た状態を「Gaming disorder（**ゲーム障害**）」と位置づけ、国際的な精神疾患と正式に認定した。[1] ICD-11には、ゲーム障害の症状としてゲームをする頻度や長さを自分で制御できないこと、ゲームを生活上の利益や日常活動よりも優先すること、個人、家庭、社会、教育、職業などに重大な支障をもたらすこと等が規定されており、この症状が12か月以上継続すると「ゲーム障害」と診断される可能性がある。もっとも、症状が重い場合は12か月未満でもゲーム障害と診断される場合がある。

　ゲーム業界にとっては、今後、ゲーム障害の発症を防止するため、行き過ぎたプレイを抑制する対策（たとえば、一定期間内におけるゲームのプレイ時間や課金額にリミッターをかける等）も必要となろう。

　なお、2019年5月23日、一般社団法人コンピュータエンターテインメント協会（CESA）、一般社団法人日本オンラインゲーム協会（JOGA）、一般社団法人モバイル・コンテンツ・フォーラム（MCF）、一般社団法人日本eスポーツ連合（JeSU）の4団体は、WHOが国際疾病分類にゲーム障害を追加したことを受け、専門性をもつ外部有識者による研究会に対し、ゲーム障害に関する調査研究の企画や取りまとめを委託することを発表した。[2] この調査研究結果は、令和5年（2023年）3月「ゲーム障害全国調査報告書」としてまとめられた。報告書には、無作為抽出調査および学校抽出調査によって得られた、対象者のゲーム利用状況、障害疑い率、障害への対処方法、ゲームによる肺塞栓症リスクの行動割合などが記されている。[3] また、2020年3月10日、4団体は、ユーザーのうち、特に未成年者がゲームを健全に楽しむために、保護者と相談して未成年者が主体的にルール（約束）を作ることを推奨する旨の文書を発表した。[4] 同文書では、ルールについて家族で話し合

うきっかけとなる情報がまとめられており、ルールを守ることを手助けする
ゲーム専用機やスマートフォン・タブレット端末に備わっている「ペアレン
タルコントロール機能」などが紹介されている。

　地方自治体でも依存症に対する動きが見られる。2020 年 3 月 18 日、子
供のゲーム依存症対策として、ゲームの使用時間を、1 日 60 分を目安とし
たルール作りと遵守を家庭に求める条例「ネット・ゲーム依存症対策条例」
が香川県議会で成立した。日本初のゲーム依存症対策に特化した条例である。
同条例では、保護者に対して子供と話し合ってゲームの使用時間等に関する
ルールを作り、当該ルールを遵守させる努力義務が課されている。

〔出井　甫〕

**9-4 注釈**

1) 　WHO「国際疾病分類（ICD-11）6C51 Gaming disorder」〈https://icd.who.int/browse11/
l-m/en#/http://id.who.int/icd/entity/1448597234〉。
2) 　一般社団法人コンピュータエンターテインメント協会ほか「ゲーム障害に関する調査・研
究の取り組みについて」（2019 年 5 月 23 日）〈https://japanonlinegame.org/wp-content/
uploads/2019/05/JOGA_news_20190523.pdf〉。
3) 　ゲーム障害調査研究会「ゲーム障害全国調査報告書」（2023 年 3 月）〈https://www.cesa.
or.jp/uploads/2023/info20230424.pdf〉。
4) 　一般社団法人コンピュータエンターテインメント協会ほか「ゲームを安心・安全に楽しん
でいただくために」（2020 年 3 月 10 日）〈https://www.cesa.or.jp/uploads/2020/info2020
0310.pdf〉。

# 9-5
# RMT

## 1 RMT をめぐる諸問題と法律

　一般に、オンラインゲーム等のアカウント、キャラクター、アイテム、ゲーム内通貨を現実の通貨で売買することを、リアルマネートレード（**Real Money Trade**、以下「**RMT**」）という。

　RMT により、購入者は、プレイ時間を節約してアイテム等を取得し、他のプレイヤーよりも優位にたつことができる。また、販売者は、自身のアカウントやアイテム等を削除せずに換金することができる。

　他方、RMT による弊害も生じている。たとえば、購入者が、現金を支払ったにもかかわらず、相手からアイテム等がもらえないといった詐欺が起きている。また、販売者の中には、ハッキング等の不正な手段で他人のゲームアカウントを取得して販売している者や、**BOT**（プログラムで自動制御されているプレイヤー）や**チート**（ゲームプログラムを改造すること）によってレアアイテムを取得販売している者など、ゲームメーカーの意図しない方法でアイテム等を販売している者が存在する。なお、2006 年 7 月、ゲーム会社の元従業員が、ゲームを管理する装置に不正アクセスし、ゲーム内通貨を作り出して業者に販売していたとして、不正アクセス禁止法違反により立件されている。その他、暴力団等の反社会的勢力の資金洗浄に利用されている可能性があるとも指摘されている。

　上記に加え、ゲームの内容によっては、RMT を利用する者と、他のユーザーとの間で格差が生まれ、不満を感じたユーザーによるゲーム離れが生じうる。また、ゲームメーカーにとっては、ガチャや有料アイテムなどの課金で得られるはずだった収益が得られなくなる。

　現状、国内において、RMT 自体を明確に禁止する法律は存在しない。[1]なお、ゲームとは分野が異なるが、ライブイベント等に関しては、一定の要件のもと、そのチケットを転売することが禁止されている（チケット不正転売禁止法。▶▶ 241 頁「チケット高額転売」）。

460

では、RMT も法律で制限または禁止すべきか。上記弊害を踏まえると、何らかの規制を設けるべきという考え方もありうる。ただ、弊害の中には、既存の法律で取り締まることができそうなものもある。たとえば、前記のような詐欺であれば詐欺罪（刑法 246 条）、不正アクセスが伴う場合は不正アクセス禁止法、反社会的勢力による資金浄化については組織的犯罪処罰法による摘発が考えられる。その他、コンテンツの不正な作成等については後述する著作権法や不正競争防止法による規制もありうる。

また、ゲームによっては、ゲームメーカー側が RMT を許容し、それを売りにしている場合もある。加えて、対戦ゲームなど、ユーザー間で優劣を競うゲームの場合は格別、個人が楽しむ範囲であれば、ゲーム内のアイテム等をどのように手に入れ、どのように遊ぶかは、その人の自由という考え方もありうる。そうすると RMT を規制するかは、RMT によって生じる弊害の有無・程度、ゲームメーカー側のビジネス、アイテム等を購入したゲームユーザーの自由と公平性などを考慮したうえでの判断となろう。

一方、プレイヤーの操作のみでは到達しえない高い数値のパラメータ等を設定できるメモリーカードが販売されていた事案において、裁判所は、同メモリーカードが、ゲームのストーリーとして本来予定された設定を超えさせているとして、ゲームソフトの同一性保持権侵害にあたると判断している（最判平成 13 年 2 月 13 日［ときめきメモリアル事件］）。一方、アイテムの所持数や装備品の数値等を書き換えることによってクエストの攻略を容易にする効果を生む改造行為が問題となった事案において、裁判所は、当該改造行為によっても、大枠としてのストーリーに変更を加えたり、別個のストーリーを展開させるような選択肢をプレイヤーに提供するものではないとして、同一性保持権侵害を否定している（大阪地判令和 3 年 5 月 12 日［モンスターハンター 4G 事件］）。

どの程度の改変をすると、「ゲームのストーリーとして本来予定された設定」を超えるか否かは、ゲームの内容との関係で、個別に判断されるようだ。ただ、少なくとも上記裁判例を踏まえると、たとえば、チートによって、ゲームの本来予定されたシナリオを大きく変更するようなアイテムが作成される場合、同一性保持権侵害が成立すると予想される。なお、2014 年、10 代の学生らが、オンラインゲームの不正なプログラムを使用し、有料アイテムの無料化や武器を極端に強くする等、通常のゲームではできない動作をさ

せたとして、電子計算機損壊等業務妨害罪（刑法 234 条の 2）の容疑で書類送検されている[2]。

## **2 ゲームメーカーによる取り組み**

ゲームメーカーの中には、ユーザーや業者による RMT がおこなわれていないかどうかをチーム体制で調査、監視し、RMT や不正を確認できた者に対して警告やアイテム等の没収、一定期間のアカウント凍結、永久停止等の措置を実施しているものがある。また、ゲームの公式サイトに、RMT の通報窓口や教育啓発をする専用ページ等が設置されていることもある。

その他、2012 年、一般社団法人コンピュータエンターテインメント協会は、「リアルマネートレード対策ガイドライン」を発表し、ゲームを提供する企業がリアルマネートレードを抑止するための環境構築のためのベースを紹介している。　　　　　　　　　　　　　　　　　　　　　　　〔出井　甫〕

**9-5 注釈**

1) スマホゲームのくじで得たアイテム等を換金するシステムを事業者が提供する場合や利用者が換金目的でゲームを利用する場合は、賭博罪に該当しうる（消費者委員会「スマホゲームに関する消費者問題についての意見〜注視すべき観点〜」（平成 28 年 9 月 20 日）〈https://www.cao.go.jp/consumer/content/20171020_20160920_iken.pdf〉。

2) 4Gamer.net「『サドンアタック』でチートツール使用者 3 名が電子計算機損壊等業務妨害容疑で書類送検」〈https://www.4gamer.net/games/025/G002511/20140625089/〉。

# 9-6
## クレーンゲーム

## 1 クレーンゲームと風営法

　風営法上、スロットマシーン、テレビゲーム機など遊技設備のうち、射幸心をあおるおそれのあるものを店舗等に設置して客に遊技をさせる営業は、「**風俗営業**」（2条1項5号）と規定されている。そのうえで、5号の風俗営業をおこなう者は、原則、都道府県公安委員会による許可が必要となる。**クレーンゲーム**機は、一般に、景品の価格や提供方法などによって客の射幸心をそそるおそれがあるため「遊技設備」に該当すると考えられている。そのため、これを設置するゲームセンターは基本的に同法上の許可が必要となる。

　前記5号の風俗営業をおこなう場合、風営法上の禁止行為も確認する必要がある（同法23条）。たとえば、当該営業に関して客引きをすることや、深夜に未成年者を客として立ち入らせることが禁じられている。また、「遊技の結果に応じて賞品を提供してはならない」とも規定されている（同条2項）。

　クレーンゲーム機はこれに違反しないのか。クレーンゲーム機の場合、客による操作に応じて、景品が提供されるため問題となる。この点に関し、警察庁は通達で、「……クレーン式遊技機等の遊技設備により客に遊技をさせる営業を営む者は、……クレーンで釣り上げるなどした物品で小売価格がおおむね800円以下のものを提供する場合については『遊技の結果に応じて賞品を提供』することには当たらない……。」との解釈基準を公表している。[1] 風営法の規定を文字通りに読むと、クレーンゲーム機による景品の提供は、「賞品の提供」に該当しそうである。もっとも、800円以下の賞品であれば、客の射幸心をあおるおそれは、そこまで高くはないとも思える。実質的な判断が解釈に反映されていると考えられる。なお、上記基準をゲームセンターのすべてが順守しているかというと、そうでもない。実際には、800円とは思えないほどの高価そうなゲームソフトやゲーム機本体、電化製品などが景品として陳列されている例もある。客集めのためのゲームセンター間の競

争のほか、重大な刑事事件に発展するほどの問題が起きていないことも背景にあったと考えられる。

　しかし、2017年12月、大阪府警は、ゲームセンターを運営する社長らがクレーンゲーム機で景品が取れないように設定し、客から料金を騙し取ったとして、同人らを詐欺容疑で逮捕した。報道によれば、当該クレーンゲーム機の景品は、数万円のゲーム機や電動自転車などが陳列されており、かなり高額であったと推察される。また、従来から警察に30件以上、総額約600万円の被害相談が寄せられていた。さらに、店員は客にバレないよう密かに機械の設定を変え、自身がプレイの見本を見せる際は必ず成功するように細工していた。そのうえ店員は、客に対して「今、やめるともったいない」などと言い、ゲームを続行するように煽っていた。今後はこのような事件が生じぬよう、風営法を代表例にゲームセンター側にはより慎重なコンプライアンスを意識した運営が求められることになるだろう。

## **2 オンラインクレーンゲームと風営法**

　昨今、インターネットを通じてクレーンゲームを操作する、いわゆる「**オンラインクレーンゲーム**」が普及している。これは、利用者がスマホ等の映像を見ながら、クレーンを遠隔操作し、景品を取得することができれば、利用者宅に配送されるゲームである。

　ちなみに風営法との関係について、2016年、経産省は、グレーゾーン解消制度で、オンラインクレーンゲームは、店舗内において客に遊戯をさせることが想定されていないことから、風営法の規制を受けない旨の見解を公表した。これにより、同サービスの利用者ニーズ（ゲームセンターに行かずにいつでもクレーンゲームで遊びたいなど）に対応することが可能となった。オンラインの場合には風営法で禁止されている、営業の客引きや未成年者による客の接待といった事態が生じ難いという背景があるのだろう。なお、国家公安委員会は2018年、インターネットを通じてパチンコ等の遊技機を操作するオンラインパチンコ・パチスロサービスも同様に風営法の規制を受けない、という見解も公表している。

〔出井　甫〕

## 9-6 注釈

1) 警察庁「風俗営業等の規制及び業務の適正化等に関する法律等の解釈運用基準について（通達）」（平成 30 年 1 月 30 日）〈https://www.npa.go.jp/laws/notification/seian/hoan/hoan20180130.pdf〉55 頁。

2) 「絶対に景品が取れないクレーンゲームで客から金だまし取る…ゲームセンター社長ら 6 人逮捕」スポーツ報知 2017 年 12 月 24 日〈https://hochi.news/articles/20171224-OHT1T50099.html?page=1〉。

3) 経済産業省 2016 年 7 月 29 日「News Release」〈https://www.meti.go.jp/policy/jigyou.saisei/kyousouryoku_kyouka/shinjigyo-kaitakuseidosuishin/press/160724.press.pdf〉。

# 9-7
# VR ゲーム

## 1 VR の概要とゲームへの活用[1]

VR（Virtual Reality）とは、現実世界に実在しない世界を体験しまたは実在する世界を体験できる技術をいう。一般に、VR は、ヘッドマウントディスプレイ（HMD）というゴーグル型の装置をつけることで体験することができる。この HMD が初めて家庭用向けゲームに提供されたのは、2012 年、当時 20 歳のパルマー・ラッキー氏が開発した「Oculus Rift」である。特徴的な機能は、外部センサーや専用コントローラーを使用することで、ユーザーの身体の動きを VR 空間内に反映できることである。そして 2014 年、Facebook がパルマー氏の創設した Oculus VR 社を 20 億ドルで買収し、2021 年に同社が Meta に社名を変更したことで「メタバース」が注目されることとなった。さらに HMD のアップデートは進み、2023 年には、現実と仮想ディスプレイを組み合わせる MR（複合現実）機能を搭載した Meta の「Meta Quest 3」が、2024 年には Apple の VR と AR（拡張現実）を融合させた「Vision Pro」が話題となった。

VR の魅力としては、没入感の高い体験ができること、映画や書籍では味わえない臨場感を得られること（空を飛ぶ、魔法を使う、数百年前の都市を歩くなど）などが挙げられる。これらの魅力は特にゲームとの相性がよい。

VR コンテンツの制作方法は、大きくふたつに分けられる。一つ目は、実写を利用する方法である。具体的には、360 度カメラ等を用いて現実空間を撮影し、HMD 等で視聴できる形式にすることで作られる。この方法は、海中やライブ会場など現実世界を擬似体験するコンテンツに適している。二つ目は、CG を利用する方法だ。CG のコンテンツは、実際に存在しない世界や、物体を構築するコンテンツに適している。こちらは、一般に、実写のコンテンツに比べて時間やコストがかかるが、コンテンツに対してインタラクティブな機能やデザインを加えやすい。

## 2 VR コンテンツ制作時における写り込み

ゲーム用の VR コンテンツを制作する際、コストの削減や現実世界をリアルに再現するため、前者の制作方法を取り入れる場合がある。その場合、360 度カメラ等を用いて撮影した写真や動画に、たまたま著作物が写り込んでしまうことが想定される。この点に関し、従来の著作権法では、写真や動画等に著作物が写り込んだ場合でも、①当該写り込みが付随的であること、②著作物を分離することが困難であること、③新たな著作物が創作されること等を条件に、著作権侵害にならないとされていた（著作権法 30 条の 2）。ただ、当該条件は厳格にすぎ、適用範囲が必要以上に限定されてしまうのではないかといった疑問も呈されていた。たとえば、要件③が充足されない場合（作成される写真・動画等に創作性が認められない場合）、本条の適用を受けられないが、新しいコンテンツが著作物になるか否かによって、写り込んだ著作物の権利者に与える影響に大きな違いが生じるとは思えない。上記を踏まえ、令和 2（2020）年 6 月、著作権法 30 条の 2 の適用範囲を拡大する改正著作権法が成立し、同年 10 月 1 日より施行された。同改正により前記要件のうち②および③が撤廃された[2]。同規定は、写真撮影、録音録画以外の複製・伝達行為全般にも適用されることから、スクリーンショットや生配信等にも適用されうると考えられている[3]（▶▶ 22 頁「主な著作権の例外規定」参照）。

なお、2022 年、内閣府知的財産戦略推進事務局は、上記のような仮想空間内におけるコンテンツ等に関する法的論点を整理しつつ、その対応について議論する官民連携会議を開催し、一定の見解をまとめている[4]。

## 3 VR アトラクションと風営法

現在、VR ゲームを体験できる専用施設が各地に存在する。**9-6**（▶▶ 463 頁以下）で記載した通り、一般に、ゲームセンターは、「**風俗営業**」に区分され（風営法 2 条 1 項 5 号）、公安委員会の許可申請や禁止行為等の規制を受ける。5 号の適用対象である遊戯設備には「テレビゲーム機」が含まれるが、勝敗を競いまたは数字や他の表示で遊戯の得点が表示され優劣を競うなど、射幸心を煽るおそれがないものは除かれる（同施行規則 3 条 2 号）。そうすると、たとえば、VR でジェットコースターや自動車の運転を疑似体験できるライド系ゲームや、結果の優劣のつかないゲームは同号の適用外になる余地

がある。他方、利用回数に応じたランキングや走行タイムなど、体験以外の結果を数字等により表示する場合は適用対象になりうる。

## 4 VRによるトラッキング技術とプライバシー

　VRに用いられている技術のひとつとしてトラッキング技術がある。これは、ユーザーの視線の動き等を追跡し、ユーザーがどのコンテンツをどれくらいの時間見て、どのような反応を示したか等を探知できる技術である。**トラッキング技術**により、各ユーザーの微妙な行動パターンを見つけ出し、ニーズに即したコンテンツの提供に生かすことができる。ただし、懸念も存在する。この技術によって、我々の深層心理や無意識のデータが収集される可能性がある。こうしたデータの利活用に伴うプライバシー侵害を未然に防止するためには、メーカー側には、ユーザーに対して、当該技術によって収集されうるデータの内容や収集データの利用方法についてわかりやすく説明し、同意を得ておくといった対応が求められるだろう。その際には、VRの性能を踏まえた対策（たとえば、VR画面上に説明文を表示させて同意を選択させるなど）も必要となろう。

## 5 VR酔いと年少者の健康リスク

　人間は、現実世界とかけ離れた仮想空間を体験すると、VR酔い（VR体験によって気分が悪くなる症状）を起こす可能性があると報告されている。また、幼児がVRを利用すると、目の筋肉や視力が発達途中であることから、斜視になるリスクがあるといわれている。[5]　そのため米国では、HMDを提供する事業者は、児童オンラインプライバシー保護法（COPPA: Children's Online Privacy Protection Act）において、13歳未満によるインターネットの安全な利用規制が課されていることも踏まえ、13歳前後の子どもによるVRの利用を制限している。日本の場合、2018年に、商業VR施設の業界団体であるロケーションベースVR協会（2021年4月1日に「エンターテインメントXR協会」に名称変更）が、「VRコンテンツのご利用年齢に関するガイドライン」[6]を作成し、事業者に対し、7歳未満の子どもには利用させないことや、13歳未満の子どもに連続20分以上利用させる場合は休憩をとらせること等の措置を促している。　　　　　　　　　　　　　　　　　　　〔出井　甫〕

## 9-7 注釈

1) VR を用いたファッションやアバターに関しては、420 頁「『3 号』の弱点」、321 頁「アバター」参照。

2) 文化庁「著作権法及びプログラムの著作物に係る登録の特例に関する法律の一部を改正する法律御説明資料」〈https://www.mext.go.jp/content/20200306-mxt_hourei-000005016_02.pdf〉。

3) 写り込みに関する著作権法の動向については筆者（出井）の論考「写り込みに係る権利制限規定の対象範囲の拡大」法律のひろば 2020 年 12 月号 21 頁も参照されたい。

4) メタバース上のコンテンツ等をめぐる新たな法的課題への対応に関する官民連携会議「メタバース上のコンテンツ等をめぐる新たな法的課題等に関する論点の整理」2023 年 5 月、内閣府知的財産戦略推進事務局「【メタバースプラットフォーマー・プラットフォーム利用事業者向け】『メタバース上のコンテンツ等をめぐる新たな法的課題等に関する論点の整理』（2023 年 5 月）の主なポイント」および「【メタバースユーザー・コンテンツ権利者向け】『メタバース上のコンテンツ等をめぐる新たな法的課題等に関する論点の整理』（2023 年 5 月）の主なポイント」。

5) 健康被害は、人身損害として製造物責任の対象になりうる（製造物責任法 3 条）。

6) エンターテインメント XRI 協会「VR コンテンツのご利用年齢に関するガイドライン」〈https://exra.or.jp/pdf/guideines.pdf〉。

# 9-8
## e スポーツ

## 1 e スポーツ産業[1]

　e スポーツとは、一般に、PC ゲーム、家庭用ゲーム、スマートフォンゲーム等）を用いた競技と説明されている。スポーツは、通常、身体運動を伴うものと認識されているため、主として手の操作に限定される e スポーツを「スポーツ」と呼んでよいかは議論がある。もっとも、世界各地では大規模な e スポーツ大会が開催されており、その認知度は高まっている。

　たとえば、2019 年、米ニューヨークで開催されたバトルロイヤルゲーム「フォートナイト」の世界大会において、米国のカイル・ギアースドーフ氏（当時 16 歳）がソロ部門で優勝し、賞金 300 万ドル（約 3 億 2600 万円）を得たことが話題となった。[2] そして 2024 年 7 月、ついに国際オリンピック委員会（IOC）は、第 142 回 IOC 総会において、オリンピック e スポーツ大会（Olympic Esports Games）を開催することを決定し、第 1 回目は 2025 年にサウジアラビアで開催されると報告した。[3]

## 2 e スポーツ大会のビジネス構造

　以下に簡単な e スポーツ大会のビジネス構造を示した。この構造は一例であるため、他の形態があることには留意いただきたい（下図 9-8-1 参照）。

　まず、主催者は、ゲーム会社に著作物利用料を支払うことで、e スポーツを開催するためのゲームの利用許諾を得て、イベント制作会社に大会の設営を依頼する。なお、ゲーム会社自身が e スポーツ大会を企画する場合は、ゲーム会社から主催者等に協力金など（パブリッシャーフィー）を支払う場合もある。それと併行して、主催者は、スポンサーを集めて資金調達をする。スポンサーは、大会で自社が宣伝されること等を期待して、宣伝媒体となる主体にスポンサー料を支払い、企画に参加する。

　そのうえで、（主催者と同一主体の場合もあるが）e スポーツ大会を配信するメディアは、自社で放送できるようその利用許諾料を支払う。他方、メディ

アに対しては、広告主から広告掲載の依頼があると、そこで広告料が支払われ、その一部が、選手に支払われていることがある。

ファンに対しては、主催者またはイベント制作会社からチケット等が、選手（またはその所属事務所）からはグッズ等が販売される。もし、eスポーツ大会で扱ったゲームが気に入られると、ファンはゲームを購入する。また、大会で入賞した選手（または所属事務所）には、賞金等が提供されている。

9-8-1 eスポーツ大会のビジネス構造

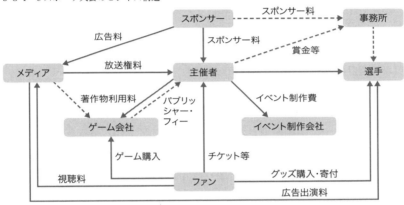

## 3 日本のeスポーツ産業の展開を阻む法律

日本でeスポーツ大会を開催するにあたっては、主に以下の法律が課題となる。

### (1) 著作権法

eスポーツに用いるゲームには映像等の著作物が含まれており、著作権者の許諾なく当該映像を会場等で営利目的で視聴させると、上映権等の著作権侵害となりうる（著作権法22条の2）。それゆえ、eスポーツ大会を開催するためには一般に、eスポーツ大会を企画する事業者が、著作権者から利用許諾を得る必要がある。[4]

### (2) 刑　法

eスポーツ大会を開催する方法として、たとえば、出場者から参加料を徴収し、成績優秀者に対して賞金を分配することが考えられる。ただ、この方法によると**賭博罪**（刑法185条）が成立する可能性がある。[5] 賭博とは、(a) 偶然の勝敗により、(b) 財物・財産上の利益の得喪を争うことと解されて

いる。(a) については、当事者の技能の結果が影響を及ぼす場合でも、多少とも偶然に影響を与える場合はこれに該当し、囲碁や将棋といった能力を争って勝敗を決する場合も該当すると考えられている[6]。そのため、e スポーツもこれに該当する可能性が高い。(b) については、たとえば、成績優秀者に分配される賞金の出所が参加者の参加料である場合、成績優秀者は賞金により得をする一方、敗者は損をする。そのため、この方法では「財産上の得喪」を争っていると評価される可能性がある。

現在、e スポーツ大会の主催者は、上記規制の対象とならないよう、たとえば、参加費無料かつ第三者の資金(スポンサーの協賛金等)によって賞金を捻出している。なお、出場者から参加料を徴収する場合は、これを運営費用など賞品以外に充てている運用も見られる。

**(3) 景表法**

上記犯罪の成立を回避できたとしても、景表法上の「**景品類**」を提供する場合は、価格上限規制が課されうる。景品類とは、(a) 事業者が顧客を誘引するための手段として、(b) 自己の供給する商品・サービスの取引に付随して提供する、物品、金銭その他の経済上の利益をいう(景表法 2 条 3 項)。通常、賞品を手に入れる(すなわち、大会で勝利する)ためには、ゲームの購入またはアイテム課金等を通じて技能を高める必要がある。そうすると、(a) については、参加者への賞品の提供が、大会で使用するゲームの購入やアイテム課金等の取引を誘引する手段となる。また、(b) についても、事実上、前記取引が、賞品を取得するための条件になっているため、取引に付随して提供されていると評価されうる。

もっとも、消費者庁の運用基準によれば、大会で得られる賞金等が「**仕事の報酬等**」と評価される場合は景品類に該当しない[7]。そこで、この文言を広く解釈する見解もある。つまり、ゲームのプレイにパフォーマンスとしての演技性や鑑賞性が認められる場合は、その参加者によるゲームのプレイには、「仕事」としての性質が認められるとして、同人に対する懸賞金を「仕事の報酬等」に位置づけるのだ[8]。

なお、一般社団法人日本 e スポーツ連合(JeSU)は、一定の条件を満たした e スポーツプレイヤーに対し、プロとしての資格を与える「プロライセンス制度」を設けて、プロ選手によるプレイは「仕事」に該当する見解を示している。また JeSU は、消費者庁に対して、「賞金の提供先をプロライ

センス選手に限定する大会」に加え、「賞金の提供先をプロライセンス選手に限定しないが、一定の方法により参加者が限定されている大会」の2通りのeスポーツ大会を想定し、これらが同法の規制の対象になるかについて照会を2019年8月におこなった。これに対し、消費者庁は、いずれのケースにおいても「仕事の報酬等」に位置づけられうるとして、規制の対象にならない旨の回答をしている。

なお、仮に、「仕事の報酬」に該当しない場合でも、たとえば、ゲームが基本無料でプレイすることができ（無料アプリなど）、かつ、課金によって勝敗に影響しない条件とする場合（課金した設定での大会参加を認めない場合など）であれば、景表法の「景品類」に該当しないとされている。

### (4) 風営法

クレーンゲーム（▶▶463頁以下）の項目で記載した通り、ゲーム機を店舗等に設置して客に遊技させる、いわゆるゲームセンターは、風営法2条1項5号の「風俗営業」に該当し（風営法2条1項5号）、同法の規制を受ける可能性がある。その場合には、原則、公安委員会による許可が必要となり（同法3条）、これを営む者は景品を提供することができない（同法23条2項）。この点に関し、従来は、第三者が運営する施設（イベントホール等）を一時的に借りる方法や、店舗等を必要としない特設サイト上でのオンライン対戦を実施する方法で対応することが検討されていた。ただ、前者のケースでも、たとえば、大会会場にゲーム機を多数設置したうえで、参加者から参加料を徴収してゲームをプレイさせることが、ゲームセンター等の「風俗営業」に該当しないかどうかについて統一的な見解はなかった。

そこでJeSUは、2020年9月24日、警察庁と折衝を重ねた結果、「JeSU参加料徴収型大会ガイドライン」を設定し、ゲームセンターとしての「風俗営業」に該当しない参加料徴収型の大会の範囲を明確化した。同ガイドラインでは、「風俗営業」に該当しないための条件が複数説明されている。その中でも、参加料を大会設営費用にのみ充てる条件については特に詳しく説明されている。ただ、万が一参加料が大会設営費を超過した場合でも、超過額を各選手に還元するなどの措置をとるといった対処法も示されている。また、協賛金や広告収入、観戦料など、ゲームのプレイと直接関係しない収益については参加料の計算に含める必要はなく、これらを加味した結果、大会全体の収支が黒字になることは差し支えないことも説明されている。なお、同ガ

イドラインによれば、参加料徴収型大会を実施しようとする者は、所定の様式に基づいて JeSU に対して届出をおこなうことにより、参加料徴収型大会が本ガイドラインに従って運用されているか否かについての審査を受けることができる。この実用例として、2024 年に開催された対戦型格闘ゲームの e スポーツ大会「EVO JAPAN 2024（Evolution Championship Series JAPAN 2024）」では、運営者にて本ガイドラインに基づく適合認証を受け、その運用にならって各タイトルの予選大会の最大参加者数を設定したケースが挙げられる。[13]　　　　　　　　　　　　　　　　　　　　　　　　　　〔出井　甫〕

> ### コラム　　e スポーツ選手を取り巻く特殊な労働環境
>
> 　一般に、e スポーツ選手は、野球やサッカーなどのスポーツ選手と同じく互いの技能を競い合うことを主として活動している。そのため、e スポーツ選手を扱う契約やマネージメント等に伴う実務的留意点は、一般的なスポーツ選手のそれと類似する。もっとも、コンピューターゲームを扱う特殊性に配慮した検討も必要となる。
>
> 　たとえば、**9-4** で触れたガチャ等のオンラインゲームによる依存症問題と世界的動向（▶▶ 458 頁）が示す通り、ゲームのやりすぎは、「ゲーム障害」を引き起こす可能性がある。そのため、e スポーツの場合は、他のスポーツとは異なる健康管理が求められる。また、一般に e スポーツ選手が e スポーツのチームに所属する場合は、その運営者と、専属的な業務委託やボランティア（法的には準委任契約）、正規雇用やアルバイト（法的には雇用契約）等の契約を締結しているが、未成年の選手が e スポーツのチーム運営者と当該契約を締結する場合は、原則として親権者（親）の同意が必要となる（民法 5 条 1 項）。その際、親権者からは、当該契約の同意のみならず、これから子供が長時間、ゲームをプレイすること（場合によってはプロゲーマーを目指して休学・退学する可能性があること）に納得（覚悟）したうえで同意してもらうことも重要となる。なお、彼らが e スポーツ選手になることは、必ずしも学業を妨げるとは限らない。たとえば近時、学業に必要な履修科目を教える e スポーツ専門コースを設けた学校に通うことで、不登校問題が解消されたというケースが存在する。また、e スポーツ専門コースのカリキュラ

ムには、コミュニケーション能力の育成、プログラミング教育、キャリア相談等を取り入れているものもある。今後、たとえば、チーム運営者が学校と提携することで、練習時間と勉強時間のバランスをとることが難しい未成年者の学業とキャリア形成の双方を支援できるかもしれない。

　eスポーツ選手が外国人の場合は、どのような在留資格でビザを取得すべきかが問題となる。一般的な外国人プロスポーツ選手が日本に滞在する際には、興行ビザのうち、いわゆる「プロアスリートビザ」が必要となる[14]。eスポーツにおいても、たとえば、賞金の出る大会やリーグ戦に出場する目的で滞在する場合は当該ビザを申請することになろう[15]。その際には、当局に対して、プロとしての活動実績や国内で予定している活動等を説明できるよう準備しておくことが求められうる。なお、日本の選手が海外で活動する場合には、別途、各渡航先の国のビザの種類や取得手続等を確認しておく必要がある[16]。

　前記の通り、eスポーツ選手がチーム運営者と締結する契約は様々であるが、仮にeスポーツ選手がチーム運営者と雇用契約（名目を問わず実態としての雇用契約）を締結する場合、当該選手は労働基準法上の「労働者」に該当し、当該団体には、「使用者」としての規制が課される。「労働者」の該当性は、他のスポーツにおいても無視できない検討事項ではあるが、eスポーツの場合は、特にその影響が大きいと思われる。たとえば、eスポーツ選手は、海外の選手とオンライン対戦をおこなうために、時差を考慮して深夜に対戦が企画されることがある。また、リアルタイムで大会を配信する場合、視聴者数を増やすべく開催時間を22時以降にするケースがある。このようなプレイが労働と評価されると、チーム運営者は、深夜勤務手当（労働基準法37条）や、児童の深夜労働制限（同法56条）等を考慮しなければならない。加えて、（四六時中、プレイをする真面目な？ゲーマーによる）ゲームの練習時間等が、すべて労働時間と扱われると、多大な超過勤務が生じうる。チーム運営者としては、このような事象で悩まぬよう、たとえば、所属契約が雇用契約に該当しないかをあらかじめ十分に検討しておく、または雇用する場合でも労働に該当するプレイ時間とそれ以外のプレイ時間を区別する基準を書面等で明確化しておくことなどが考えられる。

　なお、eスポーツの場合、個々のゲームのタイトルと選手の能力が連

動していることが多い点にも注意すべきである。問題となりうるケースとしてたとえば、ある選手が、特定のゲームのタイトルに秀でていることを理由にチーム運営者に所属した後、当該ゲーム（あるいはゲーム大会）自体が廃止される場合や、選手本人が別のゲームのタイトルで活動したいと希望する場合が想定される。このような場合、チーム運営者はどう対応すべきか。ひとつは、やむをえず選手との所属契約を終了させる方法が考えられる。選手とスムーズに話が折り合えばいいが、そうならずに一方的に契約を終了させる場合は、当該契約が雇用であれば整理解雇としての要件充足性が、それ以外の準委任契約等であれば独禁法の不公正な取引方法（独禁法 19 条、一般指定 14 項）の該当性が問題となりうる。他方、選手を他のタイトルでも活躍できるよう育成する方法も考えられるが、契約上、事前に決められた特定タイトル以外でのプレイを業務内容として一方的に命じることができるかは議論の余地もあろう。そこで、あらかじめ当事者間では、特定のタイトル以外での活躍も視野に入れた契約内容とするかどうか検討しておくことも重要となる。

〔出井　甫〕

**9-8 注釈**

1) 解説資料としてたとえば、総務省「e スポーツ産業に関する調査研究報告書」（平成 30 年 3 月）〈https://warp.da.ndl.go.jp/info:ndljp/pid/11332932/www.soumu.go.jp/main_content/000551535.pdf〉。

2) 日本経済新聞「e スポーツ世界大会、米 16 歳が優勝　賞金 3 億円」（2019 年 7 月 30 日）〈https://www.nikkei.com/article/DGXMZO47942460Q9A730C1000000/〉。

3) IOC「IOC enters a new era with the creation of Olympic Esports Games-first Games in 2025 in Saudi Arabia」（2024/7/24）〈https://www.anocolympic.org/olympic-movement/ioc-enters-a-new-era-with-the-creation-of-olympic-esports-games-first-games-in-2025-in-saudi-arabia/#:~:text=History%20was%20made%20today%20when,Executive%20Board%20(EB)%20unanimously〉.

4) なお、2023 年 10 月、任天堂は、ゲーム大会を開く際のガイドラインを公開し、個人が主催する非営利の大会であれば、同ガイドラインに従うことで利用許諾を得ずともゲーム大会を開催できることを表明した（「ゲーム大会における任天堂の著作物の利用に関するガイドライン」〈https://www.nintendo.co.jp/tournament_guideline/index.html#q14〉）。

5) 大会主催者には賭博場開帳等図利罪（刑法 186 条 2 項）が成立する可能性がある。

6) 大塚仁＝川端博『新・判例コンメンタール　刑法 5　罪（2）』（三省堂・1997 年）159 頁、囲碁に関して大判大正 4 年 6 月 10 日、将棋に関して大判昭和 12 年 9 月 21 日。

7) 消費者庁「景品類等の指定の告示の運用基準について 5」〈https://www.caa.go.jp/policies/policy/representation/fair_labeling/guideline/assets/representation_cms216_240418_02.pdf〉。

8) 彼らは大会でプレイを演技するメンバーであり、「顧客」ではないため、「顧客を誘引するため」に賞品が提供されているわけではないという考え方もありうる。

9) JeSU「消費者庁へのノーアクションレターの提出につきまして」〈https://jesu.or.jp/contents/news/news_0911/〉。

10) 2016 年 9 月 9 日消費者庁「法令適用事前確認手続回答通知書　消表対第 1306 号」。

11) 2019 年 9 月 3 日消費者庁「法令適用事前確認手続回答通知書　消表対第 620 号」。

12) 2020 年 9 月 24 日 JeSU「参加料徴収型大会ガイドライン」〈https://jesu.or.jp/wp-content/themes/jesu/contents/pdf/terms/participationfee_guidelines.pdf〉。

13) EVO Japan 2024「大会規約」（2023 年 11 月 30 日）〈https://service.evojapan.gg/s/evoj2024/page/terms?ima=0000&link=ROBO004〉。

14) 出入国管理及び難民認定法第 7 条第 1 項第 2 号の基準を定める省令 3 号。

15) 2016 年 3 月、韓国人の e スポーツ選手に対して、日本でプロアスリートビザが発行されたことが報道された（「日本初、海外プロゲーマーに"アスリートビザ"発行へ『プロスポーツ選手と認められた歴史的な出来事』」IT Media NEWS（2016 年 3 月 30 日）〈https://www.itmedia.co.jp/news/articles/1603/30/news137.html〉）。

16) ドイツでは、2020 年に e スポーツ選手専用のビザが導入されたことが報道された（"Germany to Introduce Esports Visa in 2020," GERMANY VISA (December 24)〈https://www.germany-visa.org/news/germany-to-introduce-esports-visa-in-2020/〉）。

17) 裁判例上、整理解雇の有効性判断にあたっては、①人員削減を行う経営上の必要性、②使用者による十分な解雇回避努力、③被解雇者の選定基準およびその適用の合理性、④被解雇者や労働組合との間の十分な協議等の適正な手続、の四つの観点が考慮される。

## 第 9 章　参考文献

みずほ銀行「みずほ産業調査 Vol. 48 コンテンツ産業の展望—コンテンツ産業の更なる発展のために—」（2014 年 9 月）〈https://www.mizuhobank.co.jp/corporate/bizinfo/industry/sangyou/pdf/1048_all.pdf〉

経済産業省「日本の 2 大コンテンツ、ゲームとアニメの製作企業の実像を比較する」（2017 年 7 月）〈https://www.meti.go.jp/statistics/toppage/report/minikeizai/kako/20170727minikeizai.html〉

福井健策編／池村聡 = 杉本誠司 = 増田雅史著『インターネットビジネスの著作権とルール〔第 2 版〕』（著作権情報センター・2020 年）

安藤和宏『よくわかる音楽著作権ビジネス　基礎編〔6th Edition〕』（リットーミュージック・2021 年）

安藤和宏『よくわかる音楽著作権ビジネス　実践編〔6th Edition〕』（リットーミュージック・2021 年）

金井重彦 = 龍村全『エンターテインメント法』（学陽書房・2011 年）

堀　天子『実務解説　資金決済法〔第 5 版〕』（商事法務・2022 年）

福井健策編／内藤篤 = 升本喜郎著『映画・ゲームビジネスの著作権〔第 2 版〕』（著作権情報センター・2015 年）

出井　甫「満喫するなら『現実世界』、それとも『仮想空間』、あなたならどっち？～VR コンテンツの現状と未来を考える～」骨董通り法律事務所 HP コラム〈https://www.kottolaw.com/column/180725.html〉

総 務 省「e スポーツ産業に関する調査研究報告書」（平成 30 年 3 月）〈https://warp.da.ndl.go.jp/info:ndljp/pid/11349978/www.soumu.go.jp/main_content/000551535.pdf〉

e スポーツ問題研究会編『e スポーツの法律問題 Q & A—プレイヤー契約から大会運営・ビジネスまで』（民事法研究会・2019 年）

一般社団法人日本 e スポーツ連合「日本の e スポーツの発展に向けて～更なる市場成長、社会的意義の観点から～」（令和 2 年 3 月）〈https://jesu.or.jp/wp-content/uploads/2020/03/document_01.pdf〉

第10章

スポーツ

# 10-1
## スポーツビジネスと法実務

## 1 スポーツ市場と主なプレーヤー

### (1) スポーツ法とは

「スポーツ」という言葉の語源は、気晴らし、楽しむ、遊ぶという意味のラテン語とされ、元来、広い意味をもつ。したがって、プロスポーツのみならず、アマチュアスポーツ、学生スポーツ、生涯スポーツ、eスポーツなどはいずれも本来的意味におけるスポーツといえようが、本章では、主にビジネスとしてのプロスポーツを念頭に置いて、それに関する論点を中心に取り上げたい。

さて、「スポーツ法」とは、スポーツに関係する法律ないし法分野全体を指す言葉であり、そのような名の法律は存在しない。スポーツ法の内容を分類する視点は様々ありえようが、ひとつの視点として、**①スポーツだけを対象とする法**（スポーツ基本法など）、**②スポーツに固有ではないが密接に関係する法**（憲法、民法、刑法はもちろん、知的財産法、労働法、独禁法など）、**③スポーツにおいても関係する法**（景表法など）、**④法律ではないものの通用力をもったスポーツに関する規律**（WADA／JADA のアンチ・ドーピング規程など）に分けられよう。スポーツ法がカバーする法域は多岐にわたり、それらはいずれも重要であるが、特に②はスポーツビジネス全般に密接に関連する法領域といえる。

### (2) スポーツビジネスの全体像

図 10-1-1 は、団体スポーツを念頭に、スポーツ業界に関連するビジネス上の関係当事者を中心に描いたものだ。中央枠内を起点として、左右に関係する当事者を配置している。もとより網羅的に関係当事者を記載したものではないが、業界の全体像はご理解いただけるのではないかと思う。これらの当事者間に様々な契約関係が存在し、それがいわゆるスポーツビジネス全体を構成している。

まずは、スポーツを**「観せる」主体**といえる中央枠内について説明しよう。

10-1-1 スポーツビジネスの主なプレーヤー

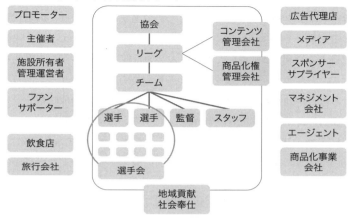

団体スポーツにおける選手契約は、リーグが用意した統一書式（「統一選手契約書」などとよばれる）を用いて所属チーム（クラブ）との間で締結され、選手により内容を変えることが許容されるのは報酬額や契約年数など一部の内容に限られるのが通常である。監督を含むスタッフとチームの契約については選手契約のような統一書式は作成されておらず、各チームがそれぞれに書式を用意しているのが通常である。チームはプロリーグ（Jリーグ、Bリーグなど）に加盟し、興行（試合）をおこなう。その上位にあるのが、国際試合等を管轄する日本サッカー協会（JFA）や日本バスケットボール協会（JBA）といった中央競技団体（いわゆる「協会」）である。

個人スポーツについては、団体スポーツにおけるような統一選手契約はなく、試合に出場し獲得する賞金が選手としての報酬となる。個人スポーツの世界では、競技連盟がツアーを管理運営し、選手の順位がランキング形式により決められる点が特徴的といえる。たとえば、テニスであれば、男子ATPや女子WTAなどの世界連盟組織が存在し、それぞれひとつの世界ツアーを管理運営している。ゴルフについては、各国団体により各国ツアーがそれぞれに管理運営されている。

選手とチームやリーグとの関係は、個人対団体の関係にとどまらない。つまり、選手の集合体である選手会と、チームあるいはその集合体としてのリーグとの間で団体対団体の協議や交渉がおこなわれ、リーグ運営や選手待遇に関する事項について一定の合意が形成されることもある。

次に、図10-1-1の中央枠囲いの右側を見ていこう。スポーツの試合のテレビ放送やインターネット配信がおこなわれるにあたっては、**広告代理店**と**メディア**の関与が不可欠である。人気のあるスポーツでは、試合映像を放送・配信する権利（**放映権**）による収入が興行収入全体のうちの重要な一部を占めることが多い。放映権を許諾する権限を有するのはリーグあるいはチームであるのが通常だが、リーグが全加盟チームの試合の放映権を一括で管理し、独占的ライセンスを国・地域ごとにあるいは放送・配信といったメディア別に1つの事業者（複数の事業者が1つのコンソーシアムを組成することもある）に販売する方が、各チームが個別に販売する場合よりも高額のライセンス収入を期待できるといわれる。その場合でも、地元放送局への許諾権は各クラブが有する場合もあり、後に触れるその法的性質の問題とも相まって、放映権は法律上もビジネス上もなかなか複雑な問題といえる（▶▶494頁「放映権」）。なお、競技種目により主催側の収益構造は大きく異なっており、競技によっては放映権収入が見込めず、チケット収入が多くを占める場合もある（競技人口の多い人気競技でも地上波放送があまりされないものなど）。

リーグ、チーム、選手に主に資金面のサポートをおこなう**スポンサー**、設備や用具等を提供する**サプライヤー**もプロスポーツ運営には欠かせない当事者である。スポンサーやサプライヤーは、その見返りとして、スポンサーシップを受けた者から様々な便益が提供される（▶▶486頁「スポンサー契約」）。個人スポーツにおいては所属契約が結ばれることもあるが、これも実質は一種のスポンサー契約といえよう。

選手や監督がチームと契約交渉をおこない、あるいはメディア出演その他の活動をおこなうにあたり、**マネジメント会社**に所属したり、**エージェント（代理人）**を雇う場合がある。マネジメント会社は、メディア・広告への出演のアレンジや業務スケジュールの管理等を主におこなう。エージェントはチームとの契約交渉を代理するのが主要な業務だが、メディア対応をおこなったり当該選手等のビジネス全般のパートナーとなる場合もある。エージェントは、選手の親族であることもあれば、選手会や所管団体に登録・届出している弁護士等であることもある（▶▶500頁「代理人（エージェント）」）。

ゲーム制作（製作）事業者やその他の**商品化事業者**の存在も欠かせない。人気ゲーム内でのロゴや肖像等の利用に伴う許諾料や関連物販収入は見逃すことのできない収入である。選手のレプリカユニフォームやウェアは最も典

型的かつ売上の見込めるグッズのひとつであるが、その製造のために外部の制作業者に製造委託することが多いだろう（▶▶ 492頁「商品化権」）。

次に、図 10-1-1 の中央枠囲いの左側を見ていこう。**プロモーター**とは、スポーツも含むイベント運営会社全般を指す言葉でもあるが、ボクシングにおいてはマッチメイクをする者を指していうことが多い。主催者とは、文字通り興行を主催するものである。日本のプロゴルフのように放送局等が主催者となり企業がそれに協賛という形で運営資金の相当割合を拠出する方法で運営される形態もあるが、団体スポーツでは競技団体組織が主催者となり運営資金を拠出する場合が多いと思われる。団体スポーツの興行はリーグが主催・運営するのが通常である。

主催者が同時に**施設所有者**である場合もある。自らスタジアムなど試合会場を所有しそこで試合を開催するのである。自ら所有しない場合は施設所有者との間で賃貸借契約を締結して試合会場を確保する。熱心な**ファン**や**サポーター**は繰り返し観戦チケットを購入し会場に訪れ、あるいは放送・配信された試合を観戦する。**旅行代理店**がオリンピック観戦ツアーなどスポーツイベントを絡めた観戦旅行ツアーを企画し、スポーツバーなどの**飲食店**が日本代表戦の試合観戦企画を組むことも多くおこなわれている。これらをスポーツビジネスの一当事者に含めて考えてもよいだろう。

## 2 スポーツビジネスの法実務

**1** でも述べたように、スポーツ法実務においては様々な法分野の知識が横断的に必要とされる。以下、その一端を見てみよう。

まず、男女差別、国籍・人種差別などの問題は**憲法**（特に平等権）に関わる（▶▶ 509頁「スポーツとマイノリティ」）。時代により大きく変化しうる社会通念やスポーツに求められるものとは何かという視点も踏まえた検討が必要な難しい問題である。

スポーツビジネスの世界においては、とりわけ**知的財産法**（商標法、著作権法、不正競争防止法、肖像権・パブリシティ権など）は重要かつ頻出の法分野である。注意すべきは、一般に知的財産法の延長線上で語られることが多く実務的な影響も大きい権利（のように見えるもの）であっても、アンブッシュ・マーケティング規制（▶▶ 489頁）など、法的権利とは言い難いと指摘されているものも含まれていることである。

ほかに特に重要な法分野は、**労働法や独禁法**であろう。ひとくくりに選手といっても、平日は社員として勤務し週末は試合に出場するが試合出場の対価としての報酬を得ていない実業団選手もいれば、典型的なプロ選手も存在し、それらが同じチームの選手として試合に参加している場合もある。選手については、労働法上の労働者として労災保険の対象となるかを含め各種労働法規の適用の可能性を検討する必要が生じることもある（実業団選手については平成 12 年 5 月 18 日基発 366 号参照。なお、2024 年 11 月 1 日からはフリーランス法にいうフリーランス（特定受託事業者）が労災保険の特別加入の対象となった）。他方で高額年俸を得るトッププロ選手は、通常、労働法が保護する労働者とは扱われないだろう。このような各選手の属性を無視して「アスリート」として一緒くたにした議論はできない。

団体プロスポーツで見られる**ドラフト制、移籍制限、サラリーキャップ制**などは選手の権利に制限を課すものとして独禁法の問題となる。典型的なプロ選手もまた独禁法上の事業者と考えられるので、そのような選手の行為についても独禁法の適用がありうる[1]。

紙幅の都合上詳細に触れることはできないが、上記のほかにも、一定程度以上の収入のある選手は関心が高い**税法**や、マネジメント／エージェントとの関係や怪我の問題に関しては**民法**（特に代理、不法行為など）など、スポーツに限らず、事業活動全般について関係する法律問題は多岐にわたる。

なお、スポーツ法については欧米の研究・実務が進んでおり、様々なスポーツ関連立法や研究が存在する[2]。各国・地域特有の社会的事情を背景としたものも少なくないため、直ちにそれを日本に「輸入」することはできないものの、その先例や考え方のエッセンスは日本のスポーツ法の検討・研究にあたっても参考になる部分が多い。特定の競技をテーマにした一冊の法律書[3]や、国際スポーツビジネスもカバーした大部の書籍[4]も刊行されているなど研究のすそ野は広く、スポーツに関する法律概説書[5]の目次や取り上げられているトピックも興味深い。そのため、ある論点について深い検討をおこなうにあたっては、諸外国の文献に目を通すことも有益である。 〔小林利明〕

**10-1 注釈**

1) 移籍制限については公正取引委員会「スポーツ事業分野における移籍制限ルールに関する独占禁止法上の考え方について」（令和元年 6 月 17 日）〈https://www.jftc.go.jp/houdou/pr

essrelease/2019/jun/190617.html〉も参照。

2)　日本においても、経済産業省・スポーツ庁が、放送・配信、データビジネス（ゲーム、スポーツベッティング）、デジタル資産関係（NFT、スポーツトークン）、肖像権・パブリシティ権について、そのビジネスの特徴と法的課題をまとめた「スポーツ DX レポート」（2022 年 12 月）を公表している。国内外の具体的サービスを例に挙げた分析が豊富になされており、基礎資料として非常に参考になる。

3)　たとえば、Melissa Altman Linsky, *The Little Book of Basketball Law* (ABA Publishing, 2013) など。

4)　Aaron N. Wise and Bruce S. Meyer, *International Sports Law and Business,* Volume 1〜3 (Kluwer Law International, 1997).

5)　たとえば、Walter T. Champion Jr., *Sports Law in a Nutshell,* 6th ed. (West Academic Publishing, 2022) など。

## 10-2
### スポンサー契約

## 1 スポンサー契約とは

　メガスポーツイベントの裏には、もうひとつの熾烈な戦いがある。それは、スポンサー間の「露出」をめぐる競争である。国内では毎年、箱根駅伝のランナーが履く靴が注目される。世界的にはサッカー W 杯の出場国のウェアサプライヤーが話題になる。たとえば、2014 年のサッカー・ワールドカップ本戦ではナイキ社製のユニフォームを着用した出場国が最も多かったが、2018 年の本戦ではアディダス社のものを着用した出場国が最も多かった。しかし 2022 年は再びナイキ社がトップに返り咲いた。[1]

　スポーツにおける**スポンサー契約**とは、企業や個人が、イベント、リーグ、チーム、選手等に一定の金銭（スポンサー料）その他の経済的・物的支援をおこなう契約をいう。スポンサーは、自社名や商品名の露出効果に加え、スポーツや選手から想起される良いイメージによる自社イメージの向上を図る。通常は、資金提供の対価として、いわゆる「冠大会」（大会名の一部に自社名を含むもの）の開催やウェア等に付される自社名の表示、会場内における自社や自社商品の広告掲示等といった広告宣伝をおこなう権利を得たり、大会ロゴや選手肖像の利用権、試合観戦時の特別観覧席の利用権やスポンサー招待券の割り当てなどの優遇を受けることが多い。また、スポンサー企業やその製品の広告宣伝のため所属選手等がスポンサーの CM 等に出演する**エンドースメント契約**の締結がセットになっていることも多い。

　金銭ではなくテニスラケットやウェア、靴などの用具やサプリメントなどを提供する契約を特に**サプライヤー契約**とよぶこともある。球場やスタジアム等の競技施設名の一部に企業名等をつける権利を得る代わりに一定額を支払う内容の**ネーミングライツ契約**や、個人競技の選手が結ぶ**所属契約**といわれるものもスポンサー契約の一種である。トップアスリートともなれば様々な業種の企業がスポンサーにつく。もちろん、従来型の企業からの資金提供に限らず、選手個人が直接クラウドファンディングにより活動資金等を調達

するのもスポンサーシップのあり方のひとつである。

## **2 スポンサー契約の主な内容と注意点**

　スポンサー契約においては、スポンサーサイドからすれば、提供する資金額、資金提供と引き換えに得られるメリットの内容等が重要となり、スポンサーシップを受ける側からすれば、それにより負う制約が得られる資金に見合うものかが重要となるといえる。スポンサー契約書にも、これらの内容を主に定めることになる。

　スポンサーサイドとして特に留意すべきは、スポンサーランク（資金提供額により露出の方法や優遇の内容が差別化されていることも多い）、独占的スポンサーかどうか（同一業種については一企業のみがスポンサーとなれる制度が採用されることもある）、自社名や自社商品の広告表示を効果的におこなえるか（広告可能な地理的・時間的範囲、広告表示が可能な場所（たとえば、ウェアの前面中央か背面か）、出場選手を起用した広告の可否、競合他社による広告の有無など）、スポンサー契約期間や更新の有無・方法（トップクラスのアスリートに対しては「**生涯契約**」をオファーすることもある）、大会等の中止・延期の場合の処理などであろう。放送・配信関連事業者がリーグや大会のスポンサーになる場合は、放送・配信地域（全世界か、日本全国か、ローカルエリアか）、対象試合の限定の有無（リーグ管轄の試合か、クラブ管轄の試合か、ホームかアウェイか）などが重要となる。放送・配信可能対象試合は、放映権がリーグによって一括管理されているのか、各クラブが有するのかという放映権の管理・販売方法にも影響される。

　これらの内容により広告価値は大きく異なるので、拠出する金額にも当然反映される。また、どの選手や監督が、どれだけの頻度で、どのようなメディア・イベントに出演するのかといった事項をある程度決めておかないと、スポンサーとして狙った効果が得られないということもありえよう。なお、スポンサーとなる場合、資金拠出をおこなうだけではなく、スポンサーとして積極的に競技場外でのイベント等も展開していくことでより効果的なスポンサーシップとなるといわれる。この観点からは、当該イベント等をおこなうための条項も当初から含めておくことも検討してよいだろう。

　競技に関する選手肖像についてはリーグやクラブ等が管理しており選手の一存では利用を許諾できないことが多い。たとえ選手が普段試合で着用して

いるユニフォームであってもそれを着用してスポンサー企業の CM に出演するには選手の出演とは別に許諾を得る必要があるので、しかるべき権利処理がされているかの確認が必要である。

また、スポンサーとしては、スポンサー関係にあることで企業イメージがダウンしてしまうといったことがないよう、しかるべき場合には柔軟にスポンサー関係を解消できるようにしておくことも考えておく必要があろう。この観点から、スポンサーサイドとしては、スポンサー企業のイメージを損なう行為を禁止し、それを解除事由のひとつとする条項や、スポンサー先において**不祥事**があった場合の関係解消条項も含めておくべきだろう。近時は、必ずしも不祥事とまではいえない場合や悪意がなかった場合であっても選手、コーチ、フロントスタッフがおこなった**差別的発言**等の不適切な言動に対する社会の目は非常に厳しくなっている。このような場合にも関係解消を検討できるよう、契約上手当てしておくことも考えられる。

## 3 サプライヤー契約の主な内容と注意点

サプライヤー契約においては、スポーツ用品メーカーが無償でチームや個人に用具等を提供し、選手等は一定の範囲で提供された用具を使用する義務を負うことを基本的内容とする。

サプライヤー契約において注意したいのは、特に団体スポーツにおいては、リーグやクラブのサプライヤーとは違うサプライヤーとの間で個人的に契約している場合があるという点である。たとえば、所属チームは A 社から独占的に用具の提供を受けており所属選手は公式な場でそれを着用することになっているが、個人的にすでに B 社との間でサプライヤー契約を締結しているといった場合である。あるいは、ウェアの機能の観点からより良いパフォーマンスのために個人的に C 社の用具を使用したいといった場合もある。広告宣伝の世界においては実務上「**競合**」制限が重要視されるところ、サプライヤー契約も広告の側面を有する以上、競合他社との契約関係についての配慮が必要となる。

また、出場時に着用するウェア等のデザイン・配色制限や機能制限等がある場合には、提供する用具がそれに反しないように注意する必要がある。この点については、1980 年代半ば、ナイキ社が当時 NBA（米国プロバスケットボールリーグ）では試合での着用が認められていなかった配色のバスケッ

トボールシューズをマイケル・ジョーダン選手に提供し、規律違反に伴う罰金（1試合5000ドル）を課されながらも同選手が履き続けたことで注目を集め、そのマーケティング効果は絶大であったという有名なエピソードがある（なお、ナイキ社が罰金をすべて支払ったといわれている）。また、国際陸連は2020年に高機能ランニングシューズの大会での使用を一部禁止する見解を発表した。スポンサーシップを受ける側としては、提供を受けた製品により競技活動に不利益を受けないよう留意すべき必要もある。

そのほか、サプライヤーサイドとしては、特に、提供先選手が提供用具等を不当に扱った場合や破壊した場合、その他に社会的に非難されるような言動をおこなった場合の対応を考えておく必要がある。むろん、実際にそのような言動があった場合に契約を解除するかはビジネス判断となろう。

スポーツ用品メーカーから大学に対するスポンサーシップ契約の概要については、**10-5**（▶▶497頁以下）も参照されたい。

## 4 アンブッシュ・マーケティング

アンブッシュ・マーケティング[2]（Ambush＝英語で「待ち伏せる」の意）は法律上の用語ではないが、メガスポーツイベントのたびに話題となるトピックである。東京オリンピック・パラリンピック競技大会組織委員会が公表した「大会ブランド保護基準」（2020年2月版）[3]によれば、アンブッシュ・マーケティングとは、「故意であるか否かを問わず、団体や個人が、権利者であるIOCやIPC、組織委員会の許諾無しにオリンピック・パラリンピックに関する知的財産を使用したり、オリンピック・パラリンピックのイメージを流用すること」と定義されている。要は、スポンサー料を支払っていない非スポンサーが、メガスポーツイベントのブランド力にフリーライドしておこなう広告宣伝活動のことといえる。それを禁止する目的はふたつある。知的財産権の保護と、公式スポンサーの権利保護（を通じたスポンサー料の確保）である。高額なスポンサー料の根拠のひとつとして、当該イベントに関する広告を独占的におこなえるメリットが含まれる。そのため、スポンサー料を支払っていない競合他社が便乗広告をおこなうことは、イベント主催者としてもスポンサーとしても避けたい。そこで、当該イベント等に関するあらゆる便乗を排除したいニーズが生じる。アンブッシュ・マーケティング規制においては、必ずしもその時点では当該国において法的保護の対象となっていな

いものも保護対象に含めるため、メガ・スポーツイベント開催にあたり開催国において特別立法をおこなうことも少なくない。

しばしば指摘されるのは、アンブッシュ・マーケティング規制には、必ずしも法律上違法とはいえない行為（たとえば、法律上の権利としては保護されない単語だけをプリントしたアパレルの製造販売行為）をもその規制対象としているという点である。そのような規制の目的は大会スポンサー利益の保護にあり、その目的はビジネス的観点からは理解できるものの、法的に有効かは議論のあるところである。また、広範にすぎる規制には批判もあり、大会スポンサーではない選手個人のスポンサーや、地元支援者らによる応援活動も不当に萎縮させてしまう。競技そのものや選手個人に対する応援の機運を削いでまで大会スポンサーの保護を優先するかのように映ってしまうことが、オリンピックの商業主義は行きすぎているとの批判を生むひとつの理由かもしれない。

なお、メガ・スポーツイベントが開催されるたびに秀逸なアンブッシュ・マーケティング広告が生まれる。過去にも「攻めた」広告がいくつも制作されている。動画共有サイトに掲載されているものもあるので、興味のある方はご覧いただきたい（ひとつ例を挙げるならば、2012 年のロンドンオリンピックにあわせてナイキ社が公開した「Find Your Greatness」キャンペーンの CM は有名である）。

## 5 ネーミングライツ

**ネーミングライツ（命名権）**とは、競技施設名の一部に企業名等をつける権利を得る対価として一定額を支払う内容の契約である。日本では、民間レベルにおける最初の事例は 1997 年にサントリーが東伏見アリーナ（東京都西東京市）の命名権を購入した事例であり、公共施設における最初の事例は 2003 年に東京都が所有する東京スタジアムの命名権を味の素株式会社が取得した事例とされる[4]。

日本においては、ネーミングライツに関する契約の期間は 3〜5 年程度が多いようであるが、ネーミングライツに関する契約を締結するにあたっては、契約期間満了時に更新をめぐり問題となることも少なくない。契約料相場は施設に応じて様々であるものの[5]、命名権者としては、費用的効果の見込める施設であるかは重視するであろうし、施設側が効果的に施設名を PR してく

れるかも気になるだろう。命名権者が撤退するあるいは複数あった命令対象施設の縮小（と命名権料の減額）を希望することも考えられるため、命名権の契約期間の長短については事前によく検討しておくべきであろう。

　このほかにも、一方当事者側にコンプライアンス違反があったなどの事情により契約を速やかに解消したいといった場合、施設が何らかの事情で一定期間使用不可能となった場合の扱いをどうするかや、大会スポンサーとの関係で、特定の大会について自社の名称を使用することができない場合もあることには注意が必要だ（横浜国際総合競技場はネーミングライツの導入により「日産スタジアム」となったが、その後開催された FIFA クラブワールドカップでも 2019 年のラグビーワールドカップでも、「横浜国際総合競技場」との名称が利用された[6]）。　　　　　　　　　　　　　　　　　　　　　　〔小林利明〕


## 10-2　注釈

1)　〈wwdjapan.com/articles/632168〉、〈teamorder.jp/magazine/archive/221124-2〉。
2)　アンブッシュ・マーケティング全般については、足立勝『アンブッシュ・マーケティング規制法―著名商標の顧客誘引力を利用する行為の規制』（創耕舎・2016 年）を参照。
3)　公益財団法人東京オリンピック・パラリンピック競技大会組織委員会ウェブサイト。
4)　市川裕子「ネーミングライツの実務」（商事法務・2009 年）参照。
5)　契約期間および契約料の具体例については市川・前掲注 4) 22 頁以下も参照。公共施設については各自治体のウェブサイトにて契約料および契約年数が公開されていることが多い。なお契約期間に関しては 2011 年にローム株式会社が京都市と締結した「ロームシアター京都」のネーミングライツのように、期間を 50 年とする例もある（京都市ウェブサイト参照）。米国のメジャースポーツスタジアムについては約 7 割のスポーツ施設について、ネーミングライツが導入されており、契約期間は約 20 年程度といわれる。
6)　平田竹男『スポーツビジネス最強の教科書〔第 2 版〕』（東洋経済新報社・2017 年）456 頁。

## 10-3
# 商品化権

## 1 スポーツビジネスにおける商品化の具体例

　野球やサッカーなどのスポーツを素材にしたカードゲームやテレビゲームは古くからある典型的な商品化事例であり、eスポーツの台頭とともにますます脚光を浴びている。地元選手や人気選手のレプリカユニフォームやTシャツ、タオルなどはファンの応援グッズとして高い売上を誇り、それ以外にも選手の関連グッズは古くから球場内外で販売され人気がある。過去の名試合を集めた映像作品（DVD等）も商品化の一例である。これらはいずれも、**商品化許諾契約**に基づき製造販売されるものであり、スポーツビジネスの収益割合の相当部分を占める。

## 2 商品化許諾契約の主な内容と注意点

　商品化には、主催者や所属チームのロゴ等を利用した商品や選手の肖像等（サイン等も含む）を利用した商品などがある。そのような商品を作るためには商標や**パブリシティ権**のライセンスを受ける必要がある。権利者自身あるいはその権利を管理する組織がライセンサーとなり、商品製造販売者がライセンシーとなるのが通常である。団体スポーツの選手の肖像権は選手個人ではなく所属チームにその管理権が帰属する場合が多い。また、ロゴ等のライセンスにあたっては使用可能な具体的デザイン例を示すスタイルガイドが存在することが多いと思われる。

　スポーツビジネスに関する典型的な商品化許諾契約の内容は、キャラクターや商標のライセンスを伴う一般的な商品化許諾契約の内容と基本的には同じといえる。権利者と製造販売者との間で、独占的許諾か否か、再許諾の可否、許諾ロゴ等の特定、それらを利用して製造可能な商品の特定、製造販売可能数量・期間・地域などが定められる。対価については、許諾料率や許諾料額の計算方法、最低保証額（ミニマム・ギャランティー）の有無、支払方法などの詳細が定められ、そのほかに権利者名表示の内容・方法なども定めら

れる。ライセンサーによる許諾対象権利や素材の提供が第三者の権利を侵害していないこと等の保証、製造にあたり必要な素材の貸与、品質管理・監修、サンプル提供義務、製造物責任に関する事項、権利侵害物品への対応、ライセンシーによる商標出願等の禁止、帳簿閲覧・監査権とその方法、証紙に関する定め、ライセンシーがおこなってはならない事項の定め、セルオフ（契約期間中に製造した商品の契約期間後の販売に関する定め）に関する定めなども盛り込まれる。そのほかに解除条項や権利義務の譲渡禁止、準拠法・管轄に関する定めなど、どの契約にも共通して定められる一般条項も含まれる。

　特に団体スポーツでは、試合中の選手の写真を 1 枚使うだけでも複数の権利者から許諾を得なければならない場合があり注意が必要である。たとえば、ユニフォームに付けられたリーグロゴの利用についてはリーグが管理するが、チームロゴ、選手肖像はチームが管理することが多い（ただし、実務上、許諾申請窓口が同じである場合はあろう）。また、同じ選手の肖像であっても日本代表試合で撮影された肖像の利用と所属クラブの試合で撮影された肖像の管理者は異なることが多い。さらに、複数選手の肖像をあわせて利用する場合（**グループ・ライセンス制度**）と特定個人の選手肖像のみを利用する場合とで、許諾権者（肖像管理者）や手続が異なる場合もあるので、個別に確認が必要である。　　　　　　　　　　　　　　　　　　　　　〔小林利明〕

## 10-4
### 放映権

## 1 スポーツ中継をおこなう権利

　人気スポーツの放映権は、経済的インパクトが大きい権利であり、ビジネス上非常に重要な権利といえる。放映権取得の対価は年々上昇しており、オリンピックやワールドカップなどのメガスポーツイベントの放映権については放送事業者等が数社で共同購入する場合も多い。歴史的に見れば、放映権価格の高騰は、放送メディア・事業者の多様化・競争激化と放送等による収益モデルの変化、独占化が招いたといわれている。たとえば、日本国内でのオリンピックの放映権取得に要した費用は以下の通りである。

　ところで**放映権**という言葉は、一般に、テレビやインターネットでスポーツを放送・配信する権利と理解されているが、これは法律上定義された用語ではない。それ自体が著作物である映画の放送などの場合とは異なり、スポーツの試合そのものには著作権は発生しないと考えられている（スポーツを録画し放送用に編集した映像には著作権が発生しうる。また演技の美しさを競うアーティスティック・スポーツについては、振付師には著作権が、演技者に著作隣接権（実演家の権利）が発生しうる[1]）。

　**放映権の性質・根拠**をめぐっては、選手の肖像権にその法的根拠を求める見解や、会場の所有権ないし施設管理権に法的根拠を求める見解などがあるが[2]（会場内での録音・録画については▶▶262頁）、実務的には、通常は契約書上に法的性質が明記されることはなく、ビジネス的観点も踏まえた交渉の結果として、放映による収益が関係者間で分配されていることが多い。参考までに、日本のプロ野球では各球団が、Jリーグおよびびリーグではリーグが放映権を有することになっている（野球協約第44条、Jリーグ規約第119条、Bリーグ規約第105条）。

## 2 スポーツ中継映像に関する権利

　上述の通り、試合や競技そのものについて著作権は通常発生しないが、試

10-4-1　オリンピックの放映権料

| 開催年 | 開催都市 | 放映権料<br>（日本円換算、億円） | 購入者 |
|---|---|---|---|
| 1960 | ローマ | 0.18 | NHK |
| 1964 | 東京 | 1.8 | |
| 1968 | メキシコシティ | 2.2 | |
| 1972 | ミュンヘン | 3.8 | |
| 1976 | モントリオール | 3.9 | ジャパンプール |
| 1980 | モスクワ | 18.7 | テレビ朝日 |
| 1984 | ロサンゼルス | 46.3 | ジャパンプール |
| 1988 | ソウル | 77.5 | |
| 1992 | バルセロナ | 88 | ジャパン<br>コンソーシアム |
| 1996 | アトランタ | 104.5 | |
| 2000 | シドニー | 142.7 | |
| 2004 | アテネ | 170.5 | |
| 2008 | 北京 | 198 | |
| 2010（冬季） | バンクーバー | 325 | |
| 2012 | ロンドン | | |
| 2014（冬季） | ソチ | 360 | |
| 2016 | リオデジャネイロ | | |
| 2018（冬季） | 平昌 | 660 | |
| 2021 | 東京 | | |
| 2022（冬季） | 北京 | 440 | |
| 2024 | パリ | | |
| 2026（冬季） | ミラノ・コルティナダンペッツォ | 475 | |
| 2028 | ロサンゼルス | | |
| 2030（冬季） | フランス | 500 | |
| 2032 | ブリズベン | | |

（出典）平田竹男『スポーツビジネス最強の教科書〔第2版〕』（東洋経済新報社・2017年）349頁
に筆者加筆（民放連ウェブサイト参照）

合を撮影して放送用に編集・加工をおこなった映像は、著作権法上「**映画の
著作物**」として扱われ、著作権が発生しうる。「映画の著作物」といえるた
めには、「物に固定されている」ことが条件となるが（著作権法2条3項）、
**生放送**であっても、放送と同時に録画されている場合はこの条件を満たすと
考えられている。[3]

　放映許諾権をもつ者と放映対象となる映像の著作権者は異なる場合も多い。
たとえば、競技団体や主催者が放映を許諾する権利を有し、放送事業者が放
映権者から許諾を受けてスポーツを撮影・中継し映像制作をおこなう場合で

ある。このような放映権の具体的内容を定めた法令は存在しないため、放映権の許諾に基づき可能となる行為の範囲は、基本的には当事者間の契約によって定まることになる。

放映権については、そもそもテレビ放送されることがないかあっても稀な競技についてはもちろん、従来からテレビ放送がおこなわれてきた競技であっても、その権利の帰属があまり意識されないままに現在に至っている場合もあると思われる。2018 年には、日本女子プロゴルフ協会が放映権の帰属・行使に関し主催者や放送事業者に対して問題提起し、協議がおこなわれた結果として一定の合意が形成されたことが報道され、世間の耳目を集めた。[4]

競技団体の安定的運営は、競技振興のためのさらなる投資や現役・引退選手への還元を充実させることにも資するものであり、そのために放映権収入を戦略的に活用することは重要といえる。しかし、権利問題でこじれた結果、競技を見たい人が容易に中継を視聴できる環境が整わなければ、結局自らの首を絞めることにもなりかねない。足元の権利問題も重要であるが、競技者とファンあってのスポーツであることを忘れずに、透明・公平な収益の分配がなされることが望ましいといえよう。

〔小林利明〕

**10-4 注釈**

1) 町田樹『アーティスティックスポーツ研究序説：フィギュアスケートを基軸とした創造と享受の文化論』（白水社・2020 年）。
2) 経済産業省・スポーツ庁「スポーツ DX レポート」（2022 年）64〜65 頁。
3) 中山信弘『著作権法〔第 4 版〕』（有斐閣・2023 年）120 頁注 78。
4) 「記者会見概要及びポジションペーパー　LPGA ツアーにおける『放映権』について」日本女子プロゴルフ協会 HP〈https://www.lpga.or.jp/news/info/32146〉。

## 10-5
# 大学スポーツと商業化

## 1 大学スポーツ協会（UNIVAS）

　2019 年 3 月、日本国内の 197 大学・31 団体が入会し、大学スポーツの大学横断的・競技横断的統括組織である「**大学スポーツ協会**」（UNIVAS[1]）が設立された。「**日本版 NCAA**[2]」ともいわれる UNIVAS は、もともとは大学スポーツの商業化・収益化の観点から検討が開始されたものだったが、関係者間の様々な議論を経て、学業の充実、学生の安全・安心の確保、事業マーケティングを 3 本柱とすることとされた。

　UNIVAS は、事業マーケティングに関して、競技映像配信や研究のためのデータベースセンターの設立も検討している。収益性が高まることに異論は少ないだろうが、その反面、放映権やデータ分析にかかる個人情報保護の問題、大学間・競技間の収益の公平な分配方法、学生アスリートの肖像権の扱い、学生や会員大学・団体の意向の反映方法など、検討すべき論点は多いと思われる。

## 2 大学スポーツのブランディングとスポンサー契約の内容

　大学スポーツの商業化は、大学のブランディングとも密接に関係する。箱根駅伝出場校の名が全国区になることを考えてもわかるように、スポーツを通じた広告宣伝は時に非常に効果的である。UNIVAS のモデルとされたNCAA 加盟校では、競技種目を問わず大学のチームに同じロゴ・チーム名（愛称）を用いブランド化することが一般的であり、スポーツ用品メーカーとの間で、時として巨額のスポンサー契約が締結される。このような契約においては、スポンサー契約、サプライヤー契約、大学ロゴ等を用いた商品化許諾契約を内容として含む契約が締結されることが多く、たとえば次のような条項が盛り込まれる。

　まず、スポンサーから大学への資金援助（ベース支給額とインセンティブ支給額が定められる場合もある）と用具支給、そしてその見返りとしての、スポ

ンサー主催イベントへの出席義務、ホームゲームでのチケット提供、関係者のスポンサー製アパレルの着用義務、スポンサー製品の広告掲載義務などである。また、大学が自校のロゴをあしらったアパレルの独占的製造販売権をメーカーに許諾する代わりに、ロゴ使用料が大学に支払われることが多い。そのほか、通常のスポンサー契約、商品化契約に見られる条項に加え、契約更新に関する優先協議条項が盛り込まれることも多い。契約期間は複数年契約が通常であり、有名校とのスポンサー契約では 10 年を超える例もある。

　通常の企業間のスポンサー契約にはあまり見られない内容としては、公式試合出場停止処分等を受けた場合の資金援助額減額条項、第三者とのアパレル供給契約締結禁止条項とその例外許諾条項（たとえば、スポーツ全般に強みがあるスポンサーが、野球用具やスイムウェアなど特定の分野の用具製造に強みがあるメーカーと当該大学の間の用具供給契約を個別に例外的に認める場合）などがある。さらに、スポンサーにおける有給学生インターン採用枠の提供や、チームロゴ改変時の無償でのデザイン協力などを定める例もある。

## **3** 学生選手の権利・法的地位

　日本においては、現役プロ選手の競技に関する**肖像等**は所属チーム等が管理し、そのうえで肖像の利用対価の一部が選手に還元されることが多い。では、学生アスリートの肖像はどのように管理され、いかなる利用態様についていかなる方法で対価が還元されるべきであろうか。それは、大学スポーツの発展に資するかどうかという観点からも検討されるべきであろう。米国ではNCAA により学生アスリートが自らの肖像を利用して収益を得ることが禁止されていたところ、元選手がそれは不当だとして裁判を起こし、一部その主張が認められた[3]。その後、カリフォルニア州では、学生選手が自らの肖像を利用して収益を上げること等を認める法律（**"Fair Pay to Play Act"**）が2019 年に成立している[4]。2021 年 7 月には、NCAA は、元学生アスリートから提訴された独禁法訴訟を契機に従来の方針を転換し、学生がその肖像等（NIL, name, image and likeness の略称）を用いて報酬を得ることを容認するに至った。2023 年 5 月には、試合の放映権収入の一部を大学が所属学生アスリートに報酬として支払うことを認める方針も打ち出している。

　フル・スカラーシップ（**奨学金**）を得て厳格な管理下で練習・試合出場をおこない大学の知名度と収益向上に貢献している学生選手は、労働組合を組

織して待遇その他の事項について交渉をおこなうことはできるだろうか。これは換言すれば、学生アスリートが大学との関係で「労働者」と位置づけられることはあるのかという問題である。米国では、学生アスリートが労働組合を作る動きは過去にもあったが、2024年2月に全米労働関係委員会（NLRB）が、NCAA I 部に所属するダートマス大学のバスケットボール選手を労働者と判断したことをうけて、同選手たちは同大学の従業員が参加する労働組合に加わることとなった。大学側は NLRB の判断を争っており、今後の動向が注目される。[5]

また、大学間の戦力均衡を図る名目で、事業者としての大学の団体が主導して、学生に支給できる奨学金上限額を定める（その結果、奨学金の増額競争の回避も可能になる）ことは独禁法に反するだろうか。これは、プロの世界におけるサラリーキャップ制度と同様の問題ともいえる。

日本では、学生選手の権利・法的地位やそれを取り巻く環境をめぐる議論はあまりなされてこなかったといえる。日米では学生スポーツの経済規模が大きく違うため米国の議論が直ちに日本にあてはまるものではない。またそうすべきでもないだろうが、今後は、ガバナンス・コンプライアンスの問題に限らず、大学スポーツをめぐる議論が活発化されると予想される。

〔小林利明〕

**10-5 注釈**

1) UNIVAS の HP〈https://www.univas.jp〉。なお 2024 年 4 月時点で 32 団体・6 連携会員・225 大学が加盟している。
2) NCAA とは、National Collegiate Athletic Association（全米大学体育協会）の略称である。
3) オバノン事件（O'Bannon v. NCAA, 9th Cir., 2015）。なお NCAA の商業化については、宮田由紀夫『暴走するアメリカ大学スポーツの経済学』（東信堂・2016 年）、川井圭司『NCAA の商業主義とアマチュアリズムの行方』（2016 年）〈https://www.mext.go.jp/sports/b_menu/shingi/005_index/shiryo/__icsFiles/afieldfile/2016/06/13/1372051_03.pdf〉参照。
4) 同法は 2023 年に施行されている。中川かおり「【アメリカ】カリフォルニア州における大学スポーツ選手への報酬」外国の立法 No. 282-2（2020 年）〈https://dl.ndl.go.jp/view/download/digidepo_11448985_po_02820202.pdf?contentNo=1〉。
5) 「学生選手は労働者？ 米名門バスケチームが労組加盟」2024 年 3 月 7 日日本経済新聞。

## 10-6
## 代理人（エージェント）

### 1 代理人選任のメリット・デメリット

　プロスポーツの世界において、**代理人（エージェント）** は重要な役割を担う。代理人は、専門的知識を駆使して、選手契約や監督契約締結交渉において選手を代理するのみならず、場合によってはエンドースメント契約やスポンサー契約締結の補助業務などもおこなう。メディア出演のスケジュール管理などのマネジメント業務をおこなう場合もある。さらには、選手のよろず相談役として、プライベートな相談や個人的ビジネスの相談にのることもある。選手等にとっても、本業に集中できる、オフの時間を有意義に利用できる、法律・経済面の知識の不足を補うことができる、お金の交渉を自らすることを避けられる、といったメリットがある。

　他方で、代理人をつけると通常は代理人に支払う費用が発生する。また、代理人が有能かどうかの評価は必ずしも容易ではない。しばしば選手等と代理人の間でトラブルも発生する。

### 2 代理人登録制度

　日本においては、アスリートの代理人となる資格を一般的に定める法律は存在せず、誰でもなることはできる。もっとも、競技団体や選手会等において、代理人の資格制限や代理人登録制度を設けていることが多い。

　登録制度を設ける本来的目的は、不適格な代理人を排除することにより、代理人を利用する者（選手や監督等）の権利利益を保護することといえよう。代理人は、依頼者のために自ら相手方と交渉にあたる重要な職責を担っているから、依頼者と代理人との間で生じうる**利益相反**や代理人の不当な行為により、依頼者本人が不利益を被らないようにする必要性は高い。他方で、代理人を選任する権利は守られなければならない。

　従前、日本プロフェッショナル野球組織（NPB）は、その構成員である各球団に対して、選手契約交渉の選手代理人とする者を弁護士法の規定による

弁護士としたうえで、各球団に所属する選手が既に他の選手の代理人となっている者を選任することを認めないようにさせていた。しかし、公正取引委員会から警告がおこなわれたことを契機に、2024年9月2日、そのような制限行為をやめるに至った[1]。

サッカーでは、以前はFIFA（国際サッカー連盟）に登録したFIFA公認代理人のみが国際移籍の代理人として活動することが認められていたが、無資格代理人による違法行為が横行したため代理人制度は廃止され、**仲介人制度**が導入された。その後仲介人制度も廃止され、2023年10月からはFIFAフットボールエージェント制度が導入されている。日本国内で代理人活動を行うにはFIFAエージェントのライセンスを取得したうえで、日本サッカー協会（JFA）の定める規則に従う必要がある[2]。

バスケットボールでは、**FIBA**（国際バスケットボール連盟）の規則に従い、日本バスケットボール協会（JBA）の「エージェント規則」2条において、すべてのエージェントはJBAに登録されなければ日本国内において交渉等をおこなうことはできないとされている。国際移籍を扱うためには別途FIBAのライセンスを取得する必要もある。

## 3 代理人の行為規制と代理人契約

日本では、特にスポーツ代理人についてその具体的行為を規制する法律は存在しない。もっとも、代理に関する基本的法律関係は民法および商法が定めており、また弁護士法は、一定の行為を弁護士以外の者がおこなうことを禁止している。

具体的には、**弁護士法72条**が「弁護士……でない者は、報酬を得る目的で訴訟事件、非訟事件及び…行政庁に対する不服申立事件その他一般の法律事件に関して鑑定、代理、仲裁若しくは和解その他の法律事務を取り扱い、又はこれらの周旋をすることを業とすることができない。ただし、この法律または他の法律に別段の定めがある場合は、この限りでない。」と定めている。そのため、権利義務について争いのある事案について報酬を得る目的で業務として他人を代理することは本条に違反すると考えられている[3]。実際には、弁護士資格を有しない者が紛争性を含むとも思われる交渉を代理する事例もあるようだが、それが弁護士法に触れるかどうかはケースバイケースの判断となろう。この点、先に挙げたJFAやJBAのエージェント規則には、

弁護士以外のエージェントは「事件性」を有する（または「事件性」が予見される）取引には関与できない旨を定めている。これは弁護士法に配慮した定めと理解されるが、「事件」の定義は規則中に設けられていないため、その判断に迷うこともあろう。

この点、諸外国ではスポーツ・エージェントの行為規制についての詳細な研究や立法も行われている。立法例としては大学スポーツについて米国の統一アスリート代理法（「UAAA」：Uniform Athlete Agent Act of 2000）や、スポーツ代理人責任・信託法（「SPARTA」：Sports Agent Responsibility and Trust Act）などがよく引用される。法的規制に加え、各競技団体や選手会等は、自らが定める代理人登録規則に、代理人の行為として認められる事項や行為規制を比較的詳細に定め、それに違反した場合のペナルティを定める例も多い。詳細はそれらの団体等のウェブサイトを参照されたい。

選手等が必要なタイミングで代理人のアドバイスを受けることができる権利を保護するとともに、依頼人たる選手の利益を守るために、適切な代理人規制のあり方を探ることが重要である。　　　　　　　　　　　〔小林利明〕

---

### コラム　　トッププロ選手の破産と資産管理

世界的トッププロ選手の中には超高額の収入を得る者もおり、Forbes 誌が毎年公表しているアスリート長者番付によれば、彼らの稼ぎは天文学的数字だ。

しかしそれでも、かれらは引退後ほどなくして破産することも少なくない。元トッププロ選手が破産したという報道に接する機会は日本では多くはないが、米国では、平均年俸が数億円とされる NBA（バスケットボール）選手の 60% が引退から 5 年以内に破産し、NFL（アメフト）選手の 78% は引退後 2 年を待たずに破産または経済的困窮に直面するという調査もある（2009 年、Sports Illustrated 調べ[5]。ただし 2015 年に公表された大学の研究機関の調査によれば、NFL 選手の破産については引退後 12 年で 16% とされている[6]。データの評価については議論があるが、前者の報道は非常にショッキングな内容として注目された）。破産の原因は様々だが、現役時代と同じ感覚での浪費、投資の失敗、離婚による財産分与や養育費支払い、ビジネスの失敗が破産に至る主要な理由とされる。

投資の失敗に関しては、海外では、元選手が自身の財務アドバイザーに対して訴訟を提起する例も多い。また、資産管理をめぐり法律事務所や代理人あるいは通訳が訴えられたり、刑事事件化する事例もある。収入は多いが資産管理に疎い選手が、現役時代に資産運用を財務アドバイザー等に任せきりだったが、ある時資産を確認したところ不適切な投資や横領により数十億円規模の損失があることが発覚したというのが典型例である。特定の担当者が単独で長期間にわたり経理や資金管理を担当していた結果**横領**がおこなわれていたということは、スポーツ業界に限らずよく聞く話である。日本人選手も例外ではない。通訳が担当選手の財産をギャンブルに費消し逮捕された事件は記憶に新しい。

　通常の感覚からすれば、そのような多額の損失が生じる前に発覚する機会があるはずとも思われる金額だが、数十億円規模の損失を被ったとして裁判沙汰になる事例も一定数あることを踏まえると、誤解を恐れずにいえば、アスリートは狙われやすく騙されやすいのかもしれない。

　興味深いのは、上記研究機関の調査によれば、現役期間の長短や現役時代の収入は破産率と相関性が低いという点だ。結局のところ、選手自身が資産を守る知恵をもっているかが重要ともいえるだろう。

〔小林利明〕

## 10-6 注釈

1)　〈https://www.jftc.go.jp/houdou/pressrelease/2024/sep/240919_4jyou.html〉。
2)　JFA ウェブサイト参照。
3)　日本弁護士連合会調査室編『条解弁護士法〔第 5 版〕』(弘文堂・2019 年) 638 頁以下。
4)　たとえば「STUDY ON SPORTS AGENTS IN THE EUROPEAN UNION」(2009 年 11 月)〈https://ec.europa.eu/assets/eac/sport/library/studies/study-sports-agents-in-eu.pdf〉など。
5)　Pablo S. Torre, "How (and Why) Athletes Go Broke," VAULT (March 23, 2009)〈https://vault.si.com/vault/2009/03/23/how-and-why-athletes-go-broke〉.
6)　"Financial Literacy For Professional Athletes," GFLEC 〈https://gflec.org/initiatives/bankruptcy-rates-among-nfl-players-short-lived-income-spikes/〉.

## 10-7
# スポーツと事故・怪我

　スポーツに関する事故は、被害者が競技者である場合と観客である場合とに大きく分けられる。格闘技の試合・練習の最中に相手の技により半身不随となった、野球観戦中にファールボールが当たり失明した、などが典型例である。指導者・監督者による不適切な指導・監督や、会場設備の設計・管理上の不備が原因で事故に至る場合もある。

　不幸にして事故が起きてしまった場合、怪我の軽重次第では、話し合いにより解決に至らず、民事裁判により損害賠償請求がなされる例も少なくない。被害者が「**加害行為が故意または過失によりおこなわれ、それを原因として怪我・死亡という損害が発生したこと**」を立証できれば損害賠償責任が認められることになるが、直接の加害行為者以外にも、なすべきことをなさなかった競技指導者（学校を含む）、競技大会主催者、競技施設管理者なども責任を問われうる。判断が難しいのは、加害者に**過失**があったかという点である。**結果の予見可能性**と**結果回避可能性**が認められれば過失が肯定されるという判断枠組は民法の原則における通常の過失判断と同様だが、スポーツによりルールが異なり、内在的な危険性も種目別に異なるため、結果の予見可能性も回避可能性も、スポーツによる個別事情を踏まえた判断が必要といえる。

　そこで、同一または類似する種目における裁判例が参考になろう。たとえば、**野球**について、プロ野球観戦中のファウルボールによる怪我（札幌高判平成28年5月20日、仙台地判平成23年2月24日）、草野球の試合中の事故（東京地判平成13年11月2日等）、**サッカー**の試合中の負傷（東京地判平成30年2月28日）、体育の授業中の事故（最判昭和62年2月13日、福岡地裁久留米支判令和4年6月24日）、**ゴルフ**のプレー中にボールやクラブが当たったことによる怪我（岡山地判平成25年4月5日、東京地判平成22年3月31日）、ゴルフカートの誤操作による怪我や衝突事故（大阪地判平成28年11月21日、大阪地判平成18年7月7日）、**ラグビー**の試合中の怪我（東京地判平成26年12月3日）、**バドミントン**のダブルスのペアのラケットが当たったことによる怪我（東京高判平成30年9月12日、さいたま地判平成28年3月16日等）、

504

バスケットボールの試合中の事故（鳥取地裁米子支判昭和 63 年 2 月 18 日）、バレーボールの練習中の事故（東京地判昭和 45 年 2 月 27 日）、**レスリング**の練習試合中の事故（東京地判平成 14 年 5 月 29 日）、**水泳**授業中の事故（東京地裁八王子支判平成 15 年 7 月 30 日）、**柔道**の試合中や部活動中の事故（福岡高判平成 30 年 2 月 1 日、東京高判平成 25 年 7 月 3 日）、**スキーやスノーボード**中の人と人との衝突事故（最判平成 7 年 3 月 10 日、東京地判平成 30 年 2 月 5 日）、ゲレンデ内での木との衝突事故（福岡地裁行橋支判平成 14 年 3 月 5 日）、**スキューバダイビング**中の事故（福島地裁郡山支判平成 21 年 9 月 4 日）、**スカイダイビング**中の事故（横浜地判平成 21 年 6 月 16 日）、**カーレース**における衝突事故（東京地判平成 15 年 10 月 29 日）、トレッキング中の滑落事故（東京地判令和元年 7 月 31 日）など、様々なものがある。

　このほかにも、小学生が練習中に蹴ったサッカーボールが原因で路上を自転車で走行中の男性が死亡した場合の**保護者の監督義務**について争われた事案（最判平成 27 年 4 月 9 日）や、学校部活動中の落雷事故（最判平成 18 年 3 月 13 日）や熱中症発症について**学校の監督責任**が問われた事案など（刑事事件として横浜地裁川崎支判平成 14 年 9 月 30 日）、スポーツ事故に関する裁判例は少なくない。[1]

　請求できる損害は、基本的に、**財産的損害**（現実に生じた損害や、場合によっては怪我等がなければ得られたはずの逸失利益）と**精神的損害**（慰謝料）である。被害者側にも落ち度がある場合は損害額が減額されることもある（これを「**過失相殺**」という）。

　**各種保険・年金制度**も存在している。学校事故を対象とする共済制度、スポーツ団体向け保険、施設所有者・管理者向け保険、個人保険（傷害保険や賠償責任保険を含む内容や、ゴルフ保険など特定のスポーツを対象とするものもある）など各種保険のほか、競技団体が独自に障害保障制度を設ける例もある。公的障害年金の対象にもなりうる。労働者災害補償保険法にいう「労働者」に該当するか特別加入をしていれば、労災保険の対象となりうる。〔小林利明〕

---

**10-7 注釈**

1)　ほかにスポーツ事故については、さしあたり章末参考文献に掲載の『スポーツの法律相談』を参照されたい。学校等における事故については、日本スポーツ振興センターがウェブ上で公開している学校等事故事例検索データベースに多くの痛ましい事例が掲載されている。

# 10-8
## スポーツとハラスメント

### 1 スポーツ界特有の事情

どの世界においても、圧倒的権力者が存在する世界においてはハラスメントが起こりやすい素地がある。スポーツ界も例外ではない。指導する側と指導を受ける側という絶対的な立場の差と、競争が激しい中でトップに立つためには事実上特定の指導者の指導を受けない選択肢はないという環境も手伝い、ハラスメントが起きても被害者が声を上げにくいという問題もある。

2018年には、米国体操連盟のスポーツ医師が怪我の治療と称して女子選手におこなった**性的虐待**（これは**セクハラ**を超えて犯罪行為であった）について150人以上の女子選手が告発したという事件が世界中で報道された。日本においてもスポーツ界における**パワハラ**（パワーハラスメント）が大きく報道されたこともある。

近時、スポーツの世界でもパワハラが注目を浴びる事案が増えてきているが、スポーツの指導の世界において違法なパワハラとなるかどうかの判断は、一般社会における判断よりも困難と思われる。

### 2 パワハラ防止法

ハラスメントについては **1-6・2** のコラム（▶▶63頁・コラム「エンタテインメント業界とハラスメント」）でも説明しているので、ここではスポーツの文脈に限り触れることとしたい。いわゆる「**パワハラ防止法**」（労働施策総合推進法）によれば、パワハラとは、**職場**においておこなわれる①**優越的な関係を背景とした言動**であって②**業務上必要かつ相当な範囲を超えたもの**であり③それによって労働者の**就業環境が害される**もの、の3条件を満たすものをいう（同法30条の2）。

「事業主が職場における優越的な関係を背景とした言動に起因する問題に関して雇用管理上講ずべき措置等についての指針」（「パワハラ防止指針」）は、パワハラの典型的類型として、(1) 身体的な攻撃（暴行・傷害）、(2) 精神

的な攻撃（脅迫・名誉毀損・侮辱・ひどい暴言）、（3）人間関係からの切り離し（隔離・仲間外し・無視）、（4）過大な要求（業務上明らかに不要なことや遂行不可能なことの強制・仕事の妨害）、（5）過小な要求（業務上の合理性なく能力や経験とかけ離れた程度の低い仕事を命じることや仕事を与えないこと）、（6）個の侵害（私的なことに過度に立ち入ること）の六つを示している。

　パワハラの定義との関係で特に注意すべきは、「**職場**」とは、懇親の場も含め実際に職務の延長と考えられるものも含まれること、「**優越的な関係を背景とした言動**」には、当該言動をおこなう者が業務上必要な知識や豊富な経験を有しており、当該者の協力を得なければ業務の円滑な遂行をおこなうことが困難であるものを含むこと（必ずしも、上司から部下に対する言動に限られない）、「**労働者の就業環境が害される**」かは平均的な労働者の感じ方が基準となるが、パワハラの相談をおこなった者の心身の状況や当該言動がおこなわれた際の受け止めなどその認識にも配慮する必要があるとされていることなどだろう。同法は原則として雇用関係を前提に適用されるが、指導者の選手に対するパワハラの存否の判断においても、その定義が参照されることがある。

　この点、日本スポーツ協会は、「スポーツの現場において、暴力、暴言、ハラスメント、差別など安全・安心にスポーツを楽しむことを害する行為」をスポーツハラスメントとよび、これは指導者と指導を受ける者との関係のみならず、スポーツの現場における関係者の誰によっても、また誰に対してであっても起こりうるとする。[1]　パワハラよりも広い概念といえる。

　パワハラを成立させる要素のうち最も判断が困難といえるのは、上記の②**業務上必要かつ相当な範囲**を超えるかという点だ。適正な指導といきすぎた指導を厳密に区別することは、時に難しい。暴力はたとえ指導の名目であっても許されないが、特にトップアスリートの指導においては、非常に厳しい言葉をかけて選手に精神的負荷をかけることも、その状況次第ではおよそ不要とも言い切れないかもしれない。しかし、言葉や態度による「指導」については、行為者と選手の受け止め方が同じとは限らない。つまり、外形的には同じに見える行為であっても、指導者と被指導者の立場や人間関係等によっても、パワハラかどうかの判断は変わりうるのである（なお、競技団体内部の事務職の間においてもパワハラは起こりうるものであり、そのような場合の判断は一般社会における基準と同様に判断することになるだろう）。

## **3** 事実認定の困難性

　ところで、スポーツ業界は比較的狭い業界であるため、被害をうけても報復をおそれ被害申告をしない事案も少なくないと思われる。また、なかには、周囲の者は明らかに度をこえた言動と感じていても当の本人は「このような扱いは昔からうけてきたので、こんなものと思っていた」などと受けとめている例や、第三者に相談はしたが、その後家族に相談したところ、家族が被害申告に反対したため、申告を見送り、所属先を変えることで対応したという例もある。このように、スポーツ界におけるハラスメント事案には、相当の暗数があると思われる（スポーツ界のみならず、「狭い世界」一般について、このようなことがあてはまるだろう）。

　さらにパワハラ該当性の判断を難しくさせるのは、パワハラの根拠となる**事実の存否**についての認定である。パワハラは指導の過程における密室でおこなわれることも多いため、録音でもない限り、仮にパワハラがあったとしてもそれを裏付ける客観的証拠がないことや、逆に事実ではない被害申告を否定する証拠がない場合も多く、関係者の聞き取りだけが証拠となる場合も多い。しかし、利害が複雑に関係するステークホルダーが多い閉じられた競技団体や同じ法人の中で、客観的な利害関係のない者から証言を得ることは、ときとして容易ではない。

　上記で見た通り、一般社会においてもパワハラをめぐる紛争の解決は容易ではないが、スポーツ業界においてはなおさらそのようにいえそうである。パワハラ防止法により、事業主にはパワハラを未然に防止する措置を講じることが求められることになったが、**ハラスメント相談窓口**や**内部通報窓口**を制度化して終わりではなく、相談や通報がしかるべき担当者に速やかにかつ適切に情報共有される体制を構築し、制度を有名無実化させずに運用していくことが重要であろう。また、調査・処分をおこなって終わりというのではなく、その後に就業環境が改善されているかのモニタリングも重要といえる。関係者のプライバシーを厳守することはいうまでもない。　　　　〔小林利明〕


**10-8 注釈**

1)　日本スポーツ協会ウェブサイト〈https://www.japan-sports.or.jp/spohara/〉。

## 10-9
# スポーツとマイノリティ

　マイノリティに対する対応は、時に差別という形で現れる。日本国憲法14条は、**法の下の平等**を定め、「人種、信条、性別、社会的身分又は門地により、政治的、経済的又は社会的関係において差別されない。」と定めており、不合理な差別は違憲・違法となる。つまり、事実関係の違いに基づく合理的な取り扱いの差異は直ちに問題とはならない。それゆえ、差別の議論をおこなうときは、異なる扱いについて、どのような観点から見たときに何が同じで何が違うかを注意深く考える必要がある。

　たとえば、**性別、人種、国籍、信教による差別**はしばしば問題となるが、ゴルフクラブが女性に対して会員資格を認めないこと、国籍保持者でなければ競技団体の特定の地位につけないこと、宗教上の理由で特定の服などを着用する者に対し着用したままの競技参加を認めないことなどは、すべて平等権・平等原則の問題となりうる。

## 1 トランスジェンダー

　スポーツの世界においては、**トランスジェンダー**競技者のうち、特に身体的には男性であるが性自認は女性のアスリートが、女性として試合参加資格を得られるかという難しい問題もある。戸籍上の性別を転換することは、日本においても「性同一性障害者の性別の取扱いの特例に関する法律」に基づき一定の条件下でおこなうことはできる。しかし、身体的能力を考慮して男女区分がなされているスポーツにおいて、そのような者の出場を認めることは、競技の公正性という観点から異論もあろう。実際に元ナショナルチームの男子メンバーが性転換後に女子ナショナルチームのメンバーとして国際大会に出場した例などもあるが、特にメダル争いに絡むクラスになると競技内外からの批判的な声は小さくないようである。2019年にはいくつかの国際レベルの競技連盟間の協議を経てトランスジェンダー競技者の女性競技への参加につき一定の方針も示されたが、この文脈における平等とは何かをめぐり海外では裁判もおきている。[1] 日本でも日本スポーツ協会が「体育・スポー

ツにおける多様な性のあり方ガイドライン」（2020 年 3 月）を公表している。法的な観点からだけでなく医学的知見もふまえた、さらなる議論が求められる問題である。

## 2 先天的体質

選手の先天的体質に関する紛争実例としては、陸上競技選手であったキャスター・セメンヤ選手の事例が有名である。先天的にテストステロン（筋肉量に影響を与える男性ホルモンの一種）値が高いとされる同選手は、出場女子選手のテストステロン値を制限する国際陸上競技連盟の規定の効力を争いスポーツ仲裁裁判所（CAS）に提訴した。しかし、CAS は、新規定は差別的だとしつつも、同連盟の新規定は競技の公平性という目的を達成する手段として必要かつ合理的な適切な手段だと判断し、同選手の訴えを認めなかった。その後、セメンヤ選手は CAS の判断をスイス連邦最高裁において争ったが、同裁判所は 2020 年 9 月にセメンヤ選手の申立てを退けた。[2]

## 3 男女賃金格差

近時は、いわばスポーツ界における男女間の「同一労働同一賃金」問題ともいうべき**男女賃金格差**について問題提起がされている。2019 年に、米国女子サッカー代表選手が、同国男子サッカー代表選手との間に不当な待遇差や賃金格差があると主張しその解消を求めて米国サッカー連盟を相手どって連邦裁判所に訴えた事例はその一例である。プロスポーツにおける男女間の賃金格差の問題については、興行収益規模が違えば男女間で選手報酬に格差があるのは当然という意見もあるが、正しい事実関係を前提としない感情的批判も少なからず見受けられる。また、上記事件もそうであるように、単に現時点における現象としての格差だけを取り上げるべきではなく、過去の労使交渉の経緯も重要な争点となりうるのであり、さほど単純な話として片づけることはできない。この裁判は 2020 年 12 月に一部和解が成立し、女子代表は遠征時の移動や宿泊条件について男子選手と同等の待遇を受けることとなった。その後、2022 年 2 月に最終的な和解が成立し、以後の国際大会で男女同一賃金を払うこと及び女子サッカー関連の慈善活動やセカンドキャリア問題のために 200 万ドルの基金を設立することが発表され、一連の紛争は終結した。[3]

## **4** 外国人枠・帰化枠

　いわゆる**外国人枠**（外国人の登録ないし出場人数制限）の問題はどのように位置づけられるであろうか。外国人だという理由だけで異なる扱いをすることは国籍による差別として許されないとしても、日本人選手の国際試合における競技力向上のためならば一定の限度で許容されうるか。仮に外国人枠が認められるとして、法的にも日本人である帰化選手枠を設けることは認められるだろうか。同じ日本人であっても異なる扱いがされることは許されるのか。外国人というとスポーツにおいては体格の良い選手を想像しがちだが、当然ながら体格にさほど恵まれずとも活躍する選手は少なくない。そう考えると、設けるべきは「外国人枠」ではなく「体格枠」あるいは「スキル枠」とも思える。しかし、選手間の体格差やスキル差は、スポーツにおいてはもともと所与の前提として社会的に受け入れられている。よく考えていくと難しい問題である。

　差別・平等に関する諸問題はいずれもセンシティブな問題であり、競技の伝統という観点や社会的なコンセンサスにも影響を受けうる問題といえる。しかし、スポーツの魅力は理屈だけで決まるものではない。ステレオタイプな表面的差異だけにとらわれることなく、なぜ、どのような差異が生じており、それがどのような観点から現代社会において正当化されうるのかを、複眼的に検討しなければならない。

〔小林利明〕

### 10-9 注釈

1)　たとえば、2024 年 3 月には、米国大学選手らが、女性に転換したトランスジェンダー選手が NCAA の女子種目に出場することや女性用ロッカールームを使用することを認めた NCAA の規則は、女性に対する差別にあたるとして提訴したと報道されている〈https://forbesjapan.com/articles/detail/69763〉。

2)　本項については公益財団法人日本スポーツ協会医科学研究報告「スポーツ指導に必要な LGBT の人々への配慮に関する調査研究（第 1 報、第 2 報）」（2017 年、2018 年）も参照。この問題については南野森「性と障がいから考えるスポーツと憲法」早川吉尚編『オリンピック・パラリンピックから考えるスポーツと法』（有斐閣・2021）が簡潔かつ読みやすく解説している。

3)　米サッカー代表チームの報酬を「男女同一」に〈https://www.jil.go.jp/foreign/jihou/2022/06/usa_02.html〉、「プロスポーツ界における男女『同一労働同一賃金』～女子サッカー米国代表選手たちの絶対に負けられない戦い～」〈https://www.kottolaw.com/column/190829.html〉も参照。

# 10-10
## スポーツと紛争解決

## 1 スポーツに関する紛争の内容

スポーツに関する紛争はいくつかの観点から分類が可能だが、紛争の内容に着目すると、以下のように分類できよう。

①選手・監督・スタッフと所属先との契約に関する紛争（個々の契約内容や契約終了に関する紛争等）

②①以外の契約に関する紛争（放映権許諾契約、スポンサー契約、各種ライセンス契約等に関する紛争等）

③契約関係以外の紛争（第三者による知的財産権侵害、競技中の怪我・事故、選手等による刑事事件等）

④ドーピングに関する紛争

⑤競技団体等の規約の内容・効力やそれに基づく決定等に関する紛争（代表選考に関する紛争等）

⑥競技団体内部または団体間の運営・自治に関する紛争（役職者の選解任手続、ハラスメント、不祥事に対する処分をめぐる紛争、上部団体から傘下団体への処分をめぐる紛争等）

また、紛争の当事者に着目して分類すれば、選手間の紛争、選手と団体／判定機関との紛争、選手／団体と第三者（観客、関係事業者、権利侵害者）との間の紛争、組織内紛争、団体間紛争という分類方法もあるだろう。

なお、ドーピングに関する紛争はスポーツ特有のものであり、実務上も重要であるが、これについては章末参考文献を参照されたい。[1]

## 2 紛争解決機関

話し合いだけでは解決できない紛争もある。その場合には、紛争解決機関を介して妥当な解決が得られることが期待される。スポーツ紛争についても、

一般的な民事上の問題の紛争解決におけると同様、どのような紛争解決機関・手段を選択するかは事案に応じた専門的検討を要する。

スポーツ紛争については、当該スポーツの**リーグ等による独自の紛争解決制度**が設けられている場合がある。たとえば、ＪリーグやＢリーグにおいては、裁定委員会への申立てをおこない、原則として非公開の手続により一定の事項についてチェアマンによる決定を求めることができる。プロ野球における年俸調停制度[2]も独自の紛争解決制度といえる。これらの制度を利用する場合、当該スポーツの内情に詳しい者による判断を得られることが期待できる。しかし審理対象事項や対象当事者が限定されていることや、審理担当者の人選の中立性に疑問が生じうる場合もある。また、一方当事者が、独自の紛争解決制度に基づき下された判断に従わなかった場合に、裁判等の既存の制度を利用して判断内容を強制できるかは必ずしも明らかではない。

スポーツ紛争に関しては、より公的な**スポーツ紛争の専門的紛争解決機関**が存在し、それを利用した仲裁や調停手続の利用も考えられる。

**仲裁**とは、仲裁人により、競技またはその運営をめぐる紛争を、裁判所での訴訟手続よりも簡易・迅速に解決することを目的とした紛争解決手続であり、審理は非公開でおこなわれる（ただし判断内容は公開されることがある）。その判断内容に対して不服を申し立てることは原則としてできない。仲裁をおこなうためには、相手方当事者から、仲裁手続による紛争解決をおこなうことについての**同意**を得る必要がある。

具体的には、**CAS**（スポーツ仲裁裁判所）や **JSAA**（日本スポーツ仲裁機構）がある。CAS はスイスに本部があり、CAS での手続は英語またはフランス語でおこなわれる。JSAA は東京に本部を置き手続も日本語でおこなわれる。JSAA が仲裁の対象とする紛争は４類型ある。ⓐ競技やその運営に関して競技団体またはその機関がおこなった決定（競技中の審判の判定は除く）について、競技者等が申し立てる場合、ⓑドーピングに関する紛争、ⓒ競技団体の加盟団体に対する決定について加盟団体が競技団体に対して不服を申し立てる場合、ⓓ上記以外のスポーツ紛争全般、である。

JSAA は、仲裁とは別に**調停**という制度も用意している。調停とは、紛争当事者間の話し合いの場に調停人が臨席し、公平な第三者として助言等を適宜することによって、当事者による和解をあっせんする手続である。仲裁判断は当事者を法的に拘束するのに対して、調停の場合は調停人が示した解決

案を受諾しないことも可能である点に留意が必要だ。JSAA を利用した手続の詳細については同機構ウェブサイト[3]に詳しい。

　上記のようなスポーツ固有の紛争解決機関を利用せず、**裁判所**での**訴訟**や**民事調停**手続を利用することも考えられる。労働組合たる選手会であれば、集団的労使紛争について労働委員会への申立てをおこなうことも考えられよう。

## 3 紛争解決機関の選択

　裁判所が審理対象とするのは、「法律上の争訟」（当事者間の具体的な権利義務等に関する紛争であって、法を適用することで終局的に解決できる紛争）に限られる。したがって、裁判所は、ある競技団体による代表選手選考プロセスが不透明であることを理由に選考のやり直しを求めて提訴しても、審理対象とはしない。そのような請求をするのであれば、団体内部の紛争解決制度を利用するか、あるいは上述の JSAA への申立てが第一候補となろう。

　事前の交渉では幾度のやり取りにもかかわらず当事者間の歩み寄りがまったくみられなかったような場合は、話し合いによる解決を指向する調停手続を選択しても効果的か疑問であるし、選手やスタッフ等の個人と所属クラブ等の間と契約解釈紛争であれば、事案次第では、裁判所での解決の方が明確な判断が得られる場合もあろう。個別の加盟クラブ等に対する監督権限を有する競技団体が設ける紛争解決機関を利用することは、仮に法的に明確な判断は得られずとも、結論として解決が図られ、それで足りる場合もあろう。一般に裁判所での法的手続は時間がかかるといわれるが、その目的とするところ次第では、活用する価値がある。

　多くの場合、スポーツ関連紛争は選手（側）により申し立てられることが多いと思われるが、複数の紛争解決制度を利用できる可能性がある場合には、上記で見たような得失を検討し、戦略的に利用することが肝要だ。〔小林利明〕

---

**10-10 注釈**

1) 米村幸太郎「ドーピングは禁止すべきか？」瀧川裕英編『問いかける法哲学』（法律文化社・2016 年）2 頁は、ドーピングを禁止すべき根拠について法哲学の観点から検討をおこなっており興味深い。
2) 日本プロフェッショナル野球協約 2022 第 94 条。
3) 〈http://www.jsaa.jp/〉。

## 第 10 章　参考文献

平田竹男『スポーツビジネス最強の教科書〔第 2 版〕』(東洋経済新報社・2017
　　　年)

原田宗彦編『スポーツ産業論〔第 7 版〕』(杏林書院・2021 年)

日本スポーツ法学会監修『標準テキスト　スポーツ法学〔第 3 版〕』(エイデル研
　　　究所・2020 年)

菅原哲朗ほか監修『スポーツの法律相談』(青林書院・2017 年)

スポーツ問題研究会編『Q & A スポーツの法律問題─プロ選手から愛好者までの
　　　必修知識〔第 4 版〕』(民事法研究会・2018 年)

多田光毅ほか編『紛争類型別　スポーツ法の実務』(三協法規出版・2014 年)

道垣内正人 = 早川吉尚編『スポーツ法への招待』(ミネルヴァ書房・2011 年)

早川吉尚編『オリンピック・パラリンピックから考えるスポーツと法』(有斐閣・
　　　2021 年)

佐藤大和 = 山本健太編『スポーツにおけるハラスメントの弁護士実務』(第一法
　　　規・2021 年)

宮本聡 = 細川慈子ほか『類型別スポーツ仲裁判断 100』(民事法研究会・2023 年)

加藤志郎『スポーツスポンサーシップの基礎知識と契約実務』(中央経済社・2023
　　　年)

川井圭司『プロスポーツ選手の法的地位─FA・ドラフト・選手契約・労働者性を
　　　巡る米・英・EU の動向と示唆』(成文堂・2003 年)

特集「スポーツビジネスと知的財産」ジュリスト 1514 号 (2018 年)

平尾覚 = 佐藤弥生監修『DX 時代のスポーツビジネス・ロー入門』(中央経済社・
　　　2021 年)

公正取引委員会「スポーツ事業分野における移籍制限ルールに関する独占禁止法
　　　上の考え方について」(令和元年 6 月 17 日)〈https://www.jftc.go.jp/
　　　houdou/pressrelease/2019/jun/190617.html〉

グレン　M. ウォン = 川井圭司『スポーツビジネスの法と文化─アメリカと日本』
　　　(成文堂・2012 年)

長谷川嘉宣『代理人だからこそ書ける　日米プロ野球の契約の謎』(ポプラ社・
　　　2018 年)

井上典之『スポーツを法的に考える I・II』(信山社新書・2021 年)

第一東京弁護士会総合法律研究所スポーツ法研究部会『Q & A でわかるアンチ・
　　　ドーピングの基本』(同文館出版・2018 年)

公益財団法人日本スポーツ仲裁機構「平成 26 年度ドーピング紛争仲裁に関する調
　　　査研究研究報告書『解説』」(2015 年)〈http://www.jsaa.jp/ws/doping
　　　report2014.pdf〉

# あとがき

　このたび第2版の刊行に至ることができたのは、何より本書初版を手に取ってくださった皆様のおかげである。改めてお礼を申し上げたい。

　第2版刊行は初版から4年を経ずして実現することになったが、第2版執筆のご提案を最初に出版社からいただいた段階では、頻繁に改正される著作権法のアップデートを盛り込むことのほかには、さほど大幅な加筆を要する事項はなさそうだと見込まれていた。しかし、執筆者一同で新規加筆事項について検討を重ねたところ、わずか数年の間に、生成AIをはじめとする新しい技術や新しいビジネスモデル、エンタテインメント業界をとりまく環境の大きな変化、新たな重要裁判例、社会の耳目を集めた社会問題への対応と新法成立などが相次ぎ、結果的には少なからぬトピックを加筆することとなった。

　編集方針は初版のそれを維持している。すなわち、第2版においても、教科書的な説明や裁判例の引用などはある程度にとどめ、それらは他の教科書や解説書に大胆に譲ることにした。そのぶん、参考文献リストをアップデートしているので、さらに検討を深める際にはご活用いただきたい。

　第2版の原稿執筆にあたっては、初版刊行後に骨董通り法律事務所に加入した石井あやか弁護士の尽力により、進捗管理も含めてスムーズに執筆を進めることができた。新たな執筆陣も加わった。

　そして、今回も担当編集者の登健太郎さんには様々なリクエストにご対応いただき、改めて御礼を申し上げたい。

　本書を初めて手に取っていただく方にも、また初版に続き第2版を手に取っていただく方にも、本書が皆さまの業務の一助となることを願ってやみません。

2025年1月

小林　利明

# 事項索引

## あ

ICANN…299
アイディア…21, 31, 265
IoT…346
アイテム課金…454
明らか要件…340
アクセス・コントロール…283
アクセスプロバイダ…286
アグリゲーター…275
アサインバック条項…233
アサンブラージュ…378
アーツカウンシル東京…70
アーティスティック・スポーツ
　…494
アーティスト…4
　——印税…157, 168
　——名…140
アドネットワーク…294
アートフェア…359
アート／メディア法…2
アバター…321
新たな裁定制度…30, 97
ありふれた表現…21, 31
RMT…460
暗号資産…454
アンチ・ドーピング規程…480
アンブッシュ・マーケティング
　…483, 489

## い

E＆O保険…248
依拠性…30
育成…160, 162
遺言…41
意匠権…37
委嘱楽曲…260
委嘱の契約…13
　情報の——…13
委嘱免除…258, 261
eスポーツ…444, 470
　——選手…474
移籍…170
　——制限…172
委託販売制度…189
EPAD…257
イベントの中止・変更…239
イベントプロモーター（イベンタ
　ー）…224
イラスト…381
インスパイア…377
印税（ロイヤルティ）…168, 215
インターネット上の海賊版に対す

る総合的な対策メニュー（総
合対策メニュー）…292
インティマシーコーディネーター
　…67
インボイス…246
引用…25, 136, 309
インラインリンク…316

## う

薄い著作権…364
歌ってみた…318
写り込み…467
売り興行…227

## え

絵（マンガ）…203
映画監督…95
映画監督協会…96
映画製作者連盟（映連）…92, 96
映画の著作物…495
映画配給契約…93
映画ファンド…104
衛星・ケーブル局…87
映像出演契約…89
（映像）制作会社…87
（映像）プロダクション…87, 98
映適（日本映画製作適正化機構）
　…11, 57, 66, 94
映倫（映像倫理機構）…92
映連→映画製作者連盟
エージェント…5, 482, 500
　——契約…161, 162
ACCルール…99
SNS…164, 315, 389, 412
ATAカルネ…69
NIL…498
NFT…404
MMORPG…442
MG→最低保証金
MPA→日本音楽出版社協会
演芸…225
演劇…224
演出家…229
炎上…34, 164, 374
演奏権管理団体…260
エンタテインメント法…ii, 2
エンタテインメント・ロイヤー
　…6
エンタメ産業…2
エンドースメント契約…486
エンブレム問題…373

## お

応用美術…282, 429
OSSライセンス…330
オークション…360
オークションハウス…359
オートクチュール…430
踊ってみた…318

オーバーブロッキング…301
オプション契約…117
オープン・クローズ戦略…264
オープンソース（化）…280, 330
オマージュ…377
音楽教育…146
音楽教室…22
音楽出版社…140, 141
音事協→日本音楽事業者協会
オンデマンド型サービス…273
オンラインクレーンゲーム…464
オンラインゲーム…442, 454
オンラインリーディング型…290

## か

海外人気…88, 93, 227
海外番販…93
外国人枠…511
会場での撮影・録音…262
改変…139
替え歌…138
各種保険（スポーツ）…505
学生選手…498
学術著作権協会（JAC）…217
拡大写真…367
貸譜…183
仮設建築物…251
カタログ写真…367
楽曲の利用開発…141
カード合わせ…456
GAFA…68
柄…421, 430
カラオケ法理…148
画廊…359
川島モデル…79
管財人…55, 104
幹事会社…101
完成保証会社…105
完成保証保険…249
完パケ…89
カンパニー…235
寛容的利用…263
管理委託契約約款…182

## き

議員…7
帰化選手枠…511
企業メセナ協議会…70
戯曲…257
危険負担…361
疑似著作権…45, 184
技術的保護手段…284
技術的利用制限手段…284
偽装請負…58
棋譜…452
寄付金…71
脚本家…229
キャスト…229
ギャラリー…359

キュレーション・メディア…309
キュレーター…359
教育機関における著作物の利用
　…219
競技連盟…481
競合…488
協賛…15
行政…7
競争法…68
共同原盤契約…157
共同製作…230
共同著作物…206
業法…111
業務に関する契約…12
許可…111
許認可…251
記録写真…367
緊急避難…301
金融商品取引法…105

く
クラウドファンディング…71,
　106
クラシカルオーサー…89, 95
グランドライツ…148, 258, 260
クリエイター…4
クリエイティブ・コントロール
　（権）…126, 394
クリエイティブ・スタッフ
　…229, 232, 235
クリックオン契約…239
グループ・ライセンス制度…493
クレジット…32, 237, 393
グレースピリオド…434
グレー領域…38
クレーンゲーム…463
クロッピング…379

け
芸術的スポーツ…22
芸術文化振興基金…70
芸術文化法…2
芸能事務所…160
芸能プロダクション…80
経費の分担…162
軽微利用…348
景品類…472
芸名…170, 173
契約による知的財産権の上書き
　…96
結果回避可能性…504
結果の予見可能性…504
ゲーム
　——会社…444
　——障害…458
　——制作（製作）事業者…482
　——センター…463
　——ソフト…108
　——内通貨…454

——用委嘱作品…448
原案…32, 205
健康管理…163
原作…32, 205
　——使用許諾…12, 89
「原作のまま」…307
源泉徴収…235
現代美術…363
建築基準法…251
建設業免許…251
原盤共同制作契約…157
原盤権…35, 154, 166
権利管理情報…285
権利者団体…6
権利処理…30, 369
権利のサルベージ…55, 94, 104
権利復帰…123

こ
後援…15
興行…226
興行収入（GWBOR）…233
興行（イベント）中止保険
　…249, 254
航空写真…367
広告代理店…87, 89, 482
公正な論評…34
行動ターゲティング広告…346
公認代理人…501
合理的配慮…228
声…353
声の模倣…36, 43
顧客吸引力…383
国際交流基金…70
国際裁判管轄…295, 343
国際ツアー…227
　——契約…12
国内取引…244
国際分類…36
国籍による差別…509
個人情報…271
古典芸能…225
子どもの権利条約…336
誤認混同のおそれ…424, 437
コピー＆ペースト…310
コピー・コントロール…283
コピープロテクト…390
コピーレフト…330
古物営業法…242
コマ割り…203
コミッションワーク…361
子役…56
コラージュ…378
五輪エンブレム…33
コロナ禍…70, 165, 228, 240,
　254
コンシューマーゲーム…442
コンテンツプロバイダ…286
コンプガチャ…456

さ
再演…233
債権回収…52
最低保証金（MG）…233
サイトブロッキング…299, 336
裁判所…6
再販制度…189
在留資格証明書…237
差額説…48
差止請求…48
指し値…174, 176, 448
撮影許可…43
撮影ルール…44
作曲家…229
SARTRAS→授業目的公衆送信補
　償金等管理協会
サプライヤー…482
　——契約…486, 488
差別…410, 509
サムネイル（画像）…282, 348
サラリーキャップ制度…499
参加型イベント…265
参加規約…265
サンプリング…38, 154

し
JRRC→日本複製権センター
JeSU→日本 e スポーツ連合
　——参加料徴収型大会ガイドラ
　イン…473
JAA→日本美術家連盟
JASPAR→日本美術著作権協会
JAC→学術著作権協会
JSAA→日本スポーツ仲裁機構
JCOPY→出版者著作権管理機構
CAS→スポーツ仲裁裁判所
識別力…423, 425, 427
事業者団体…6
事故…94, 266
自己情報コントロール権…341
CGL 保険…248
事実…21, 31
死者の肖像権…382
死者のパブリシティ権…384
自主興行（手打ち）…226
市場テスト…434
CC ライセンス…331
施設管理権…262, 386
事前抑制…51, 301
下請法…99, 447
GWBOR→興行収入
実演…320
実演家…4, 135, 258
　——印税…168
　——の権利…35, 91
C to C…272
実質的同一性…418
実写…121
CDN…294

指定管理者…62
GDPR…339, 347
私的複製…22, 284, 390
私的使用のための複製…22, 216
私的録音録画補償金請求権…168
児童オンラインプライバシー保護
　　法…468
シナ協→日本シナリオ作家協会
支払計画…54
支払督促…53
支分権…22
字幕…121
事務所移籍…165
地模様…427
ジャケット…159, 168
謝罪広告…50
写真の著作物…366
JASRAC…68, 145-147
ジャニーズ事務所問題…4
収益の分配…162
周知性…424
集中管理団体…134, 142, 145,
　　260
柔軟な権利制限規定…348
授業目的公衆送信補償金等管理協
　　会（SARTRAS）…219
受託者…41
受忍限度論…42
出演者…229
出資…14
出所表示機能…109, 423
出版権…193, 195
　──の存続期間…197
出版者著作権管理機構（JCOPY）
　　…217
出版物の映像化…220
巡回展…393
純利益…125
上演…231
生涯契約…487
障害者差別解消法…228
少額訴訟…53
商業演劇…224
小劇場…224
小冊子…388
消尽…107
肖像権…262, 381
　──ガイドライン…381
肖像のアーカイブ利用…42
承諾権…126, 234
消費税…244
商標…36
　──審査基準…114, 141, 143
　──的使用…37
　──登録…410
商品化許諾契約…492
商品等表示…115, 424
情プラ法（旧プロバイダ責任制限
　　法）…286

招聘…234
情報解析…350
証明写真…366
初演…233
書協→日本書籍出版協会
書協ひな型…195
食品衛生法…252
助成…15
所属契約…482, 486
John Doe訴訟…298
新規性…434
信教による差別…509
賃金格差…510
シンクロ権…96, 178
シンクロナイゼーション・ライツ
　　…178
新劇…224
人工知能…349
親告罪…304
神社仏閣…44, 386
人種による差別…509
信託…41
　──受益権…41

す
図柄…426
スクリーンショット…467
スタジオミュージシャン…167
スタッフ…4
ステルスマーケティング…413
ストーリー…202
ストリーミング（型）…273, 275
スナップ写真…367
スニペット…348
SPARTA…502
スポーツ仲裁裁判所（CAS）
　　…513
スポーツ保険…505
スポンサー…15, 482
　──契約…486
スマートフォン…270
3Dプリンタ…403
図録…389

せ
製作／制作…98
製作委員会…101
　──からの脱退…104
　──契約…14, 88, 101, 102
　──のメンバー…101
　──方式…47, 88
制作委託契約…89
製作者…98
製作費…125
青少年インターネット環境整備法
　　…337
青少年保護…336
精神的損害…49
静物写真…368

性別による差別…509
セゾン文化財団…70
世論…33
選手会…481
選手契約…481
専属解放…169
　──料…169
専属契約…165
専属実演家契約…161, 167
専属マネジメント契約…161
先天的体質…510

そ
総合対策…292
創作的寄与…349
総収入…125
装飾書体…373
蔵書のコピー…217
相談権…126
訴訟…52, 514
租税条約…69, 235
ソフトロー…99
損害額の推定規定…49
損害賠償請求…48
損害保険…248

た
大学スポーツ協会…497
タイトル…114
ダイナミック・プライシング
　　…243
対比表…31
代表原盤権者…157
台本…257
タイムスタンプ…287
貸与権…217
代理人…482, 500
ダウンロード違法化…306
ダウンロード型…275
ダウンロード配信…273
ダフ屋…241
ダンス…225
団体協約…92, 96

ち
地域創造…70
チェーン・オブ・タイトル…127
チケット…227, 238, 242
　──高額転売…241
　──販売委託契約…238
　──販売規約…239, 242, 263
チケット不正転売禁止法…242,
　　460
チート…460
仲介人制度…501
仲裁…52, 344, 513
　──合意…52
調停…52, 513
懲罰的損害賠償…49

著作権…20
　──管理団体→集中管理団体
　──教育…35
　──契約…142
　──侵害…30
　──等管理事業者…274
　──等集中管理団体→集中管理団体
　──登録…42
著作者人格権…138
著作物…21
著作物性…364
著作隣接権…35, 153
著名性…424

## つ
追加コンテンツ…455
追及権…360, 401
通常の方式によるリンク…316

## て
DNS ブロッキング…300
DMCA サビーナ…298
定額制音楽配信…273
定型約款…313
ディープフェイク…352
手打ち→自主興行
テキスタイル…426, 430
テクニカルライダー…234
デジタルアーカイブ…94, 259, 277
デジタル教科書…219
デジタル著作権管理…283
データ…21
デッド・コピー…415
デフォルメ…377
デベロッパー…445
テレビ局…87
テレビ放送番組…91
典型契約…13
電子透かし技術…285
電子商取引及び情報財取引等に関する準則…281
伝統的プライバシー権…338
転売ヤー…241
展覧会…391

## と
同一性保持権…138
動画配信プラットフォーム…87
東京都歴史文化財団…70
倒産…53, 94
当然対抗制度…199
登録制度…199
道路使用許可…252
特定ゲーム…448
特定公益増進法人…70
特別加入…59, 163, 249, 505
特別顕著性…424

匿名組合…104
匿名訴訟…298
渡航費…235
図書館における著作物の利用…217
図書館による図書の貸し出し…218
独禁法（独占禁止法）…68, 171, 484
届出制…111
賭博罪…471
トラッキング技術…468
ドラフト…16
トランスジェンダー…509
トリートメント…127
トリミング…379
トレース…378
トレンド…415
トレントサイト（型）…290

## な
ナイトクラブ…252
内部通報…508
生放送…495

## に
二次使用料請求権…168
二次創作…38
二次的著作物…204, 213
　──の保護期間…213
二次利用…231, 233
日脚連→日本脚本家連盟
日当…235
2.5 次元…93
日本 e スポーツ連合（JeSU）…472
日本音楽事業者協会（音事協）…80, 172
日本音楽出版社協会（MPA）…144
日本型 LLC…104
日本型 LLP…104
日本脚本家連盟（日脚連）…97
日本シナリオ作家協会（シナ協）…97
日本将棋連盟…453
日本書籍出版協会…195
日本スポーツ仲裁機構（JSAA）…513
日本人の法意識…79
日本美術家連盟（JAA）…397
日本美術著作権協会（JASPAR）…397
日本複製権センター（JRRC）…216
日本文藝家協会…97
日本放送協会（NHK）…87
ニューヨーク仲裁条約…345

## ね
ネット炎上→炎上
ネット・ゲーム依存症対策条例…459
ネット配信…93
　舞台の──…256
ネーミングライツ…490
　──契約…486
年金制度（スポーツ）…505
年少者…56

## の
ノンメンバー…97
ノン・レプリカ…232

## は
媒介者…5
配給手数料…125
配給費…125
賠償責任保険…248
バイラル・メディア…309
パクリ炎上…33
破産…502
パスティッシュ…38
働き方改革…80
パッケージ…159
発信者情報開示請求…287
ハード会社…444
パブリシティ権…42, 262, 383, 492
パブリックドメイン…27, 278
パブリックライセンス…331
パブリッシャー…445
ハラスメント…59, 63-68, 323-326, 506-508
ハリウッドメジャー…118
パロディ…38, 139, 377, 436
バンド名…140
販売方法の制限…413
頒布権…107

## ひ
弾いてみた…318
非営利法人…47
非営利目的の上演・演奏・上映・貸与等…23
非享受利用…350
ビザ…236
ビジネスと人権…60, 61
美術の著作物…363
　──の二次利用…397
美術の著作物等の展示に伴う複製等に関する著作権法第 47 条ガイドライン…389
ビッグデータ…346
B to C…272, 314
ビデオグラム…93
BPO（放送倫理・番組向上機構）…113

表現の自由…50, 77, 437
表現問題…76
標識法…109
表明保証…361, 380, 396
品質表示機能…109

**ふ**

ファーストセール・ドクトリン
…107
ファストファッション…416
ファッションフォト…412
VR ゲーム…443, 466
VR 酔い…468
不意打ち条項…313
VTuber…321
フィルタリング…296, 336
フィルム・コミッション…252
風景写真…368
風俗営業法（風営法）…252, 463
Fair Pay to Play Act…498
フェアユース…155
フェスティバル…225
Photoshop 法…413
フォーマット…265
フォーリンサピーナ…298
フォント…372
吹替…121
複製…377
不祥事…163
不正競争防止法 2 条 1 項
——1 号…424, 437
——2 号…424
——3 号…417
付随的利用…22
舞台演出家…257
舞台のテレビ放送…256
舞台美術…257
物販…394
不当条項…313
不当な取引制限…171
付保条項…227, 249
プライバシー…272
プラットフォーム…5, 68, 333
プリクラ写真…366
プリセール…105
フリーランス…250
フリーランス法…11, 64, 92,
164, 412, 447, 484
プロアスリートビザ…475
プロダクション…89, 140, 160
プロダクトデザイン…37
ブロックチェーン…404
プロデューサー…5, 95, 98, 257
プロファイリング…347
ブロマイド写真…367
プロモーター…483
文化芸術振興基本法…70
文化行政…69
文化支援…69, 254

文化の盗用…410
文芸三団体…97

**へ**

並行輸入…109
ヘイトスピーチ解消法…77
ヘブンアーティスト…252
編曲家…137
返金…239
弁護士…6
弁護士法…501
編集者…208

**ほ**

ポイント…454
放映権…482, 494
法化…80
包括契約…318
包括徴収方式…179, 180
包括利用許諾契約…180
報酬請求権…153
放送事業者の権利…35
放送内容準則…111
放送倫理・番組向上機構→BPO
法的措置…47
報道写真…367
冒認出願…36
法の下の平等…509
法務…6, 80
ボーカロイド…320
保護期間…27
募集要項…395
補償金…219
——請求権…168
BOT…460
翻案…198, 220, 377
本質的特徴…211
翻訳…198
翻訳権 10 年留保…214

**ま**

前払式支払手段…454
マーク…21, 36
マッシュアップ…38
窓口権…198
窓口手数料…103
まとめサイト…309, 317
マネジメント…4
——会社…482
マンガ原作者…204

**み**

未成年者…128
#Me Too…63
Minimum Guarantee…392
『宮本から君へ』…77
民間放送連盟（民放連）…92, 96
民事調停…514
民法上の組合…101

民放地上波局…87
民放連→民間放送連盟

**め**

名称…21, 36
命名権…490
名誉毀損…338
名誉声望保持権…139
迷惑防止条例…241, 242
メタバース…321
メディア…5
免税芸能法人…236

**も**

模擬店…252
模写…378
モダンオーサー…89, 95, 98
モチーフ…377
モデル写真…368
「モノ」のパブリシティ権…383
模倣…417
模様…421, 426
モール運営者…328

**ゆ**

優越的地位の濫用…68, 171
有線放送事業者の権利…35
UAAA…502
UNIVAS…497
UGC…318

**よ**

洋画配給ビジネス…88

**ら**

ライブイベント…224
ライブハウス…252
ラジオ型サービス…273

**り**

リーガル…6
リージョン・コード…110
リスクマネー論…99
リーチサイト（型）…290, 303
立体商標…425
リバースチャージ方式…245
リファンド…239
リメイク…12, 122
リメイク契約…93
流行…415
利用規約…271, 313, 315, 333
利用許諾…30
リンク…303, 310, 316

**る**

類似性…30
ルール（ゲーム）…450

**れ**

令和元（2019）年意匠法改正
…433
レコーディング契約…166
レコード…152
——会社…140, 166
レコード製作者…152
——の権利…35
レコメンド…346
レジストラ…299
レジストリ…299
レタッチ…379

レーティング…81, 92
レビュー…16
レピュテーションリスク…40
レプリカ…232
連載マンガ…209

**ろ**

労災保険…58, 59, 163, 249,
484, 505
労働時間…56
労働施策総合推進法…506
労働者…58, 171, 172, 475, 499,

505, 507
ロゴマーク…373
ロビイング…7, 70, 76
ローン…14
ロングラン…233

**わ**

わいせつ…76
ワークショップ…265
忘れられる権利…339
ワンチャンス主義…90, 276

# 判例索引

## 大正・昭和

大判大正 4・6・10‥‥‥‥‥‥‥‥‥‥‥‥‥‥‥‥‥‥‥‥‥‥‥‥‥‥‥‥‥‥476
大判昭和 12・9・21‥‥‥‥‥‥‥‥‥‥‥‥‥‥‥‥‥‥‥‥‥‥‥‥‥‥‥‥‥476
東京地判昭和 39・9・28［『宴のあと』事件］‥‥‥‥‥‥‥‥‥‥‥‥‥‥‥‥‥338
東京地判昭和 45・2・27‥‥‥‥‥‥‥‥‥‥‥‥‥‥‥‥‥‥‥‥‥‥‥‥‥‥505
東京地判昭和 52・7・22‥‥‥‥‥‥‥‥‥‥‥‥‥‥‥‥‥‥‥‥‥‥‥‥‥‥216
最判昭和 55・3・28［パロディ・モンタージュ事件］‥‥‥‥‥‥‥‥‥‥25, 377
東京地判昭和 56・4・20［T シャツ事件］‥‥‥‥‥‥‥‥‥‥‥‥‥‥‥‥‥430
最判昭和 59・1・20［顔真卿事件］‥‥‥‥‥‥‥‥‥‥‥‥‥‥‥‥‥‥‥‥264
東京地判昭和 59・2・10［ゲートボール競技規則事件］‥‥‥‥‥‥‥‥‥‥450
最判昭和 61・6・11［北方ジャーナル事件］‥‥‥‥‥‥‥‥‥‥‥‥‥‥‥‥51
最判昭和 62・2・13‥‥‥‥‥‥‥‥‥‥‥‥‥‥‥‥‥‥‥‥‥‥‥‥‥‥‥‥504
東京地判昭和 62・7・10［真田広之ブロマイド事件］‥‥‥‥‥‥‥‥‥‥‥367
鳥取地裁米子支判昭和 63・2・18‥‥‥‥‥‥‥‥‥‥‥‥‥‥‥‥‥‥‥‥505
最判昭和 63・3・15［クラブキャッツアイ事件］‥‥‥‥‥‥‥‥‥‥‥‥‥148

## 平成元～10 年

京都地判平成元・6・15［佐賀錦袋帯事件］‥‥‥‥‥‥‥‥‥‥‥‥‥‥‥‥431
東京地判平成元・10・6［レオナール・フジタ・カタログ事件］‥‥‥‥‥‥389
大阪地判平成元・12・27‥‥‥‥‥‥‥‥‥‥‥‥‥‥‥‥‥‥‥‥‥‥‥‥‥382
東京高判平成 3・12・19［法政大学懸賞論文事件］‥‥‥‥‥‥‥‥‥‥‥‥380
東京高判平成 5・9・9［三沢市映画フィルム事件］‥‥‥‥‥‥‥‥‥‥‥‥99
東京地判平成 6・7・1［101 匹ワンチャン並行輸入事件］‥‥‥‥‥‥‥‥110
最判平成 7・3・10‥‥‥‥‥‥‥‥‥‥‥‥‥‥‥‥‥‥‥‥‥‥‥‥‥‥‥‥505
大阪地判平成 7・3・28［カーテン用商品カタログ写真事件］‥‥‥‥‥‥‥367
東京高判平成 8・1・25［「Asahi」ロゴマーク事件］‥‥‥‥‥‥‥‥‥‥‥373
最判平成 9・7・1［BBS 並行輸入事件］‥‥‥‥‥‥‥‥‥‥‥‥‥‥‥‥‥109
最判平成 9・7・17［ポパイ・ネクタイ事件］‥‥‥‥‥‥‥‥‥‥‥‥‥‥210
東京地判平成 9・9・5［ダリ事件］‥‥‥‥‥‥‥‥‥‥‥‥‥‥‥‥‥‥‥389
東京地判平成 10・2・20［バーンズ・コレクション事件］‥‥‥‥‥‥‥‥389
東京高判平成 10・5・28［浅間山荘短歌事件］‥‥‥‥‥‥‥‥‥‥‥‥‥‥380
東京地判平成 10・11・30［版画写真事件］‥‥‥‥‥‥‥‥‥‥‥‥‥‥‥367

## 平成 11～20 年

東京高判平成 11・3・18［三國志 III 事件］‥‥‥‥‥‥‥‥‥‥‥‥‥‥‥‥451
東京地判平成 11・3・26［イルカ写真事件］‥‥‥‥‥‥‥‥‥‥‥‥‥‥‥371
東京地判平成 11・6・29［シチズン事件］‥‥‥‥‥‥‥‥‥‥‥‥‥‥‥‥420
大阪地判平成 11・9・21［装飾文字「趣」事件］‥‥‥‥‥‥‥‥‥‥‥‥‥373
東京地判平成 12・3・31［テレフォンカード磁気テープ事件］‥‥‥‥‥‥363
東京高判平成 12・4・25［脱ゴーマニズム宣言事件］‥‥‥‥‥‥‥‥‥‥203
東京高判平成 12・8・10［Louis Vuitton エビ事件］‥‥‥‥‥‥‥‥‥‥‥427
最判平成 12・9・7［ゴナ書体事件］‥‥‥‥‥‥‥‥‥‥‥‥‥‥‥‥‥‥372
東京地判平成 12・9・28［ロゴ・タイプフェイス事件］‥‥‥‥‥‥‥‥‥375
最判平成 13・2・13［ときめきメモリアル事件］‥‥‥‥‥‥‥‥‥‥‥‥461
東京高判平成 13・6・21［みずみずしい西瓜事件］‥‥‥‥‥‥‥‥‥‥‥368
最判平成 13・6・28［江差追分事件］‥‥‥‥‥‥‥‥‥‥‥‥‥‥374, 377
東京高判平成 13・7・18［「あしながおじさん」公益法人常勤理事事件］‥‥339
最判平成 13・10・25［キャンディ・キャンディ事件］‥‥‥‥‥‥‥‥‥‥205
東京地判平成 13・11・2‥‥‥‥‥‥‥‥‥‥‥‥‥‥‥‥‥‥‥‥‥‥‥‥‥504
東京高判平成 13・12・26［LEVI'S 事件］‥‥‥‥‥‥‥‥‥‥‥‥‥‥‥‥426
福岡地裁行橋支判平成 14・3・5‥‥‥‥‥‥‥‥‥‥‥‥‥‥‥‥‥‥‥‥505
最判平成 14・4・25［中古ゲームソフト事件］‥‥‥‥‥‥‥‥‥‥107, 451

東京地判平成 14・5・29 ································································································· 505
横浜地裁川崎支判平成 14・9・30 ··············································································· 505
東京地判平成 14・11・27 [Ryu Ryu] ········································································· 418
東京地判平成 15・2・26 [創価学会肖像写真事件] ················································ 367
東京高判平成 15・2・26 [スカイダイビング写真事件] ········································ 371
最判平成 15・2・27 [フレッドペリー事件] ···························································· 109
東京地裁八王子支判平成 15・7・30 ··········································································· 505
東京地判平成 15・10・29 ····························································································· 505
大阪地判平成 15・10・30 [グルニエ・ダイン事件] ···································· 365, 380
最判平成 16・2・13 [ギャロップレーサー事件] ···················································· 383
東京地判平成 16・7・28 [パネライ事件] ································································ 425
大阪高判平成 16・9・29 [グルニエ・ダイン事件・控訴審] ································ 365
東京高判平成 17・3・3 [2 ちゃんねる小学館事件] ·············································· 328
東京高判平成 17・3・31 [ファイルローグ事件] ···················································· 148
知財高判平成 17・10・27 ····························································································· 115
最判平成 17・11・10 [法廷内撮影訴訟事件] ································ 42, 381, 382
知財高判平成 17・11・10 [C'est La Vie 事件] ······················································ 419
最判平成 18・3・13 ········································································································ 505
知財高決平成 18・3・29 [スメルゲット事件] ························································ 368
東京地判平成 18・4・21 [アイコラ画像名誉毀損事件] ········································ 354
大阪地判平成 18・7・7 ·································································································· 504
東京地判平成 18・7・26 [ロレックス事件] ·························································· 428
東京地判平成 19・5・25 [MYUTA 事件] ································································· 148
知財高判平成 19・5・31 [スナップ写真事件] ························································ 367
東京地判平成 19・7・17 [Apuweiser-riche 事件] ·················································· 420
知財高判平成 20・1・17 [Apuweiser-riche 事件・控訴審] ·································· 422
東京地判平成 20・3・13 [八坂神社写真事件] ························································ 378
大阪高判平成 20・9・17 [デサフィナード事件] ···················································· 149

### 平成 21～31 年

横浜地判平成 21・6・16 ······························································································ 505
福島地裁郡山支判平成 21・9・4 ················································································· 505
東京地判平成 22・3・31 ······························································································ 504
東京地判平成 22・7・8 [入門漢方医学事件] ························································ 282
仙台地判平成 23・2・24 ······························································································ 504
知財高判平成 23・4・21 [JEAN PAUL GAULTIER CLASSIQUE 事件] ··············· 425
知財高判平成 23・5・10 [廃墟写真事件] ································································ 368, 371
最判平成 23・12・8 [北朝鮮映画著作権侵害事件] ················································ 453
最判平成 24・2・2 [ピンク・レディー事件] ······························· 43, 381, 383
知財高判平成 24・2・14 [楽天モール事件] ·························································· 329
知財高判平成 24・5・31 ······························································································ 437
知財高判平成 24・10・25 [ケーズ事件] ································································ 99
岡山地判平成 25・4・5 ·································································································· 504
大阪地判平成 25・6・20 [ロケットニュース 24 事件] ········································ 317
東京高判平成 25・7・3 ·································································································· 505
知財高判平成 25・12・17 [LADY GAGA 事件] ···················································· 140
東京地判平成 26・5・21 [バーキン I 事件] ·························································· 425
東京地判平成 26・5・27 [猫写真コラージュ事件] ················································ 378
知財高判平成 26・8・28 [ファッションショー事件] ············································ 429
大阪高判平成 26・9・26 [テレビ放送用フォント事件] ········································ 375
東京地判平成 26・12・3 ······························································································ 504
東京地判平成 27・1・29 [IKEA 事件] ····································································· 368
最判平成 27・4・9 ········································································································ 505
知財高判平成 27・4・14 [TRIPP TRAPP 事件] ····················································· 429
最判平成 27・4・28 ······································································································ 180
東京地判平成 27・4・28 ······························································································ 220
東京地判平成 27・6・25 [イベント写真事件] ························································ 367
東京地判平成 27・12・9 [ヘアドレッサー写真事件] ············································ 371
さいたま地決平成 27・12・22 ··················································································· 340

さいたま地判平成 28・3・16…………………………………………………………………… 504
知財高判平成 28・4・12［フランク三浦事件］……………………………………………… 436
札幌高判平成 28・5・20…………………………………………………………………… 504
東京地判平成 28・5・25…………………………………………………………………… 362
大阪地判平成 28・7・19［舞妓写真・日本画事件］………………………………………… 378
知財高判平成 28・10・19［ライブバー事件］……………………………………………… 149
大阪地判平成 28・11・21…………………………………………………………………… 504
知財高判平成 28・11・30…………………………………………………………………… 422
大阪地判平成 29・1・19［Chamois 事件］………………………………………………… 432
最決平成 29・1・31………………………………………………………………………… 340
札幌地判平成 29・6・14［ペンギンパレード事件］………………………………………… 317
大阪高判平成 29・11・16［Ritmix 事件］………………………………………………… 385
福岡高判平成 30・2・1……………………………………………………………………… 505
東京地判平成 30・2・5……………………………………………………………………… 505
東京地判平成 30・2・28…………………………………………………………………… 504
東京地判平成 30・3・29［小説同人誌裏表紙事件］………………………………………… 378
知財高判平成 30・4・25［リツイート事件］…………………………………………… 317, 380
札幌地判平成 30・6・15…………………………………………………………………… 317
東京地判平成 30・6・19［久保田一竹事件］……………………………………………… 371
東京地判平成 30・8・30［ZARA 事件］…………………………………………………… 418
東京高判平成 30・9・12…………………………………………………………………… 504
知財高判平成 30・10・23［ルイ・ヴィトンカスタム事件］………………………………… 438
知財高判平成 31・2・14［アイランド事件］……………………………………………… 419
東京高判平成 31・2・21［星のドラゴンクエスト事件］…………………………………… 457
東京地判平成 31・2・28［自撮素足写真事件］…………………………………………… 367
東京地判平成 31・2・28［インターセプター事件］……………………………………… 372

## 令和元～

東京地判令和元・6・18［BAO BAO ISSEY MIYAKE 事件］………………………… 428, 432
奈良地判令和元・7・11［金魚電話ボックス事件］………………………………………… 363
東京地判令和元・7・31…………………………………………………………………… 505
東京地判令和元・9・18［音楽雑貨写真事件］…………………………………………… 368
東京地判令和元・9・27…………………………………………………………………… 362
東京高決令和 2・7・10［FEST VAINQUEUR 事件］…………………………………… 385
最判令和 2・7・21［リツイート事件］………………………………………………… 317, 380
大阪地判令和 2・10・6［フェイスブック記事転載事件］………………………………… 380
東京高判令和 2・11・5［モバゲー会員規約事件］………………………………………… 314
知財高判令和 2・12・17［バーキン II 事件］……………………………………………… 425
大阪高判令和 3・1・14［金魚電話ボックス事件・控訴審］……………………………… 364
大阪地判令和 3・5・12［モンスターハンター 4G 事件］………………………………… 461
高松地判令和 3・5・21［社会福祉法人ファッミーユ高知事件］………………………… 60
知財高判令和 3・9・29［放置少女事件］………………………………………………… 451
東京地判令和 3・10・29［バニーガール衣装事件］……………………………………… 432
東京地判令和 3・12・10…………………………………………………………………… 317
東京地判令和 4・3・11［クリスチャン・ルブタン不競法事件］………………………… 427
高松高判令和 4・5・25［社会福祉法人ファッミーユ高知事件・控訴審］……………… 60
最判令和 4・6・24………………………………………………………………………… 340
福岡地裁久留米支判令和 4・6・24………………………………………………………… 504
知財高判令和 4・9・27［ANOWA 事件］………………………………………………… 375
最判令和 4・10・24［音楽教室事件］……………………………………………………… 149
東京地判令和 4・12・8［愛内里菜事件］…………………………………………… 173, 385
知財高判令和 4・12・26［FEST VAINQUEUR 事件］…………………………………… 173
知財高判令和 4・12・26［クリスチャン・ルブタン不競法事件・控訴審］……………… 427
知財高判令和 5・1・31［クリスチャン・ルブタン色彩商標事件］……………………… 427
知財高判令和 5・4・13…………………………………………………………………… 317
東京地判令和 5・9・29…………………………………………………………………… 430
大阪地判令和 5・10・31［hue DAY TO EVENING 事件］……………………………… 422
大阪地判令和 6・1・16［棋譜配信動画事件］…………………………………………… 452

**米国の判決等（年月日順）**

Star Athletica v. Varsity Brands, 580 U. S. 405 (2017)［チアリーディングユニフォーム事件連邦最高裁判決］……431

2019 年 5 月 8 日付著作権局審判部決定［Yeezy Boost 事件］……431

Jack Daniel's Properities v. VIP Products, 599 U. S. 140 (2023)［ジャック・ダニエルズ事件連邦最高裁判決］……438

編著者・著者プロフィール

# 編著者・著者プロフィール

## 【編著者】

### 福井 健策

弁護士（日本・ニューヨーク州）／日本大学芸術学部・神戸大学大学院・iU・CAT客員教授。1991年東京大学法学部卒、米国コロンビア大学法学修士。骨董通り法律事務所代表。主著として、『エンタテインメントと著作権』全5巻（シリーズ編者、著作権情報センター)、『誰が「知」を独占するのか』（集英社新書・2014年)、『18歳の著作権入門』（ちくまプリマー新書・2015年)、『ロボット・AIと法』（共著、有斐閣・2018年）ほか。内閣府知財本部・文化庁ほか委員、デジタルアーカイブ学会理事、ELN理事、緊急事態舞台芸術ネットワーク常任理事、日本文学振興会評議員などを務める。X (Twitter):@fukuikensaku

### 小林 利明

高樹町法律事務所。弁護士（日本・ニューヨーク州）／東京藝術大学・中央大学ほか非常勤講師。2004年東京大学法学部卒、2006年慶應義塾大学法科大学院修了、ニューヨーク大学法学修士。2014～2022年骨董通り法律事務所。主著として、「芸名、グループ名とパブリシティ権」ジュリスト1594号（2024年)、「スポーツ選手の権利とは何か」法学教室432号（2016年)〔共著〕ほか。日本バスケットボール協会登録エージェント。

## 【著　者】

### 桑野 雄一郎

鶴巻町法律事務所。弁護士／東京藝術大学、津田塾大学講師。1991年早稲田大学法学部卒。骨董通り法律事務所、高樹町法律事務所を経て2024年に鶴巻町法律事務所を設立。（株）昭文社社外取締役、早稲田大学リサーチイノベーションセンター知財・研究連携支援セクション（知的財産本部）法務コーディネーターを務める。

## 二関 辰郎

弁護士（日本・ニューヨーク州）／神戸大学大学院・専修大学非常勤講師。1987年一橋大学法学部卒、米国ニューヨーク大学法学修士（LL. M. in Trade Regulation）。骨董通り法律事務所を経て2022年新平河町法律事務所を設立。主著として、『ライブイベント・ビジネスの著作権〔第2版〕』（共著、著作権情報センター・2023年）、『日本のデジタル社会と法規制 プライバシーと民主主義を守るために』花伝社〔共同監修・共著〕（2023年）ほか。最高裁判所司法研修所教官、日弁連情報問題対策委員会委員長、BPO（放送倫理・番組向上機構）放送人権委員会委員、同委員長代行を歴任。

## 唐津 真美

高樹町法律事務所。弁護士（日本・ニューヨーク州）。1993年早稲田大学法学部卒、米国ハーバード大学法学修士。骨董通り法律事務所を経て2018年に高樹町法律事務所を設立。主著として、『意匠・デザインの法律相談II』（共著、青林書院・2021年）、『ChatGPTの法律』（共著、中央経済社・2023年）ほか。文化審議会専門委員を務める。

## 北澤 尚登

弁護士（日本・ニューヨーク州）。1997年東京大学法学部卒、米国デューク大学法学修士。最高裁判所司法研修所教官（2018年〜2021年）。骨董通り法律事務所パートナー。『四月は君の嘘』『デスノート』『海辺のカフカ』『王家の紋章』等、海外進出作品を含む多数の舞台演劇においてリーガルアドバイザーを務める。

## 鈴木 里佳

弁護士。慶應義塾大学法学部法律学科卒、米国スタンフォード大学法学修士（LL. M. in Law, Science & Technology）。骨董通り法律事務所パートナー。一般社団法人Design-DES1GN MUSEUM設立時理事。国内大手番組制作会社に計3年間出向。SHOWROOM（株）、（株）センシンロボティクスの社外役員を務める。

## 岡本 健太郎

弁護士（日本・ニューヨーク州）／証券アナリスト／神戸大学大学院客員教授。1998 年慶応義塾大学経済学部卒、一橋大学法科大学院修了、ペンシルバニア大学法学修士／Wharton Business Law Certificate 修了。ロイター・ジャパン（株）等を経て、骨董通り法律事務所パートナー。近著に『著作・創作にかかわる法律』（法研・2024 年）、月刊・宣伝会議「著作権 Q & A」（連載中）。（株）アカツキ、（一社）JCBI などの社外役員や監事、ISO 第307 専門委員会エキスパートなどを務める。

## 中川 隆太郎

シティライツ法律事務所。弁護士。東京大学法学部卒、早稲田大学大学院法務研究科修了、パリ第 2 大学法学修士課程修了（LL. M. in European Law）。主著として、『デザイン保護法』（共著、勁草書房、2022）、「連載：ファッション・ローと知的財産」（共著、有斐閣 Online ロージャーナル、2022〜）、「『ファッションロー』と著作権法」コピライト 2020 年 10 月号、「ファッションデザインと意匠法の『距離』」日本工業所有権法学会年報 43 号（2019 年）などがある。Fashion Law Institute Japan 研究員。

## 寺内 康介

弁護士。2007 年慶應義塾大学法学部法律学科卒、2009 年一橋大学法科大学院（ビジネスロー・コース）修了。2011 年裁判官任官。訟務検事（東京法務局訟務部）への出向、東京地裁民事部（単独係）等を経て 2020 年にエンタメ弁護士に転じる。現在、骨董通り法律事務所メンバー。緊急事態舞台芸術ネットワーク事務局メンバーを務める。

## 橋本 阿友子

弁護士。神戸大学大学院・東京藝術大学非常勤講師、東京藝術大学利益相反アドバイザー。京都大学法学部卒、京都大学法科大学院修了、マックス・プランク知的財産研究所客員研究員（2023 年）。骨董通り法律事務所メンバー。主著として、「音楽教室事件・控訴審判決」著作権研究 47 号（2022年）ほか。パリ・エュールノルマル音楽院にて研鑽を積み、ピアニストとしても活動している。

## 小山 紘一

弁護士／国会議員政策担当秘書。東京大学薬学部卒、神戸大学法科大学院修了。骨董通り法律事務所オブカウンセル。主著として、『こんなときどうする？選挙運動150問150答』（共著、ミネルヴァ書房・2020年）、『デジタルアーカイブ・ベーシックス　知識インフラの再設計』（共著、勉誠出版・2022年）、『議員秘書の仕事〜弁護士の第4の活動領域〜』LIBRA 2017年7月号、『クリエイティブ系フリーランスをめぐる法的対応』法律のひろば2024年8月号ほか。日本弁護士連合会代議員（2020年度）、東京弁護士会常議員（2020年度）、エンターテイメント表現の自由の会監事。

## 石井 あやか

弁護士（日本・ニューヨーク州）／玉川大学芸術学部非常勤講師。2011年東京大学法学部卒、2013年慶応義塾大学法科大学院卒、カリフォルニア大学バークレー校法学修士（Law & Technology Certificate）。骨董通り法律事務所メンバー。

## 出井　甫

弁護士。2013年早稲田大学法学部卒業・司法試験予備試験合格。アンダーソン・毛利・友常法律事務所を経て、骨董通り法律事務所メンバー。主著として、「ロボット・AI社会における知的財産制度の現状と在り方」法の支配197号（2020年）〔共著〕、「AI生成物に関する知的財産権の現状と課題〜Society 5.0の実現に向けて〜」情報の科学と技術68巻12号（2018年）ほか。日本弁護士連合会憲法問題対策本部幹事（2017年〜）、内閣府知的財産戦略推進事務局参事官補佐（2020年〜2023年）、日本アニメーション学会監事（2022年〜）。

## 田島 佑規

弁護士。神戸大学法学部卒、京都大学法科大学院修了。弁護士法人淀屋橋・山上合同を経て、骨董通り法律事務所メンバー。主著として、『クリエイター六法　受注から制作、納品までに潜むトラブル対策55』（共著、弘文堂・2024年）、『10歳からの著作権』（共同監修、Gakken・2024年）ほか。京都大学法科大学院・芸術文化観光専門職大学非常勤講師なども務める。X (Twitter):@houjichazuki

## 浅見 杏佳子

骨董通り法律事務所　秘書。早稲田大学人間科学部卒、2015年東京理科大学専門職大学院イノベーション研究科卒、知的財産修士（専門職）。公益財団法人勤務を経て2015年より現職。現在、美術の著作物等に関する著作権管理業務ほかに従事。

※プロフィール（奥付の記載を含む）はいずれも第1刷時点のものである。

骨董通り法律事務所　編

【編著者】
福井健策　骨董通り法律事務所代表
小林利明　高樹町法律事務所

## エンタテインメント法実務〔第2版〕

2021（令和3）年6月15日　初　版1刷発行
2025（令和7）年2月28日　第2版1刷発行

編　者　骨董通り法律事務所

発行者　鯉渕友南

発行所　株式
　　　　会社　弘文堂　　　　101-0062 東京都千代田区神田駿河台1の7
　　　　　　　　　　　　　　TEL 03（3294）4801　振替 00120-6-53909
　　　　　　　　　　　　　　https://www.koubundou.co.jp

装　丁　宇佐美純子

印　刷　三　陽　社

製　本　井上製本所

© 2025 Kottodori Horitsu-jimusho. Printed in Japan

[JCOPY]〈（社）出版者著作権管理機構　委託出版物〉
本書の無断複写は著作権法上での例外を除き禁じられています。複写される場合は、
そのつど事前に、（社）出版者著作権管理機構（電話 03-5244-5088、FAX 03-5244-5089、
e-mail: info@jcopy.or.jp）の許諾を得てください。
また本書を代行業者等の第三者に依頼してスキャンやデジタル化することは、たとえ
個人や家庭内での利用であっても一切認められておりません。

ISBN 978-4-335-36028-2